LES ANECDOTES DE L'HISTOIRE DE FRANCE

Sous la direction de l'équipe de la Centrale d'achats Maxi-Livres
Direction : Alexandre Falco
Responsable des publications : Françoise Orlando-Trouvé
Responsable édition-fabrication : Stéphanie Bogdanowicz
Composition et mise en pages : Nord Compo

Découvrez nos offres et nos magasins sur le site :
www.maxi-livres.com

Garantie de l'éditeur
Malgré tout le soin apporté à sa réalisation,
cet ouvrage peut comporter des erreurs ou des omissions.
Nous remercions le lecteur de bien vouloir nous faire part
de toute remarque à ce sujet.

PIERRE RIPERT

LES ANECDOTES DE L'HISTOIRE DE FRANCE

*Deux mille ans d'épopée
racontés à travers des faits marquants,
des anecdotes pittoresques,
des personnages truculents...*

Introduction

L'histoire de France, c'est un ensemble de faits marquants, de dates essentielles, d'événements inoubliables... Mais c'est aussi une formidable et vivante fresque avec des personnages d'anthologie, des anecdotes pittoresques, des moments insolites...

Des amours des reines et favorites aux pendus de Montfaucon, des assassinats mérovingiens aux fuites des derniers Bourbons, des saints guérisseurs au vocabulaire révolutionnaire, des filles de Charlemagne aux bâtards de Napoléon, voici, en plus de deux cent trente récits, des Gaulois de Brennus aux cocottes de la Belle Époque, une autre façon de découvrir l'histoire de France : en la lisant comme un roman aux multiples chapitres où — personnages et situation — tout est vrai, même ce qui paraît incroyable.

On trouvera aussi dans cet ouvrage complet, où l'humour n'exclut pas l'érudition, des résumés précis des périodes qui composent les deux millénaires de notre histoire, la liste de ceux qui ont régné ou dirigé la France, de Clovis à Félix Faure, et les dates essentielles à retenir...

La Gaule et les Gaulois

L'Histoire en résumé…

La Gaule est bornée au nord-est par le détroit de Gaule (pas de Calais) et l'océan britannique (mer du Nord) ; au nord-est et à l'est par la Germanie, la Rhétie et les Alpes ; au sud par la Méditerranée et les Pyrénées ; à l'ouest par l'océan Atlantique. Les populations primitives de la Gaule forment quatre peuples d'origines différentes qui se partagent ce vaste territoire : les Galles ou Celtes ; les Allemands comprenant les Cimbres, les Belges (ou Kymris) et les Volkes ; les Ibères, et Vascons, autour des Pyrénées ; les Grecs du côté de la Provence.

Le druidisme est la religion professée par les Gaulois. Leurs divinités paraissent avoir représenté les forces de la nature. Leurs prêtres, nommés druides, jouissent d'un pouvoir absolu, font les lois et rendent la justice. Ce gouvernement théocratique dure jusqu'à ce que, trois siècles environ avant notre ère, les guerriers s'affranchissent de la domination des prêtres. Quand les Romains pénètrent en Gaule, ils comprennent que la force à détruire en Gaule, avant toutes les autres, est la puissance sacerdotale, jalouse de son indépendance, et s'y emploient avec succès, jusqu'à ce que le christianisme s'impose en intégrant, parfois, les survivances du druidisme qui n'ont pas pu être éradiquées.

Au VIe siècle avant J.-C., les Gaulois, derrière un de leurs chefs, Bellovèse, traversent les Alpes, battent les Étrusques, créent la Gaule cisalpine (vallée du Pô) et jettent les fondements de Milan. Un autre, Ségovèse, passe le Rhin, traverse la Germanie, et se rend maître de la Bohême ainsi que des provinces voisines. D'autres Gaulois franchissent les Alpes et fondent en Italie les villes de Padoue et de Vérone (520 av. J.-C.). Deux siècles plus tard, conduits par Brennus (synonyme de chef), les Gaulois s'emparent de Rome. En 379, ils font une expédition en Grèce, franchissent l'Hellespont et pénètrent en Asie où ils fondent, l'an 278, la Galatie, qui vit comme État pendant trois siècles.

Les Gaulois cisalpins gênent considérablement, au nord, les Romains, maîtres du reste de l'Italie. Le sénat leur déclare la guerre et, de 310 à 163, les soumet. Les Gaulois cisalpins ont, durant cette période, fourni, comme mercenaires, une aide puissante à Hannibal (deuxième guerre punique). Lorsque, après avoir vaincu Carthage, Rome se trouve libre au sud, elle se venge des échecs que les Gaulois ont contribué à lui infliger. Les légions romaines s'enfoncent profondément dans la Gaule transalpine, soumettent les Ligures (habitants des côtes de la Méditerranée), les Tolosates (Toulouse), les Arvernes (Auvergne), et forment de tous ces peuples, l'an 120 avant J.-C., un groupe territorial nommé Provincia, *d'où nous avons tiré le nom de la région* Provence. *Narbonne devient la capitale de ce vaste département. Marius, général romain, extermine les Teutons, près de la ville d'Aix, l'an 102 avant J.-C., comme il extermine, l'année d'après, les Cimbres à Verceil, en Italie.*

Au moment de la conquête des Gaules par Jules César (59 avant J.-C.), le pays est divisé en trois grandes parties : la Belgique, au nord, jusqu'à la Marne et la Seine ; la Gaule celtique, au centre entre les Alpes, la Seine et la Garonne, et l'Aquitaine entre la Garonne et les Pyrénées. Le territoire est occupé par quatre cents petits peuples divers, souvent ennemis, et sur la division desquels s'appuie la politique du conquérant. César, poussant droit au nord, soumet d'abord les Helvètes (Suisse), les Bellovaques (Beauvais), les Suessonnais (Soissons), les Nerviens (département du Nord), et domine bientôt toute la Belgique. Redescendant au sud, il soumet les Armoricains (le long de l'océan, entre l'embouchure de la Seine et celle de la Loire) et les Aquitains (province de la Garonne). Mais la fierté gauloise se réveille, les haines de peuple à peuple s'apaisent, et une immense conjuration se forme contre la domination de Rome.

La Gaule confie à Vercingétorix le commandement de ses armées. Vercingétorix contraint César à lever le siège de Gergovie (sud de Clermont-Ferrand). Mais, vaincu sur les bords de la Saône, il se réfugie à Alésia (Alise-Sainte-Reine, Côte-d'Or ?). Forcé de se rendre, Vercingétorix est emprisonné, puis exécuté. La vieille Gaule est vaincue, et Rome, l'an 50 avant J.-C., est maîtresse de tout le pays, de la Méditerranée à la mer du Nord.

Auguste divise la Gaule en quatre provinces, auxquelles il donne les noms de : Belgique (nord) ; Lyonnaise (des Alpes aux embouchures de la Seine et de la Loire) ; Narbonnaise (bassin de la Méditerranée), et Aquitaine (sud-ouest). Rome ne maintient pas sans difficulté sa domination sur la Gaule. Plusieurs soulèvements ont lieu, moins par volonté d'indépendance que pour protester contre le joug fiscal imposé par les empereurs romains.

C'est vers l'an 242 que les Francs apparaissent pour la première fois. À cette époque, Aurélien, futur empereur, remporte sur eux une bataille non loin de Mayence. Les Francs forment deux grandes peuplades : les Francs Saliens, qui habitent les bords de mer au nord-est de l'Escaut, et les Francs Ripuaires, habitant le pays situé entre le Main et la Lippe, et qui plus tard s'établiront sur la rive gauche du Rhin, entre ce fleuve et la Meuse. Les invasions des Francs en 254, 270, 276, 300 et 305 sont successivement repoussées. Les Francs réapparaissent de nouveau sur le territoire romain en 337, en 359, en 364. Mais, constamment battus, ils font la paix avec Rome, à laquelle ils servent d'auxiliaires contre l'invasion d'autres Barbares venus de Germanie. Mais lorsque le pays est livré à l'anarchie par la faiblesse des empereurs romains de la décadence, les Francs en profitent pour se jeter sur la Gaule et s'en emparer.

Les Romains, pour assurer leur conquête, sillonnent la Gaule de routes, construisent des ponts sur les fleuves et créent les écoles, où l'on enseigne les lois romaines, à Autun, à Toulouse, à Arles, à Bordeaux, à Trèves. Lorsque l'Empire romain commence à s'effondrer sous le choc formidable des Barbares, les Francs Saliens et les Francs Ripuaires franchissent le Rhin et s'établissent, en 420, au nord de la Somme. Quelques années auparavant (407), les Burgondes se sont arrêtés dans la Gaule, s'emparant des terres qui s'étendent entre le Rhin, la Saône et le Rhône, et ont fondé le royaume de Bourgogne ; les Wisigoths, après avoir ravagé l'Italie, se sont fixés dans la partie méridionale de la Gaule nommée Aquitaine. Les Alamans ont occupé l'Alsace. Les Bretons, des Celtes chassés des îles Britanniques par les Angles et les Saxons, se sont réfugiés en Armorique.

Les deux premiers chefs qui commandent aux Francs sont Pharamond (420) et Clodion le Chevelu (428), qui s'emparent de tout le pays situé entre la Somme et Tournai, et mettent à mort tous les Romains qu'ils y trouvent. Mérovée, fils ou parent de Clodion, élevé sur le pavois en 448, conquiert à son tour le Vermandois, le Beauvaisis, l'Artois et une partie de l'Île-de-France. Lors de l'invasion d'Attila, qui se produit en 444, le chef des Francs, Mérovée, s'unit à Théodoric Ier, roi des Goths, au général romain Aetius et bat le chef des Huns aux champs Catalauniques (Aube) en 451.

Childéric, fils et successeur de Mérovée, enlève Cologne aux Romains en 462 ; détrôné, puis rappelé par son peuple en 464, il étend sa domination sur l'Orléanais et prépare l'avènement de son fils Clovis. Childéric, qui meurt vers 481, est le dernier chef des Francs.

Hercule le Provençal…

Hercule, lors du dixième de ses douze travaux, est attaqué par des Gaulois dans la Crau parce qu'il a voulu faire interdire les sacrifices humains. N'ayant plus de flèches, et ne trouvant aucun endroit, grotte, forêt, où se réfugier, il est sauvé par l'intervention de Jupiter (son père) qui, du haut du ciel, fait tomber, dans un vacarme de tonnerre, une pluie de pierres sur ses poursuivants. Cailloux qui jonchent, depuis, la plaine de la Crau… Hercule, victorieux, fonde, non loin de là, la ville de Nîmes et, au cœur de la Gaule, celle d'Alésia… La vallée du Rhône ainsi offerte au commerce et à la civilisation, le héros reprend sa route vers les Alpes, fendant les nuages et brisant la cime des monts. Hercule ouvre ainsi le col de Tende, et rabote les montagnes du versant méditerranéen afin d'élargir le passage entre l'Italie et la Gaule, en prévision des voies que les légionnaires paveront !

Les esprits forts suggéreront que la nature n'a pas eu besoin d'Hercule pour abaisser les Alpes (l'érosion a suffi) et que c'est la Durance qui a arraché aux flancs des Alpes la multitude de cailloux qu'elle a roulés sur la plaine de la Crau, au temps où elle la traversait pour se jeter dans le

Rhône au-dessous d'Arles... Mais Hercule en Gaule témoigne de la venue des Phéniciens et des Grecs, dont il est l'un des héros.

La fondation de Marseille

Vers l'an – 600 arrivent les Phocéens (de Phocée, ville d'Asie Mineure, en Ionie, dans le golfe de Smyrne). Un marchand nommé Euxène accoste dans un golfe du territoire des Ségobriges, une tribu d'Ibères. Nann, leur roi, accueille l'étranger et l'emmène dans sa maison où un grand repas a été préparé, car ce jour-là il marie sa fille, la belle Gypsis. Des prétendants ligures y sont déjà réunis ; le Grec prend place au milieu d'eux et fait honneur au festin qui se compose, suivant l'usage, de venaison et d'herbes cuites. La coutume veut que la jeune fille ne se montre qu'à la fin, portant une coupe pleine à la main ; celui à qui elle présentera à boire sera l'époux qu'elle s'est choisi. Le festin s'achève, la jeune fille s'avance... Et s'arrête devant l'étranger pour lui tendre sa coupe. Tant pis pour les voisins ligures ; le Phocéen devient le gendre de Nann et reçoit en dot le golfe où il a pris pied.

Euxène renvoie à Phocée son vaisseau avec quelques-uns de ses compagnons, afin qu'ils y recrutent des colons, puis fonde le port de Massalia (Marseille). La cité phocéenne s'épanouit vite. Les coteaux qui l'entourent, rapidement défrichés, sont plantés de vignes et d'oliviers ; par la mer arrivent les richesses des Étrusques et des Carthaginois. Cette prospérité ne tarde pas à exciter l'envie des peuples voisins.

Nann, le chef ségobrige, est mort. Son fils, Coman, déteste son beau-frère phocéen. Il fait alliance avec les Ligures. Lors d'une fête de la vigne à Massalia-Marseille, des Ségobriges se cachent dans les chariots qui transportent le feuillage destiné à orner les maisons, et pénètrent secrètement dans la cité. Coman, lui, se poste en embuscade dans un vallon voisin avec 7 000 hommes...

Mais l'amour a fondé Marseille, et l'amour va la sauver. Une parente de Coman, amoureuse d'un Massaliote, court tout lui révéler. Les magistrats fermeront les portes ; on massacre les Ségobriges trouvés dans la ville : Coman, surpris par ceux qu'il voulait surprendre, est tué avec les siens. Les Ioniens finiront par s'assimiler aux Ligures, et seront parmi les premiers Gaulois à opter pour Rome.

Le banquet gaulois

Le lait et la chair des animaux sauvages ou domestiques, surtout celle de porc fraîche et salée, forment la principale nourriture des peuplades gauloises. Posidonius (philosophe grec qui voyage en Italie et en Gaule, Ier siècle av. J.-C.) a pris part à des festins gaulois : « Autour d'une table fort basse on trouve disposées des bottes de foin ou de paille : ce sont les sièges des convives. Les mets consistent d'habitude en un peu de pain et beaucoup de viande bouillie, grillée ou rôtie à la broche, le tout servi proprement dans des plats de terre ou de bois chez les pauvres, d'argent ou de cuivre chez les riches. Quand le service est prêt, chacun choisit un membre entier de l'animal, le saisit à deux mains et mange en mordant à même ; on dirait un repas de lions. Si le morceau est trop dur, on le dépèce avec un petit couteau dont la gaine est attachée au fourreau du sabre. On boit à la ronde dans un seul vase en terre ou en métal, que les serviteurs font circuler ; on boit peu à la fois, mais en y revenant fréquemment. Les riches ont du vin d'Italie et de Gaule qu'ils prennent pur ou légèrement trempé d'eau (la boisson des pauvres est la bière et l'hydromel). Près de la mer et des fleuves, on consomme beaucoup de poisson grillé, qu'on asperge de sel, de vinaigre et de cumin. »

Sacrifices humains

Les druides, ou « hommes des chênes », ont-ils pratiqué, sur des autels élevés au fond des forêts, ou au milieu des landes sauvages, des sacrifices humains ? Des historiens latins s'en sont fait l'écho ; mais à Rome, on a « diabolisé », avant la conquête, tout ce qui était gaulois, et César, qui, en démontrant la cruauté des Gaulois, augmente les mérites de sa victoire sur eux, n'est pas en reste : « Tous les Gaulois, écrit-il, sont très superstitieux ; aussi ceux qui sont attaqués de maladies graves, comme ceux qui vivent au milieu de la guerre et des dangers, immolent des victimes humaines ou font vœu d'en immoler, et ont recours, pour ces sacrifices, au ministère des druides. Ils pensent que la vie d'un homme est nécessaire pour racheter celle d'un autre homme, et que les dieux immortels ne peuvent être apaisés qu'à ce prix. Ils ont même institué des sacrifices publics de ce genre. Ils ont quelquefois des mannequins d'une grandeur immense tissés en osier, dont ils remplissent l'intérieur d'hommes vivants ; ils y mettent le feu et font expirer leurs victimes dans les flammes. Ils pensent que le supplice de ceux qui sont convaincus de vol, de brigandage ou de quelque autre délit est plus agréable aux dieux immortels ; mais quand ces hommes leur manquent, ils prennent des innocents… »

Druidesses bâtisseuses

On trouve, affiliés à l'ordre des druides, des bardes, des devins et des prophétesses. Celles-ci, s'il faut en croire des « témoignages » qui tiennent plus des on-dit que des choses vues, sont des magiciennes redoutées qui vivent sur des écueils sauvages, battus par une mer orageuse. Les neuf druidesses de l'île de Sein, à la pointe occidentale de la Bretagne, passent pour connaître l'avenir, et leurs paroles, croit-on, apaisent ou soulèvent les tempêtes.

D'autres, qui habitent un îlot à l'embouchure de la Loire, doivent, à une certaine époque de l'année, abattre et reconstruire en un même jour la demeure de leur dieu. Dès le premier rayon du soleil, le toit s'écroule sous leurs coups, et un autre temple s'élève rapidement. Mais malheur à celle qui laisse tomber un seul des matériaux du nouvel édifice ! Sans avoir eu le temps d'expier sa faute, elle est aussitôt déchirée par ses sœurs, et ses chairs sanglantes sont dispersées autour du temple.

La prise de Rome par Brennus

En juillet 388 av. J.-C. (ou 390), l'armée gauloise franchit le Tibre et se trouve face à l'armée romaine, à Allia, à une demi-journée de Rome. Les Gaulois, sans laisser aux Romains le temps d'accomplir leurs sacrifices, prélude à toutes leurs batailles, s'avancent vers eux en entrechoquant leurs boucliers et en vociférant. Les Romains, désemparés, cèdent rapidement. Leur ligne est enfoncée par la colonne gauloise. Les Gaulois pourchassent sauvagement les survivants, car, n'ayant pas besoin d'esclaves, ils ne veulent pas faire de prisonniers. Ils poussent dans le Tibre ceux qui cherchent à échapper à leur épée. Les fuyards qui sont parvenus à se sauver à la nage donnent l'alerte aux Romains, qui quittent la ville. Mais Brennus, au lieu de se ruer sur Rome, organise le partage du butin, et passe la nuit, avec ses troupes, à boire et à chanter, après que ses soldats, fidèles à la tradition, ont coupé la tête de leurs ennemis morts.

Quand, vingt-quatre heures plus tard, il pénètre enfin dans Rome, la ville est silencieuse. Ses habitants se sont réfugiés dans des villes alliées. Le sénat et mille soldats se sont enfermés dans la citadelle, le Capitole, forteresse carrée de pierres et de rochers qui doit son nom à une tête d'homme trouvée en y creusant ses fondations. Seuls les vieillards incapables de fuir sont restés dans leurs maisons. C'est ainsi qu'un Gaulois tombe nez à nez avec Papirius, un vieux sénateur assis sur sa chaise curule (siège — inconfortable — des magistrats romains) et tenant à la main le bâton d'ivoire, insigne de sa fonction. Le Gaulois, intrigué par son immobilité, veut lui tirer la barbe. Le vieux sénateur, s'animant soudain, lui porte un violent coup sur la tête avec son bâton d'ivoire. Il reçoit un coup d'épée qui donne le signal du massacre. Les Gaulois se répandent dans les rues, égorgent tout ce qui est vivant, pillent et incendient les maisons et les temples. Seul le Capitole échappe au sac.

Le roc sur lequel il est bâti est inaccessible de trois côtés. Le quatrième, que défendent d'épaisses murailles, communique avec le Forum par un sentier escarpé taillé dans le roc. Brennus installe son camp dans le Forum, et bloque le Capitole. Durant le siège, qui dure sept mois, des ligues, dans les villes alliées à Rome, se forment contre les Gaulois, dont les fourrageurs sont pourchassés. Car Brennus a besoin de vivres pour affamer le Capitole. Un messager romain ayant pu, à la faveur de la nuit, s'introduire dans la forteresse, les Gaulois repèrent ses traces, et Brennus, avec ses meilleurs guerriers, les suit et entreprend l'ascension d'une paroi rocheuse de la forteresse. Les premiers parviennent aux remparts quand les oies sacrées du temple de Junon, que, malgré la famine, les Romains se sont refusés à manger, se mettent à criailler, donnant ainsi l'alarme. L'assaut est repoussé. Le lendemain, les Romains jettent par-dessus les remparts l'un des leurs : le capitaine responsable des sentinelles de nuit !

Si les Romains, dans leur forteresse, en sont réduits à manger le cuir de leurs chaussures, les Gaulois, eux, supportent mal le siège qu'ils ont entrepris. Maladies contagieuses et famine les menacent. Des appels au secours leur parviennent de la Gaule cisalpine, attaquée simultanément par les alliés de Rome et par des Gaulois descendus des Alpes. Brennus envoie sous les murailles des négociateurs. Le 13 février, après sept mois de siège, la paix est conclue. Les Romains doivent livrer aux Gaulois environ 300 kg d'or pur, leur fournir des vivres et des moyens de transport pour qu'ils regagnent la Gaule cisalpine, leur céder une partie du territoire de la république et laisser une porte de Rome toujours ouverte, en souvenir de l'occupation gauloise. Brennus, pour recevoir son or, fait disposer des balances au pied du Capitole. Pour compléter le poids exigé, les Romains prennent les bracelets et les colliers précieux déposés par les femmes dans le trésor public et dans les ornements des temples.

La pesée commence. Un tribun militaire qui la surveille constate que les Gaulois font pencher le plateau de leur côté. Il s'en indigne auprès de Brennus qui, impassible, détache son épée et la jette avec son baudrier sur le plateau des poids en s'écriant : « malheur aux vaincus ! » Les Romains, contraints d'accepter l'outrage — dont ils feront un proverbe — *Væ victis* —, regardent partir leurs vainqueurs, avant de se lancer à leurs trousses et de harceler leurs arrière-gardes, afin de tenter de récupérer la rançon. En vain. Quant à la dernière clause du traité, celle de la porte ouverte, elle sera respectée ; mais les sénateurs auront soin de l'ériger en un endroit inaccessible.

La vengeance de la veuve galate

La belle Galate Camma (les Galates — Gaulois en grec — se sont installés en Asie Mineure), mariée au tétrarque

Sinat, est prêtresse de Diane. Sinorix, un autre tétrarque, tombe amoureux fou d'elle. Mais la prêtresse de Diane repousse ses avances. Sinorix, pensant que veuve, elle lui sera moins farouche, assassine Sinat. Comme il est puissant et riche, les juges ne le punissent pas. Son veuvage terminé, Camma accepte de l'épouser. Fou de bonheur, lors de la cérémonie, Sinorix boit à la coupe d'or le vin que lui propose, conformément au rituel, sa nouvelle épouse. Camma boit elle aussi. Son visage s'éclaire alors d'une joie inaccoutumée, tandis que Sinorix s'écroule à ses pieds. La belle Camma, pour venger son premier époux, a empoisonné le vin… Le temps de maudire Sinorix, elle s'effondre à son tour au pied de l'autel…

La montagne Sainte-Victoire

Au cours de la bataille que le général romain Marius livre aux Teutons (– 102), le massacre est tel, selon Plutarque, que, dans les champs, les corps décomposés par les pluies qui tombent pendant l'hiver engraissent tant la terre que l'été suivant elle est d'une fertilité prodigieuse, et que les Marseillais enclosent leurs champs de vignes avec les ossements dont la plaine est jonchée. Cela se passait aux *Campi Putridi* (Pourrières) au pied de la montagne Sainte-Victoire (qui doit son nom à cette bataille), dont la masse paisible inspirera le peintre Cézanne, vingt siècles plus tard.

Vercingétorix à genoux devant César

Lors de la reddition d'Alésia (– 52), César exige les armes de ses ennemis et la livraison des chefs. Il veut Vercingétorix vivant pour assurer son triomphe futur dans les rues de Rome. En échange, il accorde la vie sauve à l'ensemble des Gaulois, et, selon les peuples auxquels ils appartiennent, les gardera comme esclaves au service de ses soldats ou leur accordera la liberté. Les chefs gaulois préparent les convois d'armes. Pendant ce temps, César ordonne l'édification d'une estrade devant le camp romain, à l'intérieur des lignes de défense. Il s'y installe et attend les premiers prisonniers. César est à peine assis sur son fauteuil que les portes de la ville d'Alésia s'ouvrent. Un magnifique cavalier galope vers lui. Seul. Il se dirige vers l'estrade du proconsul, monté sur un cheval de bataille harnaché comme pour un jour de parade. C'est Vercingétorix. Il a revêtu sa cotte de mailles, porte ses plus belles armes, et l'insigne de son commandement, le torque (collier) d'or.

Arrivé devant le proconsul, Vercingétorix trace à cheval un cercle autour de l'estrade. Il accomplit ainsi une ultime coutume celtique : circonvenir symboliquement le vainqueur par un cercle magique. Puis il saute à bas de son cheval, jette ses armes et ses ornements de guerrier aux pieds de César, s'agenouille et tend ses deux mains : « Toi, le plus valeureux des hommes, tu as vaincu un valeureux. » Il est arrivé soldat, le voici maintenant captif.

Impassible, César se tait. Peut-être est-il aussi, comme ceux qui l'entourent, ému par la grandeur de cette reddition. Mais il se remémore les peines que lui a infligées cet homme aujourd'hui à genoux, et qui a bien failli être son vainqueur. Il revoit ses légionnaires en déroute devant Gergovie… Il se redresse brusquement, et, l'index accusateur, crie sa rancune devant tous. Vercingétorix ne répond rien. Doublement humilié devant les Romains et les Gaulois, il écoute les reproches que lui adresse brutalement César. Enfin celui-ci se rassied, fait un signe de la main à ses licteurs. On relève le roi arverne et, sur ordre du vainqueur, on l'enferme en attendant l'heure du sacrifice.

Ici les avis divergent sur le sort immédiat réservé à Vercingétorix. Le climat politique de Rome étant alors défavorable à César, certains historiens, tels que Jérôme Carcopino, pensent qu'il a préféré garder le Gaulois auprès de lui. Pendant deux ans, ce dernier aurait été ainsi promené dans un fourgon à la suite de l'armée romaine. En – 49, lorsque la situation politique se rétablit en sa faveur, César l'aurait envoyé sous bonne escorte à Rome. D'autres pensent que le proconsul l'a immédiatement expédié vers la capitale de l'Empire. Quelle que soit la version retenue, Vercingétorix est jeté dans un cachot dès son arrivée à Rome… et presque oublié.

Quatre ans plus tard, en – 46, Rome, en liesse, fait un triomphe à César, le héros de la guerre des Gaules. Derrière lui suit le cortège de ses triomphes. Des esclaves et des serviteurs portent les dépouilles des ennemis vaincus, les armes et les trophées. Des écriteaux et des tableaux rappellent au peuple romain ce que fut la guerre des Gaules : 30 batailles rangées, 800 places prises de force, 300 tribus soumises, 3 000 000 combattants, 1 000 000 tués, 1 000 000 prisonniers.

Vercingétorix apparaît alors. Le front haut, la chevelure claire, il a les yeux qui cillent sous l'intensité de la lumière après ces années passées dans l'obscurité de sa geôle. Il est couvert de chaînes et avance pesamment. Avec lui, c'est toute la Gaule humiliée qui passe. Les Romains hurlent de joie, applaudissent César impassible sur son char, insultent Vercingétorix... Le soir même du triomphe, le chef des Arvernes est étranglé dans sa cellule.

Civilis et Sabinus, rebelles gaulois

Au premier siècle, le Batave Claudius Civilis profite des déchirements à la tête de l'Empire pour soulever les auxiliaires germains des légions du Rhin. Civilis a d'abord servi les Romains comme préfet de cohorte. Mais il a vu son frère décapité, et lui-même a longtemps été enfermé dans un cachot. Lorsqu'il en sort, c'est pour jurer qu'il ne coupera pas sa chevelure avant d'avoir vengé tous ces outrages. Attaqués à l'improviste, les Romains sont battus. Les chefs des légions sont assassinés ou mis aux fers. Les légions vaincues se sauvent derrière les lignes d'un camp construit dans une grande île du Rhin, et elles attendent qu'on vienne les sauver. Pour s'assurer l'appui des Germains, Civilis leur envoie une part du butin, et des captifs. On dit aussi que pour exercer son fils à tirer à l'arc, il lui donne pour cible des prisonniers romains qu'il a fait attacher aux arbres.

Pendant ce temps, à Rome, les révolutions se succèdent. En Lyonnaise, Civilis fait des émules, et le Lingon Julius Sabinus, qui se prétend descendant de César (son aïeule, très belle, aurait séduit le général romain pendant la conquête), se fait désigner empereur des Gaules par ses hommes et provoque la défection des troupes auxiliaires. Mais Vespasien est devenu entretemps le seul maître de l'Empire romain : tout se réorganise sous sa main de fer, et les légions reviennent à l'obéissance. La Gaule, d'ailleurs, ne s'est pas soulevée tout entière à l'appel des Bataves de Civilis, loin de là ; elle a encore plus peur des Germains, dont il lui faudrait subir l'alliance, et peut-être le joug, que des Romains, moins imprévisibles. Et comme les impôts, eux, qu'ils soient redevance impériale ou tribut barbare, resteront les mêmes…

Vespasien, après avoir rétabli la paix civile dans Rome, envoie ses légions. Les tribus gauloises se déchirent : certaines veulent résister, d'autres renouer avec Rome. Tandis que les légions s'avancent, les chefs se disputent sur… le choix de la ville qui sera le siège du nouvel Empire gaulois ! Le général romain Cerialis, qui les tient sous la menace de ses armées, les convoque et obtient leur reddition. Les Germains restent — provisoirement — sur la rive droite du Rhin.

Civilis, abandonné, traqué de toutes parts, se défend longtemps dans les marais du pays batave, puis finit par demander la paix et obtenir le pardon impérial. Julius Sabinus, de son côté, a envahi avec ses Lingons les territoires de ses voisins séquanes, qui résistent, et le battent. Sabinus, abandonné de tous, se fait passer pour mort et s'enfuit. Avec sa femme, Éponine, qui donne le jour à deux enfants, il passe neuf ans au fond d'un antre. Découverte, la famille de l'éphémère empereur des Gaules est conduite à Rome. Lors du jugement, Éponine, avec ses enfants, se jette aux pieds de Vespasien pour obtenir la grâce de son mari. Selon la chronique, l'assistance est en larmes, et Vespasien n'est pas le dernier à pleurer. Mais lui qui doit son trône à une révolte est résolu à mater le soulèvement gaulois, pour l'exemple. Il reste inflexible, et ordonne le supplice de Sabinus. « Fais-moi donc mourir aussi, s'écrie alors Éponine en se redressant, car j'aime mieux la nuit de la tombe, où j'ai été plus heureuse avec lui, que la lumière du jour, en face de toi ! » Elle suit son époux dans la mort…

Chrétiens et martyrs gallo-romains

Dès le IIe siècle, il y a des chrétiens au-delà des Alpes. À Lyon est fondée la première église des Gaules, où les persécutions commencent lorsque Marc Aurèle rend un édit contre les chrétiens. Les fidèles, menés devant le gouverneur, sont mis à la torture. Certains consentent à brûler de l'encens devant les idoles, mais le plus grand nombre choisit d'affronter le martyre. L'évêque Pothin, âgé de 90 ans, est lapidé par le peuple. 47 autres confesseurs périssent sous la dent des lions ou la hache du bourreau.

Les chroniques ont davantage retenu le martyre des fils et filles de famille que celui dcs convertis de basse extraction : le pouvoir impérial, inquiet de ce qu'il considère comme une rébellion de ses élites, les soumet à des châtiments exemplaires. Parmi les victimes de cette persécution, deux amis d'enfance, nés de parents nobles : Épipode et Alexandre. Amenés devant le tribunal du gouverneur, tous deux s'avouent chrétiens. Le juge interroge d'abord Épipode, lequel résiste à toutes les menaces. Le juge le fait frapper à la bouche si violemment que le sang jaillit. Épipode continue néanmoins à répéter qu'il est chrétien. On le suspend par les bras, et deux licteurs le déchirent avec des ongles de fer ; il ne cède pas ; et comme le peuple veut le lapider, le juge, pour éviter à un membre de la noblesse une exécution populaire, fait trancher la tête du jeune martyr. Le lendemain, Alexandre montre la même fermeté. Le gouverneur le fait étendre sur un chevalet et frapper par trois bourreaux qui se relaient. Son corps, déchiré, laisse échapper ses entrailles. Pour en finir, on le met en croix…

L'histoire de Blandine, une jeune esclave, est plus édifiante encore. Faible, malade, Blandine peut à peine se soutenir quand on la conduit devant le juge : on croit qu'elle va succomber dès les premières tortures ; c'est pourtant elle qui lasse ses bourreaux. Condamnée à périr dans l'amphithéâtre, elle est liée à un poteau ; on lâche des lions contre elle. Mais, soit parce qu'ils sont rassasiés, ou, selon la légende, parce qu'ils sont respectueux d'une future sainte, ils se couchent à ses pieds, à la grande déception des spectateurs venus dans l'espoir d'une fin sanglante. Le jour de la clôture des jeux, on ramène Blandine ; on l'oblige à assister à une nouvelle boucherie de chrétiens, on martyrise sous ses yeux un adolescent, puis on la torture à nouveau. Elle résiste encore à la souffrance. Alors, enveloppée d'un filet, Blandine est livrée à un taureau furieux qui la lance en l'air, la piétine sous ses sabots, l'enlève de nouveau sur ses cornes et la traîne sur l'arène jusqu'à ce qu'elle rende l'âme…

Plus tard, Saturnin est livré dans Toulouse à la rage d'un taureau furieux. Denis est décapité sur la montagne de Mars (Montmartre), et enterré par les soins d'une pieuse femme dans la plaine qui a gardé son nom, au nord de Lutèce. À Metz, Clément est réduit à prendre pour refuge et pour église les souterrains de l'amphithéâtre ; il doit interrompre ses prêches lorsque rugissent les bêtes que l'on affame, avant de les envoyer dans l'arène dévorer les chrétiens que Clément vient de convertir.

Le mariage et la mort d'Attila

Attila, après avoir été battu aux champs Catalauniques, n'en a pas pour autant renoncer à dévaster l'Occident. Pendant l'été torride de 452, il parvient, avec ses Huns, jusqu'à Rome. L'empereur Valentinien en devient comme fou. Il veut immédiatement négocier ! Rome aux Huns, et c'est tout l'empire d'Occident qui tombe. Il envoie une délégation proposer une importante rançon pour sauver la ville. Le pape Léon Ier, évêque de Rome, est chargé de l'ambassade. Attila le reçoit avec un certain soulagement. L'état physique de ses hommes l'inquiète et la porte de sortie offerte par l'empereur l'arrange. Il accepte la proposition, et, le jour suivant, l'armée des Huns rebrousse chemin, moyennant un lourd tribut. Attila regagne Etzelburg dans l'allégresse.

Il rapporte des richesses immenses dans la longue caravane de chariots qui suit son armée : des bijoux, de l'or, des étoffes, de la vaisselle… résultat de ses pillages en Italie, et de la superbe rançon impériale. Son retour est triomphal. Mais l'absence d'Attila durant ses campagnes a développé la corruption chez les fonctionnaires qu'il a mis en place. Des rébellions sporadiques ont éclaté en Russie et au nord de la Germanie. Il lui faut remettre de l'ordre promptement. L'armée se repose durant l'automne 452, puis repart en guerre. Attila a environ 60 ans. Il est toujours aussi alerte. La remise en ordre dans ses États vassaux est rapide. Les rebelles sont exécutés, le calme est aussitôt rétabli. Il a, pendant cette campagne, rencontré Idilco, jeune princesse germaine. Attila, dont on dit qu'il a déjà plus de 200 épouses et une multitude d'enfants, en tombe amoureux. Les noces, célébrées à Etzelburg début 453, sont somptueuses. Quand vient l'heure pour les époux de se retirer dans leur chambre, Attila semble plus vif que jamais.

On le retrouve mort le lendemain, en travers du lit nuptial, et Idilco recroquevillée, en larmes, dans un coin de la chambre. Sa passion trop violente pour la princesse germaine a fait éclater le cœur du vieux roi ! Les funérailles passées (le « fléau de Dieu » est incinéré au sommet d'un grand bûcher), ses proches se disputent l'héritage tandis que l'instinct nomade et indépendant des Huns reprend le dessus. Chacun se disperse… D'Attila ne resteront que le titre de Grand Roi des Huns et le souvenir de celui qui terrorisa l'Orient et l'Occident.

À Ravenne, le général romain Aetius, son vainqueur des champs Catalauniques, le suit de peu dans la mort. Il est assassiné en 454 par l'empereur Valentinien lui-même, jaloux de son pouvoir militaire, même si le gouverneur des Gaules (c'est l'un des titres d'Aetius) a toujours prouvé sa fidélité à l'Empire. Ce meurtre, suivi du supplice des proches d'Aetius, provoque la colère populaire. Valentinien III est à son tour assassiné le 16 mars 455 ; sous ses trente ans de règne, l'empire d'Occident s'est définitivement démembré.

Les Mérovingiens

L'Histoire en résumé…

Fils de Childéric, mort en 481, Clovis Ier est considéré comme le véritable fondateur de la monarchie française par ses conquêtes comme par sa politique unitaire fondée sur le catholicisme. Il comprend que le christianisme sera le lien entre les Gaulois vaincus et les Francs victorieux, et s'allie aux évêques. Le premier ennemi à vaincre est Rome. Clovis attaque les Romains de Syagrius, les bat à Soissons en 486, et prend toutes les places qu'ils possèdent en Gaule. En 493, il épouse Clotilde, une chrétienne, fille d'un ancien roi des Burgondes. Après la bataille de Tolbiac (près de Cologne), qu'il gagne en 496 (ou 506) contre les Alamans, Clovis se fait baptiser par saint Rémi. Désormais sûr de l'appui du clergé, Clovis franchit la Loire, attaque les Wisigoths, qui occupent tout le pays de la rive gauche de ce fleuve jusqu'aux Pyrénées, les bat à Vouillé, près de Poitiers, en 507, tue leur roi Alaric, conquiert Angoulême et Toulouse, et revient occuper Tours ; il se dirige à l'ouest et s'empare du Mans, puis à l'est et s'empare de Cologne ; il s'établit enfin à Paris, où il meurt, en 511, à l'âge de 45 ans.

Les quatre fils de Clovis se partagent son royaume. Clodomir s'établit à Orléans, Childebert Ier à Paris, Clotaire à Soissons, et Thierry à Metz. Ils s'unissent contre Sigismond, roi des Burgondes, et contre les derniers rois Wisigoths, qu'ils contraignent à fuir en Espagne en 531. Clodomir, roi d'Orléans, a été tué en 524 dans une des batailles contre les Burgondes. De ses trois fils, deux sont assassinés, et le troisième, Clodoald, est enfermé dans un couvent et a été canonisé par l'Église sous le nom de saint Cloud. Childebert et Clotaire se partagent le royaume d'Orléans. Thierry, autre fils de Clovis, meurt en 534.

Clotaire Ier, seul fils survivant de Clovis en 558, réunit tout l'empire des Francs et réalise ainsi l'unité territoriale. Les filles de Childebert ont été exclues du trône par la première application de la loi salique. Cette loi, que l'on suppose être l'œuvre de Clovis, contient soixante et onze articles ; elle indique des pénalités contre le vol, la violence et le meurtre. De tous les peuples habitant la Gaule, les Bretons seuls n'ont pas encore été attaqués par les Mérovingiens. Clotaire les bat à Saint-Malo en 560. Après un règne de cinquante ans, il meurt à Compiègne et est enterré dans l'abbaye de Saint-Médard à Soissons.

Les fils de Clotaire se partagent son royaume. Caribert Ier devient roi de Paris ; Gontran, roi d'Orléans ; Sigebert Ier, roi de Metz ou d'Austrasie ; Chilpéric Ier, roi de Soissons ou de Neustrie. La mort de Caribert, roi de Paris, survenue en 567, amène un nouveau partage de l'empire entre les trois autres fils de Clotaire Ier. Gontran reçoit la Bourgogne, Sigebert commande aux Francs austrasiens, et Chilpéric aux Neustriens. Ces trois frères possèdent par indivis la ville de Paris : aucun d'eux ne peut y entrer sans la permission des deux autres. Gontran, roi d'Orléans et de Bourgogne, règne trente ans et se tient à l'écart des querelles sanglantes qui éclatent entre Sigebert Ier et Chilpéric Ier.

Cette période est marquée par la rivalité de Frédégonde, femme de Chilpéric, roi de Neustrie, et de Brunehaut, femme de Sigebert, roi d'Austrasie. Frédégonde fait assassiner Galswinthe, première femme de Chilpéric, et épouse ce dernier en 568.

Brunehaut, pour venger la mort de sa sœur Galswinthe, pousse son mari à déclarer la guerre à son frère. Sigebert met le siège devant Tournai et est assassiné par ordre de Frédégonde en 575. Cette femme fait successivement mettre à mort Chilpéric, son mari (584), et l'évêque Prétextat, qui lui reproche ses crimes ; elle arme son fils Clotaire II contre Childebert, fils de Brunehaut, défait les troupes de celui-ci à Droissy, près de Soissons, en 593, et meurt tranquillement dans son lit en 597.

Brunehaut gouverne l'Austrasie durant la minorité de Childebert II, son fils, et de Théodebert II, son petit-fils. Chassée par une révolte du peuple, elle se retire en Bourgogne et est quelque temps après livrée par les chefs austrasiens à Clotaire II, fils de Frédégonde, qui la fait périr attachée à la queue d'un cheval indompté, en 613.

Clotaire II, comme son aïeul Clotaire Ier, réalise en 613 l'unité monarchique. Il guerroie contre les Saxons, et tue leur roi. Rentré dans ses États, il associe au gouvernement, en 622, son fils Dagobert, auquel il cède l'Austrasie. Il meurt en 628 ; il a créé les maires du palais. Ces officiers, chargés du gouvernement intérieur, sont nommés par les rois et n'exercent à l'origine qu'une autorité subalterne. Ils sont amovibles. Plus tard, ils obtiendront le droit de se faire élire par les seigneurs et deviendront indépendants de la royauté, quand leur aura été concédée l'hérédité de cette charge.

Dagobert succède à Clotaire II en 628. Il cède à son frère Caribert le gouvernement d'une partie de l'Aquitaine et devient bientôt roi de toute la France à la mort de celui-ci. Il guerroie avec succès contre les Vascons (ou Basques), les Bretons, les Frisons et les Saxons. Son empire a pour limites la Weser, les Pyrénées, l'Océan et la Bohême. Dagobert meurt à Saint-Denis en 638 et est enterré dans l'église de cette abbaye qu'il avait fondée.

À la mort de Dagobert, son fils Sigebert III devient roi d'Austrasie sous la tutelle du maire du palais Pépin de Landen (Landen, au nord-est de Liège). Son second fils, Clovis II, règne en Neustrie sous celle d'un autre maire du palais. Sigebert III meurt en 656. Grimoald, qui a succédé à son père Pépin dans les fonctions de maire d'Austrasie, veut faire placer sur le trône son propre fils Childebert. Clovis II, aidé par les chefs austrasiens, renverse l'usurpateur et réunit sur sa tête les trois couronnes de Bourgogne, de Neustrie et d'Austrasie en 657, date de sa mort.

Clovis II laisse trois fils : Clotaire III, qui devient roi de Neustrie et de Bourgogne ; Childéric II, qui règne en Austrasie ; et enfin Thierry III, qui n'a d'abord aucune part à la couronne. Clotaire III étant mort en 673, Ébroïn, maire de Neustrie, met sur le trône Thierry III : mais les chefs austrasiens, unis à ceux de Bourgogne, renversent du trône Thierry III, y placent Childéric II et relèguent Ébroïn dans le monastère de Luxeuil. Celui-ci s'échappe et reprend le pouvoir avec Thierry III à la mort de Childéric II, en 675. Les chefs austrasiens viennent de nommer Martin et Pépin de Herstal ducs des Francs ; Ébroïn est assassiné en 681, et Pépin de Herstal défait les Neustriens, à la bataille de Tertry en 687. À partir de cette date jusqu'en 752, les Mérovingiens portent le titre de roi, mais n'en ont plus l'autorité.

Thierry III, Clovis IV, Childebert III et Dagobert III ne règnent que de nom de 687 à 715. Pépin de Herstal, qui possède le pouvoir, n'ose pas détrôner les Mérovingiens et laisse ce soin à ses descendants. Il justifie sa quasi-usurpation par les succès qu'il remporte sur les Bretons, les Frisons, les tribus germaniques, les Aquitains, et meurt en 714.

Charles Martel, fils naturel de Pépin de Herstal, lui succède comme maire du palais et comme duc des Austrasiens. Il bat les Neustriens à Vincy (entre Arras et Cambrai) en 717, soumet les Bavarois, les Thuringiens, les Frisons, les Saxons, et gouverne pour Thierry IV de Chelles, roi des Francs de 721 à 737. Il bat les Sarrasins entre Tours et Poitiers, en 732. Il tourne ses armes contre la Bourgogne et la Provence, chasse les Arabes du midi de la France et s'apprête à passer en Italie pour défendre le pape contre les Lombards, quand il meurt en 741. À la mort de Charles Martel, ses deux fils, Carloman et Pépin, se partagent le royaume. Le premier reçoit l'Austrasie et le pays d'Outre-Rhin ; et le second, la Neustrie, la Bourgogne et la Provence. Pépin proclame Childéric III, fils de Chilpéric II, roi de France. Carloman, après avoir chassé de la Thuringe les Saxons qui la ravageaient, se fait moine, et se retire au monastère du Mont-Cassin (Italie) en 747. Pépin le Bref marche contre les tribus germaniques rebelles, défait les Saxons et les Westphaliens, renverse les ducs d'Aquitaine, prend la Septimanie aux Arabes et la ville de Vannes aux Bretons.

Rois mérovingiens…

— **Clovis Ier**, fils de Childéric Ier et de la reine Basine — Roi en 481 — Né vers 466 — Marié en 493 à Clotilde, fille de Chilpéric, roi des Burgondes — Mort à Paris le 27 novembre 511.

— **Childebert Ier**, 3e fils de Clovis et de la reine Clotilde — Roi en 511 — Né vers 496 — Mort en 558.

— **Clotaire Ier**, 4e fils de Clovis et de la reine Clotilde — Roi en 511 — Né vers 497 — Marié à Ingonde ; à Aregonde ; à Gunsinde ; à Radegonde, fille de Berthaire, roi de Thuringe ; à Gundiuque, veuve de son frère Clodomir, roi d'Orléans ; à Waldetrade, veuve de Théobald (ou Thibert Ier), roi d'Austrasie — Mort à Compiègne en 561.

— **Caribert**, fils de Clotaire Ier et d'Ingonde — Roi en 561 — Mort à Paris le 7 mai 567.

— **Chilpéric Ier**, fils de Clotaire Ier et d'Aregonde — Roi en 561 — Né en 539 — Marié à Audovère ; à Galswinthe ; à Frédégonde — Mort à Chelles en 584.

— **Clotaire II**, 5e fils de Chilpéric Ier et de Frédégonde — Roi en 584 — Né en 584 — Marié à Haldetrude ; à Bertrude ; à Icchilde — Mort en 629.

— **Dagobert Ier**, second fils de Clotaire II et d'Haldetrude — Roi en 629 — Né vers 600 — Marié à Gernatrude ; à Nantilde ; à Ragnetrude ; à Wulfegonde ; à Berthilde — Mort à Épinay le 19 janvier 638.

— **Clovis II**, fils de Dagobert Ier et de la reine Nantilde — Roi en 639 — Né en 635 — Marié à Bathilde, esclave anglo-saxonne qu'il a rachetée — Mort en 657.

— **Clotaire III**, fils aîné de Clovis II et de la reine Bathilde — Roi en 657 — Né vers 652 — Marié à Amathilde — Mort en 673 sans postérité.

— **Childéric II**, second fils de Clovis II et de la reine Bathilde — Roi en 673 — Né vers 650 — Marié à Blichilde — Mort en 675.

— **Thierry III**, 3e fils de Clovis II et de la reine Bathilde — Roi en 676 — Né en 644 — Marié à Clotilde ; à Doda — Mort en 691.

— **Clovis IV**, fils aîné de Thierry III et de la reine Clotilde — Roi vers 691 — Né vers 681 — Marié à Blichilde — Mort en 695.

— **Childebert III**, second fils de Thierry III et de la reine Clotilde — Roi en 695 — Né en 683 — Marié à Eudoxie — Mort en 711.

— **Dagobert III**, fils de Childebert III et de la reine Eudoxie — Roi en 711 — Né en 699 — Marié à Clotilde — Mort en 715.

— **Chilpéric II**, second fils de Childéric II et de la reine Blichilde — Roi en 715 — Né vers 670 — Mort en 721.

— **Thierry IV**, fils de Dagobert II et de la reine Clotilde — Roi en 721 — Mort en 737.

— **Childéric III**, fils de Chilpéric II — Roi en 743, dit « l'insensé » — Né vers 734 — Déposé en 751 — Mort en 754.

Souviens-toi du vase de Soissons

Depuis le règne de Constantin le Grand (306-337), le christianisme est devenu religion d'État. Les évêques ne sont pas seulement des chefs religieux, mais aussi des magistrats civils. Ils rendent la justice, entretiennent routes et aqueducs et s'occupent de l'approvisionnement des populations.

Clovis témoigne des égards aux évêques, mais ne peut pas toujours empêcher ses Francs de piller les églises. Lors d'une expédition militaire contre Châlons et Troyes, ses hommes pillent les églises de Reims. L'évêque de la ville, saint Rémi, envoie un émissaire à Clovis pour protester et récupérer un vase « d'une grandeur et d'une beauté merveilleuses » auquel il tient. De retour à Soissons, les Francs, selon l'usage, mettent en commun le butin avant de se le partager. Clovis, outre sa part, réclame le vase de Rémi. Un guerrier lève alors sa hache et l'abat sur le vase : « Tu n'auras rien, ô roi, que ce que le sort t'accordera ! » (On ignore de quelle matière — bronze, terre cuite... — était ce vase, et s'il fut totalement brisé ou seulement ébréché). Clovis, sous l'affront, maîtrise sa colère. Telle est la loi des Francs : le chef est à égalité avec ses guerriers, qui l'ont élu. Au mois de mars suivant, les Francs, selon l'usage germanique, se réunissent pour préparer leurs nouvelles expéditions guerrières.

Pendant l'hiver, les Barbares, comme auparavant les Romains, observent une trêve obligée, car ils ne trouvent pas de fourrage pour leurs chevaux dans la campagne gelée. Clovis, conformément à son rôle de chef de guerre, passe ses hommes en inspection, et s'arrête devant celui qui l'a humilié, quelques mois auparavant. Lui reprochant ses armes en mauvais état, il lui arrache des mains la hache qui a brisé le vase, et la jette à terre. Le guerrier se baissant pour la ramasser, Clovis, de sa propre hache, lui fend le crâne en criant : « Qu'il te soit fait ainsi que tu as fait au vase, l'an passé, dans Soissons ! » ou, dans une version simplifiée, « Souviens-toi du vase de Soissons ! »

Le mariage de Clovis et de Clotilde

Fille du roi des Burgondes Chilpéric, Clotilde naît à Lyon aux alentours de l'an 475. Son père, qui a partagé ses États avec ses frères, s'attire la haine de l'un d'eux, Gondebaud, qui l'assassine, lui et ses deux fils, en les décapitant et en les jetant dans un puits. Il fait aussi noyer la reine dans le Rhône en lui attachant une pierre au cou, n'épargnant que les deux filles, ses nièces : l'une est enfermée dans un couvent, où elle meurt peu après, l'autre, Clotilde, est élevée par son oncle-assassin. Elle reçoit une éducation catholique alors qu'autour d'elle l'arianisme est officiellement enseigné (Gondebaud, qui surveille son éducation, se serait secrètement converti au catholicisme, sous l'influence d'Avitus, évêque de Vienne en Dauphiné, alors capitale du royaume des Burgondes).

Vers l'âge de quinze ans, elle reçoit la visite d'envoyés de Clovis chargés d'une demande en mariage. Clovis est déjà marié avec une femme que l'histoire méconnaît, mais dont il a eu un fils, Thierry. Est-elle morte, l'a-t-il répudiée lorsqu'il fait sa demande, plus politique que sentimentale ? Clotilde ne s'y dérobe pas, exigeant seulement que son futur époux consente à se convertir au christianisme. Clotilde a sans doute été conseillée par Avitus. Clovis est un pragmatique ; la religion n'étant pas son premier souci, les conditions ne sont pas exorbitantes. Il envoie une seconde ambassade à Gondebaud, solennelle cette fois, pour lui demander la main de sa nièce. Gondebaud n'ose la lui refuser, car Clovis est puissant. L'accord est conclu et l'un des envoyés épouse la princesse au nom de son maître, par le sou d'or et le denier d'argent, selon la coutume salique. Le mari, en effet, est censé acheter sa femme par ces deux pièces de monnaie. Clotilde est alors conduite à Soissons dans une *basterne*, chariot couvert tiré par des bœufs, et parvient dans cette ville, où les noces se déroulent.

Courbe la tête, fier Sicambre

Clovis, donc, épouse en 493 la chrétienne Clotilde (dont l'Église fera une sainte guérisseuse des enfants malades). Encouragée par les évêques, elle presse son époux de se convertir. Mais ce dernier est réticent. Leur premier fils est baptisé dès sa naissance, mais meurt quelques jours après. Ce qui rend Clovis méfiant quant au Dieu de son épouse. Leur second fils est lui aussi baptisé à sa naissance, et tombe lui aussi malade peu après. Mais, après deux jours de prières, l'enfant guérit (ce sera Clodomir). Clovis, bien qu'ébranlé, refuse toujours de recevoir le baptême.

Les Alamans descendent le Rhin. Clovis marche à leur rencontre. L'affrontement a lieu à Tolbiac (aujourd'hui Zülpich, Allemagne), en 496. Clovis, voyant ses troupes dominées, en est réduit à invoquer le Christ de Clotilde, et jure de se faire baptiser en son nom s'il obtient la victoire. La chance commence alors à tourner : le roi des Alamans est tué au combat, ses troupes s'enfuient, ou se rendent… Clovis tient parole ; il est baptisé à Reims par saint Rémi le jour de Noël 496 (mais la date est contestée) : « Courbe la tête avec humilité, fier Sicambre ; adore ce que tu as brûlé, brûle ce que tu as adoré ! » aurait déclaré l'évêque en versant l'eau bénite sur la nuque du roi, debout et nu dans un bassin. La tradition du sacre à Reims des rois de France, qui reçoivent leur pouvoir de Dieu, vient d'être instituée. La légende veut que, enthousiasmés, trois mille guerriers francs se jettent dans le bassin pour se faire baptiser derrière leur chef. Clovis, désormais défenseur des chrétiens, pourra désormais assouvir ses ambitions territoriales avec l'appui des évêques et du peuple gallo-romain.

Cruauté de Clovis

En 481, Clovis, qui n'a que 15 ans, est hissé sur le pavois des chefs, comme c'est la coutume. Son territoire est voisin de celui du patrice romain Syagrius, maître de Soissons. Voulant accaparer ses terres, il le bat en 486. Syagrius se réfugie chez Alaric II, roi des Wisigoths, de l'autre côté de la

Loire. Clovis ne peut tolérer qu'un vaincu lui échappe. Il menace d'entrer en guerre contre Alaric si ce dernier ne lui livre pas le patrice romain. Le roi wisigoth cède. Clovis envoie aussitôt des émissaires exécuter le prisonnier. En 507, Clovis bat à son tour Alaric II à Vouillé, près de Poitiers. Clovis le tue de sa main et fait massacrer toute l'armée en fuite, qui comprend beaucoup de Gallo-Romains auxquels, paradoxalement, il doit sa victoire, car ils n'ont pas voulu l'affronter : depuis son baptême, il est chrétien, comme eux ! Après cette bataille, il interdit à ses troupes de piller le pays conquis. Un soldat franc passe outre, et prend du foin dans une grange afin de nourrir sa monture. Clovis le fait immédiatement mettre à mort.

De la Garonne à la Loire, du Rhin à la Seine, Clovis, établi à Paris, est devenu le maître, n'hésitant pas à faire assassiner ses anciens frères d'armes et les membres de sa famille qui pourraient lui disputer le pouvoir. Grégoire de Tours cite neuf princes, tous parents de Clovis, qu'il fait exécuter ou tue de sa main. Sur la fin de sa vie, lors d'un banquet, il se reproche publiquement d'avoir exterminé jusqu'à ses proches, et demande s'il lui reste des parents. L'un de ses neveux, ému, se fait connaître. Il est assassiné le soir même !

Tonsures…

À l'époque mérovingienne, le serf qui arrache les cheveux d'une femme reçoit, suivant qu'elle est libre, affranchie ou serve, 200, 100 ou 75 coups de bâton. Au supplice du fouet peut s'ajouter l'humiliation de la tonsure (dite *décalvation*). Le serf qui séduit une femme libre est tondu et reçoit 300 coups de fouet. Le serf coupable de meurtre sur l'ordre de son maître est d'abord tondu, puis fouetté 100 fois s'il s'agit du meurtre d'un serf, 200 fois s'il s'agit d'un homme libre. Quelquefois, on ne rase que la moitié de la tête du coupable, par exemple s'il a donné asile à un hors-la-loi, ce qui lui vaut, en outre, 120 coups de fouet (loi wisigothe). Dans la Grèce antique, il était pratiqué une forme de tonsure particulière : on arrachait les cheveux aux époux reconnus infidèles. Autres époques, mêmes mœurs : sous l'Empire, dans les armées napoléoniennes, on tond les cantinières coupables de larcin, avant de les baigner dans des dépotoirs, comme l'on rase le crâne des prostituées et femmes légères qui suivent les armées, et dont les généraux veulent se débarrasser. Et à la Libération, en 1944-45, les résistants de la dernière heure se couvrent de gloire en tondant les femmes soupçonnées d'avoir eu une liaison avec des Allemands.

La vengeance de Clotilde

Clotilde n'est pas la sainte présentée dans les pieux manuels. Après la mort de Clovis, elle poursuit son œuvre pour éliminer la famille de son oncle Gondebaud, roi des Burgondes (voir *Le mariage de Clovis*). Elle incite ses fils, Clodomir, Childebert et Clotaire à conquérir la Bourgogne. S'ensuit, car dans les deux camps ce ne sont pas des diplomates, une longue suite de massacres qui non seulement s'abat sur les fils de Gondebaud (l'un d'eux, Sigismond, est jeté vivant dans un puits, après qu'on a égorgé devant lui sa femme et ses enfants), mais aussi sur la propre lignée de la reine, ses fils se disputant sauvagement le pouvoir, Clotaire et Childebert assassinant leurs neveux orphelins, pourtant confiés à la garde de Clotilde (voir *Les enfants de Clodomir*). Peut-être accablée d'être à l'origine d'une telle descendance, Clotilde se retire à Tours dans un monastère, près du tombeau de saint Martin ; elle y passe le reste de ses jours dans la prière, le jeûne, les veilles et autres exercices de pénitence. Elle meurt le 3 juin 545, et son corps, rapporté à Paris, est inhumé près de celui de son mari et de celui de sainte Geneviève (qui a sauvé Paris de l'invasion d'Attila) en l'église Saint-Pierre-et-Saint-Paul. C'est sur l'emplacement de cet édifice que s'élève aujourd'hui le Panthéon.

Les enfants de Clodomir

Sous les Mérovingiens, lors des fréquents problèmes de succession, la solution la plus courante est l'élimination de l'adversaire, frère ou proche parent. Le vainqueur de ce « duel » prend la couronne ; moyen certes expéditif, mais qui permet de maintenir une certaine unité territoriale. L'Église essaie d'adoucir ces mœurs barbares en obtenant, parfois, que le perdant de ces « partages » familiaux ne soit pas mis à mort, mais seulement tonsuré et enfermé dans un monastère. Mais les rois répugnent à laisser la vie sauve à leurs frères, fils ou neveux ennemis : ils redoutent, avec raison, des révolutions de palais au cours desquelles les bannis reviennent se faire justice. Les filles, elles, selon les lois saliques, ne pouvant hériter, risquent moins le poignard, lors des partages. Soit elles sont reléguées dans un couvent, soit invitées à partager la couche du vainqueur, comme concubines ou, dans les cas les plus heureux, comme épouses. L'Église, là encore, mettra des siècles à codifier ces relations plus ou moins incestueuses, et à faire interdire les mariages consanguins.

Clodomir, roi d'Orléans, ayant été assassiné par un Burgonde qui a voulu venger le meurtre de son roi, précipité dans un puits avec sa famille, Clotaire, roi de Soissons, son frère cadet, épouse sa veuve Gontheuque et, avec son frère Childebert, roi de Paris, décide d'égorger de sa main ses trois neveux, âgés de dix à sept ans. Il envoie à la reine Clotilde, grand-mère des enfants, ce message : « Très glorieuse reine, préfères-tu que tes petits-enfants aient les cheveux coupés ou qu'ils soient égorgés ? » Indignée, la reine Clotilde réplique imprudemment : « J'aime mieux les voir morts que rasés. » En effet, chez les Mérovingiens, avoir les cheveux longs est signe de pouvoir. Lorsqu'on dépose un roi (si on ne l'assassine pas), on le tond, avant de l'enfermer dans un monastère.

Au retour du messager, Clotaire passe aux actes. Il égorge l'aîné ; le second se jette aux pieds de Childebert, et le supplie de l'épargner. « Repousse-le loin de toi, ou tu vas mourir à sa place ! » lui crie Clotaire. Childebert s'exécute et Clotaire égorge le cadet à son tour. Un serviteur parvient à sauver le plus jeune. Pour garder la vie sauve, il renoncera à son héritage et se fera moine ; l'Église le sanctifiera sous le nom de saint Cloud.

Austrasie et Neustrie

À la mort de Clotaire Ier, la Gaule franque est divisée en :

— *Austrasie*, ou royaume de l'Est. Elle appartient à des guerriers francs Ripuaires. C'est la Francie germanique.

— *Neustrie*, ou Gaule du Nord-Ouest. Les Francs Saliens y côtoient de nombreux propriétaires gallo-romains. C'est la Francie romaine.

— *Burgondie*, comprenant les pays de la Saône et du Rhône. Elle appartient à des guerriers francs.

— *Aquitaine*, limitée au nord par la Loire, à l'est par les Cévennes. Les Francs, qui n'ont pas réussi à s'y établir, contrairement aux Wisigoths, pillent fréquemment cette région riche, où persiste la civilisation romaine. Les Aquitains détestent les Francs, et cette haine perdurera des siècles, notamment lorsque les seigneurs du Nord descendront combattre l'hérésie cathare.

Les femmes de Clotaire Ier

Clotaire, le plus jeune des fils de Clovis, né vers 497, obtient en partage à la mort de son père le royaume de Soissons. Intelligent mais lâche et cruel, il se signale par ses atrocités et sa vie dissolue. En 524, son frère Clodomir, roi d'Orléans, est assassiné par un Burgonde qui veut venger le meurtre de son roi, précipité dans un puits avec sa famille. Pour s'emparer de l'héritage du défunt Clodomir, il n'hésite pas à égorger de sa main deux de ses neveux, âgés de dix et sept ans, après avoir épousé leur mère, Gontheuque, veuve de Clodomir.

Clotaire se marie six fois. Époux d'Ingonde, cette dernière lui fait part de son désir de voir Arnegonde, sa sœur cadette, trouver un beau parti. Clotaire n'hésite pas : il épouse aussi Arnegonde en expliquant à Ingonde : « J'ai cherché pour ta sœur un homme riche et sage, et n'ai rien trouvé mieux que moi-même ! » Lors d'une expédition en Thuringe, il remarque Radegonde, la fille du roi ennemi qui a été tué. Elle a 6 ans. Il lui fait donner une bonne éducation et, dès qu'elle est nubile, l'épouse. L'union, malgré la répulsion éprouvée par Radegonde, dure six ans. Elle multiplie les prétextes pour échapper à ses devoirs conjugaux. « C'est une nonne que j'ai là, ce n'est pas une reine ! » s'irrite Clotaire. Les annales assurent qu'elle quitte parfois le lit du roi pour se livrer aux pratiques les plus austères de la pénitence. Prétextant l'assassinat de son frère par son mari, elle obtient, avec l'appui des évêques, de se séparer de Clotaire et de fonder le monastère de Sainte-Croix de Poitiers. Ayant fait le vœu de virginité, de pauvreté et d'obéissance, elle s'oblige à porter un cilice, à coucher sur la cendre, à ne manger que racines ou légumes, sans assaisonnement, à ne boire que poiré (boisson obtenue par la fermentation du jus de poires fraîches) ou eau miellée, à balayer les salles communes, à décrotter et cirer les souliers des nonnes, à tirer l'eau du puits, laver la vaisselle…

En 548, son neveu Théodobert Ier, roi d'Austrasie, parti en Italie semer la terreur, meurt d'une chute de cheval. Il laisse pour héritier un fils dégénéré qui meurt sans descendance en 553. Clotaire Ier épouse sa veuve, et s'empare ainsi de l'Austrasie, reconstituant à son profit le royaume de son père.

De Gonsinde, sa troisième femme, Clotaire a eu un fils, Chramne, qui s'est allié contre lui avec le comte de Bretagne. Clotaire bat les Bretons et incendie de sa main la cabane de pêcheurs dans laquelle Chramne s'est réfugié avec sa femme, ses enfants et sa mère. Tous sont brûlés vifs. Clotaire meurt peu après, de remords, dira-t-on, en 561, lors d'une chasse à Compiègne, âgé de 64 ans.

L'inceste de la reine Audovère

Première femme de Chilpéric Ier, roi de Neustrie, Audovère, fille d'un intendant royal, lui a déjà donné deux enfants et en attend un autre quand elle engage à son service, comme chambrière, la belle Frédégonde, fille du comte d'Ardennes. Ambitieuse, Frédégonde devient la maîtresse du roi. Il est parti se battre en Saxe contre son frère Sigebert, roi d'Austrasie, quand Audovère met au monde une fille. À l'invitation de Frédégonde, la naïve Audovère tient sur les fonts baptismaux sa petite Childesinde ; elle ignore qu'en agissant ainsi elle en devient la marraine, ce qui crée un lien de parenté avec son propre mari (marraine et parrain, selon les règles de l'époque, sont les seconds parents des nouveau-nés, et ce lien institué par le baptême équivaut, pour l'Église, à un lien de sang ; devenue la *commère* de son mari, Audovère ne peut plus partager sa couche, sous peine d'être accusée d'inceste !)

Le roi, lorsqu'il revient de sa campagne militaire, le lui fait sèchement savoir (Frédégonde s'est hâtée de le prévenir) et envoie la reine et sa fille dans un couvent de la région du Mans. L'évêque qui a présidé au baptême est, lui, envoyé en exil. Quelques années après, Frédégonde, qui a épousé Chilpéric, envoie ses tueurs dans le couvent : Audovère est précipitée dans une rivière, ou étranglée. Sa fille, qui mourra religieuse, est violée. Les deux fils qu'Audovère a eus de Chilpéric seront eux aussi mis à mort.

Massacres, maladies et misères…

En 532, l'Auvergne est saccagée par les Wisigoths qui abattent les arbres, brûlent les chaumières, les églises et les monastères (ils sont ariens, ennemis des catholiques), emmenant les enfants et les jeunes filles pour les vendre comme esclaves. En 583, dans le Berry, tout est coupé, brûlé, détruit : on ne trouve ni une vigne, ni un arbre, ni un homme debout. En 719, les Arabes, maîtres de Narbonne, passent tous les hommes au fil de l'épée, puis emmènent les femmes et les enfants en captivité en Espagne.

En 540 apparaît pour la première fois la peste bubonique, dite peste d'Orient. En 570, on signale l'apparition de la petite vérole, originaire d'Arabie ou d'Égypte. On la combat avec des herbes… Vers 588, une effroyable peste s'abat sur Marseille, apportée par un vaisseau venu d'Espagne, et remonte le Rhône jusqu'à Lyon. Le roi Gondran ordonne des processions, des prières, augmente ses aumônes et impose qu'on ne consomme plus que du pain d'orge et de l'eau pure. En 720, les Sarrasins apportent la lèpre, fléau surnommé « le fils aîné de la mort » et dont la gravité est telle que le concile de Compiègne (756) autorise le remariage quand la lèpre a atteint l'un des deux époux.

Mais la maladie la plus fréquente est la dysenterie, aiguë ou chronique.

Frédégonde, la reine de l'assassinat

Sœur aînée de Brunehaut, née à Tolède en 540, fille du roi des Wisigoths, Galswinthe est demandée en mariage en

567 par Chilpéric, roi de Neustrie, après qu'il a répudié Audovère. Il fait, à cette occasion, le serment solennel de ne plus prendre d'autre femme. On comprend pourquoi : en dot, Galswinthe lui apporte le Bordelais, le Limousin, le Quercy, le Béarn et le Périgord. Pendant les premiers temps de leur vie commune, il semble que la reine parvienne à fixer l'humeur volage de Chilpéric. C'est alors que reparaît Frédégonde (voir *L'inceste d'Audovère*) pour laquelle l'amour du roi ne s'est pas éteint. Elle est toujours aussi belle qu'ambitieuse, et totalement dénuée de scrupules ; elle pousse son amant à éliminer son épouse. Tenu par son serment, le monarque n'a d'autre moyen pour se débarrasser d'elle que de devenir veuf (ce qui lui permet de garder la dot). Il fait étrangler — ou étouffer — Galswinthe par ses sicaires, en 568, tout en affirmant haut et fort que cette mort est naturelle. Galswinthe disparaît sans laisser de postérité.

Mais Brunehaut, sa sœur cadette, mariée à Sigebert, roi d'Austrasie, cherche à venger ce meurtre (et aussi à faire main basse sur la Neustrie). Le règne de Chilpéric n'est qu'une suite de querelles fratricides. En 575, Frédégonde fait assassiner Sigebert, qui a battu Chilpéric, par deux sicaires dont les poignards ont été empoisonnés ; Chilpéric s'empare des domaines de son frère, qu'il gère comme les siens, en accablant ses sujets d'impôts : un arpent de terre coûte annuellement une barrique de vin… Il exige que tous les Juifs de Paris se convertissent, sous peine d'avoir les yeux crevés, châtiment qu'il réserve aussi à ceux qui refusent de payer ses taxes. Pourtant, ce débauché, que Grégoire de Tours, son contemporain, a comparé à Néron et à Hérode, est aussi un lettré qui maîtrise la langue latine et tente de modifier la grammaire en ajoutant des lettres à l'alphabet ; il se veut encore poète et théologien. Par veulerie, il laisse Frédégonde assassiner les enfants qu'il a eus d'Audovère.

Jusqu'à ce qu'elle le fasse tuer à son tour, en 584, parce qu'il aurait découvert ses relations coupables avec Landry, son maire du palais, dont elle aurait été enceinte. Frédégonde mettra Clotaire, l'enfant à naître, sur le trône, et régnera longtemps à sa place, faisant assassiner ceux qui osent s'opposer à ses volontés : ainsi fait-elle mettre à mort, le jour de Pâques 586, Prétextat, évêque de Rouen (voir *Brunehaut la reine rouge*). Elle tente même de tuer sa propre fille, Régunthe, en déguisant sa mort en accident : un jour que sa fille lui reproche de garder pour elle seule les nombreux bijoux offerts par Chilpéric, elle la conduit devant un grand coffre où ils sont enfermés. Elle l'ouvre et l'invite à choisir ceux qu'elle souhaite porter. Régunthe plonge ses mains dans le trésor et, comme elle se penche pour l'admirer de plus près, sa mère laisse brusquement retomber le lourd couvercle de fer sur le cou de l'imprudente. L'arrivée de serviteurs, attirés par les cris de la malheureuse, empêche sa mère de l'étrangler tout à fait. La terrible reine meurt en 597, et l'on dit que son seul regret est de n'avoir pas réalisé tous les crimes qu'elle avait projetés. Elle est inhumée dans la basilique de Saint-Vincent, devenue plus tard celle de Saint-Germain-des-Prés.

Rapt, adultère et vol

Chez les Gallo-romains, les attentats à la pudeur des femmes sont punis de façon exemplaire. Chez les Francs, on se montre moins sévère. Le ravisseur, s'il est puni, devient l'esclave de celui (père ou mari) auquel le rapt porte dommage. Si une femme a été ravie de son plein gré, elle est remise à son père après que ce dernier a accordé son pardon au ravisseur, contre un dédommagement négocié. La femme adultère est battue de verges, la fille débauchée est tondue.

Plus tard, la loi édicte la peine capitale contre la femme et l'homme qui l'a enlevée de son plein gré, même si les deux coupables se sont mariés. La loi burgonde, elle, condamne les femmes adultères à être étouffées dans la boue, comme les grands criminels. Le code wisigoth décrète la décapitation de ceux qui ont commis l'adultère, contre les esclaves qui ont abusé d'une veuve et contre ceux qui ont violé une fille libre, sauf s'ils sont nobles : ils donnent alors le tiers de leurs biens pour réparation. La femme libre qui s'abandonne à un esclave est brûlée vive. Chez les Saxons, on contraint la femme infidèle à se pendre elle-même, puis on brûle son corps. Ou bien on la fouette à mort.

Un serf qui, chez les Burgondes, vole un cochon, une brebis, une chèvre ou une ruche est puni de 300 coups de fouet, étendu nu sur un chevalet ; si c'est un pillard, il ne reçoit que 150 coups de fouet.

Chez les Francs, l'homme libre échappe à la flagellation. Chez les Wisigoths, on coupe la main droite du serf qui altère les monnaies ; même châtiment chez les Burgondes pour le serf qui casse une dent à une personne libre…

Brunehaut la reine rouge

Fille du roi des Wisigoths, née à Tolède vers 543, Brunehaut épouse Sigebert Ier, roi d'Austrasie, et l'ascendant qu'elle prend rapidement sur son mari fait d'elle le véritable souverain du pays.

Pour venger le meurtre de sa sœur Galswinthe, elle fait ravager le sud de la Gaule. La victoire paraît tout d'abord sourire à Brunehaut ; Chilpéric est vaincu et se réfugie à Tournai. Sigebert s'apprête à prendre la place de son frère et à réunir la Neustrie et l'Austrasie sous sa seule couronne. Pour cela, il organise une cérémonie à Vitry-en-Artois au cours de laquelle il doit être, selon la tradition franque, hissé sur un pavois et présenté aux guerriers. Il s'apprête à monter sur le bouclier, quand il tombe, frappé par les poignards empoisonnés des sicaires de Frédégonde. Privées de leur chef, les troupes austrasiennes se dispersent. Brunehaut, capturée, est alors enfermée à Rouen. Elle parvient à inspirer une violente passion à l'un des enfants de Chilpéric et d'Audovère, Mérovée, qui demande sa main. L'évêque de Rouen Prétextat les marie. Honni par son père, Mérovée se donne la mort peu après tandis que Brunehaut gagne la Bourgogne. Elle y impose son autorité naturelle et reprend en main le gouvernement de l'Austrasie. Pour mieux garder le pouvoir, elle intervient même dans le choix des épouses de ses petits-fils, évinçant celles qui peuvent devenir des rivales, ou faisant lapider saint Didier, l'évêque de Vienne, parce qu'il a osé afficher son désaccord.

Elle veut annexer la Neustrie à l'Austrasie et à la Bourgogne, mais c'est finalement Clotaire, roi de Neustrie, fils de son ennemie Frédégonde, qui réalise cette union, à son propre profit.

Trahie par ses petits-fils et ses barons, Brunehaut, âgée de 70 ans, est livrée à Clotaire, qui, après l'avoir suppliciée pendant trois jours, la fait promener nue sur un cheval au milieu des huées de ses soldats, dans son camp près de Dijon. Puis il ordonne qu'on l'attache par les cheveux, un pied et un bras à la queue d'un cheval sauvage. La bête indomptée l'emporte, et il ne reste bientôt d'elle plus qu'une masse informe et sanglante.

Festins…

Chez les riches, on mange dans de la vaisselle d'or ou d'argent. Ceux qui n'ont pas de tapis font jeter de la paille et des joncs secs sous les pieds de leurs invités pendant l'hiver, de l'herbe fraîche et des fleurs pendant la belle saison. Outre la venaison, on mange du canard, du veau, de l'agneau, du mouton, du chevreau, du bœuf et surtout du porc, y compris dans le peuple. Les légumes sont assaisonnés au jus de viande, les viandes sont servies avec des sauces au miel, à la coriandre, au cumin ou à la menthe. Les raffinés dégustent des loirs, des grues, des escargots, des langoustes, des confitures de violettes ou de roses.

Pois, fèves et lentilles doivent être appréciés, car la loi salique punit d'amende ceux qui en volent. S'y ajoutent le choux, « vieux » légume gaulois, et les haricots. Dans le Sud, on cultive le melon.

Le dessert se compose de fruits : cerises, que les Romains ont rapportées d'Asie Mineure, figues, pommes, poires, pêches, noix, raisins, châtaignes et fraises.

Les vins sont « herbés », c'est-à-dire aromatisés avec des herbes. Frédégonde empoisonne l'un de ses opposants avec un vin d'absinthe au miel dont le goût prononcé a caché celui du poison. Il y a aussi de l'hydromel, du cidre et de la cervoise.

Dagobert, le Salomon de l'Occident

Fils de Clotaire II, qui a fait assassiner les quatre enfants d'un de ses cousins afin d'éviter d'éventuelles querelles d'héritage, Dagobert Ier est roi d'Austrasie à la mort de son père, qui l'a obligé d'épouser Gomatrude, une sœur cadette de la reine Sichilde, elle-même troisième épouse de Clotaire II. Clotaire II a voulu pour bru sa belle-sœur, qui appartient à une puissante famille d'Austrasie, afin de renforcer la légitimité de son fils sur ce royaume, face à des maires du palais qui cherchent à imposer un partage du pouvoir. Dagobert répudie Gomatrude trois ans plus tard, prétextant sa stérilité. En fait pour convoler avec Nantilde. La légende raconte que Dagobert Ier, s'étant rendu à l'abbaye de Romilly, a été frappé, lors d'un cantique, par la voix d'une des novices, et en est tombé follement amoureux jusqu'à l'enlever et à l'épouser.

Douée d'une forte personnalité, Nanthilde intervient dans les affaires du royaume tout en supportant les nombreuses infidélités de son époux. À la mort du monarque, elle devient régente au nom de son fils, Clovis II, que Dagobert, dès sa naissance, a fait roi pour éviter les désastres liés aux partages de succession. Car Dagobert a refait l'unité du royaume mérovingien : déjà roi d'Austrasie, il a hérité à la mort de son père de la Neustrie, puis de l'Aquitaine après celle de son frère Caribert, dont il fait assassiner le fils afin d'éviter d'éventuelles revendications. Conseillé par des évêques de qualité comme saint Éloi (orfèvre devenu évêque de Noyon), saint Ouen ou saint Didier, il restaure l'autorité royale, exilant ceux qui s'opposent à lui, et défend ses frontières contre les Saxons, les Gascons et les Bretons. Il fait faire le relevé des biens des couvents, pour ensuite en confisquer la moitié. Mais sous la pression de ses conseillers ecclésiastiques, il les restitue en partie en fondant d'autres couvents et églises.

Malgré les remontrances de ses conseillers-évêques, il mène une vie dissolue, et ne compte pas moins de cinq épouses (il en a trois simultanément), sans compter ses concubines. Son goût de l'apparat et des femmes l'a fait surnommer le « Salomon de l'Occident » par des historiens. Bon politique, il est aussi capable de cruauté : en 631, il fait égorger 9 000 Bulgares qui, fuyant les Avars, lui ont demandé asile. Ou fait, arbitrairement, pour mater une révolte, décapiter des prisonniers saxons dont la taille est supérieure à celle de son épée !

Sous son règne, les arts, notamment la sculpture et l'orfèvrerie, se développent. Sa passion du luxe est telle qu'il se serait fait faire, par saint Éloi, un trône d'or massif. Fondateur de Saint-Denis, il y est enterré après sa mort, d'une crise de dysenterie. Le royaume, partagé entre ses deux héritiers, Clovis (Neustrie) et Sigebert (roi d'Austrasie), sera désormais gouverné par les maires du palais.

La chanson du « bon roi Dagobert » n'a rien à voir avec le « Salomon de l'Occident » : elle a été écrite en 1787, peu avant la Révolution, afin de déconsidérer la royauté.

Le « Père des pauvres », premier roi fainéant

Clovis II, né en 635, a 4 ans à la mort de son père, Dagobert, dont il hérite des royaumes de Neustrie et de Bourgogne. Sa mère, Nantilde, gouverne à sa place, avec les maires du palais. En 650, même s'il épouse Bathilde, une esclave anglo-saxonne, dont il a trois enfants, il se caractérise, comme ses ancêtres, par son goût pour la débauche. Toutefois, lors d'une disette, il n'hésite pas à distribuer aux pauvres l'argent de ses coffres, et à faire fondre les métaux précieux ornant les monuments religieux, ce qui lui attire les remerciements du peuple, mais la colère du clergé ; il y gagnera le surnom de « Père des pauvres ». Il est le premier roi à préférer au cheval une voiture attelée à quatre bœufs (moyen de transport jusqu'ici réservé aux reines) : de là naîtra l'allégorie des « rois fainéants » allongés dans des chars à bœufs. Sous les Mérovingiens, on se déplace en carruque et en basterne, chariots ornés d'incrustations, en litière portée à dos de mulet, et à cheval. Lors des expéditions nocturnes, les voyageurs s'éclairent avec des bottes d'écorce d'arbre, des brins de genêt, de pin, de charme ou de coudrier. L'âne est la monture des pauvres et des moines. Le chameau (dont le poil, tissé, donne un tissu appelé *camelote*), est aussi utilisé pour porter des fardeaux.

Bathilde, l'épouse de Clovis II, est la fille d'un seigneur de Saxe, enlevée, enfant, par des corsaires anglais, et vendue comme esclave à Erchinoalde, maire du palais de Clovis II. Bathilde devient la servante de l'épouse d'Erchinoalde. Lequel, devenu veuf, envisage d'en faire sa femme. La jeune fille, peu désireuse d'entrer dans le lit du barbon, vient s'en plaindre auprès de Clovis II, qu'elle séduit. À la mort de Clovis II, Bathilde est nommée régente. Durant son règne, elle abolit la coutume qui permet aux seigneurs d'avoir des esclaves attachés à leur personne ; elle s'efforce aussi d'interdire la vente des enfants, pratique alors courante. Elle finit ses jours dans l'abbaye de Chelles. Le pape Nicolas Ier la canonise deux siècles plus tard.

Mariage et famille…

Chez les Francs, il n'est pas permis aux filles de prendre un époux sans le consentement paternel. Si le père est un vassal, il doit, avant de choisir un gendre, consulter son seigneur. Lors des pourparlers de fiançailles, le soupirant verse des arrhes afin de prouver sa volonté de s'engager. La femme mariée doit se soumettre à son mari ; un concile lui défend de couper sa chevelure, symbole de sujétion. Lorsqu'il y a divorce, soit par renvoi de l'épouse, soit pour adultère de la femme ou crime contre nature du mari, on retire les clefs à la femme en rompant une toile de lin. Les notables, gallo-romains ou francs, sont polygames. La loi romaine autorise un officier à prendre une concubine de la province où il exerce ses fonctions, et à leur arrivée en Gaule les Francs adopteront cet usage.

Le père, lorsqu'il reconnaît un enfant, le prend symboliquement sur ses genoux, ou l'enveloppe dans son manteau. Mais malheur aux bâtards (étymologiquement porteurs de bât, comme des bêtes de somme), quand ils ne sont pas royaux ; ils sont assimilés à des serfs. Le bâtard d'un prêtre devient serf de l'église desservie par son père, et contribue à enrichir les domaines ecclésiastiques.

Childéric II le roi fouettard

Childéric II, fils puîné de Clovis II et de sainte Bathilde, roi d'Austrasie et de Neustrie, est d'un tempérament irascible. Il fait enfermer dans l'abbaye de Saint-Denis son frère dont il redoute l'ambition, et tente de faire assassiner, lors des fêtes de Pâques, son conseiller, l'évêque saint Léger, trouvant ses reproches trop sévères. Bodillon, l'un de ses leudes les plus fidèles, lui ayant conseillé de diminuer les impôts, il le fait publiquement flageller. Ce traitement infamant, réservé aux serfs, soulève toute la noblesse. Bodillon, sitôt rétabli, assassine le roi en forêt de Livry, près de Chelles, en novembre 675, un soir qu'il rentre de la chasse, en lui passant son épée en travers du corps. Puis Bodillon se rend à la maison royale où demeurent Bichilde, l'épouse de Childéric II, et leur fils aîné Dagobert. Bichilde est enceinte de plusieurs mois, ce qui n'arrête point la colère de Bodillon, qui lui fait subir le même sort qu'au roi. Puis il tue le jeune Dagobert. Un autre fils, rescapé du massacre, est enfermé dans un couvent, dont il sortira pour régner sous le nom de Chilpéric II.

Les Carolingiens

L'Histoire en résumé…

Maître absolu de la France, Pépin, avec le consentement du pape Zacharie, est proclamé roi et sacré par saint Boniface dans l'église de Saint-Denis en 752. Quant à Childéric III, dernier Mérovingien, Pépin le Bref le fait enfermer dans un couvent, où il meurt deux ans après. Les Lombards ayant attaqué le pape Étienne II, celui-ci vient en France solliciter le secours de Pépin contre ses ennemis. Après avoir été sacré, ainsi que sa femme et ses deux fils, Charles et Carloman, par Étienne, Pépin le Bref franchit les Alpes en 753 et en 755, bat les Lombards, les assiège dans Pavie et leur enlève l'exarchat de Ravenne, qu'il donne en toute propriété au Saint-Siège. Pépin fonde ainsi le pouvoir temporel des papes. Pépin partage ses États entre ses deux fils, Charles et Carloman, et meurt en 768 à Saint-Denis. Il a gouverné la France pendant dix ans comme maire du palais, et pendant dix-sept ans comme roi.

Charles est proclamé roi d'Occident, et Carloman roi d'Orient, par une assemblée d'évêques et de seigneurs. Ils battent le duc d'Aquitaine et s'emparent de ses États en 768. Un différend survenu entre eux est sur le point d'amener une guerre civile, lorsque Carloman meurt en 771. Charlemagne usurpe les États de son frère au détriment de ses neveux, qui se réfugient chez les Lombards. Il franchit les Alpes en 773, bat Didier, roi des Lombards, qui veut faire couronner par le pape Adrien les fils de Carloman comme rois d'Austrasie, s'empare de Pavie et de Vérone, fait prisonnier Didier et le relègue dans un monastère, où il mourra. Maître de la péninsule italienne, Charlemagne renouvelle au pape la donation de Pépin et reçoit du pontife romain la couronne d'Italie en 774.

De 772 à 804, Charlemagne mène contre les Saxons une guerre acharnée ; il gagne contre eux plusieurs batailles et en fait massacrer quatre mille cinq. Enfin, en 785, leur chef Widukind se soumet et reçoit le baptême à Attigny. Charlemagne, après avoir donné à son fils Louis l'Aquitaine, qu'il a conquise, marche contre les Bretons, qui refusent de payer l'impôt, et les contraint à l'obéissance. Puis, tournant ses armes contre l'Espagne, il s'empare de Pampelune et de Saragosse. Il revient en France, lorsque son arrière-garde subit à Roncevaux la célèbre défaite où périt Roland, en 778. Se dirigeant vers l'est, il attaque les Avars, qui occupent la Pannonie (Hongrie, Croatie), et contraint le duc de Bavière à se retirer dans un couvent (788-791).

Maître de la France, de l'Allemagne, de l'Italie et d'une partie de l'Espagne, Charlemagne franchit de nouveau les Alpes pour combattre les Lombards de Bénévent ; les ayant vaincus, il est proclamé empereur d'Occident par le pape Léon III et couronné dans l'église Saint-Pierre de Rome l'an 800, le jour de Noël.

Charlemagne perd, en 810 et 811, ses deux fils Pépin et Charles. Il nomme Bernard, fils du premier, roi d'Italie ; puis, réunissant à Aix-la-Chapelle les évêques, les abbés et les seigneurs de France, il leur fait reconnaître pour roi et empereur son fils Louis, qui règne déjà en Aquitaine. Il consacre les dernières années de sa vie à mettre en ordre des lois dont il a doté l'Empire, et meurt à Aix-la-Chapelle, le 28 janvier 814. Les limites de l'Empire qu'il laisse sont : à l'ouest, l'océan Atlantique ; au sud, l'Èbre en Espagne, le Vulturne en Italie ; à l'est, la Saxe, la Theiss, les monts Krapacks et l'Oder ; au nord, la Baltique, la mer du Nord et la Manche.

Il a réglé, par ses capitulaires (ordonnances royales), tout ce qui a trait à l'armée, aux finances, à la justice et à l'Église. Ses missi dominici, *ou commissaires royaux, parcourent les provinces, reçoivent les plaintes des administrés et veillent à ce que la justice soit équitablement rendue par les ducs et les comtes, qui sont en même temps chargés de lever les troupes en temps de guerre et de percevoir les impôts. Ils convoquent des assemblées deux fois par an, au printemps et à l'automne. Les évêques, les comtes, les ducs, les abbés font partie de ces réunions, où l'on vote les lois et l'on règle les affaires administratives. Charlemagne est aussi un grand protecteur des arts.*

Toutes les villes de son Empire sont dotées d'écoles où toutes les classes de la société sont admises gratuitement à s'instruire. Les Mérovingiens avaient accepté la religion chrétienne, Charlemagne l'impose en Occident.

Louis Ier le Débonnaire succède à son père. Il associe à l'empire (817) son fils Lothaire, qu'il nomme plus tard roi des Lombards. En 818, il fait arrêter son neveu Bernard, fils de Pépin, qui s'est révolté, et lui fait crever les yeux ; le clergé le contraint à faire une pénitence publique à Attigny (822) pour expier ce crime. Dès 817, il a donné une partie de ses États à ses fils : à Pépin, l'Aquitaine ; à Louis, la Bavière ; à Lothaire, l'Italie ; mais, ayant eu de sa seconde femme Judith de Bavière un fils (le futur Charles le Chauve), il veut revenir, en 823, sur ce premier partage pour donner à son nouvel enfant un apanage. Ses fils se révoltent, le font prisonnier et l'enferment dans un couvent en 830. Il est rétabli sur le trône par la diète de Nimègue ; ses fils reprennent les armes et le dépossèdent de nouveau. Il est rétabli derechef par Pépin et Louis, qui l'opposent à Lothaire, dont ils refusent de reconnaître la suprématie. Pépin étant mort en 838, Louis, l'année suivante, partage définitivement ses États entre ses fils : Charles le Chauve reçoit le royaume de France, comprenant tout le territoire situé à l'ouest de la Meuse, de la Saône, du Rhône, et une partie de l'Espagne. Louis (le Germanique) a la Germanie, et Lothaire l'Italie. Le reste de la vie de Louis le Débonnaire, qui meurt en 840, se passe à combattre les révoltes de ses fils. Il a jeté les premières bases de la féodalité en distribuant à profusion des terres aux comtes et aux barons de l'Empire.

Le régime féodal, qui entraînera la chute de la lignée carolingienne, se développe singulièrement sous le règne de Charles II, dit le Chauve. Il doit combattre, dès son accession au trône, Lothaire d'Italie et Pépin II d'Aquitaine, dépossédé de ses fiefs par Louis le Débonnaire. Charles le Chauve s'unit à Louis le Germanique et vainc Lothaire et Pépin à Fontenoy, près d'Auxerre, le 28 juin 841. Le traité de Verdun (843) est la conséquence de cette bataille.

On peut considérer cette date de 843 comme celle de la séparation définitive des royaumes de France, d'Allemagne et d'Italie. De 843 aussi datent la prédominance de l'élément gaulois dans la nation et la formation de la langue française, qui se débarrasse de l'influence germanique. Charles le

Chauve, après avoir guerroyé avec succès contre son neveu Pépin II d'Aquitaine, doit accepter que les comtes de Poitiers, de Toulouse, de Pampelune, prennent leur indépendance. En 848, c'est le chef des Bretons, Nominoë, qui s'affranchit de la domination de Charles le Chauve. Lequel assiste aux premières grandes invasions des Normands, qui déjà, du vivant de Charlemagne, ont attaqué l'Empire. Ces hommes du Nord portent le pillage et l'incendie jusque dans l'intérieur de la France : deux fois ils assiègent Paris. Charles, impuissant à les combattre, les éloigne en leur abandonnant de fortes sommes d'argent. Ici apparaît Robert le Fort, fondateur de la dynastie des Robertiens, ancêtre de celle des Capétiens, qui reçoit de Charles le Chauve les comtés de Paris et d'Anjou, à la condition de combattre les Normands. Robert tient sa promesse, mais il succombe sous le nombre et est vaincu en Anjou, en 866. À cette époque, les Hongrois à l'est et les Sarrasins au sud attaquent l'ancien empire de Charlemagne. À la mort de Lothaire Ier (855), Charles le Chauve passe en Italie, s'empare de ses États, se fait couronner empereur par le pape Jean VIII (875), proclamer roi d'Italie (876) et meurt en 877 au pied du Mont-Cenis, lors de son retour en France. Pendant son voyage en Italie, les seigneurs obligent Charles le Chauve à signer l'édit de Quierzy-sur-Oise qui déclare héréditaires, dans leurs familles, les fiefs détachés des domaines royaux. La féodalité est maîtresse du terrain, et brisera l'unité gouvernementale en rendant les seigneurs indépendants de la royauté.

Louis II le Bègue succède à son père Charles le Chauve en 877. Les seigneurs se révoltent contre lui pour obtenir des concessions féodales. Louis meurt à Compiègne en 879.

Louis III et Carloman, les deux fils de Louis le Bègue, se partagent le royaume : Louis III a le Nord, Carloman le Midi. Les Normands ayant fait irruption en France, les deux frères s'unissent contre eux et les taillent en pièces à Saucourt, en Picardie (881). Louis meurt en 882 et Carloman en 884.

Après la mort de son père, Louis le Germanique (876), qui lui donne la Suisse, l'Alsace et l'Espagne, et après celle de son frère Carloman, qui lui donne l'Italie, Charles le Gros est élu empereur en 881 : il voit se reconstituer à son profit la presque totalité de l'empire de Charlemagne. Mais il ne montre que faiblesse et lâcheté sur le trône. Les Normands assiègent

Paris ; le comte Eudes, fils de Robert le Fort, et l'évêque Gosselin défendent la ville avec énergie. Charles s'avance contre les envahisseurs jusqu'à Montmartre : Paris se croit délivré, lorsque Charles signe avec les Normands une paix honteuse en 886. Ses sujets, indignés, le déposent en 887 : Charles, frappé de sénilité précoce, meurt la même année, méprisé de tous.

À sa mort, l'Allemagne, l'Italie et la France se séparent pour toujours et se donnent des rois nationaux. Dans l'est de la France trois royaumes se forment : la Bourgogne transjurane, la Bourgogne cisjurane et la Lorraine. Louis, fils de Boson, est proclamé roi d'Arles ; Rodolphe gouverne la Bourgogne ; mais l'émiettement de la France ne s'arrête pas là. Le principe de l'hérédité des fiefs a couvert la France d'une foule de petits rois, dont les principaux sont les comtes de Flandre et de Champagne, de Toulouse, d'Auvergne, de Périgord, du Poitou, du Berry, d'Anjou, de Vermandois, du Forez, et les ducs de Gascogne, de Bourgogne, de France, de Bretagne, d'Aquitaine et de Narbonne. La royauté ne possède que quelques comtés insignifiants et quelques villes comprises dans l'Île-de-France.

Après la déposition de Charles le Gros, les seigneurs élèvent au trône, en 888, Eudes, premier roi ancêtre des Capétiens, fils de Robert le Fort, qui s'est illustré en combattant les Normands devant Paris. Il bat, en 887, ces mêmes envahisseurs qui sont venus de nouveau assiéger cette ville. Eudes a plusieurs concurrents au trône, notamment Charles le Simple, fils posthume de Louis le Bègue, qui est couronné roi à Chartres, en 893. Eudes marche contre lui et finit par lui céder les provinces situées entre la rive droite de la Seine et le Rhin. Il garde pour sa part les pays compris entre la Seine, l'Océan, les Pyrénées, l'Espagne et la Méditerranée. Eudes meurt deux ans après, en 898, à quarante ans.

À sa mort, les seigneurs, assemblés à Reims, reconnaissent Charles III, dit le Simple, pour seul roi de France. Sous son règne, les possesseurs de fiefs achèvent de se rendre indépendants. Les Normands, conduits par Rollon, leur duc, viennent de nouveau mettre le siège devant Paris. Charles, forcé de composer, donne à Rollon, en 911, par le traité de Saint-Clair-sur-Epte, la main de sa fille Gisèle et, en fief, une partie de la Neustrie, qui depuis cette époque a pris le nom de Normandie.

Les seigneurs révoltés élisent roi de France, en 922, Robert, frère d'Eudes. Charles III tue de sa main, en 923, son compétiteur à la bataille de Soissons, mais la bataille est gagnée par Hugues le Grand, fils de Robert. Charles III le Simple s'enfuit ; Hugues le Grand fait, en 923, proclamer roi de France son beau-frère Raoul, duc de Bourgogne. Charles III, retenu captif pendant six ans par le comte de Vermandois, meurt, en 929, à Péronne. Raoul, seul maître de la France, bat les Aquitains et les Normands en 930, repousse les Hongrois, qui se sont répandus en France après avoir ravagé l'Allemagne. Raoul meurt au début de l'année 936. Le trône reste vacant pendant quelques mois.

À la mort de Raoul, Herbert, duc de Vermandois, et Hugues le Grand, comte de Paris, offrent la couronne à Louis IV d'Outremer, fils de Charles le Simple, qui vit à la cour d'Angleterre. Louis IV déclare la guerre aux seigneurs qui ont proclamé roi l'empereur Othon le Grand ; il veut reprendre la Normandie à Richard, fils de Guillaume Ier ; mais, battu, prisonnier, il est livré par le roi du Danemark, Harold, à Hugues le Grand en 944. Hugues contraint Louis à lui céder le duché de Laon. Mais, bientôt libéré à la suite du concile d'Ingelheim, Louis IV, avec l'aide d'Othon, empereur d'Allemagne, et du comte de Flandre, reprend le comté de Laon : il meurt en 954. Après les règnes effacés de Lothaire et de Louis V le Fainéant, Hugues Capet, le plus puissant des vassaux, petit-fils du roi Robert Ier, comte de Paris et duc de France, est élu roi au détriment de Charles, duc de Lorraine. Avec Louis le Fainéant disparaît la dynastie carolingienne.

Rois carolingiens…

— **Pépin le Bref**, second fils de Charles Martel, maire du palais, et de Rotrude — Né vers 715 — Sacré à Soissons par saint Boniface en 752 — Sacré à nouveau à Saint-Denis, le 28 juillet 754, par le pape Étienne II — Marié à Berthe, fille de Caribert, comte de Laon, dite « Berthe au grand pied » — Mort à Saint-Denis, le 24 septembre 768.

— **Charlemagne**, fils aîné de Pépin le Bref et de la reine Berthe (ou Bertrade) — Né au château d'Ingelheim le 26 février 742 — Sacré roi à Saint-Denis, du vivant de son père, le 28 juillet 754, par le pape Étienne II — Couronné à Noyon le 9 octobre 768 — Couronné empereur le 25 décembre 800 à Rome par le pape Léon III — Marié à Himiltrude ; en 770 à Hermengarde, fille de Didier, roi des Lombards ; en 772 à Hildegarde ; en 783 à Fastrade, fille de Rodolphe, roi de Franconie ; à Liutgarde ; à Gerswinde de Saxe — Mort à Aix-la-Chapelle le 28 janvier 814.

— **Louis Ier le Débonnaire**, dit aussi « le Pieux » ou « le Faible » — Troisième fils de Charlemagne et de la reine Hildegarde — Né à Chasseneuil en 778 — Sacré à Reims en août 816 par le pape Étienne IV — Marié en 798 à Hermengarde ; en 819 à Judith de Bavière, fille du comte de Bavière — Mort près de Mayence le 20 juin 840.

— **Charles II**, dit « le Chauve » — Fils de Louis le Débonnaire et de la reine Judith de Bavière — Né à Francfort le 15 mai 823 — Roi de France en 843— Empereur d'Occident en 875 — Marié à Hermentrude d'Orléans ; à Richilde de Provence — Mort à Avrieux (Mont-Cenis) le 6 octobre 877.

— **Louis II**, dit « le Bègue » — Fils aîné de Charles le Chauve et de la reine Hermentrude d'Orléans — Né le 1er novembre 846 — Sacré et couronné à Compiègne, le 8 décembre 877, par Hincmar, archevêque de Reims ; sacré et couronné de nouveau au concile de Troyes par le pape Jean VIII, le 7 septembre 878 — Marié à Ansgarde de Bourgogne, qu'il répudie ; à Adélaïde — Mort à Compiègne le 8 avril 879.

— **Louis III** et **Carloman** — Nés : Louis vers 864 ; Carloman en 866 — Sacrés en 879 — Morts : Louis III à Saint-Denis, en août 882 ; Carloman, le 6 décembre 884.

— **Charles le Gros**, 3e fils de Louis Ier, roi de Germanie, et d'Emma — Né en 839 — Marié à Richarde, princesse d'Écosse, qu'il répudie — Mort le 13 janvier 888.

— **Eudes**, fils aîné de Robert le Fort, comte d'outre-Maine, et d'Adélaïde — Né vers 860 — Couronné à Compiègne en janvier 888 — Marié à Théodrale — Mort à la Fère-sur-Oise le 1er janvier 898.

— **Charles III** dit « le Simple », fils posthume de Louis II et de la reine Adélaïde. — Né le 7 janvier 879 — Sacré et couronné à Reims le 28 janvier 893 ; sacré de nouveau en 898 — Marié à Frédérune ; à Odgive d'Angleterre, fille d'Édouard Ier, roi d'Angleterre — Mort au château de Péronne le 7 octobre 929.

— **Raoul** ou **Rodolphe** — Fils de Richard, duc d'Aquitaine, et d'Adélaïde, fille de Conrad II, comte de Paris. — Sacré et couronné à Soissons le 13 juillet 923 — Marié à Emma, fille de Robert II, duc de France — Mort à Auxerre le 15 janvier 936.

— **Louis IV** dit d'Outremer — Fils de Charles III le Simple et de la reine Odgive — Né vers 921 — Sacré et couronné à Laon le 19 juin 936 ; sacré une seconde fois à Reims — Marié, en 939, à Gerberge de Saxe — Mort à Reims le 10 septembre 954.

— **Lothaire**, fils aîné de Louis d'Outremer et de la reine Gerberge. — Né à Laon en 941 — Sacré et couronné à Reims le 12 novembre 954 — Marié, en 966, à Emma, fille de Lothaire II, roi d'Italie — Mort à Compiègne le 2 mars 986.

— **Louis V** dit « le Fainéant » — Fils aîné de Lothaire et de la reine Emma. — Né vers 967 — Couronné à Compiègne le 8 juin 978 — Marié à Blanche — Mort le 21 mai 987 à Compiègne sans postérité.

Charles Martel le diabolique

Bâtard de Pépin de Herstal, maire du palais d'Austrasie, Charles, qui guerroie contre les Saxons et les Bavarois, est appelé au secours par Eudes, duc des Aquitains : les Sarrasins, déjà maîtres de l'Espagne, ont pris Carcassonne, Nîmes, Autun, Bordeaux… Une bataille décisive entre les Francs et les Sarrasins se livre près de Poitiers (octobre 732). Pour la première fois, les hommes d'Orient et ceux d'Occident se trouvent face à face. Les Francs, « immobiles comme un mur », dit la chronique, soutenus par Eudes et ses Aquitains, triomphent des Sarrasins, sur lesquels Charles frappe « comme le marteau sur l'enclume », gagnant ainsi son surnom.

Charles désormais Martel entreprend des expéditions en Bourgogne, Provence et dans la Frise. Il revient ravager l'Aquitaine quand Eudes le trahit. Sa puissance en fait l'ami des papes (menacés par les Lombards), même s'il récompense ses soldats en leur offrant des biens qui appartiennent au clergé, qu'il juge trop riche, ce que les prélats ne lui pardonnent pas… En 758, lors d'un concile, saint Eucher, évêque d'Orléans, prétend avoir aperçu, en rêve, Charles Martel en enfer, expiant ses pillages contre les biens de l'Église. Les saints dont Charles Martel a pillé les chapelles lui ont interdit l'accès du ciel, ont même chassé son corps de sa sépulture, et l'ont précipité dans les abîmes. Eucher en parle à son collègue Boniface, évêque de Mayence, et à Fulrad, archichapelain de Pépin le Bref, fils de Charles Martel. On finit par ouvrir le tombeau de Charles Martel : le corps n'y est plus, la pierre intérieure est noircie et comme brûlée, une fumée infecte s'en exhale et un énorme serpent en sort ! Boniface adressa à Pépin le Bref le procès-verbal de l'exhumation en l'invitant à profiter de ce terrible exemple et à respecter les choses saintes… Ce que fait Pépin : il rend aux évêques les biens saisis par son père, car il a besoin de l'appui du clergé et de son administration pour s'emparer du pouvoir laissé vacant par les pâles héritiers mérovingiens.

Pépin le Petit, homme fort de l'Occident

Pépin est encore maire du palais quand il pose au pape Zacharie la question suivante : « Quel est le plus digne de régner, celui qui travaille utilement pour la défense de l'État, et remplit toutes les fonctions de la royauté sans avoir le titre de roi, ou celui qui, portant ce titre, est incapable d'en faire usage ? » Le pape, qui a besoin de Pépin pour se défendre contre les Lombards, se prononce pour le gouvernement de fait. Pépin est sacré solennellement roi et devient « l'oint du Seigneur ».

Bien qu'homme fort de l'Occident, Pépin le Bref, souffre de sa courte taille, à l'origine de son sobriquet. Las des moqueries, il fait, selon la légende, se battre un lion et un taureau. Le lion parvient à faire rouler le taureau à terre. Qui osera, demande alors Pépin, tirer ce taureau des griffes du lion ? Et comme personne ne répond, Pépin, l'épée à la main, saute dans l'arène, et tranche la tête du lion et du taureau, prouvant que, si sa taille est petite, sa force est celle d'un géant…

L'ambitieuse Berthe au grand pied

Fille du comte de Laon, Bertrade, ou Berthe, est surnommée au long (ou grand) pied parce qu'elle en aurait eu un plus long que l'autre. Pépin le Bref, alors maire du palais, a entendu louer ses vertus et sa vaste culture ; il en fait sa maîtresse. Berthe est toujours sa concubine quand elle met au monde Charles, futur Charlemagne, en avril 742 (son frère Carloman naîtra vers 751). Il ne l'épouse qu'en 749, car Pépin est déjà marié à une princesse danubienne, dont il a eu cinq enfants. Il finit par convaincre sa première femme de repartir vers son pays natal et de confier leurs enfants à des monastères. Pour des raisons inconnues, Pépin envisage plus tard de répudier Berthe ; mais le pape, qui a accepté, contre les principes de l'Église, que Pépin se sépare de sa princesse danubienne, s'oppose fermement à cette nouvelle séparation. Veuve en 768, Berthe fait élever à la royauté Charles et Carloman sans pour autant leur abandonner totalement le pouvoir, les opposant afin de mieux garder son autorité en arbitrant leurs conflits. À la mort de Carloman, en 771, Charles s'empare de l'héritage de son frère, et, voulant régner seul, demande à sa mère de quitter Aix-la-Chapelle. Elle se retire à Thionville où elle meurt.

La villa carolingienne

Charlemagne est le « promoteur » de la villa : l'artisanat a disparu des villes, pour se réfugier à la campagne. Dans chaque villa, le propriétaire fait fabriquer tout ce qui lui est nécessaire, notamment pour cultiver ses domaines alentour. Les villas de Charlemagne sont des fermes modèles ; un capitulaire exige que chaque basse-cour renferme 100 poules et 30 oies... À l'instar des villas, les abbayes sont des communautés vivant elles aussi en autarcie ; celle de Saint-Germain-des-Prés, l'une des plus riches du royaume, possède 60 000 hectares exploités par 10 000 personnes...

Le commerce de l'époque consiste en des échanges entre les productions des villas, ou à faire venir d'Orient par la

Méditerranée ce qui manque à l'Empire : riches étoffes, cuirs de luxe, parfums et épices (le grain de poivre, parfois, sert de monnaie).

Les femmes et les filles de Charlemagne

Himiltrude est la première épouse de Charlemagne, qui aura de nombreuses femmes et concubines. Elle lui donne un fils, Pépin le Bossu (qui, pour avoir comploté contre son père, finira au monastère, ses complices ayant eu les yeux crevés ou ayant été pendus), et une fille. Cependant, la politique en Lombardie de Berthe, sa belle-mère, met fin à sa carrière de reine : elle est répudiée l'année suivante au profit de Désirée, fille du roi des Lombards. Himiltrude est sans doute envoyée dans un couvent, méthode préférée de Charlemagne pour se débarrasser des membres de sa famille. Désirée, dite aussi Hermengarde, est la deuxième épouse de Charlemagne. Fille de Didier, roi des Lombards, et d'une princesse bavaroise, elle peut prétendre à la couronne. Ce mariage, résultat des visées politiques de Berthe au grand pied, déplaît à Charles, d'autant qu'il n'aime pas sa nouvelle épouse. Au bout d'un an, il la répudie et la renvoie dans son pays, qu'il va peu après envahir.

Hildegarde de Wintzgau, troisième femme de Charlemagne, lui donne en dix ans huit enfants, dont le futur empereur Louis Ier. Elle meurt à 26 ans, à Thionville.

Fastrade est la quatrième femme de Charlemagne, qui l'épouse deux mois seulement après la mort de Hildegarde. Son père est comte de Franconie. L'histoire a fait de Fastrade une reine orgueilleuse et cruelle qui aurait poussé son mari à s'acharner contre les Saxons (« fâcheuse et superbe femme, et qui aigrissait son seigneur, de nature douce », dira un chroniqueur complaisant). Fastrade lui donne deux filles (qui seront abbesses) et meurt à Francfort après neuf ans de vie commune.

Liutgarde d'Alémanie est la cinquième épouse de Charlemagne. Le chroniqueur Alcuin en parle comme d'une princesse vertueuse et belle. Le monarque a alors 52 ans. Elle reste près de lui pendant six ans sans lui donner d'enfants et s'éteint au mois de mars 800 à Thionville.

Gerswinde de Saxe est la sixième et dernière épouse de Charlemagne. Fille du roi des Saxons Widukind, soumis à la domination franque par l'empereur après une longue et sanglante guerre qui a exterminé la nation saxonne, sous prétexte de la soumettre à la foi chrétienne, elle est plus jeune que son mari de quarante ans. Le mariage a lieu en 808 et Gerswinde, fille d'un roi rebelle, devient impératrice d'Occident, sans toutefois jouer le moindre rôle politique. Elle quitte Aix-la-Chapelle à la mort de son époux, auquel elle a donné une fille.

Charlemagne, malgré ce qu'ont prétendu les moines chroniqueurs qui ont écrit sa légende, a eu, en plus de ses épouses légitimes, plusieurs concubines. On en ignore le nombre. L'une d'elles, Régine, lui donne plusieurs enfants, dont Hugues, dit l'Abbé, chancelier de Louis le Débonnaire, tué en Angoumois le 7 juin 844, et dont certains historiens du XVIIIe siècle ont fait l'origine de la race capétienne. Le pape Léon III, qui lui doit d'avoir conservé son trône contre les Lombards, cherche même à marier Charlemagne une nouvelle fois, alors qu'il a près de 60 ans, avec l'impératrice Irène de Constantinople. Mais l'impératrice, déjà réticente, est renversée par son ministre des Finances, ce qui met un terme au projet. Charlemagne ne peut que s'en féliciter, car l'impératrice Irène n'a pas bonne réputation : elle n'a pas hésité, pour éloigner son fils du trône, à lui faire crever les yeux !

L'empereur a eu de toutes ses femmes, légitimes ou non, dix-huit enfants recensés (dont huit filles), qui seront rois, comtes, abbés ou simples moines. Plusieurs mourront de son vivant. Ses filles ont, selon les chroniqueurs, des conduites légères qui attristent leur père, pourtant peu vertueux ! Il exige, afin qu'elles ne croupissent pas dans l'oisiveté, qu'elles se livrent à des travaux de couture, et manient le fuseau et la quenouille. Lorsqu'il voyage, elles suivent le convoi royal dans des chars.

Elles sont réputées fort belles, et il les aime avec une passion suspecte (on le soupçonnera d'inceste) ; il les garde avec lui jusqu'à sa mort, disant qu'il ne peut se priver d'elles… Leur inconduite est telle que l'un des premiers actes de Louis le Débonnaire, quand il succède à son père, est de chasser ses sœurs d'Aix-la-Chapelle, de les obliger à se retirer dans des monastères ou sur les domaines dont elles ont été dotées, et de punir avec sévérité, notamment en les exilant, les seigneurs qui ont partagé leurs débordements. Châtiment toutefois mesuré : la loi carolingienne prévoit que les femmes convaincues d'avoir mené mauvaise vie sont condamnées à parcourir les campagnes pendant quarante jours, nues de la tête à la ceinture, portant sur leur front une inscription précisant leur délit.

Indemnités de déplacement

Lorsque l'empereur entreprend un voyage, ordre est donné de préparer sur sa route vivres et logements nécessaires pour lui et son cortège. Mais tous les dignitaires ont aussi des « frais de voyage ». On alloue à un évêque en déplacement quarante pains, trois cochons d'un an, quinze œufs, trois muids de boisson, un cochon de lait, trois poulets, quatre boisseaux de grains pour les chevaux. Un vassal du roi reçoit dix-sept pains par jour, un cochon d'un an, un muid de boisson, un cochon de lait, deux poulets, dix œufs et deux boisseaux de grains.

La tiare et la couronne

Le pape Léon III, en 799, alors qu'il marche à Rome en tête d'une procession solennelle, est assailli par des conjurés qui menacent de lui arracher la langue et les yeux, avant de l'enfermer dans un couvent. Le pape s'en évade pendant la nuit, pour tenter de gagner l'Allemagne, afin de se placer sous la protection de Charlemagne, auquel il a déjà envoyé, lors de son élection, en signe d'allégeance, les clés du tombeau de saint Pierre et la bannière de Rome. Charlemagne fournit une armée au pontife, qui lui permet de revenir dans Rome et de jeter en prison les chefs du complot tramé contre lui.

Un concile, auquel Charlemagne assiste, juge des accusations de simonie portée contre le pape. Les évêques déclarent que « personne n'a le droit de juger le juge de tous les hommes ». Ainsi acquitté, le pape, qui sauve sa tiare, exile ses calomniateurs et récompense Charlemagne pour son aide en lui déposant sur la tête, « par surprise », la couronne impériale le jour de Noël 800, alors qu'il assiste à la messe ! Charlemagne, sous ce nouveau couvre-chef, se prétend confus d'un tel hommage, mais abandonne rapidement sa fausse humilité pour faire adopter par son entourage le cérémonial fastueux des empereurs de Byzance : ses conseillers devront renoncer à toute familiarité et ne pourront l'approcher désormais qu'en se prosternant et en lui baisant le pied.

Ivresses…

Sous Charlemagne, l'ivrognerie est considérée comme un péché. Il est interdit aux prêtres de se soûler, de fréquenter les cabarets, ou d'engager les autres à s'enivrer. Tout homme surpris en état d'ébriété est déclaré incapable de témoigner en justice, et il est séquestré temporairement, mis au pain et à l'eau. Un prêtre ayant plusieurs femmes est dégradé, et celui qui fait commerce des saintes huiles reçoit la punition des voleurs : on lui coupe le poignet.

Le vin qui sert au sacrifice de la messe est utilisé à diverses pratiques superstitieuses ; on le boit comme une panacée, on le mélange avec de l'encre pour écrire des actes politiques ou privés, croyant cette mixture indélébile.

Sous Charles le Chauve, on mesure la quantité de bière et de vin donnée par jour à chaque religieux et religieuse. Il est accordé à l'abbaye de Saint-Denis, dont les moines font toujours maigre, 1 100 œufs pour les trois grandes fêtes de l'année (Noël, Pâques, Assomption), 90 mesures d'épeautre pour fabriquer de la cervoise et 5 mesures de froment pur pour faire de la bouillie.

Dans certains diocèses, lors des mariages, on mélange le vin blanc et le vin rouge, comme symbole de l'union entre les deux époux.

À signaler que les tonneaux sont goudronnés à l'intérieur, car on aime que le vin sente le goudron.

Les baignades de Charlemagne

Si Charlemagne a choisi Aix-la-Chapelle pour capitale, c'est pour la position centrale de cette ville par rapport à son Empire. Mais aussi parce qu'il aime la chasse, et que les forêts des alentours sont giboyeuses, et les eaux thermales. L'un de ses plaisirs est de se baigner avec ses fils et ses courtisans, et l'on compte jusqu'à cent baigneurs dans le grand bassin du palais. C'est d'ailleurs au sortir d'un bain qu'il est saisi de fièvre, en janvier 814, qu'il doit s'aliter, et finit par mourir le 28 du même mois, dans sa soixante-douzième année.

Le fils de Charlemagne, Louis le Débonnaire, aime lui aussi se baigner ; tous les samedis, il se dénude avant de se mettre à l'eau, offrant aux spectateurs tous ses habits, excepté son épée et son baudrier, justifiant ainsi son surnom de Débonnaire.

La fin tragique des ducs d'Aquitaine

En 741, Pépin et son frère Carloman, encore maires du palais d'Austrasie et de Neustrie, se sont unis pour faire la guerre à Hunald, duc d'Aquitaine. Battu, Hunald se retire dans un monastère de l'île de Ré et abandonne le pouvoir à son fils Waïfer. Lequel est assassiné par des vassaux (avec, sans doute, l'appui de Pépin) dans le Périgord, en 768. Le vieil Hunald, qui a appris, du fond de son cloître, les défaites et la mort de son fils, ainsi que les dévastations auxquelles se sont livrés les Francs de Charlemagne, nouveau roi d'Aquitaine, renonce à un quart de siècle de vie monacale et lève en 769 de nouvelles troupes. Charlemagne se lance à sa poursuite et finit par le capturer grâce à Lupus, principal duc des Gascons. Lupus est le neveu d'Hunald ; ce dernier lui a fait crever les yeux pour le punir d'avoir pactisé avec les Francs, quelque temps auparavant. Hunald et sa femme sont emmenés en captivité. Mais Lupus intercède auprès de Charlemagne afin que le vieil Aquitain soit traité avec indulgence. Hunald en profite pour s'échapper après deux ans de captivité, et se réfugie à la cour de Didier, roi des Lombards. Cette hospitalité est l'un des prétextes pris par Charlemagne pour déclarer la guerre à Didier, son récent beau-père, en 773. Charlemagne franchit les défilés alpins et vient assiéger Pavie, où s'est réfugié Hunald. Le vieux duc veut empêcher les habitants de se rendre, jusqu'à ce que les femmes de la ville le lapident à mort.

En 778, Charlemagne passe les Pyrénées pour soumettre l'Espagne jusqu'à l'Èbre. Mais les Navarrais et les Gascons s'unissent contre lui avec les musulmans. Sur le chemin du retour, c'est la défaite de Roncevaux. Le dernier duc d'Aquitaine, fils de Waïfer et petit-fils de Hunald, chef des Gascons, est, en représailles, pris et pendu. Son duché est partagé en royaume d'Aquitaine et comté de Toulouse.

Charlemagne, le « pacificateur » des Saxons

Charles le Grand (Carolus Magnus) ou Karl-mann (homme fort en vieil allemand) est un Franc. Les Saxons sont les ennemis héréditaires des Francs ; les Francs ont subi les influences gallo-romaines ; les Saxons restent, eux, des barbares, allergiques à toute loi centralisatrice. Les Francs se sont convertis au christianisme, mais les Saxons sont fiers d'être « idolâtres ». Régulièrement, ils quittent leurs forêts pour traverser le Rhin et opérer des razzias en France germanique, brûlant les villages et emmenant en esclavage les habitants qu'ils n'ont pas massacrés, comme le font aussi, depuis la mer du Nord, les Normands. Charlemagne, en 772, prend prétexte du massacre de missionnaires chrétiens pour les attaquer. Cela lui permet de rallier à lui le clergé.

Au cours d'un raid en pays saxon, il s'empare de la principale place forte ennemie, passe la garnison au fil de l'épée, et rase le temple qui abritait la statue d'Irminsul, idole locale. Pensant ainsi avoir calmé les ardeurs belliqueuses des Saxons, il descend chez les Lombards battre leur roi Didier et mettre l'Italie à feu et à sang. Les Saxons, dès son départ, reprennent les armes. Colère de Charles qui remonte, en 775, jusqu'au nord de l'Allemagne, ravageant tout jusqu'à ce que les peuplades se soumettent, et acceptent d'être baptisées. Mais des guerriers ont pu échapper au carnage, et, avec à leur tête Widukind, se livrent à une résistance aussi héroïque que désespérée, dans leurs forêts. La guerre va durer trente ans. Après chaque expédition, Charlemagne laisse en arrière-garde une troupe de prêtres et de moines à laquelle il livre les rescapés de ses massacres. Au clergé qui s'installe dans les territoires conquis, il offre des évêchés.

Les vaincus s'obstinent dans le refus de l'ordre franc. Widukind, qui s'est réfugié au Danemark, en redescend en 782 pour soulever la jeunesse saxonne, et massacre prêtres et garnisons franques jusqu'à la bataille dite de la Vallée du Soleil, où il met en déroute l'armée des lieutenants de Charlemagne. D'Aix-la-Chapelle, ce dernier prépare sa contre-attaque, qui est impitoyable. Il brûle, ravage la Saxe, fait décapiter, en un seul jour, à Verden, 4 500 guerriers saxons, traque dans les marais les survivants... Widukind, acculé, réussit toutefois à négocier et accepte le baptême, avec, pour parrain, Charlemagne (qui en fait aussi son beau-père en épousant sa fille) ! Un capitulaire de 785 précise que tous les Saxons qui refuseront le baptême seront punis de mort, ainsi que ceux qui refuseront le carême, mangeront de la viande un jour maigre, se cacheront dans la foule pour éviter le baptême ou brûleront leurs morts au lieu de les enterrer. En 796, enfin, Charlemagne fait déporter la population saxonne dans différents cantons chrétiens de la Germanie et de la Gaule. La Saxe, dépeuplée, est ainsi définitivement pacifiée en 804.

L'armée carolingienne

L'armée carolingienne a déjà un caractère féodal, ce qui dessert Charlemagne et ses successeurs, lesquels, pour leurs multiples expéditions, auraient besoin d'une armée permanente. La durée du service militaire est limitée à 3 mois par an. Ne doivent ce service que les hommes libres, qui possèdent trois ou quatre manses (maison d'habitation avec, autour, des terres d'exploitation). Les propriétaires d'une seule manse sont tenus de se cotiser pour fournir et équiper un homme. Le comte est chargé de dresser la liste des mobilisables. Ceux qui ne répondent pas à l'appel sont soumis à une forte amende. Ceux qui arrivent en retard au rassemblement sont privés de viande et de vin.

Les soldats, pendant leur mobilisation, doivent s'équiper et se nourrir à leurs frais, ce qui implique le pillage des régions traversées. Seuls les riches portent casque et cuirasse. Les autres combattants, pour armement, n'ont qu'un bouclier, une lance ou une épée, un arc avec douze flèches et une corde de rechange. Lorsqu'un Franc quitte l'armée sans permission, il est accusé de crime de lèse-majesté, et condamné à mort, ses biens confisqués.

La Chanson de Roland

La Chanson de Roland, épopée composée de plus de 4 000 vers, écrite à la fin du XIe siècle, fait allusion à l'attaque dont a été victime, le 15 août 778, l'arrière-garde de l'armée de Charlemagne, qui revient d'Espagne, où il a pris, puis perdu, Pampelune et Barcelone. Alors qu'elle franchit le col de Roncevaux, les Vascons (ancêtres des Basques) attaquent ; moins pour remporter une victoire militaire que pour faire main basse sur les chariots pleins de butin. Les Francs se font bombarder de pierres et massacrer dans le sinistre défilé avant d'avoir eu le temps d'organiser leur défense. Le preux Roland de la Chanson, qui y trouve la mort, est un inconnu. Il n'a jamais été le neveu de l'empereur ; peut-être était-il comte des marches de Bretagne (les marches sont des territoires militaires aux frontières de l'Empire, que gouvernent des margraves, d'où le titre de marquis). Mais la chanson de geste qui porte son nom, premier chef-d'œuvre de la littérature française, va l'immortaliser. Ami d'Olivier et fiancé à la belle Aude, il se bat comme un lion, trucidant les ennemis par centaines avec son épée Durandal, et soufflant dans son cor en ivoire d'éléphant à s'en faire éclater les veines du cou pour prévenir son empereur. Charlemagne, « l'empereur à la barbe fleurie », bien que sans doute imberbe, les Francs ne considérant pas la barbe comme une marque de virilité, ou de sagesse, finit par l'entendre et revenir le venger. Les Vascons ont été remplacés, dans l'épopée (composée alors que s'amorce l'époque des croisades), par des Sarrasins, afin de stimuler chez les croisés, par le récit de leurs traîtrises, la haine de l'infidèle.

La reine Judith et le comte Bernard

Après quelques mois de deuil, Louis Ier le Débonnaire, dit aussi le Pieux, et aussi le Faible, ce qui définit le mieux son caractère (quand il n'est pas sous la coupe de ses conseillers ecclésiastiques, c'est pour passer sous celle de ses deux épouses), veuf d'Hermengarde, rassemble les femmes les plus belles et les plus réputées de son Empire afin d'y élire une nouvelle épouse. Son choix tombe sur Judith de Bavière. Les noces ont lieu à Aix-la-Chapelle en 819. Au bout de quatre ans, Judith donne à son mari un fils (le futur Charles le Chauve). Cette naissance remet totalement en question la distribution du royaume décidée dès 817 entre le Débonnaire et les trois fils qu'il a eus de son premier lit, Lothaire (qui, avec le titre d'empereur, aura autorité sur tout le territoire, y compris ceux remis à ses deux frères), Pépin (qui reçoit l'Aquitaine) et Louis (la Bavière). La mésentente ne manque pas d'éclater lorsqu'il accorde à Charles une partie des territoires déjà cédés à Lothaire, Pépin et Louis le Germanique.

Les trois fils aînés s'emploient alors à calomnier leur belle-mère afin de mettre en doute la légitimité de leur demi-frère Charles. Sur l'insistance de Judith, Louis le Débonnaire a fait du comte Bernard de Barcelone son ministre et favori, et l'a nommé gouverneur du jeune Charles. Les trois princes révoltés accusent donc l'impératrice d'entretenir des relations adultères avec le comte Bernard.

En 829, Lothaire, qui a pris la tête de la rébellion familiale, chasse Bernard et enferme Judith à l'abbaye de Sainte-Croix de Poitiers (celle fondée par Radegonde, reine mérovingienne). Il veut aussi forcer son père à se cloîtrer après avoir fait l'aveu de ses fautes. Mais l'année suivante, les grands, à la diète de Nimègue, jugeant son fils trop ambitieux, rendent son autorité à l'empereur.

Judith, libérée de son couvent, proteste de son innocence ; le duc Bernard, pour relever l'honneur outragé de Judith, appelle à un combat singulier quiconque osera l'accuser. Personne ne se présente. Ayant été supplanté comme favori, il regagne ses terres, où il fomente une révolte qui fait long feu. On l'accuse d'avoir envoûté l'empereur. En 835, les ennemis de Bernard s'emparent de sa sœur, nonne, l'enferment dans un tonneau et la noient dans la Saône comme sorcière. Selon une chronique de Toulouse, en 843 (année de la mort de Judith), Charles le Chauve, devenu roi, y préside un synode. Bernard de Barcelone vient lui jurer fidélité. Il s'agenouille devant son roi (et ancien élève) ; ce dernier l'aide à se relever en lui tendant la main gauche. De la main droite, il le poignarde au flanc en criant : « Malheur à toi qui as souillé le lit de mon père… » Le cadavre de Bernard est ensuite exposé pendant deux jours à la porte d'un monastère…

La mort des rois carolingiens…

Charlemagne meurt d'une pleurésie le 28 janvier 814, à Aix-la-Chapelle, après avoir distribué une partie de ses biens aux églises et aux pauvres.

Louis le Pieux, le seul de ses fils qui lui ait survécu, s'éteint, lui, de manière moins glorieuse. Il est, avec son armée, à la poursuite de son fils Louis le Germanique, entré en rébellion contre lui, quand il meurt, sans doute de fièvre, près de Mayence, le 20 juin 840 ; ses biographes prétendront qu'il est mort de chagrin : « Je pardonne à mon fils Louis, mais qu'il sache qu'il m'arrache la vie, et que Dieu punit les enfants rebelles » auraient été ses derniers mots. La veille, une éclipse totale du soleil l'a épouvanté au point de hâter sa mort.

Son fils Pépin d'Aquitaine est mort d'alcoolisme deux ans auparavant.

Lothaire, l'aîné, celui par qui toutes les rébellions sont arrivées, s'éteint le 29 septembre 855 dans un monastère au fond des Ardennes ; sentant la mort venir, il y est entré six jours plus tôt, afin de profiter des indulgences accordées par l'Église aux ordres religieux.

Charles le Chauve, fils préféré du Débonnaire, vient de passer le col du Mont-Cenis, lorsqu'une fièvre violente l'oblige à s'arrêter dans une cabane, à Avrieux ; il y expire le 8 octobre 877, malgré les soins d'un médecin juif que l'on accuse d'empoisonnement. Il est vrai que, à peine mort, le corps de Charles le Chauve subit une décomposition telle qu'il est impossible de le transporter jusqu'à Saint-Denis. Il est inhumé dans le cimetière d'un couvent de Nantua où on l'oubliera pendant sept ans.

Son fils, Louis II le Bègue, maladif, meurt à 33 ans, après un règne de deux ans, de langueur.

Son fils aîné, Louis III, roi de Neustrie et d'Austrasie, trouve, à 18 ans, une mort stupide : alors qu'il poursuit une jeune fille qui a repoussé ses avances, il entre derrière elle dans sa maison, mais sans sauter de cheval, se fracassant la tête au seuil de la porte, tandis que l'arçon de la selle sur lequel le choc l'a repoussé lui brise les reins. Il expire quelques jours plus tard au couvent de Saint-Denis, après s'être voué, tradition royale, à tous les saints.

Son frère Carloman, déjà roi de Bourgogne, d'Aquitaine et de Septimanie, lui succède. Il règne à peine deux ans, et meurt à 18 ans des suites d'un accident de chasse, éventré par un sanglier…

Charles le Simple, fils posthume de Louis II le Bègue, est le roi par lequel la décadence carolingienne s'accélère : par le traité de Saint-Clair-sur-Epte, en 911, il donne au Viking Rollon le duché de Normandie. Rollon doit se faire baptiser, épouser Gisèle, la fille du roi Charles (qu'il a eue d'une concubine), et devenir son vassal. Rollon accepte, mais, dédaigneux, fait rendre l'hommage par l'un des siens. Lequel, devant baiser le pied du roi, au lieu de s'agenouiller, le prend et le monte à sa bouche, jetant le roi à la renverse. L'outrage demeure impuni, et Charles devient la risée des nobles qui ont assisté à sa chute. Déposé en 922 par le duc Robert le Fort, battu à la bataille de Soissons, le 15 juin 923, Charles le Simple, roi sans couronne, se réfugie chez son vassal le comte de Vermandois, qui le retient prisonnier pendant pratiquement six ans, jusqu'à sa mort, dans une sinistre tour du château de Péronne, à l'âge de 50 ans. Odgive, sa veuve, épousera le fils de son geôlier.

Son fils, Louis IV d'Outremer (il a été élevé en Angleterre par sa mère, fille du roi de Wessex, en Cornouailles), règne sous la tutelle du puissant Hugues le Grand, père de Hugues Capet, et meurt à 33 ans d'une chute de cheval, alors qu'il poursuit un loup, chez un évêque qui lui offre l'hospitalité, car il n'a plus de royaume, plus de fief, l'antique domaine royal ayant été saisi par Hugues le Grand, déjà véritable souverain de la France romane.

Le Serment de Strasbourg

Surnommé le Chauve non en raison d'une calvitie, mais parce que lors de la consécration de la basilique Saint-Corneille, à Compiègne, il se serait fait raser le crâne, en signe de soumission à l'Église, en dépit de la coutume franque exigeant qu'un roi ait les cheveux longs, Charles II, à 18 ans, s'allie à son demi-frère Louis le Germanique pour battre Lothaire, qui a pris le titre d'empereur, à la bataille de

Fontenoy-en-Puisaye (près d'Auxerre), le 25 juin 841. Charles et Louis confirment leur alliance le 14 février 842, devant leurs troupes respectives, par le *Serment de Strasbourg* : Louis s'y exprime en langue romane pour être compris des hommes de Charles, Charles en langue tudesque pour être compris des hommes de Louis. C'est le plus ancien document que l'on possède sur les idiomes français et allemand ; il marque la rupture entre les deux peuples jusque-là unis. Cette séparation est confirmée par le Traité de Verdun, l'année suivante, et préfigure la naissance des nouvelles puissances médiévales qui formeront bien après la France et l'Allemagne.

Invasions et ravages

Commencées sous Charlemagne, continuées sous Louis le Débonnaire, les incursions des Normands et des Sarrasins constituent un véritable fléau sous Charles le Chauve. De 841 à 857, les Normands brûlent Rouen, battent le Breton Nominoë, pillent Nantes, Saintes, Bordeaux et l'abbaye de Saint-Germain-des-Prés, aux portes de Paris ; ils incendient Saintes et Bordeaux, ravagent les bords du Rhin, de la Meuse et de la Seine ; ils prennent Tours, mettent le feu à l'église Saint-Martin ; ils dévastent Angers, pillent Orléans ; ils livrent aux flammes plusieurs églises de Paris, et emmènent captif l'abbé de Saint-Denis.

Nul répit, nulle trêve. Ils pillent de nouveau Paris en 861, puis la Brie et Meaux l'année suivante, puis Toulouse (864) ; ils ravagent l'Orléanais, l'Île-de-France, le Maine et l'Anjou (865) ; ils signent un traité en 866, pour recommencer leurs pillages et prendre Rouen dix ans après.

Ils s'embarquent (60 marins par bateau) sur de longues barques non pontées, qui avancent à la rame ou à la voile. Leurs flottilles longent les côtes, et remontent les estuaires. Sur le littoral, ils ont élevé des abris qui leur servent de refuges et de bases arrière. Pour pénétrer dans les terres, quand leurs barques, malgré leur faible tirant d'eau ne peuvent aller plus loin, ils s'emparent des chevaux des paysans qu'ils pillent, et battent la campagne, incendiant les villas et les monastères, tuant, violant, rançonnant et s'enfuyant avant que la résistance ait pu s'organiser.

Ces hommes du Nord s'élancent vers le Midi ; les Sarrasins, de leur côté, reparaissent, à des intervalles peu éloignés ; en 827, ils ravagent la Septimanie (région dite aussi Gothie, puis duché de Narbonne, située entre le Rhône, les Pyrénées et le Massif central) ; en 827, ils pillent Marseille. Pendant le règne de Charles le Chauve, ils pénètrent dans le Limousin (846), ravagent à nouveau Marseille (848) et envahissent la Camargue (869). Rarement une année se passe, en moins d'un demi-siècle, sans pillages de Normands ou de Sarrasins. « Dans les villes, dans les villages, il n'y a point de place où l'on ne voit chaque jour quelques cadavres gisants, dit une chronique ; tantôt c'est un prêtre, tantôt un noble laïque, un bourgeois, une femme avec un enfant à la mamelle. Les grands chemins, les lieux écartés sont également souillés par des corps morts. »

Rollon le marcheur

Rollon, premier duc de Normandie, est un personnage d'une autre trempe que celle de Charles le Simple, qui lui abandonne cette province. Il est si grand que, même à cheval, ses pieds touchent le sol, d'où son surnom. Petit-fils du roi de Norvège, il a été battu lors d'une guerre civile et, exilé, a pris la mer avec son armée vaincue. Il s'installe à Rouen vers 897, et de là pille les régions avoisinantes. En 910, il assiège Paris, en 911, Chartres… Régulièrement mis en échec par Robert le Fort, comte de l'Île-de-France, il finit par accepter le traité de Saint-Clair-sur-Epte, en 911. Baptisé, il prend le nom de Robert, et organise d'une main de fer sa nouvelle province. Ses guerriers, dont il fait la nouvelle aristocratie normande, se font eux aussi baptiser et abandonnent leur langue originelle pour le roman, afin d'être compris des populations qu'ils contrôlent désormais.

Rollon-Robert, qui pendant trente-cinq ans a vécu de razzias, promulgue des lois extrêmement sévères contre le vol : tout homme ayant prêté assistance à un voleur est pendu, comme le voleur lui-même. Pour mettre ses sujets à l'épreuve, il fait suspendre, pendant trois mois, des bracelets en or à des chênes. Personne n'ose se les approprier. Même après sa mort, vers 933, le seul nom de Rollon, paraît-il, suffit à épouvanter les malfaiteurs !

Maladies de saints

Le religieux, au Moyen Âge, est partout, y compris dans le vocabulaire. Quelques expressions relatives aux maux de la vie quotidienne ont subsisté :

Heurter à la boutique de saint Cosme : avoir besoin d'un médecin.

Être dans les prisons de saint Crespin : être chaussé à l'étroit.

Mal de saint Fiacre : hémorroïdes.

Mal de saint Genou : goutte.

Mal de saint Gilles : cancer.

Mal de saint Martin : ivresse.

Colique de saint Mathurin : folie.

Mal de saint Maur : goutte.

Rire de saint Médard : mauvaise mine.

Mal de saint Médard ou *mal de saint Quentin* : emprisonnement.

Mal de saint Zacharie : mutisme.

Mal de saint Tranquillin : paresse.

Saints guérisseurs

Pendant tout le Moyen Âge, lorsqu'on est malade, on s'adresse aux saints, et à leurs reliques, plutôt qu'aux médecins (il n'en existe que fort peu). On guérit par superstition, ou par usage d'herbes médicinales, spécialité des moines, qui, dans leurs jardins, ont un carré réservé aux plantes qui guérissent. Ainsi, Sainte Radegonde, ancienne reine mérovingienne, protectrice des moissons, est priée pour guérir des maladies de peau et du cuir chevelu.

Saint Roch, lui, guérit les pestiférés. Atteint de la terrible maladie alors qu'il est parti en pèlerinage à Rome, il se retire dans une forêt où un ange le soigne, tandis qu'un chien, obéissant aux ordres de l'ange, vient le nourrir chaque jour d'un pain frais. Son culte, très répandu, persiste aussi longtemps que durent les épidémies de peste.

Les saints martyrs sont invoqués dans les domaines relatifs à leur supplice : saint Laurent, rôti vif, est supposé soigner les brûlures. Mais on peut aussi s'adresser à des saints dont les exploits ou la vie (la plupart sont des évangélisateurs, des ermites irascibles ou des évêques bâtisseurs d'églises) n'ont aucun rapport avec ce qu'ils sont censés résoudre, ou soigner ; simplement, par tradition locale, par on-dit légendaires, ils ont une réputation d'efficacité… Si le « saint-médecin » ne guérit pas, c'est qu'il y a eu erreur sur la personne, ou qu'on l'a mal prié, et qu'il s'en est offusqué. Car, même au paradis, il garde ses particularités terrestres, susceptibilité comprise ; si on peut tutoyer le bon saint Nicolas, il faut mettre les formes pour interpeller saint Jérôme, chassé de Rome, malgré son érudition, pour cause de mauvais caractère, au point de frapper ses contradicteurs ! Aussi l'invoque-t-on lorsqu'on va céder à la colère. Ces « médecins » ne donnent pas de remèdes, après consultation. Mais on peut toujours améliorer le traitement en faisant un pèlerinage dans les chapelles qui leur sont dédiées, ou en allant toucher leurs reliques.

Saint Just est martyrisé au IVe siècle à Constantinople ; on pose sur sa tête de légionnaire un casque rougi au feu… Il est invoqué contre la calvitie. Saint Jacques, évêque en Grèce au IIIe siècle, passant près de lavandières, leur reproche d'avoir retroussé leurs tuniques haut sur leurs cuisses ; elles lui répondent vertement, provoquant sa colère : il leur jette une imprécation qui leur fait aussitôt, malgré leur jeunesse, blanchir les cheveux. Ému par leurs pleurs, il leur rend leur couleur naturelle, mais après leur avoir fait promettre de laver leur linge sale dans une tenue décente. On l'invoque pour freiner la venue des cheveux blancs.

Saint Denis, envoyé au IIIe siècle pour évangéliser la Gaule, est le premier évêque de Paris. Il est martyrisé à Montmartre. Ayant été décapité, il prend sa tête entre ses mains et se met à marcher. À l'endroit où il tombe est bâtie la basilique qui porte son nom, tombeau des rois de France. Il est invoqué contre les migraines.

Saint Mathurin, évêque de Sens au IVe siècle, a guéri de la folie la fille d'un roi. Il est invoqué en cas de troubles psychiques, et par les maris fautifs qui redoutent une scène de ménage.

Saint Paul de Narbonne (fête le 22 mars) évangélise au IIIe siècle le sud-ouest de la Gaule ; il est invoqué contre les cas de folie douce et de mélancolie.

Saint Donald, au VIIe siècle, est un seigneur écossais. Lorsqu'il cherche des époux pour ses neuf filles, ces dernières les refusent, voulant se consacrer à Dieu. Saint Donald transforme son château en couvent, et en devient l'abbé. On l'invoque lors des crises de nerfs (à propos des siennes, ou de celles de ses filles, lorsqu'il a évoqué ses projets matrimoniaux ?).

Sainte Berthe (VIIe siècle), veuve de saint Gombert, guerrier franc devenu évêque, utilise son héritage pour bâtir des monastères. Furieux de ne rien toucher, ses neveux l'assassinent. Mais leur crime accompli, ils éprouvent de si violents maux de tête qu'ils deviennent fous et se fracassent le crâne contre un mur. Elle est invoquée contre la folie.

Saint Alexandre l'Acémète, en Syrie au Ve siècle, fonde un monastère où 400 religieux, les *Moines insomniaques*, se relaient dans la chapelle nuit et jour afin que l'office divin ne soit jamais interrompu. Il est sollicité par ceux qui ne veulent pas s'endormir. Saint Hubert est un noble qui, après un « accident de chasse », devient évêque à Liège au VIIIe siècle. Alors qu'il traque le gros gibier dans les Ardennes un vendredi saint au lieu de faire pénitence, un cerf lui apparaît avec une croix entre les bois ; honteux, il se consacre désormais à la prière. Il est invoqué contre la rage et, avant de partir à la chasse, pour se protéger des accidents. Étant mort après avoir supporté plus d'un an une blessure à la main qui l'empêche de dormir, il est aussi invoqué contre l'insomnie.

Sainte Valérie, au IIIe siècle, convertie par saint Martial, à Limoges, est égorgée par son fiancé païen parce qu'elle refuse de l'épouser. Ses reliques, à l'abbaye de Chambon (Creuse), guérissent qui les touche. Elle est invoquée contre les maux de gorge, et par les célibataires qui cherchent une femme.

Saint Quentin, chrétien issu d'une grande famille romaine, s'installe dans la région d'Amiens au IIIe siècle afin de l'évangéliser. Le chef franc local le fait torturer de façon atroce : on le perce avec des broches du cou aux cuisses, puis on lui enfonce des clous rougis au feu dans le crâne, avant de le décapiter. Le lieu de son supplice est devenu la ville de Saint-Quentin, dans l'Aisne. Il est invoqué (à cause des broches en travers de la gorge ?) contre la toux.

Saint Philibert (ou Philbert) fonde, au VIIe siècle, les monastères de Jumièges et de Noirmoutier. Est-ce parce qu'il les implante en des contrées humides ? Il est invoqué contre les angines.

Saint Pascal est invoqué contre les maux de gorge parce qu'il a failli étrangler une jolie fille dans le corps de laquelle le diable s'était caché pour le mettre à l'épreuve… Le diable s'est retiré juste avant qu'elle n'expire sous la poigne de Pascal, qui ne badine pas avec sa chasteté !

Saint Marin est martyrisé à Césarée au IIIe siècle : officier dans l'armée romaine, il est dénoncé comme chrétien par un soldat jaloux de son avancement plus rapide que le sien, et décapité. Parce qu'on lui a tranché la sienne, il est sollicité contre les maux de gorge.

Saint Félix, évangélisateur du Poitou au IIe siècle, est suspendu, après avoir eu les membres brisés, dans une cheminée où il périt étouffé. Il est invoqué contre l'asphyxie.

Sainte Apolline, gardienne, au IIIe siècle, d'une église d'Alexandrie, a les dents brisées parce qu'elle refuse de rendre hommage aux dieux romains. On menace de la brûler vive si elle s'obstine. Profitant de l'inattention de ses bourreaux, elle se jette d'elle-même dans le brasier. Patronne des arracheurs de dents, elle est invoquée contre les caries.

Un saint Cyrille est au IIIe siècle mis à mort pour avoir donné de l'eau à sainte Anastasie pendant son agonie (elle a eu la langue coupée). Il est invoqué par ceux qui ont soif.

Saint Ambroise, un légionnaire romain martyrisé en 303, périt d'étouffement dans un réduit surchauffé. Il est invoqué par ceux qui ont du mal à supporter la canicule…

Saint Cyrille, prêtre en Égypte au IVe siècle, a le ventre ouvert par des païens qui lui arrachent le foie pour le manger ! On l'invoque contre les maladies de cet organe.

Saint Alexandre, martyrisé à Lyon au IIe siècle, a le basventre ouvert à coups de fouet. Il est donc invoqué contre les coliques, et la douleur provoquée par un coup dans les testicules.

Un saint Vincent, dans l'Espagne du IIIe siècle, est prédicateur chrétien. Le gouverneur local l'en punit en lui faisant déchirer les muscles avec des crochets et en le faisant brûler à petit feu, tandis qu'il continue à chanter des psaumes. Il est invoqué par les chanteurs qui ne veulent pas perdre leur voix, et contre les maladies intestinales : lors de son supplice, on lui ouvre le ventre et on lâche des corbeaux pour qu'ils viennent lui picorer les entrailles ; mais les corbeaux se précipitent sur les bourreaux et leur crèvent les yeux à coups de bec.

Saint Brice, au ve siècle, est évêque de Tours. Ses débuts sont peu exemplaires. Ainsi soigne-t-il les maux de ventre d'une nonne en la mettant enceinte ! La fin de sa vie est, elle, plus digne ; à tel point que la population le sanctifie avant même sa mort, en 444 ! On l'invoque contre les coliques et… les chiens méchants.

Saint Grégoire le Grand, pape et docteur de l'Église du VIe siècle, est invoqué pour lutter contre les brûlures d'estomac, dont lui-même, d'un tempérament anxieux, a souffert.

Saint Gervais est invoqué pour soigner l'incontinence d'urine car, lorsque son corps est déterré par saint Ambroise, au IVe siècle, un ouvrier, qui souffre de ce mal, en est guéri après avoir touché le cadavre, intact malgré un séjour de deux siècles dans une fosse.

Saint Jules, pape de 337 à 352, renforce l'autorité papale contre les hérétiques mais est invoqué contre… la constipation ! C'est en son « honneur » que l'on appelle familièrement « jules » un pot de chambre : il est le patron des vidangeurs.

Saint Benjamin, jeune prêtre chrétien en Perse au Ve siècle, est accusé d'avoir incendié un temple païen ; on lui perce les ongles avec des épines, puis on l'empale. Il est invoqué pour raffermir les ongles.

Saint Félix, évêque en Afrique au Ve siècle, doit, avec 5 000 chrétiens, marcher jusqu'à la mort dans le désert. Pour les faire avancer, les soldats les fouettent avec des ronces. On l'invoque contre les piqûres d'épines. Saint Gérard de Lunel part au XIIIe siècle en Palestine comme pèlerin, où il meurt, s'étant piqué sur une plante vénéneuse. Il est invoqué lui aussi contre les piqûres.

Saint Félix, évêque de Nantes au IXe siècle, réduit les fractures par imposition des mains ; on l'invoque pour les bras et jambes cassés. Saint Eusèbe de Samosate, en Syrie, évêque au IVe siècle, tué par un hérétique à coups de tuile sur la tête, est invoqué contre les chocs et les coups.

Diacre du pape Sixte II, saint Laurent est arrêté en 258 pour avoir refusé de livrer le trésor de l'Église à l'empereur, et couché sur un gril placé au-dessus d'un brasier. Résistant aux douleurs atroces, il a le courage de narguer le bourreau : « Retourne-moi, maintenant, que l'empereur ait de la viande bien cuite à manger ! » Dieu, ému par son supplice, lui accorde la grâce de libérer, tous les vendredis, une âme du purgatoire. Il est invoqué contre les brûlures, mais aussi contre le lumbago…

Un saint Julien (fête le 17 février) est invoqué contre les brûlures : en 309, il assiste au martyre de onze chrétiens brûlés vifs en Palestine ; « les apôtres étaient douze, vous n'êtes que onze », leur crie-t-il en sautant sur le bûcher faire le douzième !

Sainte Reine, bergère dans la région d'Autun au IIIe siècle, repousse les assauts galants d'Olibrius, le gouverneur romain de la région. Lequel, de dépit, et parce qu'elle est chrétienne (c'est à leur volonté de rester chastes qu'on les identifie alors), la fait martyriser, notamment en lui faisant appliquer des fers rouges sur la peau, brûlures dont elle guérit miraculeusement la nuit, dans sa prison. Aussi la fait-il décapiter. Sainte Reine (dont le lieu du martyre est la ville d'Alise-Sainte-Reine, emplacement supposé d'Alésia), est invoquée contre l'impétigo et autres affections de la peau…

Saint Serge, soldat chrétien dans l'armée romaine, est exécuté (à coups de fouet) en Syrie, au IIIe siècle, pour avoir refusé de sacrifier aux dieux païens, et après avoir été obligé de traverser la ville déguisé en femme et chaussé de souliers garnis de pointes à l'intérieur. Il est invoqué contre le mal aux pieds et par les travestis.

Saint Pierre, pêcheur sur le lac de Tibériade, quitte tout pour suivre Jésus, qui le nomme chef des apôtres. Sous le règne de Néron, condamné à être crucifié, il demande à ce que ce soit la tête en bas, par humilité par rapport au Christ. Parce qu'il a beaucoup marché, il est invoqué pour attendrir les cors aux pieds. Anne, de la tribu de Juda, épouse de Joachim, supplie Dieu, après de longues années de stérilité, de lui donner un enfant : ce sera Marie, qu'elle aura à 67 ans… Mère à l'âge d'être grand-mère, elle est invoquée contre la stérilité.

Saint Léonard de Noblat, au VIe siècle, baron de Clovis jusqu'à ce que saint Rémi le convertisse, se fait ermite et guérisseur. La reine d'Aquitaine depuis cinq jours ne parvenant pas à mettre un enfant au monde, il lui fait une imposition des mains, qui la délivre immédiatement. Il est invoqué lors des accouchements...

Sainte Agathe, vierge de Sicile au IIIe siècle, est si belle qu'un juge romain veut l'épouser. Mais parce que, chrétienne chaste, elle a repoussé ses avances, il lui fait couper les seins. Dans sa prison, Agathe est guérie de ses blessures par saint Pierre. Ses bourreaux la déchirent alors avec des griffes de fer et l'achèvent en la traînant sur des charbons ardents (elle est souvent montrée présentant ses seins sur un plat). Patronne des nourrices, à cause de ses seins coupés ; on l'invoque pour avoir du lait.

Sainte Anastasie, issue d'une riche famille romaine, est suppliciée parce que chrétienne, au IIIe siècle. Ses flancs sont brûlés avec des torches, ses ongles et sa langue arrachés, ses dents cassées ; comme elle implore Dieu en levant les mains, on les lui coupe aussi, avant de la décapiter. Elle est invoquée pour le traitement des tumeurs du sein et les maladies de la langue. Elle inspire *Anastasia*, femme revêche armée de ciseaux, personnalisation de la censure au XIXe siècle, à cause de sa langue arrachée.

Saint Nicolas, évêque de Myra, en Lycie au IVe siècle, entre chez un aubergiste qui vient d'égorger, de découper et de mettre au saloir trois jeunes enfants afin de les servir ultérieurement à ses clients. Saint Nicolas ressuscite les petits, en recolle les morceaux épars et pardonne à l'aubergiste. Une autre fois, il fait parvenir à un homme ruiné une bourse pleine d'or afin qu'il renonce à son projet de prostituer ses trois filles pour subvenir aux besoins de sa famille. Saint Nicolas, patron de la Russie et de la Lorraine, protecteur des petits enfants et des jeunes filles pauvres, est invoqué lors des maladies infantiles.

Épouse de Clovis, sainte Clotilde est invoquée pour guérir les enfants malades.

Saint Frédéric, évêque d'Utrecht au IXe siècle, est assassiné en sa cathédrale sur l'ordre de l'impératrice Judith, à laquelle il reproche ses débauches. Avant de périr sous les coups de seigneurs dont il a dénoncé les pratiques incestueuses, il leur pardonne et leur précise même comment s'enfuir. Il est invoqué par les enfants victimes d'inceste. Saint Ignace (fête le 23 octobre), fils d'un empereur byzantin au VIIIe siècle, patriarche de Constantinople, est lui aussi invoqué pour protéger les enfants de l'inceste, car il a refusé de bénir un empereur qui couchait avec sa fille.

Saint Albin, au VIe siècle, est évêque d'Angers. Il proteste contre les mœurs incestueuses des seigneurs francs qui, pour s'emparer de leurs héritages, épousent leurs sœurs et leurs nièces. Il est invoqué lorsqu'on ne sait comment rembourser ses dettes !

Saint Félix, moine bénédictin mort en l'an 1 000, est invoqué par ceux qui veulent être couchés sur le testament d'un mourant sans héritier. Mais il faut promettre de donner la majeure partie du legs aux œuvres charitables ! Saint Eusèbe, moine irlandais du IXe siècle, abbé en Suisse, tué par un usurier, est invoqué par ceux qui ne peuvent pas payer leurs impôts.

Les Capétiens directs

L'Histoire en résumé…

Lorsque Hugues Capet monte sur le trône, il est le représentant le plus puissant de la France féodale. La royauté qu'on lui donne est, en réalité, un titre sans valeur ; la France n'est qu'une sorte de confédération d'États ; quant au domaine royal, il se compose uniquement de Laon et de son territoire. Avec Hugues Capet, le duché de France, qui a Paris pour capitale, et qui est sa propriété, forme le centre autour duquel les Capétiens grouperont successivement les provinces qui formeront la France moderne. Hugues Capet, sacré à Reims, doit d'abord combattre Charles, duc de Lorraine, oncle de Louis le Fainéant, qui revendique ses droits à la couronne les armes à la main. Charles est vaincu, et sa mort en 991 marque l'extinction en France de la postérité masculine de Charlemagne. Hugues associe son fils Robert à la couronne dès 987, s'attache le clergé très influent, aimé du peuple dont il sort. Il obtient la soumission des comtes d'Anjou et de Poitiers, ainsi que celle du duc de Normandie ; mais il ne peut empêcher les Aquitains de reconnaître pour roi le fils de Charles de Lorraine. Hugues Capet meurt à Paris le 24 octobre 996.

Le règne de Robert II le Pieux, son fils, est troublé par une guerre qu'il soutient au sujet de la Bourgogne. Après douze années de luttes, cette province est divisée en deux parties : le duché de Bourgogne revient à Robert II, et le comté de Dijon est donné en viager à Otte Guillaume, son compétiteur. Après avoir fait couronner de son vivant (1027) son fils Henri Ier comme roi de France, Robert II meurt à Melun en 1031.

Henri Ier commence par céder à son frère Robert le duché de Bourgogne (1032). Sous Henri Ier, l'influence du duc de Normandie, Guillaume, s'accroît considérablement à la suite de la bataille de Mortemer (1054) et du traité de Rouen (1055). Henri meurt à Vitry en 1060, laissant le trône à son fils, Philippe Ier, sous la régence de Baudouin V, comte de Flandre.

Baudouin étant mort en 1067, Philippe Ier se trouve, à l'âge de quinze ans, à la tête du royaume. C'est sous le règne de Philippe Ier que Robert Guiscard conquiert le sud de l'Italie en 1055, et que Guillaume le Conquérant ou le Bâtard, duc de Normandie, gagne en 1066 la bataille de Hastings, qui le rend maître de l'Angleterre.

Philippe Ier doit alors faire face à la puissance montante de Guillaume, son vassal. S'amorce par là même, entre la France et l'Angleterre, une rivalité qui se prolongera longtemps. Guillaume marche sur Paris, dont il se serait emparé sans doute, s'il n'avait trouvé la mort (1087) à Rouen, lors de l'incendie de cette ville.

Le plus grand événement qui se produit alors est la première croisade (1095). Le concile de Clermont convoqué à cette date par Urbain II décide que les chrétiens doivent partir délivrer Jérusalem. Philippe Ier, excommunié, n'y prend point part ; mais le peuple tout entier s'enthousiasme, et c'est au cri de « Dieu le veut ! » qu'il prend la route de l'Orient en 1096. Les croisés forment trois armées : la première, commandée par Gautier Sans Avoir, gentilhomme français ; la seconde, par Pierre l'Ermite ; la troisième, par Gotteschack, prêtre allemand. Ces armées ravagent tout sur leur passage. Les Hongrois s'arment et les exterminent en partie. Godefroi de Bouillon, duc de Basse-Lorraine, part la même année pour la Terre sainte, à la tête de 90 000 guerriers de la Lorraine, du nord de la France et de la Frise ; il arrive jusqu'à Constantinople, où il promet à l'empereur Alexis toutes les terres dont il s'emparera ; puis, pénétrant en Asie Mineure, il prend successivement la ville de Nicée, la Cilicie, la Syrie, une partie de la Mésopotamie, gagne la bataille de Dorylée, s'empare de la ville d'Édesse, de celle d'Antioche (1098), et enfin de Jérusalem, dont il est élu roi en 1099. Cette première croisade, ainsi que les suivantes, en portant vers l'Orient une foule de chefs de fiefs, profite grandement à l'unité française. L'absence de vas-

saux plus ou moins puissants permet aux rois d'étendre successivement leur pouvoir, de provoquer l'affranchissement des communes, sur lesquelles ils peuvent asseoir les souverainetés, et de développer leur œuvre unitaire.

Godefroi de Bouillon crée les premiers ordres de chevalerie, hospitaliers et chevaliers du Saint-Sépulcre en 1099. S'y adjoignent plus tard les Templiers (1119).

Philippe Ier étant mort en 1108, son fils, Louis VI le Gros, lui succède. Aidé par l'abbé Suger, il guerroie contre ses vassaux insoumis, véritables brigands qui désolent le pays. Il réduit successivement à l'obéissance Bouchard de Montmorency, les sires de Montlhéry, du Puiset, de Coucy et de Montfort, et les contraint à ne plus détrousser les passants. Moins heureux dans sa guerre contre l'Angleterre, il est battu, en 1119, à Brenneville, par Henri Ier d'Angleterre ; mais le pape Calixte II, qui se trouve alors en France, négocie pour Louis une paix honorable. Louis VI meurt en 1137, alors que son fils Louis VII épouse Aliénor (ou Éléonore) d'Aquitaine.

C'est sous le règne de Louis VI le Gros que commence l'affranchissement des communes. Enserrée de tous côtés par la puissance des seigneurs, la royauté cherche des alliés dans les communes, qui ont également pour adversaire le régime féodal. La politique de Louis le Gros consiste à favoriser la révolution communale, à sanctionner les franchises concédées de gré ou de force par les seigneurs, à grouper et à discipliner autour du trône les forces naissantes de la bourgeoisie. Les guerres privées que les seigneurs se font entre eux, l'obligation de tenir leurs maisons sur un certain pied et enfin les croisades exigent beaucoup d'argent. Ils accordent alors aux communes ou aux villes de leurs fiefs certaines franchises moyennant finances, l'autorité royale intervenant alors pour sanctionner et garantir les conventions passées entre le peuple et les seigneurs. Les chartes que les seigneurs concèdent, moyennant certaines redevances, stipulent généralement la liberté des bourgeois de la commune, la libre disposition de leurs biens, leur reconnaissent le droit d'élire leurs magistrats, échevins, maires ou consuls, et enfin leur donnent la faculté d'avoir des milices. Les communes récompensent Louis le Gros de sa sollicitude ; elles lui fournissent leurs milices dans les guerres qu'il doit soutenir contre le roi d'Angleterre et l'empereur d'Allemagne.

Pour se réconcilier avec le pape Célestin II, qui l'a excommunié, Louis VII, fils de Louis VI, malgré les conseils de Suger, prend la croix et se met en route pour la Palestine en 1147, à la tête de 100 000 hommes, après avoir laissé la régence du royaume à l'abbé Suger et à Raoul, comte de Vermandois. Il remporte d'abord la victoire du Méandre contre les Turcs ; mais son armée, diminuée par des pertes nombreuses, disparaît presque complètement, et Louis doit revenir en France en 1149, après un pèlerinage à Jérusalem.

La conduite d'Aliénor, qui a accompagné son époux en Palestine, n'a pas été irréprochable. Louis VII, à son retour en France, demande et obtient, malgré l'opposition de Suger, l'annulation de son mariage. Aliénor reprend sa dot, composée de la Guyenne, de la Gascogne, de la Saintonge et du Poitou, et l'apporte à son nouveau mari, Henri Plantagenêt, duc de Normandie, qui est bientôt proclamé roi d'Angleterre sous le nom de Henri II. C'est de cette époque que date la prétention des rois d'Angleterre au trône de France. Louis VII, après avoir épousé, en 1154, Constance, fille du roi de Castille, et, en 1160, Adèle, fille de Thibaud, comte de Champagne, dont il a Philippe Auguste, fait couronner celui-ci en 1179, et meurt en 1180.

Philippe Auguste, après avoir épousé Isabelle de Hainaut, qui lui apporte en dot la ville d'Amiens et la barrière de la Somme, et réparé ainsi, en partie, les pertes territoriales causées par le divorce de son père, inaugure son règne en conquérant le Vermandois (1185) et en enlevant Le Mans et Tours (1189) à Henri II d'Angleterre.

La défaite des chrétiens à Tibériade et l'entrée de Saladin à Jérusalem sont la cause déterminante de la troisième croisade. Philippe Auguste, Richard Cœur de Lion et l'empereur Frédéric Barberousse partent pour la Terre sainte en 1190. Frédéric perd presque toute son armée en Asie, et périt lui-même en Cilicie en 1190 (il se noie en se baignant dans une rivière). Richard Cœur de Lion ne tarde pas à se brouiller avec Philippe Auguste, qui l'abandonne à lui-même après la prise de Saint-Jean-d'Acre, et revient brusquement en France. Philippe, après s'être fortifié en Artois et en Picardie, pousse Jean Sans Terre à s'emparer du trône de Richard Cœur de Lion, fait prisonnier, à son retour de Terre sainte, par l'empereur germanique Henri VI, et se marie, en 1193, à Ingeburge, sœur de Canut VI, roi de Danemark, afin d'obtenir l'appui des

Danois contre les Anglais. Ayant ainsi préparé ses alliances, sûr de l'appui des milices des communes, Philippe Auguste prend prétexte du meurtre d'Arthur de Bretagne par son oncle Jean Sans Terre pour citer celui-ci à comparaître devant les pairs de France. Sur son refus, le roi de France enlève (1204) la Normandie au roi d'Angleterre. Celui-ci prépare dès lors contre Philippe Auguste la guerre qui devait aboutir à la bataille de Bouvines. Jean Sans Terre soulève, contre Philippe, les comtes et les ducs de Flandre, de Brabant, de Lorraine, de Hollande, de Limbourg et enfin l'empereur Othon. Ces princes ont pour mission d'attaquer Philippe Auguste par le Nord, pendant que les Anglais l'assailliront par le Midi. Le roi de France marche contre eux en 1214, et remporte sur ses ennemis l'éclatante victoire de Bouvines. Dans cette mémorable bataille, les milices des communes, qui se sont mises sous les ordres de Philippe Auguste, défont complètement la cavalerie féodale, et le roi de France reste possesseur des domaines enlevés au roi Jean Sans Terre.

Philippe Auguste meurt à Mantes en 1223, après avoir régné quarante-trois ans. Son règne fait partie des plus glorieux de notre histoire : il soumet les vassaux révoltés, sécurise les campagnes en exterminant les routiers et combat victorieusement les Anglais. Il conquiert l'Auvergne, le Valois, une partie du Vermandois et l'Amiénois ; il réunit, par héritage, l'Artois à sa couronne, et rend la Bretagne dépendante de la France en faisant épouser à l'héritière de cette province son parent, Pierre Mauclerc ; il mate la féodalité en groupant autour du trône les milices des communes ; il fonde l'université, embellit Paris, fait paver cette ville, l'entoure d'une enceinte de murailles et construit les halles. Philippe Auguste élève un palais à côté de la grosse tour du Louvre, et veille à la poursuite des travaux de la cathédrale, dont l'édification a été précédemment commencée. Deux grands événements, auxquels Philippe Auguste ne prend aucune part, ont lieu sous son règne : la quatrième croisade en 1201 et la guerre contre les albigeois en 1208.

À l'instigation de Foulques de Neuilly, une quatrième croisade est lancée. Les croisés reconnaissent pour chefs Boniface, marquis de Montferrat, et le doge de Venise. Ils débarquent en Dalmatie, s'emparent de Zara, et viennent mettre le siège devant Constantinople, qu'ils prennent d'assaut. Ils renversent ainsi l'Empire byzantin et fondent, en 1204, un Empire latin, qui ne subsistera que cinquante-huit ans. Baudouin IX, comte de Flandre, est proclamé empereur ; plusieurs seigneurs français se partagent l'ancienne Grèce : le royaume de Thessalonique est donné au marquis de Montferrat, la Morée devient une principauté, et Athènes un duché féodal.

À la suite de l'assassinat, à Toulouse, de son légat, Pierre de Castelnau, le pape Innocent III prêche, en 1208, une croisade contre les albigeois, qui professent en partie les doctrines des manichéens. Ces hérétiques sont soutenus par Raimond VI, comte de Toulouse, et par Roger, vicomte de Béziers. Le premier, cité à comparaître, à Valence, devant un nouveau légat du pape, se soumet, reçoit l'absolution le 12 juin 1209, et prend la croix ; le second ayant résisté aux ordres de Rome, la guerre lui est déclarée. Bientôt une armée, commandée par le duc de Bourgogne, le comte de Nevers et Simon de Montfort, marche contre Béziers et enlève d'assaut la ville, où quinze mille personnes sont massacrées. Carcassonne, Lavaur et plusieurs autres villes sont également maltraitées. Sur ces entrefaites, Raymond VI chasse l'évêque de Toulouse. Simon de Montfort lui déclare la guerre, le bat à Muret en 1213, et confisque ses domaines, en 1215. Mais il ne profite pas longtemps de cette spoliation. Toulouse se révolte contre Simon de Montfort, qui est tué d'un coup de pierre lors du siège de cette ville (1218).

Louis VIII, dit le Lion, fils de Philippe Auguste, monte sur le trône en 1223. Il continue la guerre contre les Anglais, leur prend Niort, La Rochelle, Saintes et Périgueux ; il leur aurait enlevé Bordeaux et la Gascogne, s'il n'avait choisi de tourner ses armes contre les albigeois. Louis VIII prend la tête de la deuxième guerre contre eux. Il s'empare d'Avignon et marche contre le comte de Toulouse, lorsqu'il meurt de fièvre au château de Montpensier, en Auvergne, en 1266. Avant de mourir, il donne la régence à sa femme, Blanche de Castille, fait promettre aux seigneurs et aux évêques d'obéir à son fils, Louis IX, comme roi, et dote ses autres enfants de divers apanages : Robert reçoit l'Artois, Charles, l'Anjou, et Alphonse, le comté de Poitiers.

Louis IX n'a que onze ans quand il parvient au trône. Le comte de Champagne et le duc de Bretagne veulent profiter de sa minorité pour reconquérir leur indépendance. Mais Blanche de Castille parvient à détacher de cette ligue le comte de

Champagne et réprime la révolte des Bretons. Blanche réunit alors à la Couronne les comtés de Blois, de Chartres et de Sancerre ; puis, en 1237, le territoire de Beaucaire et de Carcassonne, par le mariage de la fille du comte de Toulouse avec Alphonse, frère de Louis IX. Par le mariage de Charles d'Anjou avec Béatrice de Provence, de Marguerite de Provence avec Louis IX, en 1234, elle prépare la réunion de ce pays à la France. Devenu majeur en 1236, Louis IX se prépare à continuer la politique de ses prédécesseurs contre l'Angleterre. Il remporte, en 1242, les victoires de Taillebourg et de Saintes, qui contraignent Henri III à une trêve de trois ans.

Une cinquième (1217-1218) et une sixième croisade (1228-1229) ont eu lieu, l'une avec Jean de Brienne et André II de Hongrie pour chefs, et l'autre sous la direction de Frédéric II de Hohenstaufen. La France n'y prend aucune part. Mais, apprenant que Jérusalem, un instant délivrée par Frédéric II, en 1229, est retombée au pouvoir du sultan d'Égypte, et obéissant au vœu qu'il a fait, durant une grande maladie (1244), d'aller au secours des Lieux saints, Saint Louis s'embarque le 25 août 1248, à Aigues-Mortes, avec ses frères les comtes d'Artois et d'Anjou, avec les ducs de Flandre, de Bourgogne et de Saint-Pol, laissant la régence à sa mère. Il prend Damiette en 1249, et livre aux musulmans la bataille de la Mansourah en 1250, où il est fait prisonnier avec ses deux frères. Pour obtenir sa liberté, Saint Louis rendit Damiette, signe une trêve de dix ans avec le sultan d'Égypte, et reste en Palestine jusqu'à la mort de sa mère, en 1252. Blanche de Castille, pendant l'absence de son fils, a dû réprimer l'insurrection des pastoureaux, qu'elle fait tailler en pièces dans les plaines du Berry.

Saint Louis, dès son retour en France en 1254, consacre quinze années à faire des lois, à régler l'administration de la justice et à soumettre quelques seigneurs révoltés. Par les traités de Paris et de Corbeil, traités que rien ne l'oblige de conclure, Saint Louis, qui trouve excessives les confiscations de territoires de Philippe Auguste sur les Anglais, rend à leur roi, Henri III (1259, traité de Paris), le Périgord, le Limousin, l'Agenois, le Quercy et la Saintonge. Henri, de son côté, renonce à ses prétentions sur la Normandie, l'Anjou, le Maine, la Touraine et le Poitou. Par le traité de Corbeil, il rend au roi d'Aragon les comtés de Barcelone, de Roussillon et de Cerdagne. Par réciprocité, le roi d'Aragon renonce aux fiefs qu'il possède dans le Languedoc, ainsi qu'à ses droits sur la

Provence et l'Auvergne. La France ne perd pas au change, et les conquêtes de Philippe Auguste sont légitimées.

Saint Louis interdit les guerres privées, et supprime dans ses domaines le duel judiciaire, qui est remplacé par les preuves au moyen de témoins, et par les procédures écrites. Le vassal condamné injustement a le droit d'en appeler à la cour du roi. C'est ainsi que la justice seigneuriale se trouve soumise à l'autorité royale. Saint Louis rétablit les commissaires, qui sont chargés, comme sous Charlemagne, de surveiller les dénis de justice commis par les seigneurs ; il règle le poids et la valeur des monnaies, de manière à donner cours, dans tout le royaume, à la monnaie du roi.

La pragmatique sanction, qui fixe les rapports de l'Église et de l'État (1269), établit que les taxes pécuniaires imposées par la cour de Rome sur les biens ecclésiastiques du clergé ne pourront être désormais prélevées qu'avec le consentement formel du roi, jetant ainsi les bases de l'Église gallicane. Saint Louis fonde la Sainte-Chapelle (1245-1247), l'hôpital des Quinze-Vingts, qui reçoit trois cents gentilshommes auxquels les musulmans ont crevé les yeux. Aidé de son confesseur, Robert de Sorbon, il crée, en 1252, la Sorbonne, université dans laquelle des prêtres professent gratuitement l'enseignement. Il protège les métiers en instituant les corporations ouvrières, crée les guets et rend les seigneurs responsables de la sécurité des routes et des campagnes.

L'ordre régnant à l'intérieur, et Louis ayant eu connaissance de la prise d'Antioche par les musulmans, il s'embarque le 1er juillet 1270 à Aigues-Mortes, avec son frère Charles d'Anjou et le prince Édouard d'Angleterre. Il débarque près de Tunis, qu'il assiège, lorsqu'il est atteint de la peste qui décime son armée. Il meurt le 25 août. C'est sous son règne qu'a lieu la conquête de Naples et de Sicile par son frère le duc d'Anjou, appelé en Italie par Urbain IV.

Philippe III le Hardi succède à Saint Louis le 25 août 1270. Il se trouve auprès de son père lorsqu'il meurt devant Tunis. Il conclut avec les musulmans un traité de vertu selon lequel les musulmans reconnaissent la suzeraineté de la Sicile et payent les frais de guerre. Il s'embarque pour la France, porteur des cendres de son père, de sa femme, de son fils, de son frère le comte de Nevers, et son beau-frère, Thibaud II, comte de Champagne. Ces décès successifs donnent à Philippe le Valois, le Poitou, l'Auvergne, le Comtat Venaissin ; la mort de son oncle Alphonse lui donne, en 1271, le comté de Toulouse, c'est-à-dire le Languedoc. En 1274, il cède au pape Grégoire X le Comtat Venaissin. À la suite des « Vêpres siciliennes », qui ont lieu le lundi de Pâques 1282, Philippe III déclare la guerre à Pierre III d'Aragon, le complice du massacre des Français en Sicile ; il pénètre en Espagne, saccage plusieurs villes ; mais forcé de rebrousser chemin du fait des maladies qui déciment son armée, il meurt à Perpignan, en 1285, âgé de 40 ans.

Philippe IV, dit le Bel, proclamé roi à Perpignan en 1285, continue la guerre d'Aragon entreprise par son père, et la termine, en 1295, par le traité de Tarascon, qui maintient le statu quo. En 1293, il déclare la guerre à Édouard Ier d'Angleterre et envahit la Guyenne, qu'il garde jusqu'en 1299, date à laquelle, par suite des fiançailles de sa fille avec le prince Édouard II d'Angleterre, il réunit la Flandre à la Couronne. Philippe le Bel ne jouit pas paisiblement de cette possession. Il doit réprimer l'insurrection des Flamands, qui commencent par détruire, en 1302, l'armée française à Courtrai. Philippe répare cet échec en 1304 en gagnant la bataille de Mons-en-Pévèlle. Il doit, toutefois, restituer la plus grande partie du comté de Flandre, ne gardant que le Pays wallon, c'est-à-dire Lille, Douai, Béthune et plusieurs autres villes. Pendant que Philippe le Bel guerroie contre les Flamands, un grave différend l'oppose au pape Boniface VIII. Le clergé se plaint au pape des exactions de Philippe le Bel. Boniface défend de lever des contributions sur les biens ecclésiastiques sans le consentement du Saint-Siège, et lance contre Philippe une bulle d'excommunication. Philippe lui répond en brûlant cette bulle et en convoquant les premiers états généraux. Ils se réunissent à Notre-Dame en 1302 et, Philippe le Bel leur ayant fait lire une bulle falsifiée, ils déclarent qu'ils soutiendront énergiquement l'indépendance de la Couronne. Après avoir fait enlever le pape Boniface VIII à Anagni, par Guillaume de Nogaret et Sciarra Colonna, le 7 septembre 1303, et avoir terni son nom par le supplice de templiers, dont il fait exécuter le grand maître, Jacques de Molay, le 13 octobre 1314, Philippe le Bel meurt cette même année, le 29 novembre.

Philippe le Bel porte de rudes coups à la féodalité en interdisant aux seigneurs les guerres privées, en leur enlevant le droit de battre la monnaie, en interposant, entre le suzerain et le vassal, des officiers chargés d'écouter les plaintes de ce dernier. De plus, il substitue les tribunaux royaux aux tribunaux des seigneurs, étend les attributions du parlement, bat en brèche les privilèges en multipliant les anoblissements, qui affaiblissent la ligne de démarcation existant entre le peuple et les seigneurs. Il crée la cour des comptes, qui est chargée de préparer le budget des recettes et des dépenses, établit des douanes aux frontières, et laisse le domaine royal accru du Pays wallon, de la Champagne, de l'Angoumois, du Périgord, de l'Aquitaine et du Lyonnais. Mais il écrase le peuple d'impôts, altère les monnaies et persécute les Juifs comme les Templiers pour les dépouiller de leur argent.

Louis X, dit le Hutin, succède en novembre 1314 à son père, et choisit pour conseiller son oncle Charles de Valois. Sous son règne, les seigneurs reprennent quelques-uns de leurs privilèges ; les Juifs obtiennent la permission de résider en France moyennant finances ; de plus, il complète l'œuvre des croisades en affranchissant les serfs. Il meurt en 1316, laissant une fille, Jeanne, et un fils posthume, Jean Ier, qui ne vit que cinq jours. Conformément à la loi salique, Jeanne est exclue du trône, et Philippe V, dit le Long, succède à son frère Louis le Hutin.

Philippe V le Long se signale par l'extermination des nouveaux pastoureaux et de violentes persécutions contre les Juifs et les lépreux. Il meurt en 1322, après avoir créé le Conseil d'État en 1318, réglé la fabrication des monnaies et des poids et mesures, anobli des roturiers, et donné aux bourgeois le droit de s'organiser militairement.

Charles IV dit le Bel succède à son tour à son frère Philippe V en 1322. C'est le premier roi de France qui ajoute à son titre celui de roi de Navarre, qu'il tient de sa mère. Après avoir remis de l'ordre dans les finances, Charles IV déclare la guerre à Édouard II, roi d'Angleterre, dans le but de soutenir ses droits de suzeraineté sur la Normandie, et le contraint à la paix en 1325. Il mène à bonne fin une révolte soutenue par plusieurs bâtards de la noblesse de Gascogne et meurt, en 1328, sans postérité mâle.

Rois capétiens directs

— **Hugues Capet**, fils aîné de Hugues le Grand, duc de France et de Bourgogne, comte de Paris et d'Orléans, et de

Hatwige (ou Hatwin) de Lorraine, sa 3e femme — Né vers 941 — Sacré et couronné à Noyon par l'archevêque Adalbéron, le 3 juillet 987 — Marié à Adélaïs (ou Adèle, ou Adélaïde), fille du duc d'Aquitaine — Mort le 24 octobre 996.

— **Robert II**, dit « le Pieux » — Fils aîné de Hugues Capet et de la reine Adélaïs — Né à Orléans vers 972 — Couronné du vivant de son père, à Orléans, le 1er janvier 987, à Reims en 991 — Marié à Rosala, fille du roi d'Italie et veuve du comte de Flandre ; à Berthe, veuve d'Eudes, comte de Blois, et dont il fut séparé ; à Constance, fille de Guillaume II, comte de Provence — Mort à Melun le 20 juillet 1031.

— **Henri Ier**, second fils de Robert II et de la reine Constance — Né vers 1008 — Sacré à Reims le 14 mai 1027, du vivant de son père — Marié en 1051 à Anne de Kiev, fille de Iaroslav, grand-duc de Kiev — Mort à Vitry-aux-Loges le 4 août 1060.

— **Philippe Ier**, fils aîné de Henri Ier et de la reine Anne de Kiev — Né vers 1053 — Sacré à Reims le 23 mai 1059, du vivant de son père — Marié en 1072 à Berthe de Hollande ; en 1092 à Bertrade de Montfort, 4e femme de Foulques IV, dit le Réchin, comte d'Anjou — Mort à Melun le 3 août 1108.

— **Louis VI** dit « le Gros » ou « le Justicier » — Fils aîné de Philippe Ier et de la reine Berthe de Hollande — Né vers 1080 — Sacré et couronné à Orléans le 3 août 1108 — Marié, en 1104, à Lucienne de Rochefort (mariage déclaré nul au concile de Troyes pour cause de parenté) ; en 1115, à Adélaïde de Savoie, fille de Humbert, comte de Maurienne et de Savoie — Mort de dysenterie à Paris le 1er août 1137.

— **Louis VII** dit le Jeune — 2e fils de Louis VI et de la reine Adélaïde de Savoie — Né en 1120 — Sacré et couronné à Reims le 25 octobre 1131, par le pape Innocent II, après la mort accidentelle de son aîné Philippe ; couronné à nouveau à Bourges le 25 décembre 1137 — Marié en 1137 à Aliénor (ou Éléonore), duchesse de Guyenne et comtesse de Poitou, qu'il répudie ; en 1154 à Constance, fille aînée d'Alphonse VII, roi de Castille ; en 1160 à Adèle de Champagne, fille de Thibaud II le Grand, comte de Champagne et de Blois — Mort à Paris le 18 septembre 1180.

— **Philippe II** dit Auguste — Fils de Louis VII et d'Adèle de Champagne — Né le 21 août 1165 — Sacré à Reims le 1er novembre 1179, et couronné à Saint-Denis le 29 mai 1180 — Marié en 1180 à Isabelle de Hainaut ; en 1193 à Ingeburge de Danemark, répudiée la même année et reprise en 1200 ; en 1196 à Agnès de Méran (ou de Méranie, région de Bavière), répudiée en 1200 pour reprendre Ingeburge — Mort de fièvre à Mantes le 14 juillet 1223.

— **Louis VIII** dit « le Lion » — Fils aîné de Philippe Auguste et de la reine Isabelle de Hainaut — Né le 5 septembre 1187 — Sacré à Reims le 6 et le 8 août 1223 — Marié en 1200 à Blanche de Castille, seconde fille d'Alphonse VIII, roi de Castille, petite-fille d'Aliénor d'Aquitaine et nièce de Jean sans Terre — Mort de fièvre au château de Montpensier, en Auvergne, en novembre 1226.

— **Louis IX** dit Saint Louis — Second fils de Louis VIII et de la reine Blanche de Castille — Né au château de Poissy le 25 avril 1215 — Sacré à Reims le 29 novembre 1226 — Marié en 1234 à Marguerite de Provence, fille aînée de Raimond Béranger, comte de Provence — Mort de la peste (ou du typhus) devant Tunis le 25 août 1270.

— **Philippe III** dit « le Hardi » — Second fils de Louis IX et de la reine Marguerite de Provence — Né le 1er mai 1245 — Sacré et couronné à Reims en août 1271 — Marié en 1262 à Isabelle d'Aragon, seconde fille de Jacques Ier roi d'Aragon ; en 1274, à Marie de Brabant, fille d'Henri III, duc de Brabant — Mort de fièvre à Perpignan le 5 octobre 1285.

— **Philippe IV** dit « le Bel » — Second fils de Philippe III et de la reine Isabelle d'Aragon — Né à Fontainebleau en 1268 — Sacré à Reims le 6 janvier 1286 — Marié en 1284 à Jeanne Ire, reine de Navarre, fille et héritière de Henri Ier, roi de Navarre (et comte de Champagne et de Brie) — Mort après une chasse à Fontainebleau le 29 novembre 1314.

— **Louis X** dit « le Hutin », fils aîné de Philippe IV et de Jeanne de Navarre — Né le 4 octobre 1289 — Sacré et couronné à Reims le 3 août 1315 — Marié en 1305 à Marguerite de Bourgogne, fille de Robert II, duc de Bourgogne, qu'il répudie pour adultère en 1314 et fait étrangler ; en 1315 à Clémence de Hongrie, fille de Charles, roi de Hongrie — Mort au château de Vincennes le 5 juin 1316.

— **Jean Ier**, fils posthume de Louis X et de la reine Clémence de Hongrie — Né le 15 novembre 1316 — Mort le 19 novembre 1316 — Roi en naissant sous la régence du comte de Poitiers, son oncle.

— **Philippe V** dit « le Long » — Second fils de Philippe IV le Bel et de Jeanne de Navarre — Né à Lyon vers 1294 — Sacré et couronné à Reims le 6 janvier 1317 — Marié en 1307 à Jeanne de Bourgogne, fille d'Othon IV, comte palatin de Bourgogne — Mort sans héritier le 3 janvier 1322.

— **Charles IV** dit « le Bel », 3e fils de Philippe IV et de Jeanne de Navarre — Né vers 1295 — Sacré à Reims le 21 février 1322 — Marié à Blanche de Bourgogne, seconde fille d'Othon IV, comte palatin de Bourgogne, qu'il répudie ; en 1322, à Marie, fille aînée de Henri VII de Luxembourg, empereur d'Allemagne ; en 1324, à Jeanne d'Évreux, fille aînée de Louis de France, comte d'Évreux — Mort à Vincennes le 1er février 1328.

Hugues le têtu, ami des évêques

Né vers 941, Hugues Capet doit son surnom à la chape (cape) de saint Martin, qui, selon la légende, déchire en deux son manteau pour vêtir un pauvre, alors qu'il est officier romain (il ne peut le donner en entier, car l'abandon d'uniforme — propriété de l'armée — est sévèrement puni). Cette relique est gardée à Saint-Martin-de-Tours, dont Hugues est abbé laïc, entre nombreux autres titres et possessions. Selon d'autres historiens, le sobriquet serait dû à la grosseur de sa tête ou de sa coiffure ! Ou aussi parce qu'il est têtu… C'est, lors de son élection à Senlis, en 987, le plus riche homme du royaume. Son père, Hugues le Grand, n'a eu de cesse d'augmenter ses possessions au détriment de la couronne carolingienne ; à sa mort, en 956, il a laissé le duché des Francs (ou de France) à Hugues, et le duché de Bourgogne à Eudes, son cadet.

L'élection de Hugues Capet doit beaucoup à l'archevêque Adalbéron, adversaire du dernier Carolingien Louis V, qui veut le faire condamner pour haute trahison parce qu'il fut favorable à Othon II, empereur d'Allemagne. Adalbéron n'échappe à la justice royale que grâce à la mort accidentelle du roi Louis V. Hugues Capet fait savoir que, s'il est élu, il abandonnera les poursuites contre l'archevêque, qui le sacre à Noyon le 3 juillet 987.

L'élection ne se fait pas sans susciter quelques oppositions, notamment celles de seigneurs du Sud, parmi lesquels Adalbert, comte de Périgord. « Qui t'a fait comte ? » lui lance, lors d'une altercation, Hugues Capet. « Qui t'a fait roi ? » réplique, avec hauteur, le comte de Périgord. Lorsque Hugues, prudent, prend soin de faire couronner son fils unique, Robert, de son vivant, en 987, évinçant ainsi les Grands qui perdent leur pouvoir d'élire le roi, ceux-ci ne réagissent pas. Seuls les ecclésiastiques émettent des réticences. Mais le premier des Capétiens (qui, ostensiblement, ne portera jamais la couronne) sait les convaincre par quelques dons… Il rend notamment à l'Église plusieurs des abbayes qu'il possède ainsi que la chape d'abbé de Saint-Martin-de-Tours, et fait promettre à son successeur, sur son lit de mort, de ne jamais saisir les biens des monastères.

Robert, bien que pieux, excommunié pour inceste

Né à Orléans vers 972, Robert II, dit le Pieux, ou le Dévot, ou le Sage, est couronné à l'âge de 15 ans. Dès son jeune âge, Robert se fait remarquer par sa piété. Il est d'abord marié à Rosala de Provence, veuve du comte de Flandres. Il a 16 ans, elle en a plus de 50, mais apporte en dot Montreuil et la province du Ponthieu. Elle francise son prénom en Suzanne. Son âge l'empêchant de donner naissance à des enfants, Robert II peut la répudier un an plus tard selon les formes sans avoir à subir les foudres de l'Église ; toutefois, il se garde de lui rendre Montreuil et le Ponthieu. Il épouse ensuite sa maîtresse, Berthe de Bourgogne, veuve du comte Eudes mort peu de temps après être entré dans un monastère. Mais Berthe est sa cousine au 4e degré, et Robert est de surcroît parrain d'un enfant que Berthe a eu de son précédent mariage. Le pape Grégoire V, aux ordres de l'empereur d'Allemagne, qui craint de voir la Bourgogne rattachée au domaine capétien, déclare l'union illégitime. Robert est sommé de se séparer de sa femme. L'amour s'avère plus fort que le devoir : malgré sa soumission au clergé, il refuse. Le pape l'excommunie. La décision est ratifiée par un synode d'évêques, et le royaume frappé d'interdit. La cour abandonne son roi. On raconte que les rares serviteurs restés auprès de lui brisent la vaisselle dans laquelle il a mangé, parce que souillée ! Autre légende (mais cela se passe aux alentours de l'an 1000, époque riche en superstitions), un fils serait né de cette union avec le cou et la tête d'une oie !

Lassitude ou calcul politique ? Robert le Pieux, en 1003, après quatre ans de résistance, finit par céder. La vieille Rosala, entretemps, s'est faite nonne. Ne pouvant la reprendre, Robert épouse Constance de Provence, fille du comte de Provence, pour assurer sa descendance. La dot qu'elle apporte rend moins pénible le sacrifice de Berthe.

Cette première tentative de rapprocher le Nord et le Sud n'est pas une réussite. Constance apporte avec elle une exubérance méridionale qui indispose les lourds barons du Nord, mais aussi sa méchanceté et son goût de l'intrigue. Un des officiers de la maison du roi s'étant permis de regretter Berthe à voix haute, Constance lui dresse une embuscade lors d'une chasse et le fait égorger sous les yeux du roi. Le faible Robert, bien que peiné, n'en réprimande pas pour autant la reine… C'est sous le règne de Robert le Pieux, à Orléans, en 1022, qu'ont lieu les premiers bûchers contre une secte manichéenne (les bogomiles, ou bougres, qui deviendront les cathares). La reine Constance, ayant reconnu son confesseur parmi les suppliciés qui montent sur le bûcher, lui crève l'œil avec une baguette. De plus, Constance est avare ; et comme c'est elle qui gère les finances du royaume, que Robert lui a imprudemment confiées, elle oblige son charitable époux à rogner sur les dons et oboles qu'il a coutume de faire aux plus pauvres de ses sujets.

Les reines capétiennes

C'est à l'Église, qui a imposé le mariage, que les reines capétiennes doivent leur statut « royal ». Unies devant Dieu au titulaire du trône, elles voient progressivement s'accroître leur rôle et leur influence, opposant parfois les fils contre le mari et père, ou, veuves, exerçant des régences. Il leur faudra parfois aussi disputer ce pouvoir contre les maîtresses, car les mariages d'amour, pendant les trois siècles et demi de dynastie capétienne, seront rares : on les a épousées pour leurs dots, les territoires ou les soutiens politiques qu'elles apportent, et on les souhaite fertiles. Lorsque les Capétiens seront excommuniés, ce sera, généralement, pour adultère…

Le gros ventre de Guillaume le Conquérant

Philippe Ier est, indirectement, responsable de la mort de son grand rival, Guillaume le Conquérant. Ce dernier, revenu en Normandie, veut, après avoir essuyé un échec en Bretagne, se dédommager aux dépens du roi de France. Il réclame le comté du Vexin (région de Pontoise) dont il a empoisonné autrefois le seigneur. Le roi de France se moque des réclamations de Guillaume, lequel, obèse, est alité à Rouen à cause de son embonpoint excessif : « Ce gros homme est bien long à accoucher, on lui fera une belle fête pour ses relevailles ! » Fureur de Guillaume, quand il apprend ces propos. « Quand je serai relevé de mes couches, fait-il répondre, j'allumerai une belle illumination dans le royaume de France ! » La colère lui ayant rendu vigueur, il saccage le Vexin. C'est en incendiant Rouen que, lors d'un galop, il se déchire le ventre sur l'arçon de sa selle. Il en meurt six semaines plus tard, le 10 septembre 1087. Ses serviteurs, dès son dernier soupir, s'emparent de ses biens et abandonnent son cadavre…

Bertrade de Montfort, la scandaleuse…

La grande affaire du règne de Philippe Ier n'est pas sa lutte contre Guillaume le Conquérant, mais un scandaleux remariage. Le roi de France est marié à Berthe, fille du comte de Hollande, et lointaine parente de Philippe Ier : sa mère a épousé, en secondes noces, le cousin germain du roi. Le roi vit pendant vingt ans en bonne intelligence avec Berthe, dont il a quatre enfants, parmi lesquels le futur Louis VI le Gros.

Mais, en 1092, Philippe rencontre Bertrade, la jeune (et quatrième) épouse de son vassal, le vieux comte d'Anjou Foulque IV dit le Réchin (le Revêche), connu pour ses débauches. Le roi de France tombe éperdument amoureux de Bertrade, au point de l'enlever la veille de la Pentecôte. Parce qu'on l'accuse d'adultère, il répudie Berthe, en se souvenant qu'elle est sa lointaine cousine, et la fait reléguer dans la forteresse de Montreuil-sur-Mer, où, abandonnée, oubliée, elle meurt de chagrin deux ans plus tard. On la porte en terre sans la moindre cérémonie.

Philippe épouse Bertrade. Mais Foulques, le vieux mari trompé, en appelle au pape Urbain II qui lance l'anathème contre Philippe lors du concile de Clermont, en 1095, ce qui privera de croisade le roi de France. Soutenu par de nombreux évêques français, le roi continue à vivre avec Bertrade et résiste à la vindicte du pontife romain, pourtant auvergnat d'origine. La menace d'un schisme est latente. Le pape convoque un nouveau concile à Nîmes. Las de tant d'affrontements, Philippe s'y rend et reçoit l'absolution de ses fautes, promettant de cesser tout rapport avec Bertrade à dater de ce jour. Mais il reprend aussitôt leur vie commune. La mort d'Urbain II, en 1099, peut laisser espérer au couple plus d'indulgence de la part de son successeur. Il n'en est rien. Éprouvé par sa longue exclusion, Philippe cède une deuxième fois tandis qu'un quatrième concile s'ouvre à Beaugency. Il s'y rend avec Bertrade, et, pieds nus, tous deux comparaissent et consentent à nouveau à une séparation absolue. Les historiens de l'époque racontent que le couple ne tarde pas à retomber dans le péché. Philippe n'a jamais cessé de vivre avec Bertrade, qui est toujours considérée comme reine, et ses enfants (deux fils et une fille) comme princes.

Le pape, qui a besoin de l'aide de la France, feint de n'en rien savoir. Même le vieux comte Foulques, ancien mari de Bertrade, après douze ans de procédure, accueille chez lui le roi et la reine avec les honneurs dus à leur rang. Le roi pardonne au comte, et le comte oublie ses humeurs ; Philippe, Bertrade et Foulques se retrouvent, pour une nuit, dans le même lit… À la mort du roi, le 3 août 1108 à Melun (Foulques le Réchin meurt la même année), Bertrade, qui approche de la cinquantaine, passe encore pour fort belle. Mais plutôt que d'entreprendre de nouvelles conquêtes, et peut-être sous la pression du nouveau roi, qui ne l'apprécie guère (elle a tenté de l'empoisonner et de le déposséder de la couronne, pour la mettre sur la tête de son fils ; quant à lui , il a voulu la faire poignarder), elle prend le voile à l'abbaye de Fontevraud, où elle vit neuf ans dans l'austérité, avant de s'éteindre vers 1117.

Célibat des prêtres…

Lorsque le pape Grégoire VII, résolu à combattre la décadence de la chrétienté d'Occident, proclame en 1080 l'obligation du célibat des prêtres, c'est la révolte dans les églises. Les prêtres ordonnés avant son pontificat ne sont pas obligés de renvoyer leurs femmes ; Grégoire VII les autorise à les garder sous leur toit, à condition de faire chambre à part. Quant aux autres prêtres, ceux qui ne respecteront pas le célibat seront destitués de leurs fonctions. Les adversaires déclarent que la continence est contre nature. Des clercs envoient une lettre pour protester contre l'insolence de Rome à tout vouloir bouleverser. On oppose au pape la phrase de saint Paul : « Mieux vaut se marier que de brûler. » D'autres écrivent qu'ils préfèrent renoncer à la prêtrise plutôt qu'à leur femme légitime. Quand le pape, inexorable, parle d'excommunier les fidèles qui assisteront aux messes des prêtres réfractaires, le petit peuple impressionné se met à leur faire la chasse, les insultant et piétinant les hosties. Après Grégoire VII, les débats se poursuivent sous plusieurs pontificats en suscitant les mêmes disputes. « Les clercs, écrit saint Bonaventure, au XIIIe siècle, ont des maîtresses chez eux ou ailleurs, ils forniquent avec plusieurs femmes. La plupart des vicaires sont tellement vicieux qu'une femme honnête perdrait sa réputation à les fréquenter. »

… Et célibat des nonnes

Si les moines n'ont pas bonne réputation, les nonnes ne bénéficient pas d'une meilleure renommée. Au temps de Villon, on appelle l'abbesse la mère maquerelle. Malgré l'interdiction des conciles d'ériger des couvents féminins à proximité des monastères, beaucoup de religieuses se retrouvent enceintes du fait de ce voisinage. Quand l'Église ne prend pas ces enfants en charge, ils sont jetés aux latrines…

Héloïse et Abélard

Théologien et philosophe scolastique français né à Le Pallet, près de Nantes, en 1079, mort en 1142, Pierre Abélard (dit aussi Abailard) est l'un des plus grands savants et théologiens du Moyen Âge. Professeur dès l'âge de 22 ans, il prend la direction de l'école Notre-Dame à Paris. C'est alors que le chanoine Fulbert lui confie l'éducation de sa nièce, Héloïse. Il a 39 ans, elle en a 17. Enflammé par une passion réciproque, le couple doit quitter Paris pour échapper à la colère du chanoine, et parce qu'elle est enceinte. Elle accouche en Bretagne. Quand Héloïse revient à Paris, elle est nommée prieure du couvent d'Argenteuil. Le couple s'est marié secrètement (on ignore ce qu'est devenu leur enfant). Abélard reprend son enseignement. Mais Fulbert, avide de vengeance, fait castrer Abélard par deux spadassins. Le scandale est énorme. C'est le roi Louis VI lui-même qui condamne les deux assaillants à subir le même châtiment que celui qu'ils ont infligé à Abélard ; de surcroît, on leur crève les yeux. Fulbert est privé des revenus de son chapitre.

Abélard se retire comme moine à l'abbaye de Saint-Denis, puis fonde un ermitage, le Paraclet, à Nogent-sur-Seine, où Héloïse vient le rejoindre. Mais la haine des moines l'oblige à quitter le Paraclet. Il reprend ses cours sur la montagne Sainte-Geneviève, à Paris. Mais il professe des idées en avance sur l'Église de son temps, et doit subir plusieurs condamnations (il revendique, notamment, la liberté de l'examen, et une rivalité entre la religion et la philosophie). Parmi ses accusateurs, on trouve Bernard de Clairvaux, qui le fait sanctionner au concile de Sens (1140). L'un de ses ouvrages, *Introduction à la théologie*, est livré aux flammes, et Abélard est enfermé dans un cloître.

Pierre le Vénérable, abbé de Cluny, le prend sous sa protection et lui permet de finir ses jours sous l'habit bénédictin. Héloïse lui survit vingt deux ans, et se fait enterrer à ses côtés, au Paraclet. En 1818, leur tombeau commun est transporté au cimetière du Père-Lachaise.

Hommes de paille…

Les peines, au Moyen Âge, sont variées, et, pour la plupart, provoquent plus ou moins rapidement la mort. Ces châtiments gradués sont destinés autant à châtier les coupables qu'à terrifier ceux qui se sentiraient portés à les imiter. D'où des exécutions à grand spectacle. Même sous la Révolution, après le « siècle des Lumières », pour l'édification du peuple, on décapitera « en effigie » des fugitifs dont on n'a pu s'emparer, comme auparavant on a brûlé, en place de Grève, des « hommes de paille », mannequins de toile bourrés de foin symbolisant les criminels en fuite.

Aliénor, de l'Aquitaine à l'Angleterre

Aliénor (ou Eléonore) d'Aquitaine (1122-1204) a hérité de son grand-père paternel, Guillaume IX de Poitiers, duc et poète, le goût des belles lettres et aussi un penchant pour le libertinage. À 15 ans, elle est mariée à Louis VII le Jeune, futur roi de France, lui apportant en dot la Guyenne, la Gascogne, la Marche, le Limousin, le Poitou, l'Angoumois, la Saintonge et le Périgord. Elle a l'esprit vif, des manières raffinées. En 1147, Louis VII prend la tête de la deuxième croisade, prêchée à Vézelay par saint Bernard.

Aliénor suit son mari, et entraîne d'autres châtelaines à accompagner leur seigneur en Orient. Sitôt débarqué, le roi connaît différents revers en Syrie. Il gagne alors à grand-peine la cité d'Antioche que tient Raimond de Poitiers, l'oncle d'Aliénor. C'est là, si l'on en croit l'évêque Guillaume de Tyr (qui la déteste), qu'Aliénor perd définitivement le respect dû à son rang à la suite d'une conduite déshonorante. Elle aurait eu commerce charnel avec Raimond lui-même, avant d'envisager de quitter le roi et d'épouser le sultan Saladin !

Averti des bruits qui se répandent, Louis fait enlever de force la reine par ses hommes et quitte nuitamment la ville d'Antioche. Il gagne Jérusalem où il accomplit le pèlerinage qu'il s'est imposé, séjourne un an en Terre sainte sans que le climat dans lequel il vit avec son épouse s'améliore, et rembarque avec les restes de son armée pour la France. Le roi et la reine sont sur des bateaux séparés. À son arrivée, Aliénor apprend la mort de son oncle : le séduisant Raimond de Poitiers a été tué dans une embuscade, et sa tête, détachée de son corps, a été envoyée au sultan dans un panier !

En 1152, le concile de Beaugency prononce la rupture du mariage. « Je ne me fie point à ma femme, déclare le roi, et ne serai jamais assuré de la lignée qui me viendra d'elle. » Plus diplomatiquement, les évêques annulent cette union au motif que Hugues Capet, bisaïeul du grand-père de Louis, a épousé une sœur de Guillaume Ferabras, trisaïeul d'Aliénor, il y a six générations !

Aliénor retourne aussitôt dans ses États, poursuivie par les prétendants. Ses possessions, autant que sa beauté, excitent les convoitises : Thibaud, comte de Blois et de Chartres, tente d'obtenir sa main. Prévenue qu'il veut l'enlever, elle s'enfuit de Blois où elle s'est rendue et se dirige vers Tours, évitant de peu la capture. Peu après, sur les rives de la Loire, elle doit tromper la vigilance de Geoffroi d'Anjou, second fils Plantagenêt, qui s'y tient embusqué et caresse les mêmes desseins que Thibaud.

Le frère aîné, Henri Plantagenêt, seigneur de Normandie, la suit à son tour. Elle a 30 ans, lui 19. Brillant, courtois, séduisant, il est plus heureux que ses rivaux. On prétend aussi que tous deux se sont entendus à l'avance, et qu'ils s'aimaient déjà avant le concile de Beaugency. Henri la fait demander en mariage. Aliénor accorde sa main au jeune duc. Louis VII, qui s'avise trop tard de la perte qu'il vient de faire, fait dire partout que le prétendant au trône d'Angleterre s'abaisse à prendre pour épouse une femme répudiée dont les égarements ont fait l'amusement de toute l'Europe ! Puis il attaque la Normandie quelques semaines plus tard. Mais il est battu.

Henri et Aliénor viennent de célébrer leurs noces à Poitiers, quand ils apprennent la mort d'Étienne, le vieux roi d'Angleterre qui, après la mort de son fils unique, a adopté Henri afin qu'il lui succède. Henri, déjà duc de Normandie, s'empare alors de la couronne qu'il ceint sous le nom de Henri II. Et c'est ainsi qu'Aliénor, après avoir été reine de France, devient souveraine d'Angleterre.

Elle se rend alors dans son nouveau royaume. Mais elle va endurer, avec son deuxième époux, les mêmes tourments qu'on lui a reproché d'infliger au précédent. Le jeune Plantagenêt n'est pas un modèle de fidélité, et de surcroît d'une nature excessive et grossière. Parmi les maîtresses de Henri se trouve Rosemonde. Elle vit dans un château-labyrinthe que son amant lui a fait construire par souci de sécurité. Aliénor parvient à s'y introduire, à s'approcher de la belle et à la faire périr d'un poison qu'elle lui a présenté, affirme-t-on, de ses mains.

Aliénor dresse ses fils contre leur père, n'hésitant pas à leur conseiller de faire alliance avec le roi de France, son ancien mari. Ulcéré, Henri II fait emprisonner sa femme. Aliénor sera captive de 1173 à 1189. Les troubadours Richard de Poitiers et Bernard de Ventadour vont désormais chanter ses malheurs de reine martyre (il a été dit que Bernard de Ventadour a été, pour réconforter la reine recluse, jusqu'à partager sa couche). À la mort de Henri II, c'est Richard Cœur de Lion qui monte sur le trône d'Angleterre, et qui délivre sa mère à laquelle il rend aussitôt le pouvoir en ses États d'Aquitaine. Lorsque Richard sera capturé par l'empereur germanique Henri VI, Aliénor, malgré son âge, multipliera les démarches pour le faire délivrer.

À 78 ans, Aliénor fait encore un voyage en Espagne pour y rencontrer son gendre, le roi Alphonse VIII de Castille, et négocier avec lui le mariage de sa fille Blanche avec le fils de Philippe Auguste, le futur Louis VIII. C'est là son dernier acte politique. Elle ramène la petite Blanche à Bordeaux, au mois d'avril 1200, afin qu'elle soit conduite jusqu'au roi de France, tandis qu'elle fait route vers le monastère de Fontevraud où tout est préparé pour la recevoir. C'est là qu'elle meurt, quelques années plus tard, le 31 mars 1204, et qu'elle est inhumée (son gisant, à côté de celui d'Henri II, y est encore visible).

Les pèlerinages de Louis VII

Louis VII, second fils de Louis VI, se destine à être moine. Mais lorsque son frère aîné Philippe meurt des suites d'une chute de cheval (un porc a traversé le chemin sous les sabots du cheval lancé au galop), il doit renoncer à la tonsure et choisir la couronne. Son attitude dévote fera dire à Aliénor d'Aquitaine, sa première femme : « On m'a mariée à un moine plutôt qu'à un roi. »

Dès le début de son règne, il s'oppose au comte de Champagne et au pape (qui soutiennent contre lui un évêque qu'il veut révoquer) ; par représailles, il incendie Vitry-sur-Marne et son église (où les 1 300 personnes qui s'y étaient réfugiées trouvent une mort atroce), en 1142. Pour expier ce crime, il décide de prendre part à la croisade prêchée par saint Bernard en 1146. Cette seconde croisade est un fiasco. Trompé par les Grecs, Louis est défait par les infidèles en Asie Mineure, et, à Antioche, Aliénor, lasse de sa chasteté, bafoue son honneur conjugal avec son propre oncle paternel. Son pèlerinage à Jérusalem n'a pas porté chance à Louis VII, qui n'a eu que deux filles avec Aliénor.

Constance de Castille est sa seconde épouse. En six ans de mariage, elle n'a qu'une fille. Elle meurt en couches au retour d'un… pèlerinage à Saint-Jacques de Compostelle, en 1160.

Il n'y a guère plus d'un mois que la reine Constance de Castille est morte que Louis VII se remarie, le 13 novembre 1160. Il a choisi Adèle de Champagne. Après quatre ans de vie commune, celle-ci met enfin au monde un fils, prénommé Dieudonné tant sa naissance a fait l'objet de prières, mais qui régnera sous le nom de Philippe Auguste.

Lors d'une chasse, le jeune Philippe Auguste est victime d'une chute qui lui fait perdre la mémoire. Pour que son fils unique guérisse, Louis VII entreprend un nouveau pèlerinage. Cette fois sur la tombe, devenue miraculeuse, de Thomas Becket, archevêque de Canterbury, que le roi Henri II d'Angleterre a fait assassiner. Philippe Auguste recouvre la santé, mais Louis VII, son père, perd la sienne. Il revient de Canterbury paralysé, et a des pertes de lucidité fréquentes. Il meurt à Paris le 18 septembre 1180, à l'âge de 60 ans. Son fils, à 15 ans, monte sur le trône.

Philippe Auguste, bon roi et mauvais mari

Fils unique de Louis VII, Philippe II a 15 ans quand il accède au trône en 1180. Il va régner quarante-trois ans. Son surnom d'Auguste lui sera donné par Rigord, son biographe, moine à Saint-Denis, parce qu'il est né en août et parce qu'il a, à l'instar des empereurs romains, augmenté le domaine royal (ce qui lui vaut l'autre surnom de Conquérant).

En avril 1180, il épouse Isabelle de Hainaut, de cinq ans plus jeune que lui. Cette princesse, issue du sang de Charlemagne, lui apporte en dot l'Artois. Cependant, quatre ans ne se sont pas écoulés que Philippe, qui ne lui a jamais porté un vif intérêt, décide de se débarrasser d'Isabelle, lui reprochant de ne pas avoir su rallier son père à la cause royale. Mais le jour de sa répudiation, Isabelle sort de Paris en tenue de pécheresse, une simple tunique blanche, implorant hautement la pitié de Dieu. Le peuple, attendri, intercède pour elle auprès du roi. Philippe, devant l'ampleur de la manifestation, renonce, d'autant que le divorce entraînerait la restitution de l'Artois. Trois ans plus tard, en 1187, Isabelle accouche d'un garçon (le futur Louis VIII). Paris est en fête sept jours durant. Hélas ! la pauvre reine ne profite guère de cet enfant : elle meurt en couches, à vingt ans, trois ans plus tard ; les jumeaux qu'elle a mis au monde ne lui survivent pas.

La veille de l'Assomption 1193, à Amiens, Philippe II s'unit en second mariage à Ingeburge (dite aussi Isambour) de Danemark. Cette union calculée établit une alliance entre la France et le Danemark, utile en cas d'un nouveau conflit avec l'Angleterre. Ingeburge est aussi vertueuse que belle, mais, pour des raisons inexpliquées, le roi conçoit d'emblée pour elle une telle aversion que, le lendemain de leur première nuit de noces, il propose aux ambassadeurs qui ont accompagné Ingeburge de la reconduire en son pays, l'accusant de lui avoir noué l'aiguillette, acte de sorcellerie consistant à rendre la victime sexuellement impuissante.

Mais Ingeburge refuse de repartir. Aussi Philippe convoque-t-il un concile complaisant à Compiègne, où des témoins achetés soutiennent qu'il existe entre les époux un lien de parenté. Le mariage est déclaré nul. La jeune reine est conduite dans une abbaye de Tournai, où elle vit pauvrement et dans le plus grand isolement. Le pape Célestin III, alerté par le roi du Danemark, frère de l'infortunée souveraine, casse la décision du concile (13 mars 1196). Ce qui n'empêche pas Philippe d'épouser solennellement en juin de cette même année Agnès de Méran. Le pape, furieux, déclare illicite cette union et frappe d'excommunication le souverain rebelle et son royaume. L'interdit dure sept mois. Le service divin est entièrement suspendu. Seuls les baptêmes d'enfants et la pénitence pour les mourants sont tolérés. Le corps des personnes décédées demeure sans sépulture chrétienne.

Philippe Auguste jure que rien ne le séparera d'Agnès, dont il a eu deux enfants. Mais dans le peuple, la révolte gronde. Le roi doit plier devant l'exaspération générale. Il consent enfin à renvoyer Agnès qu'il fait conduire à Poissy. Le chagrin qu'elle en ressent est tel qu'elle en meurt quelques mois plus tard, le 20 juillet 1201. La douleur du roi, elle aussi, est immense. Forcé de faire revenir Ingeburge, il ne peut surmonter sa répugnance envers elle et, l'éloignant à nouveau, la fait reconduire à Étampes où elle demeure jusqu'en 1212.

À cette date, Philippe conçoit le projet de traverser la Manche pour évincer Jean sans Terre et se faire couronner roi d'Angleterre. À cette fin, il a besoin d'une puissante flotte, comme celle du… Danemark ! Il fait brusquement volte-face et promet de rappeler Ingeburge et de lui restituer ses droits de reine. Cependant, ses calculs échouent lorsque Jean sans Terre se déclare vassal du pape. L'expédition punitive contre l'Angleterre est annulée. Mais Ingeburge est revenue à la cour, et le roi de France accepte sa présence sans reprendre pour autant avec elle leur très brève vie conjugale. Elle l'enterre en 1223 à Saint-Denis (honneur qui lui sera refusé) et lui survit treize ans.

La chevalerie

L'Église, afin de tenter d'endiguer les mœurs barbares des féodaux, fait de la chevalerie une institution religieuse. Le chevalier promet de protéger l'Église et de défendre la veuve et l'orphelin. Entré à 7 ans comme page, écuyer à 15 ans, le futur chevalier est adoubé à 21 ans. Il passe la nuit précédant la cérémonie en prières dans une chapelle. Le jour venu, il assiste à une messe, puis reçoit l'accolade : son seigneur, du plat de l'épée (ou du poing), lui frappe la nuque (ou l'épaule) en disant : « Au nom de Dieu, de saint Michel et de saint Georges, je te fais chevalier. »

Joutes et tournois, puis banquet, terminent la cérémonie. Le rituel, sous l'influence de « l'amour courtois » se compliquera : des dames habilleront le chevalier, son parrain d'armes lui offrira ses éperons, une épée bénite... mais le chevalier, même s'il a promis de défendre la veuve et l'orphelin, reste avant tout un guerrier de métier.

La dégradation du chevalier

Quand il s'agit de flétrir un coupable, on lui fait subir un *supplice infamant*. L'un d'eux consiste à être traîné sur une charrette. Au Moyen Âge, la charrette est considérée comme une voiture ignominieuse. Elle sert de pilori pour le supplice des larrons et autres malfaiteurs. Lancelot du Lac, surnommé le Chevalier à la charrette, est, après avoir été dégradé, traîné dans une charrette attelée à un cheval dont on a coupé la queue et les oreilles ; revêtu d'une chemise sale et déchirée, il a les mains liées derrière le dos, et son écu est renversé. La populace lui jette de la boue. L'usage de transporter les condamnés à mort sur une charrette, de la prison au lieu de supplice, perdurera jusqu'à la Révolution.

Le chevalier qui a forfait à l'honneur est dégradé selon un rituel mentionné dans les *Établissements de Saint Louis*. Exposé en chemise sur un échafaud, il voit ses armes brisées pièce à pièce et leurs débris tomber à ses pieds. On détache ses éperons pour les jeter sur un tas de fumier. On attache son bouclier à la queue d'un cheval de labour, qui le traîne dans la poussière, et l'on coupe la queue de son destrier. Le héraut d'armes demande par trois fois : « Qui est là ? » Par trois fois on répond en nommant le chevalier dégradé, et par trois fois le héraut réplique : « Non ! cela n'est pas, il n'y a point ici de chevalier ; je ne vois qu'un lâche qui a menti à sa foi. » Alors on lui verse de l'eau chaude sur la tête, on le tire en bas avec une corde. Emporté sur une civière et déposé dans l'église, le coupable entend réciter les prières des trépassés, car, ayant perdu l'honneur, il n'est plus qu'un cadavre. Puis il est livré au bourreau et mis à mort. La dernière cérémonie connue de ce genre a lieu en 1523, au sujet d'un chevalier gascon qui a rendu Fontarabie aux Espagnols.

Le roi Lion et sa reine Blanche

Louis VIII, dit le Lion malgré sa petite taille, son aspect malingre et sa santé chétive, et Blanche de Castille forment l'un des couples royaux les plus prolifiques : lorsqu'il meurt à Montpensier (Auvergne) en novembre 1226, ils ont eu onze enfants, et Blanche est enceinte du douzième. Quatre sont morts en bas âge ; Louis décide qu'à partir du sixième les fils de roi entreront dans les ordres. Dans un testament écrit avant la fatale campagne, il laisse à son fils aîné la couronne et le trésor ; au deuxième, l'Artois ; au troisième, l'Anjou et le Maine ; au quatrième, le Poitou. L'aîné étant mort, c'est le second, Louis, âgé de onze ans, qui est sacré roi dès l'annonce de la mort de son père, qui lègue, en outre, cent sous à chacune des 3 600 léproseries de son royaume. Pendant son agonie, un homme de son entourage a l'idée, pour soulager sa fièvre, de faire appel à une jeune vierge ; on prêtait alors à l'acte sexuel des vertus de régénérescence qui ont souvent servi d'arguments, aux barbons, pour séduire des innocentes qui avaient trop bon cœur… Le roi, voyant cette beauté timide poussée dans son lit, l'interroge sur les raisons de sa présence. Elle lui avoue, car on l'a auparavant sermonnée, qu'elle est là pour le guérir, et non lui donner du plaisir, ce qui serait péché.

Le roi moribond la congédie sans brusquerie, lui expliquant qu'il n'a jamais rencontré aussi belle guérisseuse, mais qu'il préfère mourir plutôt que d'être infidèle à sa femme. Et, la conscience en paix, le ventre en feu, il meurt peu après de dysenterie.

La reine Blanche est nommée régente. Les barons se révoltent contre son autorité, mais cette veuve de 38 ans, malgré ses nombreux accouchements, est encore séduisante. L'un des rebelles, le comte Thibaud de Champagne, en tombe amoureux, et passe à son service. Les autres barons, furieux, car cette défection entraîne la dissolution de leur ligue, accusent la régente d'adultère, et vont jusqu'à prétendre que le roi Louis VIII est mort empoisonné, victime de la jalousie du comte Thibaud. Mais hélas pour Thibaud de Champagne, qui aurait aimé donner corps à cette rumeur, la conduite de la reine est restée irréprochable.

Une autre rumeur prétend que la régente est enceinte des œuvres du légat du pape, qui siège au conseil du roi. Blanche, pour la faire taire, n'hésite pas à convoquer un tribunal d'honneur devant lequel elle apparaît revêtue d'une simple chemise, afin de prouver qu'elle n'attend pas d'enfant...

Cette femme sévère et intransigeante, vertueuse, belle mais peu chaleureuse (apprenant que son fils Louis vient d'être allaité par une dame de la cour parce qu'il pleurait, elle le fait vomir avant de lui donner le sein), meurt, à 64 ans, d'une maladie de... cœur.

L'hérésie cathare

Les cathares, héritiers du manichéisme, condamnent la propriété, les sacrements, et les hiérarchies, nient la résurrection des morts. Leurs thèses sont déclarées hérétiques aux conciles d'Albi (1176), de Latran (1179 et 1215). Le pape Innocent III prêche contre eux une croisade en 1208. L'Église, qui depuis qu'elle existe est en proie à des schismes qui contestent le pouvoir du pape, ne peut supporter le développement d'une hérésie dangereuse, à long terme, pour son autorité, et sa crédibilité. Mais si les cathares dérangent aussi le pouvoir politique, c'est que les seigneurs de la région toulousaine, où ils se sont implantés, optent pour leur religion afin d'affirmer leur indépendance face au roi, et à l'Église. La croisade, menée par Simon de Montfort, est d'une rare violence. Les seigneurs du Nord, descendus pour spolier ceux du Sud, massacrent les populations avec la bénédiction du clergé. C'est à Béziers, lors du sac de la ville et du massacre de la population, que l'abbé de Cîteaux, légat du pape, se serait écrié : « Tuez-les tous, Dieu reconnaîtra les siens ! » L'Inquisition y invente interrogatoires, et ses premiers supplices.

En 1244, à Montségur, meurent les derniers parfaits cathares. Les Capétiens seront les gagnants de ce drame religieux qui met fin à l'opposition politique entre le Midi aux racines gallo-romaines et le Nord, qui a hérité des traditions franques. Philippe Auguste n'est pas intervenu personnellement, mais a envoyé son fils Louis mater la rébellion. Le Languedoc sera rattaché à la Couronne, après que le comte de Toulouse Raimond VII, coupable d'hérésie, aura été dépossédé de ses territoires, seul contre le pape et son clergé, seul contre le roi de France et son armée.

Les furtives lunes de miel de Marguerite de Provence

Marguerite de Provence épouse Louis IX, le 27 mai 1234, à Sens. Il a 19 ans, elle en a 13. La bague que le roi lui offre est ornée d'une guirlande de lys entrelacée de marguerites et surmontée de la devise : « Hors cet anel ne pourrions trouver amour. » L'un et l'autre y seront fidèles.

Joinville a raconté comment la reine Blanche a rendu la vie impossible au jeune couple. Après la cérémonie de mariage, elle oblige son fils, pendant les quatre nuits qui suivent, à aller prier dans une chapelle au lieu de rejoindre Marguerite dans leur lit. Et quand enfin elle lui ordonne d'aller remplir ses devoirs d'époux, c'est pour surgir peu après dans la chambre nuptiale afin d'exiger qu'il écourte leur étreinte et aille dormir, seul, dans une pièce attenante ! Blanche ne peut souffrir que Louis et Marguerite chevauchent l'un près de l'autre lorsqu'ils voyagent ensemble, et elle veille, aux étapes, à ce qu'ils ne soient jamais logés dans la même chambre.

Les deux jeunes mariés se plaisent à demeurer à Pontoise ; la chambre du roi est dessus, et la chambre de la reine dessous ; un escalier à vis descend d'une chambre à l'autre ; c'est là qu'ils se retrouvent. Quand les huissiers voient la reine Blanche se diriger vers la chambre du roi son fils, ils battent les portes de leurs verges, et le roi regagne sa chambre en courant pour que sa mère l'y trouve ; idem pour la reine Marguerite, quand la reine Blanche vient vérifier qu'elle y est bien. Il en est ainsi jusqu'au départ de Saint Louis pour la Palestine : la tyrannie de Blanche durera quinze ans.

Marguerite accompagne son époux lors de sa première croisade. Louis, après le désastre de Mansourah, est prisonnier du sultan, et Marguerite, qui est enceinte, se retrouve dans Damiette assiégée par l'ennemi. N'ayant plus l'espoir d'y être secourue, elle prie un vieux chevalier de lui trancher la tête si Damiette tombe, afin, explique-t-elle, qu'elle ne tombe pas vivante aux mains des infidèles. Elle refuse de fuir et accouche d'un prince qu'elle baptise

Tristan (il mourra dans les bras de son père, devant Tunis, lors de la huitième croisade).

C'est elle qui trouve, en mettant les Templiers à contribution, l'argent nécessaire à la rançon exigée par les musulmans en échange de la libération du roi. Blanche de Castille morte en 1252, Marguerite devient, sans prendre part au gouvernement, le conseiller discret du roi, l'empêchant de quitter le trône pour embrasser la vie religieuse. Mais elle ne peut le dissuader d'entreprendre sa seconde croisade au mois de juin 1270, d'où il ne reviendra pas.

Dépouilles et reliques

Une pratique fréquente au Moyen Âge consiste à faire bouillir le corps éviscéré du défunt dans du vin pour que la chair quitte les os, et que l'on puisse rapporter le squelette dans un coffre et le déposer dans le tombeau familial. À la manière égyptienne, les viscères sont enfermés dans un vase après avoir aussi été bouillis. C'est ainsi que les restes de Tristan, fils de Louis IX, mort de dysenterie quelques jours avant son père, et ceux du roi reviennent en France, comme sont revenus avant eux les restes de Geoffroi de Bouillon. Cette manière d'opérer est courante lorsqu'un personnage important meurt loin de sa terre natale (ainsi est rapportée la dépouille de Du Guesclin après sa mort en Auvergne, dans les chaleurs de juillet 1380). La 8e croisade ayant cessé avec la mort de Louis IX, les rescapés regagnent leurs terres par l'Italie. Charles d'Anjou-Sicile voulant conserver des reliques de son frère, on dépose dans un monastère proche de Palerme un coffre contenant son cœur. Philippe III, reconnu roi, rapporte à Paris en mai 1271 les ossements, chair et viscères de Louis IX et ceux de ses proches parents disparus dans la terrible expédition. Le 22 mai, l'on transporte ces reliques de Notre-Dame de Paris à la basilique de Saint-Denis.

Philippe III, l'un des porteurs de la châsse, s'arrête sept fois en cours de route pour se reposer. Ces endroits sont marqués par de petits monuments votifs (appelés Montjoie). En 1306, on enlève une des côtes du roi pour qu'elle figure parmi les saintes reliques de Notre-Dame de Paris, tandis que son crâne est conservé dans la Sainte-Chapelle, bâtie pour abriter la prétendue couronne d'épines du Christ et « un morceau de la vraie croix », payés une fortune à l'empereur de Constantinople, et que Saint Louis porte en offrande jusqu'à Notre-Dame de Paris pieds nus, la tête découverte, vêtu de laine, sans ceinture, comme un pénitent, après trois jours de jeûne.

Louis IX le Saint

Blanche de Castille le lui répète sans cesse : « J'aimerais mieux vous voir mort, mon fils, que souillé d'un péché mortel. » Toute sa vie, Louis IX (qui sera canonisé vingt-sept ans après sa mort par le pape Boniface VIII) a un maintien qui confine à la bigoterie. Avant d'entreprendre la moindre action, il fait le signe de croix. Tous les jours, il lit des psaumes dans son oratoire, et porte, sous ses habits, une discipline (fouet à nœuds). Il a constamment deux confesseurs, un dominicain et un franciscain. Son zèle est sans limite : lorsqu'il part en croisade, il fait saisir, chez les rabbins, tous les exemplaires du Talmud. Saint Louis s'attaque aussi avec vigueur au blasphème. Sous son grand-père Philippe Auguste, les blasphémateurs étaient condamnés à payer quatre livres ou à être plongés dans l'eau sans péril de mort. Saint Louis va plus loin. Les blasphèmes lui écorchent les oreilles. À Césarée, pendant la croisade, il n'hésite pas à faire mettre au pilori un orfèvre blasphémateur, vêtu de ses seules braies et chemise, des boyaux de porc enroulés autour du cou. Il fait aussi marquer au fer rouge les lèvres et le nez de ceux qui ont juré sur un nom saint. Des châtiments si sévères que le pape Clément IV s'en inquiète. Tout en le félicitant de son zèle, il l'encourage à plus de modération. En 1269, une ordonnance donne la liste des châtiments désormais applicables à tous ceux qui enfreindront la loi de la bienséance. Le blasphémateur est condamné à une amende et au pilori, et, s'il ne peut pas payer, à la prison. Pour les enfants de dix à quatorze ans, c'est le fouet donné en public. Le roi se réserve néanmoins le droit de punir plus sévèrement les blasphèmes jetés de sang-froid, sans l'excuse de la colère…

Charles IX, quelques siècles plus tard, bien que lui-même fort grossier de langage, renouvelle « l'inhibition expresse à toutes les personnes de quelque état qu'elles soient de renier, maugréer, dépiter, blasphémer, et faire autres vilains et détestables serments, sous peine d'être condamnées pour la première fois en amende pécuniaire, double ou triple selon les récidives ; pour la cinquième fois, à être mises au caveau, sujets à toutes les vilénies que chacun voudra leur procurer ; pour la sixième fois, à être menées au pilori et là avoir la lèvre coupée d'un fer chaud ; pour la septième fois, à avoir la lèvre de dessous coupée. Et là il adviendra que derechef ils commettront les dits, jurements et délits, auront la langue coupée tout juste. »

La vengeance de Marie de Brabant

Philippe III le Hardi, fils de Saint Louis, épouse Isabelle d'Aragon et embarque avec elle pour la huitième et dernière croisade. Deux mois après la mort du roi devant Tunis, Philippe reçoit l'hommage des vassaux de son père. Atteint lui aussi par la même affection, il compte si peu survivre qu'il fait à Carthage son testament. Il se remet pourtant de cette dysenterie (ou choléra ?), fait voile pour la Sicile, puis entreprend de remonter l'Italie. C'est pendant ce voyage qu'il perd son épouse : comme ils traversent la Calabre, Isabelle d'Aragon, enceinte, passant une rivière à gué, chute de cheval et se blesse. Elle met au monde un enfant qui ne vit que quelques heures. Atteinte elle-même de fièvre puerpérale, elle succombe le 28 janvier 1271. Elle a déjà mis au monde trois autres enfants dont le futur Philippe IV le Bel, en 1268, et Charles de Valois, à l'origine de la branche du même nom, en 1270.

Philippe III le Hardi se remarie trois ans plus tard avec Marie de Brabant. Pieux, honnête, parfois colérique, mais manquant de volonté et de jugement, Philippe subit les pressions de son entourage. Sa mère, Marguerite de Provence, lui aurait fait promettre de rester sous sa tutelle jusqu'à l'âge de 30 ans. Mais Marie de Brabant évince la reine mère. Pierre de la Brosse, chambellan de Saint Louis, a été choisi par ce dernier pour servir de chaperon à son fils, qu'il sait faible. Mais le chambellan cherche à accaparer le pouvoir, et ne tarde pas à s'opposer à l'ambitieuse Marie de Brabant.

Deux ans après son mariage avec Philippe elle est accusée, par la rumeur, d'avoir empoisonné l'aîné des enfants qu'il a eus de sa première femme, Isabelle d'Aragon. Le roi fait alors appel à une béguine prophétesse, elle aussi originaire du Brabant ; elle prononce l'innocence de la reine et désigne comme coupable l'accusateur lui-même, Pierre de la Brosse ; sa fortune rapide n'a pas été sans provoquer la jalousie de bien des seigneurs. Ceux-ci, dès lors, ont habilement manœuvré pour le perdre.

À peine la prophétesse a-t-elle achevé sa vision que Marie de Brabant donne l'ordre de s'emparer de Pierre de la Brosse ; il est traduit sans attendre devant un tribunal de barons hostiles qui le condamne, pour trahison et malversations, à être pendu au gibet public ; le jugement est exécuté le jour même de l'arrêt, avant le lever du soleil, en présence du comte d'Artois, du duc de Bourgogne et du duc de Brabant, frère de la reine, qui a présidé à sa condamnation.

À la mort de son père en octobre 1285, à Perpignan, à la suite d'une épidémie de malaria contractée lors d'une opération militaire en Catalogne, Philippe IV, dit le Bel, fils d'Isabelle d'Aragon, ceint la couronne royale. Il n'est pas homme à partager le pouvoir, surtout avec sa marâtre. Il écarte Marie qui marie sa fille Marguerite au roi Édouard Ier d'Angleterre et la seconde, Blanche, à Rodolphe, duc d'Autriche puis roi de Bohème. Quant à Louis, son plus jeune fils, il est à l'origine de la dynastie des rois de Navarre. Après quoi, la reine se retire dans un couvent près de Meulan, où elle s'éteint, trente-six ans plus tard, sous le règne de Philippe V le Long, petit-fils de son faible époux, si insignifiant que l'on ignore à quoi il doit son surnom de Hardi.

Philippe le Bel, le roi-statue…

Philippe IV a 17 ans quand il monte sur le trône. Il est grand, beau, blond, fort, mais taciturne et froid, aussi majestueux que redoutable. « Ce n'est ni un homme ni une bête, c'est une statue », dira de lui l'un de ses ennemis, l'évêque Bernard Saisset. Il mène une vie sobre, portant, comme son grand-père Saint Louis, un cilice ou se faisant donner la discipline par son confesseur.

Cela ne l'empêche pas, dès le début de son règne, de s'attaquer aux ecclésiastiques, et aux féodaux. Pour trouver de quoi remplir les caisses royales, il crée de nouveaux impôts (notamment sur les produits importés et le sel), vend la noblesse à des roturiers, oblige les serfs à racheter leur liberté, ou les bourgeois à fondre leur vaisselle d'or et d'argent pour la donner au Trésor… Il altère les monnaies (diminuant d'1/3 la quantité de métal fin), ce qui lui vaut le surnom de « roi faux-monnayeur ». En 1302, les Flamands se révoltent contre les Français qui occupent leur pays depuis 1296, et massacrent ceux qui résident à Bruges. Philippe IV envoie l'élite de la chevalerie française afin de venger l'affront. L'infanterie flamande attire la lourde cavalerie française dans des fossés remplis d'eau recouverts de branchages. Les chevaux s'y enfoncent, et les Flamands égorgent les chevaliers empêtrés dans leur armure sans qu'ils puissent se défendre. C'est la bataille de Courtrai (11 juillet). Les Flamands suspendent à la voûte de l'église de Courtrai les 4 000 éperons pris aux vaincus.

Philippe le Bel attend deux ans avant de venger l'affront. En 1304, il envahit la Flandre, bat les insurgés à Mons-en-Pévèlle, près de Lille, puis leur accorde une paix honorable. Les Flamands recouvrent leur autonomie, mais cèdent Lille, Valenciennes et Douai au royaume de France. Toujours avide, il taxe le clergé qui en appelle au pape Boniface VIII (aussi avare, orgueilleux et cruel que son adversaire). Le pape excommunie Philippe et met le royaume sous interdit. Mais le roi de France n'est pas, comme ses ancêtres, souverain à se soumettre. Il convoque les états généraux (regroupant noblesse, clergé, et bourgeoisie) et fait, avec leur approbation, brûler les condamnations papales. Elles ont été auparavant falsifiées par son conseiller Nogaret, qui part en Italie enlever le pape afin de le faire juger par un concile.

Lors de l'entrevue, à Anagni, un adjoint de Nogaret, seigneur romain que le pape a fait envoyer aux galères quelques années plus tôt, gifle le pape, qui, bien que libéré par la population, en meurt de rage, un mois plus tard (octobre 1303). Le successeur de Boniface VIII, Benoît XI, se montre plus conciliant, et annule les sanctions prises par son prédécesseur. Mais il meurt un an après en mangeant des figues empoisonnées par, dira-t-on, des cardinaux hostiles à sa politique de conciliation. Philippe le Bel peut alors faire élire son candidat, le pape Clément V, qui installe la papauté en Avignon en 1309, et supprimera, à la demande du roi de France, l'ordre des Templiers. Malédiction templière, ou simple accident ? En novembre 1314, lors d'une partie de chasse sur les bords de l'Oise, Philippe le Bel tombe de cheval. Trois jours après, le 29 novembre, il meurt à Fontainebleau, âgé de 46 ans, après avoir régné vingt-neuf ans sur la France d'une poigne de fer.

Le procès des Templiers

L'arrestation des Templiers est, pour Philippe le Bel, le moyen de se procurer de l'argent, et d'annuler une dette qu'il a envers l'Ordre. De plus, les Templiers, depuis leur retour de Palestine, d'où ils ont été chassés, sont impopulaires ; cette milice papale est un État dans l'État. Aussi lorsque Nogaret, son conseiller, suggère au roi d'affirmer son pouvoir en détruisant l'Ordre, Philippe le Bel n'hésite pas. En octobre 1307, il fait arrêter tous les templiers du royaume. Il les défère au tribunal de l'Inquisition, comme hérétiques. Nogaret a fait auparavant courir sur eux des rumeurs de crimes atroces, d'excès épouvantables. Des délateurs prétendent qu'ils adorent une idole à longue barbe, portant des moustaches, et dont les yeux sont deux escarboucles ; qu'ils se livrent, entre hommes, à des vices infâmes ; à une certaine époque, prétendent-ils, ils se sont saisis d'une mère qui venait d'accoucher, l'ont accablée d'outrages, l'ont grillée, et ont mangé son enfant !

Lors de procès montés sur de fausses accusations, les templiers sont torturés et envoyés, pour la plupart, au bûcher. Y compris leur grand maître, Jacques de Molay qui, le 18 mars 1314, entouré de flammes, maudit Philippe le Bel et sa descendance, ainsi que le pape Clément, en criant « Dieu vengera notre mort ». Clément V et Philippe le Bel meurent cette même année. Et les fils du roi, à eux trois, règnent quatorze ans, avant que ne s'éteigne la race des Capétiens directs.

Jeanne de Navarre dans la tour de Nesle…

Jeanne de Navarre, fille du roi de Navarre Henri Ier (qui est aussi comte de Champagne et de Brie), en devient l'héritière à la suite d'un épisode tragique : le gouverneur et la nourrice de son frère aîné, Thibaud, âgé de quinze mois, pour amuser le bambin, se le jettent dans les bras l'un de l'autre, au premier étage d'une galerie. À la suite d'un geste maladroit, le gouverneur laisse tomber le bébé qui se fracasse sur les dalles du rez-de-chaussée. Éperdu, le gouverneur se précipite à son tour, et tombe mort à côté de son petit maître. Henri Ier de Navarre meurt peu après ; dans son testament, il a institué sa fille héritière universelle. Ce que les grands de Navarre, partisans du roi d'Aragon, refusent : ils font référence à la « loi salique », selon laquelle une femme ne peut hériter d'un royaume. Les fils de Jeanne, plus tard, évoqueront à leur tour cette loi, ce qui provoquera la guerre de Cent Ans.

Jeanne est élevée à la cour de France où elle s'est réfugiée avec sa mère, et épouse, à l'âge de 11 ans, le futur Philippe IV le Bel. Le mariage est célébré à Paris, le 16 août 1284. La mort de Philippe III, l'année suivante, leur ouvre le chemin du pouvoir. Le nouveau roi laisse à Jeanne l'administration de ses domaines héréditaires, tâche dont elle s'acquitte avec brio. Jeanne est aux côtés de son mari lorsqu'il combat les Flamands ; choquée par le luxe des dames de Bruges, elle fait augmenter la rançon que Philippe exige de la ville. Elle fonde à Paris, en 1304, le fameux collège de Navarre qu'elle dote d'une magnifique bibliothèque. Est-ce parce qu'elle se préoccupe du sort des « escoliers » qu'on l'accuse de complaisances à leur égard ?

Des auteurs l'ont soupçonnée d'infidélité vis-à-vis de son mari, homme froid peu porté sur la galanterie ; elle aurait séduit des étudiants et des bateliers de Paris, dans la tour de Nesle, qu'elle aurait ensuite fait jeter dans la Seine, enfermés dans des sacs, pour être sûre de leur silence. Mais sous le règne de Philippe le Bel, on calomnie beaucoup. Lorsqu'elle s'éteint au château de Vincennes, à peine âgée de 32 ans, Philippe le Bel montre un chagrin sincère. Une rumeur prétend qu'elle a été envoûtée par Guichard, l'évêque de Troyes auquel elle s'est opposée en tant que comtesse de Champagne, Guichard ayant couvert de son autorité un trésorier indélicat. L'évêque est emprisonné pendant huit ans, puis relâché, faute de preuves…

Jeanne a eu sept enfants dont quatre monteront sur un trône : Louis X le Hutin, successeur de Philippe le Bel ; Philippe V le Long, successeur de Louis X ; Charles IV le Bel, successeur à son tour de Philippe V ; Isabelle enfin, née en 1292, épouse d'Édouard II d'Angleterre et mère d'Édouard III.

Des étudiants plus ribauds qu'érudits…

À Paris, « la seconde Athènes », les étudiants sont souvent pauvres, raison pour laquelle des collèges sont établis, afin non pas de leur dispenser un enseignement, mais de leur donner asile. Ils forment, dans le Quartier latin, une confrérie, à laquelle appartiennent leurs professeurs, jalouse de son indépendance. L'université de Paris, où, sous Saint Louis, enseignent saint Thomas d'Aquin et maître Albert, accueille de nombreuses nationalités ; selon un contemporain, les Anglais sont ivrognes et poltrons ; les Français orgueilleux et efféminés ; les Allemands furibonds et obscènes en propos ; les Normands vains et orgueilleux ; les Poitevins traîtres et avares ; les Bourguignons brutaux et sots ; les Bretons légers et inconstants ; les Lombards avares, méchants et lâches ; les Romains séditieux et violents ; les Siciliens tyranniques et cruels ; les Brabançons voleurs ; les Flamands débauchés…

Pour survivre, ils mendient, recopient des livres, ramassent des ordures, ou se mettent au service d'un professeur ou d'un étudiant riche. Ils s'entassent dans des maisons sales, au rez-de-chaussée desquelles sont installées des tavernes où ils s'enivrent. Afin de ne pas être accusé d'un vice infâme, il est bon de s'afficher avec une maîtresse, même pour ceux qui ont fait vœu de chasteté. Dans la même maison on trouve, en haut, des écoles, en bas, outre la taverne, des lieux de prostitution. Viols et assassinats sont fréquents. Les étudiants, régulièrement, envahissent les logis des bourgeois, brisent les portes, enlèvent les femmes et les filles… L'intervention du guet provoque des émeutes.

Sous la régence de Blanche de Castille, une dispute sur le prix du vin dans un cabaret qui a dégénéré en bagarre opposant bourgeois et étudiants est réprimée par des routiers avec une telle violence que maîtres et écoliers quittent Paris pour se réfugier dans les universités de Reims, Angers, Orléans, Poitiers et Toulouse.

À Orléans, en 1236, clercs des écoles et citoyens de la ville se battent à cause d'une fille de mauvaise vie ; les bourgeois tuent plusieurs jeunes gens et les jettent dans la Loire, obligeant les rescapés à se cacher dans les vignes et dans des grottes. Parmi les écoliers tués, on cite un neveu du comte de Champagne, et deux proches parents du comte de Bretagne... Aussitôt l'évêque excommunie les bourgeois, quitte la ville et jette l'interdit sur Orléans, tandis que les parents des jeunes gentilshommes tués entrent en armes dans la cité et passent de nombreux habitants au fil de l'épée.

Marguerite et Blanche, princesses adultères

Le scandale éclate au printemps 1314. Deux des trois belles-filles de Philippe le Bel, Marguerite de Bourgogne et Blanche d'Artois, délaissées par leurs maris, les futurs Louis X et Charles IV, ont pour amants deux frères normands, les chevaliers Gautier et Philippe d'Aulnay. Elles les rencontrent dans la tour de Nesle, cette même tour qui aurait déjà abrité les amours coupables de leur belle-mère, Jeanne de Navarre. Philippe le Bel, qui craint pour la dynastie, fait supplicier les deux frères — ils sont écorchés vifs, émasculés, décapités (leurs têtes placées sur des piliers) et pendus par-dessous les bras. Les coupables ont été confondus par des aumônières qu'Isabelle d'Angleterre, fille de Philippe le Bel, se serait étonnée de leur voir porter : elle les avait offertes à deux de ses frères, Louis le Hutin (époux de Marguerite) et Charles (époux de Blanche). On arrête aussi d'autres malheureux (dont un moine soupçonné d'avoir procuré aux amants des produits abortifs) qu'on prétend complices et qu'on tue après les avoir torturés.

Ses brus, sur ordre du roi, sont rasées et enfermées à Château-Gaillard, dans des conditions très pénibles : elles n'ont pas le droit de sortir de leur cachot, où il n'y a pas de feu, et ne doivent recevoir aucune visite, y compris celle de Jeanne de Bourgogne, épouse de Philippe (futur Philippe V le Long), qui, au courant des frasques de ses sœur et belle-sœur, en a gardé le secret.

Lorsqu'en 1314 Louis le Hutin succède à son père comme roi de France, il décide de se débarrasser de sa femme, qu'il juge indigne d'être reine de France, pour épouser Clémence de Hongrie. Hasard ? Marguerite périt dans sa prison de Château-Gaillard le 14 août de la même année. Selon certains, elle a été étouffée ou étranglée sur l'ordre de son mari, dont le surnom de Hutin (le coléreux) précise le mauvais caractère.

Blanche, après dix années de détention, au cours desquelles elle est fréquemment violée par son geôlier (et enceinte de lui, ce qui contribuera à l'annulation de son mariage), entre en religion à Maubuisson, après que le pape a déclaré nul son mariage.

Quant à Jeanne, après avoir été enfermée dans un couvent, elle revient à la cour, son innocence reconnue. Veuve de Philippe le Long, elle s'installe à l'hôtel de Nesle, à côté de la fameuse tour. Et comme à l'autre reine Jeanne, celle de Navarre, on lui prêtera de nombreuses aventures avec les étudiants qui fréquentent les cabarets autour de la colline Sainte-Geneviève.

Marque au fer rouge

La *marque* a été de toutes les époques une peine accessoire destinée à perpétuer le souvenir du crime et de la punition. On imprime d'abord cette marque sur le front ou une autre partie du visage. Puis on « adoucit » la peine en *marquant* le criminel en un endroit qu'il peut cacher, sur l'une des épaules ou au milieu du dos, « afin de n'ôter, dit le *Coutumier général*, à celui qui se voudra corriger et amender l'espoir de ce faire. »

La marque est une fleur de lys agrémentée d'une lettre ; celui qui est condamné aux galères est marqué au fer rouge, sur les épaules, des lettres **GAL** ; le voleur est marqué d'un **V** sur l'épaule, et d'un **W** si c'est un récidiviste, le soldat déserteur d'un **D**.

Les lépreux

La lèpre est l'un des fléaux du Moyen Âge. C'est sous le règne de Louis VII que les Hospitaliers de Saint-Lazare implantent en France la première maladrerie, près d'Orléans. Ces religieux se vouent au service des lépreux, appelés ladres (corruption de Lazare). Les lépreux vivent en dehors de la société, sont regardés comme des ennemis ; sous le règne de Philippe V le Long, on les brûle en les accusant d'avoir empoisonné l'eau des rivières. Lorsque le mal se déclare, ils sont conduits en procession dans les hôpitaux, étendus sur des civières et couverts de draps noirs, comme s'ils étaient déjà morts. Le prêtre qui va chercher un lépreux chez lui fait procéder à une levée du corps et célèbre pour lui une messe des morts ; puis il est conduit à la léproserie, hors de la ville, recouvert d'un drap noir. Devant la porte de la léproserie, le prêtre lui déclare :

« Je te défends d'entrer dans les églises, aux marchés, aux moulins, fours et autres lieux dans lesquels il y a affluence publique. Je te défends de laver tes mains et les choses nécessaires pour ton usage dans les fontaines et ruisseaux, et si tu veux boire, tu dois puiser l'eau avec un vase convenable. Je te défends d'aller en autre habit que celui dont usent les lépreux (chapeau d'écarlate, long bâton, crécelle ou cliquette — deux morceaux de bois que l'on frappe l'un contre l'autre pour signaler sa présence). Je te défends de toucher ce que tu veux acheter autrement qu'avec une baguette propre. Je te défends d'entrer dans les tavernes et maisons, excepté la tienne, et si tu veux avoir vin et viandes, qu'ils te soient apportés dans la rue. Je te commande, si d'aucuns parlent avec toi, de te mettre au-dessous du vent, et de ne pas passer par chemin étroit. Je te commande, si tu dois t'aider de tes mains, de porter des gants. Je te défends de toucher des enfants, et de leur donner ce que tu auras touché. Je te défends de manger et de boire en autre compagnie que de lépreux… »

Le court et triste règne de Clémence de Hongrie

L'adultère n'étant pas considéré comme un défaut susceptible d'entraîner l'annulation d'un mariage, Marguerite de Bourgogne, bien qu'emprisonnée, reste l'épouse légitime de Louis X le Hutin. Ce dernier se met quand même en quête d'une autre épouse et épouse Clémence de Hongrie le 19 août 1315, après un voyage mouvementé pour Clémence : le bateau qui l'amène fait naufrage, et s'engloutit avec ses bijoux et sa dot. Marguerite de Bourgogne a été trouvée morte quatre jours auparavant... Un an plus tard, le 5 juin 1316, le Hutin meurt à son tour après une partie de jeu de paume ; il s'est lavé à l'eau glacée, et a été victime de ce refroidissement ; à moins, comme le prétend la rumeur, qu'il n'ait été empoisonné par les anciens conseillers de Philippe le Bel qu'il a écartés, ou par les proches d'Enguerrand de Marigny, grand argentier de son père, qu'il a fait pendre.

Clémence, qui est enceinte, accouche d'un garçon surnommé Jean le Posthume. Il ne vit que quatre jours et l'on reparle d'assassinat : sa mort laisse le trône au frère de Louis le Hutin, Philippe le Long, lequel est soutenu par sa belle-mère, la terrible Mahaut d'Artois, qui espère que son gendre, une fois sur le trône, l'aidera à gagner définitivement le procès qui l'oppose à Robert d'Artois pour la possession de cette province. Lequel, pour se venger, poussera le roi d'Angleterre à déclencher la Guerre de Cent Ans. En 1318, fuyant le climat funeste de la cour, Clémence, qui n'a été reine qu'un an, se rend à Aix-en-Provence où elle prend le voile au couvent des Dominicaines.

Les filles de Charles IV

Charles IV le Bel, qui vit séparé de Blanche de Bourgogne, sa première et infidèle épouse, depuis sept ans, épouse Marie de Luxembourg en 1322. Charles, après avoir convolé avec une femme volage, a choisi un modèle de vertu. Ils ont une fille. Loi salique oblige, Charles IV veut un fils à qui céder sa couronne. Marie, enceinte, se rend à Montargis dans un chariot, le 21 mars 1324, lorsque le fond de ce véhicule s'effondre. Elle se blesse et succombe avec l'enfant qu'elle porte dans les heures qui suivent. C'était un fils ! À nouveau circulent des rumeurs d'accident provoqué... Mais les preuves manquent. Charles, pressé d'avoir un héritier, choisit Jeanne d'Évreux pour troisième épouse ; elle est sa cousine germaine, mais le pape Jean XXII est complaisant. Ce même pape, qui vit en Avignon, a, quelques années plus tôt, annulé l'union du roi avec Blanche de Bourgogne pour une consanguinité plus que contestable. La dot de Jeanne est maigre, mais elle a promis un fils à son roi. Las ! Elle ne donne naissance qu'à trois filles, la dernière juste après la mort du roi survenue le 1er février 1328. La couronne ne restera pas chez les Capétiens directs ; elle passera dès lors à la branche des Valois. La reine Jeanne se retire dans ses domaines et vit encore quarante-trois ans, visitant les religieux, préparant leur pitance et les servant dans leurs cellules, lorsqu'ils sont malades.

La ballade des pendus

Pendant plusieurs siècles et jusqu'à l'époque de la Révolution, la pendaison ou peine de la *hart* est le supplice le plus souvent appliqué en France ; c'est celui des manants, des vilains, le châtiment *ignoble* (d'*ignobilis*, non noble) par opposition à la décapitation, réservée au sang bleu. Chaque ville a une potence permanente, qui, la coutume étant d'y laisser suspendus les suppliciés jusqu'à ce qu'ils tombent en poussière, est rarement dépourvue de cadavres ou de squelettes.

Ces sortes de gibets, nommés *fourches patibulaires*, ou *justices*, se composent ordinairement de piliers de pierre, réunis entre eux au sommet par des traverses de bois, auxquelles on attache le corps des criminels avec des cordes ou des chaînes.

Conformément à la règle, les fourches patibulaires de Paris s'élèvent sur une butte, au nord de la ville. Du nom de Montfaucon, que porte cette butte (près du quartier du Temple, au pied des Buttes-Chaumont), on fait bientôt celui du gibet lui-même. Ce célèbre gibet (utilisé du XIIe au XVIIe siècle) a l'aspect d'une lourde masse de maçonnerie, composée de dix ou douze assises de gros quartiers de pierres brutes, et formant un rectangle de 40 pieds sur 25 ou 30. Sa partie supérieure présente une plate-forme, à laquelle conduit un escalier de pierre, dont l'entrée est fermée par une porte massive.

Sur cette plate-forme, et le long de trois de ses côtés seulement, reposent seize piliers carrés, hauts de 10 pieds environ, formés de blocs de pierre d'1 pied d'épaisseur. Ces piliers sont unis entre eux par de doubles pièces de bois, qui s'enclavent dans leurs chaperons et supportent des chaînes de fer, ayant 3,5 pieds de longueur, destinées à suspendre les condamnés. Au-dessous, d'autres traverses relient également les piliers l'un à l'autre, à moitié de leur hauteur, et servent au même usage que les traverses supérieures. L'ensemble peut recevoir jusqu'à soixante suppliciés.

De longues échelles, qu'on assujettit sur les piliers, permettent au bourreau et à ses aides de faire monter les condamnés ou de transporter les cadavres qui doivent être accrochés au gibet. Enfin, le centre de l'édifice est occupé par une cave profonde, charnier où achèvent de pourrir les restes des suppliciés. Les cadavres constamment attachés au gibet offrent une pâture, sans cesse renaissante, à des milliers de corbeaux.

Montfaucon, qui a été érigé sur l'ordre de Philippe le Bel par son grand argentier, Enguerrand de Marigny (lequel y sera pendu à la mort de son roi sous l'accusation — fausse — d'avoir puisé dans le trésor royal), remplit aussi le double rôle d'instrument de supplice et de lieu d'exposition infamante ; c'est là qu'on réunit les cadavres de tous ceux qui ont été exécutés sur divers points de la ville.

On suspend aussi aux fourches patibulaires la dépouille calcinée ou sanglante des criminels qui ont été bouillis, écartelés ou décapités ; on enferme alors ces débris humains dans des sacs de treillis ou de cuir. Ils peuvent y demeurer un temps considérable ; ainsi, par exemple, Pierre des Essarts, qui eut la tête tranchée en 1413, reste accroché à Montfaucon trois ans avant que sa famille obtienne le droit de donner à ses os une sépulture chrétienne.

La sentence *Sera pendu jusqu'à ce que mort s'ensuive* n'est pas une vaine formule, car il arrive que la pendaison ne doive pas être mortelle, et que le juge ne l'ordonne que comme un simulacre de supplice. Alors le patient est simplement suspendu par des cordes passées sous les aisselles, ce qui n'est cependant pas exempt de danger, car l'étreinte des cordes autour de la poitrine, augmentée par le poids du corps, peut arrêter la circulation du sang. Beaucoup de condamnés, qui ont été suspendus ainsi pendant une heure, sont retirés morts de la potence ou ne survivent pas à cette suspension.

Le condamné à la pendaison est ordinairement conduit au lieu de l'exécution assis ou debout, dans une charrette, le dos tourné au cheval, ayant son confesseur à ses côtés, et le bourreau derrière lui. Il porte au cou trois cordes lâches : deux de la grosseur du petit doigt, et nommées *tortouses*, ont chacune un nœud coulant à leur extrémité ; la troisième, dit le *jet*, ne sert qu'à tirer le condamné hors de l'échelle, à le lancer dans l'éternité. Lorsque la charrette est arrivée au pied de la potence, le bourreau monte le premier, à reculons sur l'échelle, en attirant à lui, au moyen des cordes, le condamné, qu'il force à monter de même lentement après lui ; arrivé le premier en haut, il attache rapidement les deux tortouses aux bras de la potence, et d'un coup de genou, en gardant le jet enroulé autour de son bras, il fait quitter les échelons au condamné, qui se trouve tout à coup étouffé par le nœud coulant et balancé dans le vide. Le bourreau met alors ses pieds sur les mains liées du pendu ; et se cramponnant en même temps au bois de la potence, à force de secousses réitérées, il achève le supplice en s'assurant que la strangulation du condamné est complète…

Isabelle la cruelle

Isabelle de France, fille de Philippe le Bel et sœur des trois rois qui lui ont succédé, est celle par qui le scandale arrive. C'est elle qui s'est étonnée de voir à la ceinture des frères d'Aulnay les aumônières qu'elle a offertes à ses frères. Son époux, le roi Édouard II d'Angleterre, homosexuel notoire, la bafoue sans cesse en s'affichant avec ses favoris. Venue en France rendre visite à son frère Charles IV qui vient de se marier pour la troisième fois, Isabelle rencontre le baron Roger de Mortimer, un baron anglais révolté contre son roi, qui a réussi à s'évader de la prison où Édouard II l'a fait enfermer. Isabelle et Roger deviennent amants, et rentrent ensemble en Angleterre. Avec l'appui financier du roi de France, ils fomentent un complot : les barons anglais, à la demande d'Isabelle, votent la déchéance Édouard II ; ses mœurs dissolues et son caractère capricieux ont fini par indisposer sa noblesse. Il est enfermé dans la Tour de Londres. Isabelle, qui redoute qu'il ne s'en évade, car il a gardé des partisans, décide de le faire mourir, sans que cela passe, auprès du peuple, pour un assassinat. Ses hommes de main pénètrent dans la geôle d'Édouard II, le déshabillent et lui enfoncent, au moyen d'un tube de corne placé dans son fondement (afin que ses chairs extérieures ne portent pas de traces de brûlure), une tige de fer rougie au feu qui lui brûle les entrailles.

Le fils d'Isabelle, Édouard III, n'étant pas majeur, la reine et Mortimer assurent la régence pendant trois ans. L'arrogance de Mortimer est telle que la noblesse, qui l'a soutenu, se révolte contre lui. En 1330, proclamé roi en 1327, Édouard III le fait pendre et écarteler ; Isabelle, elle, est enfermée dans un château par son fils, qui ainsi venge autant son père que ses tantes de France, Marguerite et Blanche.

Les Valois

L'Histoire en résumé...

À la mort de Charles IV, Philippe VI de Valois, fils de Charles de Valois et petit-fils de Philippe le Hardi, est proclamé roi par le Parlement de 1328. Il a pour compétiteur Édouard III, roi d'Angleterre, fils d'Isabelle, sœur des trois rois qui précèdent et fille de Philippe IV le Bel. Philippe VI commence par vaincre à Cassel les Flamands révoltés (23 août 1328) ; Édouard III préfère lui prêter hommage en 1329 pour le duché de Guyenne, mais se prépare à la guerre qu'il a l'intention de faire à la France, et qu'il ne déclare que huit ans plus tard.

Désireux de faire valoir ses prétentions à la couronne de France, Édouard III s'allie à Jacob von Artevelde, doyen de la corporation des brasseurs de Gand, et à l'empereur Louis de Bavière ; puis il débarque dans les Pays-Bas et se fait proclamer roi de France. Les hostilités commencent en Flandre en 1337. Les Français sont battus devant Le Quesnoy et à la bataille navale de L'Écluse en 1340 ; mais, vainqueurs à Saint-Omer, ils font échouer la tentative d'Édouard III contre la ville de Tournai. Une trêve intervient. Bientôt, Édouard III prend parti contre Philippe dans la guerre de la succession de Bretagne, et, les hostilités se généralisant, les Anglais remontent la Garonne, s'emparent de La Réole, de Port-Sainte-Marie, et s'avancent jusque dans l'Angoumois. Attaquant en même temps la France au nord-ouest, Édouard débarque en Normandie le 22 juillet 1346. Philippe VI le chasse des environs de Paris, le contraint à remonter vers la Somme et le poursuit ; mais à Crécy, au nord d'Abbeville, Édouard fait face à Philippe et le vainc le 26 août, tuant chez les Français trente mille hommes et anéantissant presque toute la noblesse du royaume. À Crécy, pour la première fois, Édouard III emploie contre des troupes l'artillerie, qui jusqu'alors n'a servi qu'à la défense des places.

Sans perdre de temps, Édouard court assiéger Calais, qui résiste onze mois. En 1347, les rois de France et d'Angleterre, fatigués de la lutte, acceptent l'intervention du pape Clément VI et signent, le 28 septembre, une trêve qui dure six mois. La fin du règne de Philippe VI est endeuillée, en 1348, par la peste noire et la famine, qui enlèvent à la France le quart de sa population. Il meurt en 1350. Malgré ses malheurs, Philippe VI enrichit la Couronne de l'Anjou, du Maine, de la Champagne, de la Brie, de Montpellier et enfin du Dauphiné, qu'Humbert II cède à Jean, fils de Philippe, à la condition qu'à l'avenir l'héritier présomptif du royaume de France prendra le nom de Dauphin et portera les armes du Dauphiné.

Jean II le Bon succède à son père Philippe le 22 août 1350, et est sacré à Reims le 26 septembre. Aussi malheureux que Philippe, il perd, le 9 septembre 1356, contre les Anglais, la bataille de Poitiers, à la suite de laquelle il est fait prisonnier et conduit à Londres. Le Dauphin Charles V prend le titre de lieutenant général du royaume et convoque en 1356, à Paris, les états généraux, vite dominés par Étienne Marcel (1316-1358).

Ce gouvernement improvisé manque d'argent pour soudoyer ses partisans et d'armée pour faire exécuter ses volontés. Les états généraux ont décrété un impôt pour la délivrance du roi : Marcel s'en empare ; il fait suspendre les pouvoirs du parlement et de la cour des comptes, remplit les tribunaux de ses créatures et s'entoure d'une milice de quatre mille personnes qui terrifie Paris. Étienne Marcel pousse l'audace jusqu'à massacrer, sous les yeux du Dauphin, deux de ses conseillers, les maréchaux de Champagne et de Normandie. Il s'apprête à livrer Paris aux Anglais et à Charles le Mauvais, roi de Navarre, lorsqu'il est tué. Durant cette période, les paysans, exaspérés par la misère, prennent pour chef Jacques Caillet, dit Jacques Bonhomme, et ravagent les campagnes et les châteaux. Ils sont exterminés en six semaines. En 1360 est signé le traité de Brétigny, qui rend à l'Angleterre la Guyenne, le Poitou, le Limousin, l'Aunis, la Saintonge, l'Angoumois, l'Agenais et le Périgord. Le roi Jean est rendu à la liberté moyennant trois millions d'écus d'or ; mais, comme il ne peut payer sa rançon, il retourne se constituer prisonnier. Il meurt à Londres en 1364, après avoir reconstitué en faveur de Philippe le Hardi, son fils, la troisième maison de Bourgogne, qui ne tardera pas à devenir redoutable pour la France. Jean le Bon, lui aussi, altère les monnaies, et charge le peuple d'impôts.

Charles V, dit le Sage, succède à Jean II en 1364. Il s'attache les services de Bertrand Du Guesclin, qui, aidé de Boucicaut, enlève à Charles le Mauvais, roi de Navarre, Mantes et Melun après la bataille de Cocherel (16 mai 1364). Mais, cette même année, Du Guesclin ayant été vaincu à la bataille d'Auray et fait prisonnier, Charles V doit payer sa rançon. Désireux de se débarrasser des Grandes Compagnies, bandes de soldats licenciés et d'aventuriers, qui parcourent la France et la dévastent, Charles met à leur tête Du Guesclin, et les lance sur l'Espagne, où Du Guesclin est encore fait prisonnier à Najera en 1367. Rendu à la liberté, le héros breton bat Pierre le Cruel à la bataille de Monteil et proclame roi de Castille Henri de Trastamare, détrôné deux ans auparavant par le Prince Noir d'Angleterre. À dater du retour de Du Guesclin en France, Charles V entreprend contre les Anglais une lutte incessante, quotidienne. Les Français évitent les grandes batailles, harcèlent sur tous les points les troupes anglaises, qui successivement perdent le Limousin, l'Angoumois, le Poitou, l'Aunis et la Saintonge. Lorsque Édouard III signe le traité de Bruges, il ne possède plus en France que Calais, Bordeaux et Bayonne. Malheureusement Du Guesclin meurt devant Châteauneuf-de-Randon, en Lozère, en 1380, et Charles V le suit dans la tombe deux mois après, à 42 ans. Il a remis de l'ordre partout, organisé les finances, protégé le commerce et l'industrie, accru les privilèges du Parlement et de l'Université, créé la Bibliothèque royale et construit la Bastille. C'est sous son règne que prend naissance, le 21 septembre 1378, le grand schisme d'Occident, par la double élection des papes Clément VII, qui habite Avignon, et Urbain VI, qui demeure à Rome.

Charles VI, dit le Fol, n'a que 12 ans lorsqu'il succède à son père en 1380. Il lui faut d'abord dominer l'insurrection des maillotins, qui met Paris à feu et à sang et qui se termine par des impôts énormes à payer par les bourgeois, puis soumettre les Flamands révoltés ; le connétable Olivier de Clisson les bat à Rozebeke en 1382. En 1388, Charles VI, après avoir vaincu une nouvelle insurrection flamande, décide de porter la guerre en Angleterre ; mais la flotte qu'il réunit pour cette expédition est soit prise par les Anglais, soit détruite par la tempête. C'est en 1392 que Charles VI est frappé de folie, et que commence la funeste rivalité des maisons d'Orléans et de Bourgogne.

À la suite de l'assassinat du duc d'Orléans par le duc de Bourgogne (23 novembre 1407), la France se trouva divisée en deux partis : les Armagnacs qui reconnaissent pour chef Bernard d'Armagnac, beau-père du duc d'Orléans assassiné ; les Bourguignons, qui ont à leur tête Jean Sans Peur, duc de Bourgogne. Les Bourguignons, maîtres de Paris, élisent pour chef Simon Caboche, de la corporation des bouchers, et commettent tant de crimes que les Armagnacs sont rappelés, en 1413, pour mettre un terme aux dilapidations des Cabochiens. L'Angleterre surveille de près ces discordes. Henri V, jugeant la France suffisamment affaiblie, fait demander à Charles VI la main de Catherine de France, sa fille, et exige pour dot les provinces cédées à l'Angleterre par le traité de Brétigny, lequel n'a jamais été exécuté. Charles VI refuse ; alors Henri V débarque près d'Harfleur à la tête d'une armée de trente mille hommes, s'empare de cette ville et remporte, le 25 octobre 1415, la bataille d'Azincourt (Pas-de-Calais). Les Français n'en cessent pas pour autant de se diviser.

La populace de Paris, excitée par Jean sans Peur, ouvre ses portes aux Bourguignons en 1419, pendant que les Anglais prennent Rouen et font la conquête de la Normandie. L'assassinat de Jean sans Peur sur le pont de Montereau (10 septembre 1419) par les serviteurs du Dauphin est loin d'améliorer la situation politique. Le duc Philippe de Bourgogne succède à son père Jean sans Peur. D'accord avec Isabeau de Bavière, femme de Charles VI, il fait la paix avec l'Angleterre et signe le 21 mai 1420 le traité de Troyes, en vertu duquel Henri V épouse Catherine de France et devient héritier du royaume. Le triomphe du roi d'Angleterre est de courte durée ; il meurt le 31 août 1422. Charles VI meurt à son tour en octobre de la même année, laissant le trône à son fils Charles.

Charles VII, dit le Victorieux, se fait couronner à Poitiers en 1422, tandis que Henri VI d'Angleterre, âgé de 9 mois, fils d'Henri V et de Catherine de France, est, de son côté, proclamé roi à Paris et à Londres, sous la régence de son oncle paternel le duc de Bedford.

Les troupes de Charles VII sont battues à Mons-en-Vimeu, à Cravant en 1423, et à Verneuil en 1424. Les Anglais, maîtres de toutes les places fortes de la Loire, mettent le siège devant Orléans en 1428.

Alors paraît Jeanne d'Arc ; la jeune Lorraine voit le roi à Chinon, réussit à obtenir de lui une troupe, marche contre Orléans et force les Anglais à battre en retraite le 8 mai 1429. Elle prend successivement Jargeau, Meung, Beaugency, gagne la bataille de Patay, s'empare de Troyes, de Châlons et, refoulant les Anglais devant elle, fait sacrer Charles VII à Reims le 17 juillet 1429.

Après avoir essuyé un échec devant Paris, Jeanne est faite prisonnière sous Compiègne qu'elle venait secourir. Elle est conduite à Rouen, condamnée et brûlée vive le 30 mai 1431. Les Anglais essuient défaites sur défaites. Charles VII se réconcilie avec Philippe le Bon, duc de Bourgogne, le 22 septembre 1435 ; huit jours après, Isabeau de Bavière meurt à Paris et, le 14 novembre 1436, le roi de France Charles VII fait une entrée solennelle à Paris. Tout en guerroyant contre les Anglais, auxquels il accorde une trêve en 1444, Charles VII réprime, en 1440, une rébellion des seigneurs (la Praguerie), à la tête desquels figure le Dauphin, et fait disparaître les bandes de malfaiteurs qui parcourent la France en la pillant. Rompant la trêve conclue avec les Anglais, qui ne possèdent plus, sur le continent, que la Guyenne et la Normandie, Charles VII gagne la bataille de Formigny et fait la conquête de la Normandie en 1450, puis d'une partie de la Guyenne. Excepté Guînes et Calais, le sol français est encore une fois délivré des Anglais. Charles VII, auquel son fils dispute le pouvoir, meurt le 22 juillet 1461 à Mehun-sur-Yèvre. Avec son règne le Moyen Âge prend fin, l'histoire moderne commence.

Louis XI est en Bourgogne quand il apprend la mort de son père. Il revient aussitôt en France et se fait sacrer à Reims le 15 août 1461. Il commence par destituer les hauts fonctionnaires qui ont servi son père, s'entoure de ministres choisis chez les bourgeois, double les impôts, et étouffe dans le sang le soulèvement des villes de Reims, d'Angers, d'Alençon et d'Aurillac, qui ont protesté contre cette aggravation des charges publiques. Le mécontentement est bientôt général ; en 1465, le comte de Charolais (le futur Charles le Téméraire), les ducs de Bourgogne, de Bourbon, et le duc de Berry, frère du roi, se mettent à la tête de la ligue du Bien public. La bataille de Montlhéry (16 juillet 1465) qu'il leur livre demeure indécise, mais les traités de Saint-Maur et de Conflans qui suivent sont favorables aux princes coalisés. Louis XI n'abandonne d'une main que pour essayer de reprendre de l'autre. La ligue s'étant dissoute, Louis XI s'attaque séparément à chacun de ses adversaires. Il enlève d'abord à son frère la Normandie, puis il excite les Liégeois contre Charles le Téméraire, duc de Bourgogne. Mais celui-ci, ayant fait prisonnier le roi de France à l'entrevue de Péronne, contraint Louis XI à assister à la sanglante répression des habitants de Liège. Louis ne pardonne pas à Charles de s'être joué de lui de cette façon ; il excite contre le duc de Bourgogne la Suisse et la Lorraine, tandis que Charles le Téméraire s'allie aux rois d'Aragon et d'Angleterre. Repoussés par Jeanne Hachette devant Beauvais, les Bourguignons, après quelques succès à Cologne et en Lorraine, sont successivement battus par les Suisses à Granson et à Morat (1476), puis sous les murs de Nancy où Charles le Téméraire trouve la mort en 1477.

Louis XI envahit la Bourgogne, et, quoique battu à Guinegatte en 1479 par Maximilien d'Autriche, gendre de Charles le Téméraire, il réussit à fiancer le Dauphin, Charles de France, à Marguerite, fille de Maximilien, qui doit lui apporter en dot, par le traité d'Arras (1482), la Bourgogne, l'Artois, la Picardie et la Franche-Comté. Déjà Louis XI a réuni à la Couronne la Provence, l'Anjou et le Maine (1479-1481). Lorsqu'il meurt, en août 1483, il a encore acquis le duché de Bar, le Perche, la Guyenne, la Cerdagne et le Roussillon. Il a triplé les impôts, mais augmenté l'armée permanente et fait construire aux frontières des places fortes pour les protéger. Il a encouragé puissamment le commerce et l'industrie, créé des routes, multiplié les foires, introduit en France la culture de mûriers et favorisé la fabrication des soies ; il organise les postes, encourage l'imprimerie naissante, confirme l'inamovibilité de la magistrature, et, par ses annexions territoriales, a constitué définitivement la France moderne en dégageant la société française des étreintes féodales.

Charles VIII, âgé de 13 ans, lui succède sous la régence de sa sœur Anne de Beaujeu. Habile et prudente, digne fille de Louis XI, Anne de Beaujeu fait d'abord de larges concessions aux seigneurs et surtout au duc d'Orléans, qui par suite de son mariage avec Jeanne, autre fille de Louis XI, se prétend apte à diriger les affaires du royaume pendant la minorité de son neveu. Mais quand il se voit définitivement éloigné du gouvernement, le duc d'Orléans passe en Bretagne, où il s'allie au duc François II. Anne envoie contre eux l'armée française, qui, commandée par La Trémoille, bat le duc d'Orléans, et le fait prisonnier en 1488. Le duc d'Orléans (le futur Louis XII) est emmené à Loches et enfermé dans une cage de fer. François II de Bretagne, contraint à la paix, meurt, laissant deux filles, dont l'aînée, Anne, épouse Charles VIII en 1491, réunissant ainsi la Bretagne à la couronne de France. C'est alors que Charles VIII, tranquille à l'intérieur, songe à faire valoir ses droits sur le royaume de Naples, droits qu'il tient des derniers princes d'Anjou. Avant d'entrer en campagne, et pour aplanir toutes les difficultés à prévoir en France en son absence, il cède l'Artois et la Franche-Comté à Maximilien, le Roussillon au roi d'Aragon, et promet une forte somme d'argent à l'Angleterre. Franchissant alors les Alpes, il conquiert en 1495 une partie de l'Italie et Naples, après une campagne de quelques mois. Effrayés par ses succès, Isabelle de Castille, Ferdinand d'Aragon, le duc de Milan, les Vénitiens et le pape se coalisent contre Charles VIII. Celui-ci les disperse à la bataille de Fornoue, et rentre en France avec les débris de son armée en 1495. Il meurt subitement à Amboise en 1498. C'est sous son règne que Christophe Colomb découvre l'Amérique (1492), et que les Anglais abordent au Canada (1497).

Louis d'Orléans, le prisonnier de Loches, succède à Charles VIII mort sans enfants, sous le nom de Louis XII, en 1498. Il commence par réduire les impôts d'un quart et répudie Jeanne de France, fille de Louis XI, pour se marier, en 1499, avec Anne de Bretagne, veuve de Charles VIII. Cette même année il entre dans Milan avec l'armée française, voulant faire valoir ses droits, en tant que petit-fils de Valentine Visconti, sur le Milanais, dont l'usurpateur Ludovic Sforza s'est emparé. L'Italie, promptement conquise à la suite de la bataille de Novare (avril 1500), est tout aussi rapidement perdue en 1503. Après avoir momentanément rattaché l'île de Corse à la France, en 1507, et battu les Vénitiens à Agnadel, Louis XII doit lutter contre la Sainte-Ligue, organisée contre lui par le pape Jules II, ligue dans laquelle entrent Ferdinand d'Espagne, Henri VIII d'Angleterre, l'empereur Maximilien,

Venise et la Suisse. Les Français, d'abord victorieux avec Gaston de Foix, neveu du roi de France, ne tardent pas à subir de sérieux revers. La Trémoille et Trivulce perdent, le 6 juin 1513, la bataille de Novare. La Trémoille sauve Dijon de l'attaque des Suisses ; mais presque au même moment, Louis XII, vaincu à la « journée des Éperons » de Guinegatte, le 16 août 1513, doit accepter la paix. Il meurt le 1er janvier 1515, laissant deux filles : Claude, femme de François Ier, et Renée, qui épouse le duc de Ferrare. Louis XII a encouragé l'agriculture, le commerce et l'industrie. De son règne date le commencement de la Renaissance en France. On lui reproche d'avoir vendu les charges publiques ; mais il a eu recours à ces expédients pour ne pas rétablir les impôts qu'il avait supprimés.

François Ier succède à Louis XII. Avide de renommée, il veut, dès son accession au trône, poursuivre la politique de revendications en Italie. La bataille de Marignan, qui dure deux jours (1515), lui vaut tout d'abord le Milanais. Il détache le pape de l'empereur Maximilien et du roi de Naples en confirmant l'abolition faite par Louis XI de la pragmatique sanction de Charles VII, et en signant avec le Saint-Siège, le 15 août 1516, un concordat qui resserre l'unité catholique entre la France et Rome. Il fait avec les Suisses une paix dite perpétuelle à Fribourg moyennant 700 000 écus d'or (29 novembre 1516). La mort l'ayant débarrassé de ses deux rivaux, Ferdinand en 1516, et Maximilien en 1519, François Ier peut se croire maître de l'Occident, quand surgit Charles Quint. Pour arriver à être élu empereur, François Ier tente tout ; il veut même séduire Henri VIII d'Angleterre au camp du Drap d'or, mais ne réussit qu'à le froisser. Charles est élu empereur d'Allemagne par la diète de Francfort. Les deux monarques n'auront dès lors de cesse de se combattre, faisant couler le sang.

Pendant que François Ier et Charles Quint attendent l'occasion propice pour se déclarer la guerre, un grand événement, la Réforme, se produit en Allemagne. Martin Luther, moine de l'ordre des Augustins, s'attaque aux dogmes admis, reconnaissant à chacun le droit d'interpréter à son gré les Écritures. Charles Quint ordonne à tous les princes de l'Empire de se saisir de l'hérétique, qui se marie en 1525 avec une religieuse, et meurt en 1546. Né en Allemagne, le protestantisme pénètre en France. Calvin y suit les traces de Luther.

François Ier et Charles Quint se déclarent la guerre en 1521. Les Français, obligés de repasser leurs frontières malgré leurs succès à Pampelune, sont également défaits par les Impériaux en Champagne. Mais c'est en Italie que les deux champions concentrent tous leurs efforts. Lautrec perd la bataille de La Bicoque, le 22 avril 1522, et avec elle le Milanais. Désireux de se joindre au plus fort, Henri VIII d'Angleterre s'allie avec Charles Quint contre François Ier, qui doit ainsi combattre trois invasions en 1523. Les Espagnols sont repoussés au sud de Bayonne ; les Allemands sont rejetés derrière la Meuse ; quant aux Anglais et aux Flamands, La Trémoille les arrête à quelques lieues de Paris. En Italie, Bayard, le Chevalier sans peur et sans reproche, est tué à la retraite de Rébec, le 30 avril 1524, et le connétable de Bourbon, passé dans le camp de Charles Quint, franchissant les Alpes, vient assiéger Marseille, qu'il ne réussit pas à prendre (août 1524). Il est suivi dans sa retraite par François Ier qui, pénétrant à son tour en Italie à la tête de 42 000 hommes, met le siège devant Pavie, où il est battu le 25 février 1525 et fait prisonnier. « Tout est perdu hors l'honneur », écrit-il à sa mère après cette néfaste journée. François Ier est conduit à Madrid ; il y signe, le 14 janvier 1526, le traité de Madrid, par lequel il renonce à ses droits sur le Milanais, le royaume de Naples, l'Artois, la Flandre et la Bourgogne, consent à rendre au connétable de Bourbon ses biens (spoliés par Louise de Savoie, la mère du roi) et donne ses deux fils comme otages. Les notables du royaume de France déclarent nulles de telles concessions.

C'est alors que François Ier forme contre Charles Quint une ligue à laquelle adhèrent le pape, les Vénitiens, la Suisse, les Florentins et le roi d'Angleterre. Les troupes françaises entrent aussitôt en campagne ; mais Lautrec, qui les commande, après avoir remporté quelques succès, meurt, et les débris de son armée se rendent. Le 3 août 1529 est signée, à Cambrai, la paix dite paix des Dames, parce qu'elle est négociée par Louise de Savoie, mère de François Ier, et par la tante de Charles Quint, Marguerite d'Autriche. François Ier abandonne le Milanais, Naples, la Flandre et l'Artois, et donne deux millions d'écus d'or pour la rançon de ses fils. À la suite de ce traité il épouse Éléonore, veuve du roi du Portugal et sœur aînée de Charles Quint, qui, de son côté, renonce à la Bourgogne. Cette paix dure de 1529 à 1536.

Une nouvelle lutte éclate entre les deux rivaux. François, qui s'est allié aux princes protestants d'Allemagne, à Henri VIII d'Angleterre et aux Turcs, s'empare de la Savoie et du Piémont et pénètre dans le Milanais, tandis que

Charles Quint attaque en Provence et en Picardie. Cette nouvelle guerre se termine, en 1538, par le traité de Nice, qui conclut à une trêve de dix ans. Elle ne dure pas quatre années. La bataille de Cérisoles (1544), favorable à la France, est suivie du traité de Crépy-en-Laonnois (18 septembre) par lequel le roi de France renonce à nouveau à ses droits sur Naples, la Flandre et l'Artois, tandis que Charles Quint cède, de son côté, la Bourgogne, promettant de plus le duché de Milan et la main de sa nièce au duc d'Orléans, second fils de François Ier. François Ier meurt trois ans plus tard au château de Rambouillet, le 31 mars 1547, âgé de 52 ans. Il a protégé les lettres, les sciences et les arts, peuplé ses châteaux de statues et tableaux achetés en Italie ; il a su aussi attirer en France Léonard de Vinci, le Primatice, Benvenuto Cellini... ; il a fondé le Collège de France, destiné à l'enseignement du grec et du latin, créé l'Imprimerie nationale, réformé la justice et les finances. La ville du Havre lui doit sa fondation.

Henri II, fils de François Ier, lui succède en 1547 ; il a épousé, en 1533, Catherine de Médicis. Ce règne débute par la répression d'une révolte de la Guyenne contre les employés de la gabelle. Henri II ne tarde pas à reprendre contre Charles Quint la politique de son père ; il entre en campagne en 1552 et s'empare des Trois-Évêchés, Metz, Toul et Verdun. Charles Quint accourt, à la tête d'une armée formidable, pour mettre le siège devant Metz. Le duc de Guise lui oppose une résistance telle que les Impériaux doivent battre en retraite en 1553 : cette retraite est le prélude de la défaite de Charles Quint sous les murs de Renty (près de Saint-Omer), en 1554. Charles Quint ayant abdiqué et s'étant retiré au couvent de Juste en Estrémadure, Henri II recommence la guerre contre Philippe II, roi d'Espagne, fils et successeur de Charles Quint. Montmorency opère dans les Pays-Bas et François de Guise en Italie. Montmorency ayant été battu et fait prisonnier par l'armée anglo-espagnole à Saint-Quentin en 1557, Guise, rappelé en toute hâte d'Italie, s'empare en huit jours de Calais, qui appartient à l'Angleterre depuis deux cent douze ans. Le 15 avril 1559 est signée la paix de Cateau-Cambrésis, par laquelle Henri II renonce à ses prétentions sur l'Italie, rend au duc de Savoie ses États, mais conserve Metz, Toul, Verdun et Calais. Trois mois après, Henri II, atteint à l'œil par un coup de lance lors d'un tournoi, meurt en juillet 1559, âgé de 40 ans.

François II, fils et successeur d'Henri II, est déjà roi d'Écosse par son mariage avec Marie Stuart. Le duc et le cardinal de Guise, oncles de Marie, alliés à Catherine de Médicis, mère du roi, s'emparent du pouvoir et s'opposent, dès lors, aux menées des protestants qui ont pour chefs Antoine de Bourbon, roi de Navarre, le prince de Condé et l'amiral de Coligny. Les nobles protestants, en 1560, par la conjuration d'Amboise, tentent d'arracher le faible François II aux Guises. C'est un échec. Le prince de Condé, âme du complot, est condamné à mort. Il est sauvé par la mort de François II, survenue le 5 décembre 1560.

Charles IX, le deuxième fils d'Henri II et de Catherine de Médicis, a dix ans quand il succède à son frère sous la tutelle de sa mère. Le premier soin de Catherine est de rappeler à la cour l'amiral de Coligny, protestant, et de prendre pour conseiller le chancelier de L'Hospital. À cet acte, qui semble favorable aux protestants, les chefs catholiques opposent un triumvirat composé du duc François de Guise, du connétable de Montmorency et du maréchal de Saint-André. Les divergences s'accentuant chaque jour entre catholiques et protestants, Catherine croit bien faire en accordant, par l'édit de mai 1562, le libre exercice de leur culte aux protestants.

C'est sur ces entrefaites que François de Guise, passant par Vassy, en Champagne, pour se rendre à Paris, y massacre des protestants. Les premières hostilités religieuses sanglantes commencent. Arrivé à Paris, François de Guise s'empare du pouvoir ; le prince de Condé riposte en enlevant Orléans et Rouen. Cette dernière ville est reprise en octobre 1562 par l'armée catholique. Antoine de Bourbon, qui s'était fait catholique, périt dans cette action. Le 19 décembre, François de Guise gagne la bataille de Dreux, dans laquelle le connétable de Montmorency est fait prisonnier par les protestants et le prince de Condé par les catholiques. Les réformés perdent successivement toutes leurs places fortes, sauf Orléans, qu'assiège François de Guise lorsqu'il est assassiné, en 1563, par un calviniste. Le 19 mars, Catherine suspend pour quelques années ces luttes acharnées par l'édit de pacification d'Amboise. Elle réussit même à réunir les deux partis français ennemis pour reprendre la ville du Havre, donnée aux Anglais par Condé.

En 1569, la guerre civile reprend ; les protestants perdent successivement la bataille de Jarnac, où est tué le prince de Condé, et celle de Moncontour, remportée par le duc d'Anjou (le futur Henri III) sur les troupes de l'amiral de Coligny. À la suite de ces désastres, on accorde aux protestants, le 2 août 1570, par la paix de Saint-Germain, une amnistie générale, le libre exercice de leur culte, le droit d'arriver à tous les emplois ou charges de l'État et enfin quatre places de sûreté : Montauban, Cognac, La Charité-sur-Loire et La Rochelle. De plus, Charles IX marie, le 18 août 1572, sa sœur Marguerite de Valois à Henri de Navarre, appelle Coligny à la cour et annonce sa résolution de lui donner le commandement d'une armée chargée de conquérir les Pays-Bas. Catherine de Médicis, qui n'apprécie pas ces concessions faites par son fils aux huguenots, organise un attentat contre Coligny (22 août 1572) ; l'attentat échoue, Coligny n'est que blessé, mais l'agitation des calvinistes, qui se trouvent en grand nombre à Paris pour le mariage de leur jeune chef Henri de Navarre, devient extrême. Catherine se rend auprès du roi, et lui suggère de donner l'ordre de les massacrer.

Dans la nuit du 23 au 24 août (la Saint-Barthélemy), la cloche du Louvre donne, à deux heures du matin, le signal de la tuerie. Les habitations des calvinistes sont violées et ceux qu'on y trouve passés par les armes. Coligny, la première victime désignée, est mis à mort. Ce drame sanglant se répète sur plusieurs points du territoire ; les victimes de la tuerie, qui dure plusieurs jours, se comptent par milliers (3 000 pour Paris, la plupart des cadavres étant jetés dans la Seine, entre 20 000 et 30 000 pour l'ensemble du pays)… Après la Saint-Barthélemy, la guerre civile se rallume partout. L'armée royale met le siège devant La Rochelle ; Charles IX finit par accorder la paix aux protestants, et meurt, âgé de 24 ans, en 1574, laissant la régence à sa mère. C'est sous son règne que le premier jour de l'an est fixé au 1er janvier, au lieu du jour de Pâques, et que sont créés les tribunaux de commerce et jetées les fondations du palais des Tuileries sur les plans de Philibert Delorme.

Lorsque Charles IX meurt, son frère, le duc d'Anjou, est en Pologne, où il a été élu roi. À la nouvelle de la mort de Charles, Henri quitte la Pologne comme un fugitif et accède à la couronne de France. Trois partis se disputent le pouvoir : les catholiques fervents ont pour chef le duc de Guise, fils du vainqueur de Calais ; les protestants, le prince de Condé, fils de celui qui a été tué à Jarnac, et Henri de Navarre, fils d'Antoine de Bourbon ; les politiques, c'est-à-dire les catholiques modérés, obéissent au duc d'Alençon, frère du roi. Condé a obtenu des secours de l'Électeur palatin Jean Casimir qui pénètre en Champagne et est battu, le 11 octobre 1575, à Dormans, à l'ouest d'Épernay, par le duc de Guise, qui dans l'action reçoit une blessure au visage, d'où son surnom de « balafré ». Le roi veut la paix ; elle est signée à Beaulieu entre Henri III et les protestants ; le duc de Guise, outré des concessions faites, organisa une ligue dite Sainte Union. Henri III convoque, le 6 décembre 1576, les états généraux à Blois. Ceux-ci réclament l'unité religieuse et demandent que trente-six membres, pris parmi eux, assistent au conseil du roi. Menacé dans son autorité, Henri III croit faire un coup de maître en se déclarant le chef de la Sainte Union. Mais à cette nouvelle, les protestants du Midi se soulèvent, et les états généraux, tout en décrétant la suppression du protestantisme, refusent au roi les subsides nécessaires pour faire la guerre aux réformés. Les protestants appellent à leur secours les Allemands et les Anglais, les catholiques s'appuient sur Philippe II, roi d'Espagne. Les choses en sont là lorsque le duc d'Alençon, dernier frère du roi Henri III et dernier fils de Catherine, meurt en 1574. Henri III n'a pas d'enfants. Le duc d'Alençon, son frère, devait lui succéder. Sa mort, de tuberculose, ranime les ambitions. Henri de Guise signe, le 3 décembre 1584, avec Philippe II, roi d'Espagne, à Joinville, un traité selon lequel, si Henri III meurt sans enfant mâle, le cardinal de Bourbon sera appelé à le remplacer à l'exclusion de tout prince hérétique.

Henri de Navarre est ainsi écarté du trône. Un grand nombre de villes prennent parti pour la Ligue. Henri de Navarre soutient le roi Henri III et, appuyé en même temps par Montmorency et Joyeuse, remporte plusieurs batailles contre les ligueurs, qui néanmoins viennent assiéger Paris. Le Balafré entre le 9 mai dans la capitale qu'Henri III doit quitter précipitamment. Arrivé à Blois, Henri III convoque de nouveau les états généraux et, affectant la générosité et l'oubli, invite à se rendre à Blois Henri de Guise, qu'il nomme lieutenant général du royaume. L'assassinat, au château de Blois, du duc de Guise et de son frère, le cardinal de Lorraine, le 23 décembre 1588, provoque un soulèvement à Paris. C'est alors que, avec une grande habileté politique, Henri de Navarre vient offrir au roi de France le secours des troupes protestantes dont il dispose, et que, le 15 juillet 1589, les deux princes mettent le siège devant Paris. L'assaut va être donné, lorsque, le 1er août, le roi, à Saint-Cloud, est frappé au ventre par le moine Jacques Clément. Il expire le lendemain. Avec lui s'éteint la branche des Valois-Angoulême ; avec Henri IV, la branche des Bourbons monte sur le trône.

Rois Valois

— **Philippe VI** dit « de Valois » — Fils aîné de Charles, comte de Valois, d'Alençon..., et de Marguerite de Sicile, sa première femme — Né en 1293 — Sacré à Reims le 29 mai 1328 — Marié en 1313 à Jeanne de Bourgogne, fille de Robert II, duc de Bourgogne ; en 1349 à Blanche de Navarre, fille de Philippe d'Évreux, roi de Navarre — Mort à Nogent-le-Roi, près de Chartres, le 22 août 1350.

— **Jean II** dit « le Bon » — Fils aîné de Philippe VI et de la reine Jeanne de Bourgogne — Né au château du Gué de Maulny, près du Mans, le 26 avril 1319 — Sacré à Reims le 26 septembre 1350 — Marié en 1332 à Bonne de Luxembourg, fille de Jean Ier de Luxembourg, roi de Bohême ; en 1350 à Jeanne de Boulogne, veuve de Philippe de Bourgogne et fille de Guillaume XII, comte d'Auvergne et de Boulogne — Mort à Londres le 8 avril 1364.

— **Charles V** dit « le Sage » — Fils aîné de Jean II et de la reine Bonne de Luxembourg — Né au château de Vincennes le 21 janvier 1338 — Sacré et couronné à Reims le 19 mai 1364 — Marié en 1350 à Jeanne de Bourbon, fille de Pierre de Bourbon — Mort au château de Beauté-sur-Marne le 16 septembre 1380.

— **Charles VI** dit « le Fol » — Fils aîné de Charles V et de la reine Jeanne de Bourbon — Né le 3 septembre 1368 — Sacré et couronné à Reims le 4 novembre 1380 — Marié en 1385 à Isabeau de Bavière, fille d'Étienne II, duc de Bavière — Mort à Paris, à l'hôtel Saint-Paul, en octobre 1422.

— **Charles VII** dit « le Victorieux » — Cinquième fils de Charles VI et de la reine Isabeau de Bavière.

Né à Paris le 22 février 1403 — Couronné en 1422 à Poitiers — Sacré et couronné à Reims le 17 juillet 1429 —

Marié en 1422 à Marie d'Anjou, fille aînée de Louis II, roi de Sicile, duc d'Anjou — Mort d'inanition, à la suite d'une mastoïdite consécutive à un abcès, au château de Mehun-sur-Yèvre, près de Bourges, le 22 juillet 1461.

— **Louis XI**, Fils aîné de Charles VII et de la reine Marie d'Anjou — Né à Bourges le 14 juillet 1423 — Sacré et couronné à Reims le 15 août 1461 — Marié en 1436 à Marguerite d'Écosse, fille aînée de Jacques Ier Stuart ; à Charlotte de Savoie, fille de Louis, duc de Savoie — Mort d'une congestion cérébrale au château de Plessis-lez-Tours en août 1483.

— **Charles VIII** dit « l'Affable » ou « le Courtois » — Second fils de Louis XI et de la reine Charlotte de Savoie — Né au château d'Amboise le 30 juin 1470 — Sacré à Reims le 30 mai 1484 — Marié en 1491 à Anne, duchesse de Bretagne, fille aînée et héritière de François II, duc de Bretagne — Mort, sans postérité, d'une congestion cérébrale au château d'Amboise le 8 avril 1498, après avoir heurté du front une porte basse.

— **Louis XII** dit « le Père du peuple » — Fils aîné de Charles, duc d'Orléans, et de Marie de Clèves, sa troisième femme — Né à Blois le 27 juin 1462 — Sacré à Reims le 27 mai 1498 — Marié en 1476 (alors duc d'Orléans) à Jeanne, duchesse de Berry, fille de Louis XI, dont il se sépare en 1498 ; en 1499 à Anne, duchesse de Bretagne, veuve de Charles VIII ; en 1514 à Marie d'Angleterre, fille de Henri VII, roi d'Angleterre — Mort à Paris, au palais des Tournelles, le 1er janvier 1515.

— **François Ier**, Fils de Charles d'Orléans, comte d'Angoulême, et de Louise de Savoie — Né à Cognac le 12 septembre 1494 — Sacré à Reims le 25 janvier 1515 — Marié en 1514 à Claude de France, fille aînée de Louis XII et d'Anne de Bretagne ; en 1530 à Éléonore d'Autriche, veuve de Manuel Ier le Fortuné, roi du Portugal, fille de Philippe Ier, roi de Castille — Mort au château de Rambouillet, le 31 mars 1547.

— **Henri II**, Second fils de François Ier et de la reine Claude de France — Né à Saint-Germain-en-Laye le 31 mars 1519 — Sacré et couronné à Reims le 25 juillet 1547 — Marié en 1533 à Catherine de Médicis, fille unique et héritière de Laurent de Médicis, duc d'Urbino — Mort au château des Tournelles le 10 juillet 1559.

— **François II**, Fils aîné d'Henri II et de la reine Catherine de Médicis — Né à Fontainebleau le 19 janvier 1544 — Sacré à Reims le 18 septembre 1559 — Marié en 1558 à Marie Ire Stuart, reine d'Écosse, fille unique de Jacques V, roi d'Écosse, et de Marie de Guise — Mort à Orléans le 5 décembre 1560.

— **Charles IX**, 2e fils d'Henri II et de la reine Catherine de Médicis — Né à Saint-Germain-en-Laye le 27 juin 1550 — Sacré et couronné à Reims le 15 mai 1561 — Marié en 1570 à Élisabeth d'Autriche, seconde fille de Maximilien II, empereur d'Autriche — Mort au château de Vincennes le 30 mai 1574, de tuberculose.

— **Henri III**, 3e fils d'Henri II et de la reine Catherine de Médicis — Né à Fontainebleau le 19 septembre 1551 — Sacré et couronné à Reims le 13 février 1575 — Marié en 1575 à Louise de Lorraine, fille aînée de Nicolas de Lorraine, comte de Vaudémont — Mort à Saint-Cloud le 1er août 1589.

Jeanne de Bourgogne, méchante et battue

Jeanne de Bourgogne (1293-1348), troisième fille du duc de Bourgogne, est la sœur de Marguerite, celle dont les débauches amoureuses lui ont valu d'être enfermée, puis étranglée à Château-Gaillard. Mais Jeanne n'a pas été mêlée aux dramatiques événements de la tour de Nesle. Sans beauté mais aussi intelligente que réputée méchante, rien ne laisse prévoir qu'elle sera un jour reine de France. Une série de morts, pourtant, la conduit au trône. Le règne de Philippe VI de Valois, son époux, est plus marqué par des batailles et des sièges que par des événements politiques ; toutefois, son union avec Philippe produira un acquis imprévisible pour la Couronne : Jeanne, en tant qu'héritière du duc de Bourgogne, transmet à son fils, futur Jean II le Bon, les droits à la succession de sa maison.

L'union avec Philippe est orageuse, tant Jeanne est acariâtre. D'après Pierre Cochon, dans sa *Chronique normande*, Jeanne, pour faire conduire au gibet un chevalier qu'elle déteste, dérobe le cachet royal afin de sceller la lettre qui ordonne au prévôt de le pendre. Le prévôt, étonné par cette condamnation, prévient le roi, qui… rosse Jeanne.

Une autre fois, Jeanne propose un bain à l'évêque de Beauvais, venu rendre visite au roi. L'évêque, qui n'ignore pas le peu d'affection que la reine lui porte, se méfie, et, au moment d'entrer dans la cuve fumante, se baisse et y jette un chien de la reine. L'animal meurt dans d'horribles convulsions. Le roi, averti, rosse à nouveau Jeanne, avec une telle violence qu'elle doit garder la chambre plusieurs jours. Elle meurt emportée par la terrible épidémie de peste noire qui ravage l'Europe.

Philippe VI, dit le Victorieux…

À la mort du capétien Charles IV, Philippe VI de Valois est choisi par les grands du royaume pour succéder à son cousin. L'une de ses premières décisions royales est de dispenser les seigneurs de payer leurs dettes (en mettant leurs créanciers en prison). Il a 35 ans lorsqu'il monte sur le trône ; c'est un homme mûr, courageux, qui sait commander une armée. Il en donne la preuve quelques semaines plus tard en écrasant, le 24 août, les Flamands révoltés contre leur comte, vassal du roi de France, à Cassel. Il y gagne le surnom de Victorieux, qu'il ne gardera pas longtemps. Il manque totalement de sens politique. Il humilie profondément Édouard III, fils et petit-fils de rois, en le contraignant à lui jurer hommage alors qu'il n'est que « simple fils de comte ». Profitant que l'armée anglaise se bat en Écosse, il confisque la Guyenne. Colère d'Édouard III qui, en octobre 1337, fait transmettre à « Philippe de Valois, qui se dit roi de France… » une déclaration de guerre.

L'Angleterre s'est préparée à la guerre. Pour Édouard, une armée exclusivement féodale est dépassée. En plus des chevaliers, il est indispensable de recruter des mercenaires. Pour ce faire, il lui suffit de faire une entorse aux règlements de la guerre chevaleresque (où le chevalier doit défendre la veuve et l'orphelin) : il leur accorde l'autorisation du pillage et du viol. En juin 1340, ses soudards pillent la Normandie. Philippe VI fait monter de Guyenne le gros de ses troupes pour tenter de repousser l'envahisseur. Les deux armées se heurtent à Crécy. C'est un désastre pour la chevalerie française. À la tombée de la nuit, aux cadavres des hommes se mêlent ceux des chevaux éventrés. Philippe VI continue de se battre avec la rage du désespoir. Son cheval est tué et tombe sous lui. Blessé, incrédule, avec trois de ses barons pour escorte, il prend la fuite et parvient jusqu'au château de Labroye où il supplie que l'on ouvre la porte à « l'infortuné roi de France ».

Édouard III, qui a repris la route du Nord, assiège Calais. Les bourgeois de la ville tentent de négocier leur reddition. Le souverain anglais, irrité par leur résistance, promet de ne pas passer la population au fil de l'épée à condition que six bourgeois se sacrifient pour les autres. L'homme le plus riche de Calais, Eustache de Saint-Pierre, et cinq autres bourgeois se présentent devant le roi avec les clefs de la ville, en chemise, la corde au cou. Édouard III donne l'ordre de les décapiter quand la reine Philippa de Hainaut, enceinte, se jette aux pieds de son époux pour demander la grâce des suppliciés. Elle l'obtient. Le roi d'Angleterre ordonne de laisser la ville intacte en précisant que les pillards seront exécutés. Calais devient ville anglaise.

De son côté, Philippe VI tente d'organiser une croisade afin de toucher des subsides du pape et ainsi renflouer son trésor. Le pape, installé en Avignon, réussit à l'en dissuader. Taxes arbitraires (gabelle), impôts écrasants, monnaies falsifiées : les méthodes de Philippe VI, avare, despotique et superstitieux, le rendent odieux même à son proche entourage, et provoquent un mécontentement croissant. Et un fléau que l'on n'a plus vu depuis des siècles arrive en Occident : la peste noire.

Robert d'Artois l'envoûteur

Robert d'Artois est un prince du sang, un des plus hauts barons de France. Il a des prétentions sur le comté d'Artois, détenu par sa tante et après elle par ses filles, dont l'une est la veuve de Philippe V le Long, feu roi de France. Pour faire valoir ses droits dans le long procès qui l'a opposé à sa tante, Mahaut d'Artois, il a fabriqué de fausses pièces et acheté des témoins. La procédure révèle non seulement ces indélicatesses, mais montre que Robert a probablement empoisonné sa tante et l'aînée de ses cousines. Un arrêt de la cour des pairs le condamne à la perte

l'invitant à siéger auprès de lui aux séances du parlement. Elle a son cachet particulier qui est aussi respecté que celui du roi. Elle se tient à son chevet, lors de ses fréquentes maladies.

Dans son testament, il la nomme régente du royaume, bien que ses frères soient tous trois en état de gouverner. Pourtant, c'est elle qui meurt la première : le 5 novembre 1377, mère de huit enfants, Jeanne ne résiste pas à l'accouchement du neuvième. Elle a 39 ans. Charles, six jours entiers, à Notre-Dame, veille la dépouille de celle dont il a dit : « Elle est le soleil de mon royaume. » Huit cents torches allumées entourent la bière. Le roi ne lui survit que trois ans.

Le combat des Trente

Pendant la guerre de Succession de Bretagne, en 1351, Ploërmel est occupé par les Anglais du sire de Branborough ; Josselin, à trois lieues de là, par les partisans de Charles de Blois, commandés par Jean de Beaumanoir. Lequel s'avance jusqu'à Ploërmel, et lance un défi aux Anglais : « Vous prendrez vingt ou trente de vos compagnons de votre garnison et j'en prendrai autant de la nôtre ! » On convient du jour et du lieu du combat. Entre Ploërmel et Josselin, au milieu de la lande, il y a un gros chêne isolé, à une égale distance des deux villes : il est choisi pour lieu du rendez-vous. Les chevaliers (trente de chaque camp) arrivent armés de maillets de fer, de haches, de fauchards garnis de crochets, de lances, de dagues. Le combat est acharné et long. Beaumanoir, blessé et dévoré par la soif, demande de l'eau ; Geoffroi de Blois, l'un de ses compagnons, lui réplique ces paroles restées fameuses : « Bois ton sang, Beaumanoir ». À la fin, il ne reste plus de tous les combattants qu'un seul Français à cheval ; il se précipite sur les Anglais, tue Branborough, leur capitaine, et huit de ses chevaliers. Les autres se rendent, et Beaumanoir revient en triomphe. Le combat des Trente a plus de retentissement qu'une bataille rangée. Une rivalité ne tarde pas à s'élever entre Josselin et Ploërmel au sujet du fameux combat. Le chêne, abattu en 1625, sera remplacé par une croix, renversée elle-même à la Révolution. Enfin, en 1819, sera érigé un obélisque commémoratif.

Les exploits de Du Guesclin

Bertrand Du Guesclin, né en 1320 à La Motte-Broons, près de Dinan, est orienté vers le métier des armes par son père, un seigneur peu fortuné. Ses faits d'armes sont multiples. Laid, têtu, intrépide, mais soucieux de la vie de ses hommes, et des populations (d'où sa popularité), il emploie la ruse quand l'ennemi est plus fort. Ainsi s'empare-t-il d'un château en y pénétrant déguisé en bûcheron. Dans les fagots, il a dissimulé des armes. Lors du siège de Rennes, avec cent hommes d'armes, il s'empare de deux cents chariots de vivres et traverse victorieusement les lignes anglaises. Après sa victoire en Espagne sur Pierre le Cruel (qui assure le triomphe du prétendant Henri de Trastamare), il est emprisonné à Bordeaux par le Prince Noir ; il paye sa rançon en vendant ses conquêtes espagnoles au roi d'Aragon, et sa vaisselle (il est l'époux de Tiphaine Raguenel, l'une des plus riches héritières de Bretagne). En 1370, il est nommé, malgré ses réticences, connétable de France. Charles V, pour lui témoigner son affection, le nomme parrain de son second fils, Louis, duc d'Orléans. Bras armé du roi, il mène une guerre de harcèlement contre les Anglais. Sa réputation est telle que lorsqu'il menace d'assiéger Poitiers, alors ville anglaise, les habitants préfèrent lui en offrir les clefs ! Il guerroie jusqu'à sa mort (de maladie), le 13 juillet 1380, au siège de Châteauneuf-de-Randon. Les assiégés se rendent pour saluer sa dépouille. Il est solennellement enterré à Saint-Denis.

La hache du Grand Ferré

Dans la région de Compiègne, des paysans, fuyant les pillards anglais, se réfugient dans une ferme fortifiée, sous la conduite de Guillaume l'Aloue, l'un des leurs. Lors d'une première attaque, les Anglais tuent Guillaume. Son valet, surnommé le Grand Ferré à cause de sa taille, s'empare alors d'une hache et tue, à lui seul, plus de quarante ennemis, tout en en blessant d'autres. Les Anglais, effrayés, se dispersent. D'autres Anglais, le lendemain, redonnent l'assaut. Le Grand Ferré les repousse avec la même violence. Mais l'exercice lui a donné chaud, et il a l'imprudence de boire de l'eau glacée. La fièvre le saisit, et il doit s'aliter. Douze Anglais, l'apprenant, accourent pour l'égorger. Le Grand Ferré, reprenant conscience, se saisit de sa terrible hache et, s'appuyant contre un mur, parvient à en tuer cinq et à mettre les autres en fuite. Il se recouche et meurt (1359), son devoir accompli. Les historiens, au XIXe siècle, en font un héros patriote.

Au cachot…

Au Moyen Âge, il n'y a pas de règle fixe pour le régime intérieur des prisons. En général, les prisons, ou *chartres seigneuriales*, sont aussi exiguës que malsaines. Pour la seule ville de Paris, on compte vingt-cinq à trente prisons spéciales, sans compter le *vade in pace* des nombreuses communautés religieuses. Il y a les prisons des Grand et Petit Châtelet, de la Bastille, de la Conciergerie…

La plupart de ces lieux de détention ont des cachots souterrains, presque entièrement privés d'air et de lumière, comme, par exemple, les *chartres basses* du Petit Châtelet où, sous le règne de Charles VI, il est constaté qu'on ne peut passer plus d'un jour sans être asphyxié ; les cachots creusés à trente pieds sous terre, dans la geôle de l'abbaye Saint-Germain-des-Prés, ont une voûte si basse qu'un homme de moyenne taille ne peut s'y tenir debout, et l'eau croupissante, suintant des murailles, soulève la paille qui sert de lit au prisonnier.

Le Grand Châtelet est une des plus anciennes prisons de Paris et peut-être celle qui reçoit le plus grand nombre de détenus. Les détenus payent à leur entrée et à leur sortie un droit de *geôlage*, qui varie selon la condition des personnes. Les prisonniers enfermés dans les endroits dits *Beauvoir*, *la Mate*, *la Salle*, ont droit *à faire venir un lit de leur maison*, et ne payent plus alors au geôlier que le *droit de place* ; ceux qu'on a déposés en la *Boucherie*, en *Beaumont*, en la *Griesche*, *qui sont prisons fermées*, doivent payer 4 deniers *pour place* ; le détenu qu'on installe en *Beauvais gît sur natte ou sur couche de fer ou de paille* ; le prisonnier peut être mis au *Puits*, en la *Gourdaine*, au *Bercueil* ou en *oubliette*, et il ne paye pas plus que s'il est en la *Fosse*.

Quelquefois le prisonnier est laissé « entre deux huis » (portes) et alors il paye beaucoup moins que si on l'avait transféré en *Barbarie* ou en *Gloriette*. Ces noms, pittoresques, inspirent la terreur. En un lieu-dit la *Chausse d'Hypocras*, les prisonniers ont perpétuellement les pieds dans l'eau et ne peuvent se tenir *ni debout ni couchés*, et un cachot, nommé *Fin d'aise*, est un épouvantable réceptacle d'ordures, de vermine et de reptiles ; quant à la *Fosse*, aucun escalier n'ayant été ménagé pour en faciliter l'accès, on se sert d'une poulie pour y descendre les prisonniers.

Charles VI, le roi fou

Louis d'Orléans, comme son frère le roi, et la reine Isabeau, a le goût de l'exotisme et des fêtes, dans lesquelles la cour ne cesse de s'étourdir. En janvier 1393 il organise un bal dont les danseurs, costumés en « sauvages », se sont couverts de toisons collées à la poix sur leurs corps. La poix ayant pris feu (Louis d'Orléans a imprudemment brandi une torche pour les identifier, sous leur masque), plusieurs d'entre eux périssent brûlés vifs. Ce « bal des Ardents » impressionne fortement Charles VI, et contribue à ébranler sa raison déjà chancelante.

Les chroniques concernant la folie de Charles VI sont assez floues. La maladie mentale aurait commencé par l'apparition de fortes fièvres, suivies de propos incohérents et de crises de colère inopinées. Cette démence aurait connu de nombreuses rémissions. La première manifestation a lieu le 4 août 1392. Charles VI, malgré les supplications d'Isabeau de Bavière et de son entourage, qui estiment l'entreprise vouée à l'échec, se rend en Bretagne, où le duc Jean IV de Bretagne, partisan des Anglais, protège ceux qui ont tenté d'assassiner le vieux connétable de Clisson, conseiller du roi. Il traverse la forêt du Mans, à la tête d'une troupe, sous une chaleur torride, quand un lépreux jaillit d'un buisson en lui criant : « On te trahit. » Simultanément, le bruit d'une lance heurtant une armure, derrière lui (un soldat, en s'assoupissant, a lâché son arme), provoque sa fureur. Il se retourne, charge son escorte, et tue quatre hommes. D'autres chroniques ne font pas état de ce fait. Elles évoquent en revanche poison et sorcellerie pour expliquer la folie du roi (plus vraisemblablement conséquence d'une tare congénitale). Cette même année, la typhoïde l'a vieilli prématurément, lui faisant perdre ongles et cheveux. Il vit dès lors la plupart du temps à l'hôtel Saint-Pol, soigné d'abord par Valentine Visconti puis par Odette de Champdivers, tandis qu'Isabeau continue de donner des fêtes, au bras du duc d'Orléans, à l'hôtel Barbette.

Odette (ou Odinette) de Champdivers (1390-1424), surnommée « la petite reine » est la fille d'un marchand de chevaux ; Charles VI l'ayant trouvée à son goût, la reine Isabeau, que son mari frappe lors de ses crises, encourage la jeune fille à rester auprès du monarque : elle seule parvient, par sa douceur, à le raisonner. Leur fille, nommée Marguerite de Valois, sera reconnue pour sa sœur naturelle par Charles VII. Autre femme à se dévouer pour le roi fou : Valentine de Milan, épouse de son frère, le duc d'Orléans. Si son mari le duc d'Orléans a été l'amant de sa belle-sœur Isabeau de Bavière (une hypothèse est que, de cette union, serait née Jeanne d'Arc), Valentine, elle, lui est restée fidèle, au point qu'elle mourra de chagrin peu après son assassinat.

Bourreaux condamnés…

Pendant l'affrontement fratricide des Armagnacs et des Bourguignons, le bourreau de Paris (de 1411 à 1418) s'appelle Capeluche. Lors de l'entrée des Bourguignons de Jean sans Peur dans la capitale, Capeluche, qui est de leurs partisans, prend la tête d'une tuerie de trois jours au cours de laquelle les Armagnacs emprisonnés sont jetés par les fenêtres, mutilés, brûlés, massacrés. La population, indignée, en appelle à Jean sans Peur, son nouveau maître, qui fait arrêter Capeluche et le condamne à être décapité pour les atrocités dont il s'est rendu coupable. Avant de mettre sa tête sur le billot, et d'avoir le cou tranché par son valet, Capeluche obtient d'aiguiser le tranchant de sa hache. Conscience professionnelle récompensée, sa tête tombe du premier coup…

Plus tard, sous l'occupation anglaise, l'une des tâches du bourreau sera de couper la langue de ceux qui ont été surpris à dire du mal des Anglais…

Isabeau de Bavière, la « gran putana »

En arrivant en France, la petite princesse de Bavière, Élisabeth de Wittelsbach, âgée de 14 ans, ne se doute pas de ce qui se trame autour d'elle. Elle pense être venue à Amiens faire un pèlerinage en l'honneur de saint Jean-Baptiste. En fait son voyage cache un projet de mariage avec le roi de France, Charles VI. Les pourparlers ont été longs. Le duc de Bavière ne s'est guère montré enthousiaste à l'idée d'une telle union. Quant à Charles VI, il tient à rencontrer la jeune fille avant le mariage. Si la physionomie d'Élisabeth ne lui convient pas, il se réserve le droit de la renvoyer. Par chance, la première rencontre s'avère positive. Trois jours plus tard, le 17 juillet 1385, le mariage a lieu en grande pompe à Amiens. Élisabeth devient Isabel, forme francisée de son prénom bavarois. Le peuple la surnommera Isabeau. Les deux jeunes époux s'aiment d'un amour aussi charnel que passionné. Le roi comble sa femme de cadeaux.

Un an plus tard, elle accouche du premier des douze enfants qu'elle aura en dix-neuf ans : un petit garçon, qui meurt deux jours plus tard. L'année d'après, c'est une fille, qui, elle aussi, mourra en bas âge. Les deux époux continuent de vivre en une parfaite harmonie. Tout se gâte en 1392, lorsque Charles VI est saisi de sa première crise de folie. Isabeau tente de le calmer, mais il la repousse avec horreur. Il devient hagard, brutalise son entourage ; il n'est pas rare qu'Isabeau reçoive des coups. Pourtant, entre deux accès, Charles VI redevient parfaitement maître de lui et reprend les rênes du royaume. Le couple a d'autres enfants. Mais ce n'est plus l'amour fou des premières années.

Charles VI, le premier, a des conquêtes. Mais Isabeau n'est pas en reste. Effrayée par les accès de folie de son mari, qui la délaisse, elle multiplie les amants. Le plus célèbre est le propre frère du roi, le duc d'Orléans. On insinue d'ailleurs que sur le lot d'enfants que la reine a donné à Charles VI, plusieurs sont des bâtards. Outre son comportement léger, on reproche à Isabeau sa générosité envers ses favoris, sa cupidité. La reine est devenue obèse et ne peut se déplacer que sur un fauteuil roulant.

Les batailles contre les Anglais ont vidé le trésor royal. Isabeau ne semble guère se soucier de cette situation angoissante. Elle mène une vie confortable, entourée de ses trois favoris, La Trémoille, Pierre de Giac et Louis de Bosredon. Mais cette provocation permanente est bientôt jugée inacceptable par Charles VI qui fait exécuter le jeune Louis de Bosredon qui a omis de le saluer.

Isabeau est enfermée au château de Blois. Elle entre en contact avec Jean sans Peur, chef du clan des Bourguignons, le fils de celui-là même qui avait organisé son mariage. Il organise la fuite de la reine. Celle-ci feint soudain une dévotion profonde, et demande à se rendre en pèlerinage à l'abbaye de Marmoutier. À peine est-elle arrivée que l'abbaye est cernée par les troupes bourguignonnes. La reine peut rejoindre Jean Sans Peur à Troyes.

Le duc a ressorti une vieille ordonnance dans laquelle Charles VI confie la régence du royaume à Isabeau en cas de crise. Fort de ce document, il proclame la régence immédiate de la reine et forme un gouvernement rival de celui de Paris. A Troyes trône Isabeau, qui proclame que Charles VI n'est pas en mesure de gouverner et que le Dauphin n'est qu'un bâtard. Dans le traité de Troyes, Isabeau (qui a aussi marié une autre de ses filles, Isabelle, à Richard II, précédent roi d'Angleterre renversé par le père d'Henri V) offre sa fille Catherine à Henri V d'Angleterre, qu'elle reconnaît pour héritier de la couronne de France. Isabeau a ainsi réussi à écarter du trône le Dauphin, qui se morfond avec ses fidèles au sud de la Loire. Mais Henri V d'Angleterre meurt bientôt, laissant un nourrisson pour héritier. Puis c'est au tour de Charles VI, en octobre 1422. Peu de temps auparavant, Michelle, autre fille d'Isabeau et épouse de Philippe le Bon, duc de Bourgogne, a elle aussi disparu.

Les liens étroits qu'Isabeau a tissés avec ses deux gendres s'effacent. Le duc de Bedford, qui prend la régence au nom du futur Henri VI, n'entend pas se laisser dicter sa conduite par la vieille reine, et lui octroie une rente modeste. Elle s'enferme à l'hôtel Saint-Pol, à Paris. De son côté, Philippe de Bourgogne préfère ignorer son ancienne mais toujours encombrante belle-mère. Seule, pauvre, devant s'endetter pour se chauffer et se nourrir, Isabeau n'ose pas sortir, car les Parisiens, maintenant qu'elle a perdu tout pouvoir, l'insultent sans vergogne. Ils lui vouent une haine féroce.

Remords ou désir de réconciliation ? Elle ne veut plus que l'on parle devant elle de la bâtardise de son fils Charles VII. Elle meurt le 30 septembre 1435 à l'hôtel Saint-Pol, âgée de 64 ans. On porte en catimini son corps jusqu'à Saint-Denis tant on craint des manifestations de joie déplacées. Dans l'esprit de ses sujets, Isabeau de Bavière est devenue symbole de dévergondage, de luxure. Louis XI, des années plus tard, parlera de sa grand-mère en des termes crus : « gran putana ».

Le mariage ou la mort…

Au Moyen Âge, un condamné à mort peut être sauvé par une femme qui consent à l'épouser. *Le Journal d'un bourgeois de Paris sous Charles VI et Charles VII* raconte que, le 10 janvier 1430, on mène onze hommes aux halles de Paris, et on coupe la tête à dix. Le onzième est un beau jeune homme d'environ 24 ans ; il est dépouillé de ses vêtements et a les yeux bandés, quand une jeune fille des halles vient hardiment le demander, et tant fait qu'il est ramené au Châtelet, et qu'ils sont mariés… Dans une autre anecdote, il est question d'un Picard déjà sur l'échelle du gibet auquel on amène une pauvre fille « qui s'est mal gouvernée », en lui assurant qu'il aura la vie sauve s'il promet, sur sa foi, qu'il la prendra pour femme. Il est sur le point d'accepter, quand il s'aperçoit qu'elle est boiteuse ; il se tourne alors vers le bourreau pour qu'il le pende : *attaque, attaque, elle cloque* (claudique)…

Agnès, la Dame de Beauté

Agnès Sorel est née à Fromenteau, vers 1422. Charles VII la remarque en 1431, et la nomme demoiselle d'honneur de la reine Marie d'Anjou afin qu'elle reste à la cour. Leur concubinage est longtemps tenu secret. C'est lorsque Agnès se montre dans des parures (très décolletées) plus fastueuses que celles de la reine que la rumeur commence à s'amplifier. Agnès utilise des crèmes de beauté, dont un onguent antirides. Voici sa composition : dans un mortier, on pile de la bave d'escargot, des œillets rouges, de la cervelle de sanglier, des crottes de chèvre et des vers de terre fraîchement recueillis... L'ascendant d'Agnès sur la cour, dont elle organise les fêtes, et sur le roi, auquel elle ne ménage pas ses conseils politiques, est tel que le Dauphin Louis en prend ombrage ; c'est parce qu'il aurait giflé sa favorite que Charles VII aurait exilé son fils en Dauphiné.

Surnommée la « dame de Beauté » moins à cause de son charme que parce que le roi lui a offert le château de Beauté-sur-Marne, elle meurt à Jumièges, le 9 février 1450, d'un flux de ventre peu après un accouchement. La rumeur prétend qu'elle a été empoisonnée par le Dauphin Louis, ou par Jacques Cœur, grand argentier du roi, et intime de la favorite. Il est arrêté quelques mois plus tard ; même si l'accusation d'empoisonnement est rapidement écartée, celui qui est le créancier du roi et des grands du royaume reste en prison. Sa réussite et sa richesse ont fait trop d'envieux. Il parvient à s'évader et devient le banquier du pape.

De sa liaison avec Charles VII, Agnès a eu quatre filles, dont l'une, surprise en adultère, sera assassinée avec son amant par son mari (lequel sera condamné à cinq ans de prison). Morte, Charles VII l'oublie rapidement, et prend pour maîtresse sa jeune cousine, Antoinette de Villequier. Il meurt onze ans plus tard, à Mehun-sur-Yèvre, d'inanition, ne pouvant plus s'alimenter à la suite d'une infection de la mâchoire. Mais la postérité prétendra qu'il a refusé de se nourrir par crainte d'être empoisonné par son terrible fils, celui qui attend depuis longtemps sa mort pour enfin régner : Louis XI.

Le mystère de la naissance de Jeanne d'Arc

On situe la date de naissance de Jeanne d'Arc vers 1412. Son père, Jacques d'Arc, est un paysan aisé, sa mère, Isabelle Romée (surnom qui indique qu'elle a fait un pèlerinage à Rome), une femme très pieuse. La famille vit à Domrémy, dans le Barrois, et reconnaît pour roi de France Charles VII. Jeanne a une douzaine d'années quand elle entend des voix de saints lui ordonner de « bouter l'Anglais hors de France » et de faire couronner Charles VII. À l'époque, une légende prétend que la France, dont les malheurs sont dus à une femme dépravée, Isabeau de Bavière, sera sauvée par une autre femme, pucelle celle-là. Et si Jeanne était cette pucelle ? Baudricourt, capitaine de Vaucouleurs (dont Domrémy dépend), finit par se laisser convaincre, et offre une épée à Jeanne, des vêtements d'homme, et deux écuyers pour l'escorter chez le roi.

Jeanne arrive à Chinon le 6 mars 1429 ; l'accueil est froid. Elle doit patienter deux jours avant d'être reçue par le roi qu'elle a reconnu alors qu'il cherchait à la confondre en se mêlant à ses courtisans. Charles VII se montre méfiant, mais son confesseur est impressionné par ce que Jeanne révèle au roi. Rien n'a jamais transpiré de cet entretien au cours duquel des historiens pensent que Jeanne aurait fait savoir au roi qu'elle était sa demi-sœur (Isabelle Romée, lors de la naissance de Jeanne, était chambrière d'Isabeau de Bavière, qui venait d'accoucher d'un enfant dont le père était le duc d'Orléans, frère de Charles VI). Ses origines expliqueraient pourquoi Charles VII lui confie une armée, et pourquoi il accepte qu'elle aille délivrer Orléans, dont son supposé père était le duc.

La ville d'Orléans, depuis octobre 1428, est assiégée par les Anglais, et menace de tomber. Si le pont de la ville est pris par les Anglais, ceux-ci pourront franchir la Loire et attaquer Charles VII sur ses propres terres. Parmi les compagnons d'armes de Jeanne, il y a Jean, duc d'Alençon, descendant de Charles de Valois, La Hire, et Gilles de Rais… L'armée française gagne Orléans en longeant la rive gauche. Le 4 mai à l'aube, elle attaque des forts qui encerclent la ville. Le 7 mai, malgré une blessure à l'épaule, Jeanne s'empare de la dernière bastide. Le 8 mai, les Anglais lèvent le siège.

Après la prise d'Orléans, Jeanne doit convaincre l'entourage du roi de le faire sacrer à Reims. Il faut auparavant reconquérir les villes qui sont entre ces deux cités. L'armée de Charles VII donne l'assaut contre Troyes le 10 juillet. Charles VII entre à Reims le 16 juillet. Pendant le sacre qui se déroule le 17 juillet, Jeanne se tient aux côtés du roi, son étendard déployé. Cérémonie rapide, car la situation reste précaire. Jeanne, malgré la réticence de Charles VII à poursuivre des opérations militaires, se prépare à attaquer Paris. Le 8 septembre, au cours de l'assaut, elle est blessée à la cuisse. Au printemps 1430, Philippe le Bon s'apprête à reprendre Compiègne. Jeanne et sa petite troupe se portent au secours de la ville. Le 23 mai 1430, elle est faite prisonnière par les hommes du duc Jean de Luxembourg, qui la remet aux Anglais fin novembre 1430. Jeanne est transférée à Rouen pour y être jugée. L'évêque Cauchon, aux ordres du duc de Bedford, transforme en affaire religieuse un procès avant tout politique qui dure quatre mois.

La première séance s'ouvre le 9 janvier 1431. « Idolâtre, sorcière, schismatique, apostate, menteuse, devineresse, hérétique » : ce sont les chefs d'accusation qui lui sont confirmés le 14 mai. Jeanne, le 30 mai 1431, monte sur le bûcher, place du Vieux-Marché, à Rouen. Une rumeur prétendra, longtemps après, qu'elle a pu s'échapper (parce que de sang royal) avec la complicité du duc de Bedford par un souterrain de son château-prison, qu'on lui a substitué, sur le bûcher, une prisonnière de droit commun, et qu'elle est réapparue en France comme Jeanne, épouse du sire des Armoises. Le procès de Jeanne sera révisé, et elle sera réhabilitée en 1456, béatifiée en 1909, et canonisée en 1920, sur la foi de miracles non authentifiés ; le Vatican cherche alors à se réconcilier avec la France : les lois sur la séparation de l'Église et de l'État, depuis 1905, enveniment les relations entre la papauté et la IIIe République…

Les atroces orgies de Gilles de Rais

Gilles, baron de Rais (ou Retz) et de Laval, neveu du grand Du Guesclin, est un jeune et beau seigneur, apprécié pour sa bravoure à la cour de Charles VII. On l'a marié à sa cousine Catherine de Thouars qui lui a donné une fille. Il devient compagnon d'armes de Jeanne d'Arc. Ils chevauchent ensemble, s'arrêtant dans les églises pour y prier, car ils sont très dévots l'un et l'autre. Après le martyre de Jeanne à Rouen en 1431, Gilles se retire en Bretagne dans son château de Tiffauges. Il crée une fondation pieuse pour les pauvres voyageurs qui passent en ce lieu. Il fait aussi élever une collégiale, et rechercher pour sa maîtrise de nombreux garçonnets aux voix d'ange. Pour renflouer ses finances mises à mal par toutes ces dépenses, il fait appel à un prêtre sataniste, François Prelati, qui le persuade que pour trouver le secret de l'or il faut pactiser avec le diable en lui offrant des sacrifices humains. C'est le commencement de sa damnation. Pendant quatorze ans, plus de cinq cents enfants, bergers, manants, mendiants, attirés par des promesses de friandises et d'écus, sont violés, égorgés, étripés, leurs membres sanglants offerts au démon.

Au lendemain de ces scènes effroyables, Gilles ne manque jamais de se rendre à la messe. Quand il est enfin dénoncé et cité à comparaître devant le tribunal ecclésiastique de Rennes, il finit par tout avouer : « J'émettais la semence spermatique sur leurs ventres, tant avant qu'après leur mort… Quand ces enfants mouraient, je m'asseyais sur eux, je prenais plaisir à les voir mourir, et je riais… Avec un complice, nous séparions la tête du corps avec des dagues, des poignards ou des couteaux. Je faisais ouvrir leur corps et me délectais de la vue de leurs organes intérieurs. Je gardais un temps sur la cheminée les têtes les plus belles avant qu'un de mes complices les réduisît en cendres… »

L'horreur de cette confession est telle qu'un des juges se lève pour aller voiler le crucifix pendu derrière le tribunal. Quand Gilles s'entend condamner pour hérésie, crime beaucoup plus grave encore que la sodomie, il bondit : il refuse cette sentence qui le livre à l'enfer, car il se dit bon chrétien, n'ayant jamais manqué la messe. Mais l'arrêt est sans appel. On lui accorde toutefois la grâce d'être étranglé avant d'être brûlé.

Les tristes épouses de Louis XI…

Marguerite, fille de Jacques Ier Stuart, roi d'Écosse, née vers 1425, est fiancée à 3 ans au Dauphin Louis XI, qui n'en a que 5, et amenée de bonne heure en France. Le mariage est célébré en 1436. Louis XI déteste rapidement cette épouse imposée par son père, et la délaisse. Elle-même préfère boire du vinaigre, se nourrir de pommes vertes et se sangler la taille plutôt que d'avoir un enfant de son époux. Passionnée, comme son père, de poésie, elle s'entoure de jeunes rimeurs, et est surprise, en leur compagnie, en train de déclamer des vers dans une pièce mal éclairée. Cela suffit à alimenter une rumeur sur un comportement licencieux qu'elle n'a pourtant pas. Rongée par ces accusations malveillantes portées par un serviteur de son mari, victime d'un coup de froid, qui provoque une inflammation pulmonaire, elle meurt à Châlons le 16 août 1445, à l'âge de 20 ans, désespérée, en murmurant : « Fi de la vie ! Qu'on ne m'en parle plus ! »

Le sort de Charlotte de Savoie (1445-1483) n'est guère plus enviable. Exilé dans ses États du Dauphiné par son père Charles VII, le remuant Louis XI imagine, contre la volonté de son père, de se constituer un domaine plus vaste : pour mettre la main sur la Savoie, il demande la main de la fille de son duc ! Charlotte n'ayant que 6 ans, le mariage sera consommé plus tard. Le chroniqueur Commynes le constatera : « La reine n'était point de celles où le roi devait prendre un grand plaisir ; mais au demeurant, fort bonne dame. » Elle donne cinq enfants à son époux, qui, lorsqu'il ne lui est pas nécessaire de partager sa couche pour assurer sa descendance, l'ignore ostensiblement : le premier meurt prématurément, le deuxième, François, sera duc de Berry, la troisième, Anne de Beaujeu, assurera la régence, la quatrième, Jeanne, deviendra reine de France en épousant son « cousin » Louis XII, et le cinquième enfin, Charles, succédera à son père sous le nom de Charles VIII.

L'existence de Charlotte est solitaire et sans faste. Et Louis XI, dit une chronique, « mauvais fils, mauvais père, mauvais frère, mauvais sujet, mauvais roi, ennemi dangereux, mauvais allié » est aussi mauvais mari. Il a assigné à résidence la pauvre Charlotte au château d'Amboise, où, « comme une simple dame, portant fort petit état et étant fort mal habillée, elle s'allait faire ses prières, et lui s'allait promener et donner du bon temps ». Louis meurt en 1483. Elle ne lui survit que trois mois et s'éteint le 1er décembre de la même année à Amboise, âgée de 38 ans. Anne de Beaujeu, leur fille, les réunit dans la mort et les fait enterrer côte à côte à Notre-Dame-de-Cléry, près d'Orléans.

...Et ses maîtresses veuves

Contrairement à son père, et même s'il les apprécie autant, les femmes ont peu d'influence sur Louis XI (Brantôme dit qu'il « changeait de femme comme de chemise ») ; s'il méprise ses deux épouses légitimes, il laisse aussi ses maîtresses dans l'ombre. Quatre d'entre elles, ayant eu les honneurs des chroniqueurs, sont toutefois passées à la postérité.

— Félice Renard est veuve lorsque Louis, qui a vingt ans, s'en éprend. Ils ont une fille, Gayette, qui est mariée en 1460, avant que son père monte sur le trône. Sa dot est prise sur la recette générale du Dauphiné.

— Marguerite de Sassenage est la fille du gouverneur du Dauphiné sous Charles VII ; elle aussi est une jeune veuve. Ses très belles jambes séduisent Louis, alors Dauphin en exil à Grenoble. Ils ont deux filles que Louis, devenu roi, légitimera et mariera à de beaux partis. Un astrologue ayant prédit la mort de Marguerite, qui survient une semaine après, Louis XI le fait convoquer afin de le défenestrer par surprise. Avant de le faire exécuter, Louis XI lui demande, narquois, s'il sait combien de temps il lui reste à vivre. L'astrologue, qui n'a pas eu besoin de lire dans les étoiles pour se douter qu'un mauvais sort lui est réservé, réplique : « Sire, je mourrai trois jours avant vous ! » Aussitôt, Louis le fait libérer et exige qu'il ne manque jamais de rien, afin de vivre longtemps...

Fin 1475, Louis XI lutte contre Charles le Téméraire (qui va périr le 5 janvier 1477 devant Nancy). Il revient de sa campagne militaire avec deux maîtresses : la Gigonne, veuve d'un marchand de Lyon ; il la marie à Geoffroi de Caulers, un jeune Parisien auquel il donne argent et office ; la Passefilon, épouse d'un autre marchand lyonnais, Antoine Bourcier, lequel se voit récompensé de sa complaisance par une charge de conseiller de la chambre des comptes.

Les geôles de Louis XI

Dans certains cachots souterrains de la Bastille, il y en a dont le fond, biseauté, ne permet pas à ceux qu'on y enferme de se dresser sur leurs pieds ni de prendre une position tolérable, soit assis, soit couché. C'est là que Louis XI fait mettre les deux jeunes fils du duc de Nemours, décapité en 1477 pour conspiration et rébellion, en ordonnant, de plus, qu'ils soient, deux fois par semaine, tirés de leur fosse et battus de verges ; pour comble d'atrocité, tous les trois mois on leur arrache une dent... (l'anecdote, toutefois, semble inexacte, car aucun chroniqueur contemporain de Louis XI ne la mentionne). C'est encore Louis XI qui, en 1476, fait construire dans une des tours de la Bastille la fameuse cage de fer où Guillaume, évêque de Verdun, est enfermé pendant quatorze années, trop étroite pour s'y mettre debout ou s'y allonger. Le château de Loches, demeure favorite de Louis XI, a aussi une cage du même genre, à laquelle on donne le nom de *cage de Balue*, parce que le cardinal Jean de La Balue y a été emprisonné. Philippe de Commynes, dans ses *Mémoires*, déclare qu'il en a *tasté* lui-même pendant huit mois. Avant l'invention des cages, Louis XI a fait fabriquer des chaînes très pesantes qu'on met aux pieds des prisonniers, et qui se rattachent à de grosses boules de fer, lesquelles, au dire de Commynes, sont surnommées *les fillettes du roy*.

Jeanne Hachette contre Charles le Téméraire

1472 à Beauvais. La guerre a repris entre le duc de Bourgogne, Charles le Téméraire, et le roi de France Louis XI. Quand les troupes bourguignonnes commencent fin juin le siège de la ville, les habitants de Beauvais se préparent à une défense longue et acharnée. D'autant que la réputation du Téméraire est exécrable. Après la prise de la ville de Nesle, les Bourguignons ont massacré, dans la grande église, toute la population, hommes, femmes, enfants. Le duc est ensuite entré à cheval, l'épée haute, dans ce lieu d'asile. Constatant que le sang a giclé contre les murs jusqu'à la hauteur de deux mètres et que les sabots de son destrier glissent dans une mare de sang figé, il se contente de dire : « Par saint Georges, enfants, vous avez fait une belle boucherie ! »

Tous les habitants de Beauvais sont sur les remparts. Parmi eux une jeune fille, Jeanne Laisné. Sans relâche, elle déverse eau et huile bouillantes sur les assaillants, les bombardant également de pierres et de divers projectiles. Un Bourguignon réussit néanmoins à monter un étendard sur les remparts. La jeune fille le voit et se précipite. Elle s'empare d'une hachette et d'un coup sec tranche l'étendard. Puis elle repousse dans le vide le porteur. Ce succès encourage ses compagnons. Soudain les Bourguignons parviennent à ouvrir une brèche dans le mur. Les soldats du Téméraire s'apprêtent à s'y engouffrer. La panique s'empare des défenseurs. Jeanne Hachette — puisque tel est son nouveau surnom — a une idée. « Un feu ! Il faut un feu ! »

Les assiégés allument un brasier qui aveugle les premiers assaillants bourguignons. Toute la journée, le feu est alimenté, surveillé par les femmes qui se chargent d'y jeter les combustibles nécessaires. Le lendemain, mille deux cents cavaliers envoyés en renfort par Louis XI entrent dans la ville. Les Bourguignons n'ont pas réussi à s'emparer de Beauvais. Ce camouflet met Charles le Téméraire, sujet à de violents emportements, dans une rage féroce. Il ordonne à ses troupes de mettre à feu et à sang la campagne environnante. Consternés, les assiégés voient partir en fumée leurs récoltes et leurs maisons. Puis le duc de Bourgogne ordonne un assaut général. La bataille est terrible. Durant quatre heures, les Bourguignons tentent, avec des échelles, de prendre pied sur les remparts de la ville. Ils sont sans cesse repoussés et précipités dans le vide. Jeanne fait partie des défenseurs. Sa hachette est rouge de sang. Finalement la retraite bourguignonne est sonnée le 22 juillet 1472, après vingt-cinq jours de siège inutile. Pour récompenser Jeanne de ses exploits, Louis XI décide de l'exempter d'impôts elle et sa famille, pour le restant de sa vie.

La tête fragile de Charles VIII

Charles a 13 ans à la mort de son père. Louis XI, qui s'est souvenu de ses rébellions contre Charles VII, l'a, dès sa petite enfance, éloigné de la cour, et a volontairement négligé son éducation. Le nouveau roi ne sait ni lire ni écrire lorsqu'il monte sur le trône. Mais Louis XI a préparé sa succession. Il a demandé à sa fille aînée Anne de Beaujeu, « la femme la moins folle de son royaume », d'exercer une tutelle sur son frère jusqu'à ce qu'il soit capable de régner.

Charles VIII est aussi laid que sympathique. Faible et influençable, il laisse le gouvernement à Anne et à son époux jusqu'en 1491. Dès sa prise de pouvoir, il épouse Anne de Bretagne (voir *Anne de Bretagne, deux fois reine de France*). Il rêve d'expéditions lointaines, voire d'une croisade contre les Turcs qu'il envisage de chasser de Constantinople. Et depuis la mort sans héritier du roi René, il a des droits sur la maison d'Anjou et peut prétendre à l'héritage de la reine de Naples.

L'Italie, où vient d'éclore la Renaissance, attire toutes les cours d'Europe. Charles lève une armée pour conquérir son royaume. Il entre à Naples sans difficulté le 22 février 1495, après un passage triomphal à Rome. Le sud de l'Italie est sous la domination des Français qui profitent des richesses du pays. Mais les Italiens du Nord supportent mal cette présence et se coalisent. Il a fallu cinq mois à Charles pour parvenir jusqu'à Naples ; il ne lui en faut que deux pour revenir en France.

Charles VIII prépare sa revanche, tout en prenant du bon temps. Le roi, dont la médiocrité intellectuelle rappelle celle de son arrière-grand-père Charles VI, aime les femmes comme son grand-père Charles VII. Est-ce ce goût pour les jeux amoureux qui lui a valu son surnom de Courtois, ou d'Affable ? Un soir, il trouve dans son lit une jeune fille, cadeau de ses courtisans. Mais au lieu de s'offrir aux voluptés royales, elle supplie le souverain d'épargner son honneur. Il la fait parler et apprend que ses parents, poussés par la pauvreté, l'ont vendue… Ému, le roi non seulement n'abuse pas de sa supériorité, mais dote la belle afin qu'elle se marie, et finit sa nuit avec une non-pucelle plus complaisante. Cet homme léger, à la raison aussi chancelante que la santé, trouve une mort absurde : il meurt le 8 avril 1498 d'une congestion cérébrale après s'être heurté le front en franchissant une porte basse, dans son château d'Amboise. Âgé de 28 ans, il a régné quinze ans. Ses trois fils sont morts en bas âge. Anne de Bretagne, sa veuve, puisqu'il n'a pas d'héritier, va devoir épouser son cousin Louis d'Orléans, son successeur au trône de France.

La recluse des Saints-Innocents

En 1485, sous la régence d'Anne de Beaujeu, Renée de Vermandois, veuve d'un écuyer, est condamnée au bûcher pour adultère et pour meurtre de son mari. Mais sa peine est commuée et il est ordonné que Renée de Vermandois soit *recluse et emmurée au cimetière des Saints-Innocents, dans une petite maison, faite à ses dépens, pour en icelle faire pénitence et finir ses jours.* Conformément à l'arrêt, la coupable est conduite en grand appareil dans la cellule qui lui a été préparée ; la porte est ensuite fermée au moyen de deux clés, dont l'une reste entre les mains du marguillier de l'église des Innocents, et dont l'autre est déposée au greffe du Parlement. On ignore combien de temps elle vit ainsi recluse, nourrie par la charité publique… Une autre recluse, volontaire par mysticisme, elle, s'enferme dans une cellule proche de l'église Sainte-Opportune. Fille d'un riche marchand, elle renonce, à 18 ans, aux artifices du monde et va vivre ainsi murée jusqu'à 90 ans !

Anne de Bretagne, deux fois reine de France

Anne de Bretagne, à 11 ans, se retrouve héritière du duché. Pour faire face à Charles VIII, qui réclame la garde de la Bretagne puisqu'elle est mineure, comme son droit de suzerain le justifie, elle s'adresse à l'empereur Maximilien. Lequel lui apporte le même secours qu'il a donné à Marguerite de Bourgogne, fille de Charles le Téméraire, dont il est veuf : le mariage. Celui-ci est célébré par procuration en 1490, mais ne sera jamais consommé.

Charles VIII, suzerain bafoué, menace d'annexer la Bretagne. La seule alternative pour Anne de Bretagne est d'obtenir l'annulation de son mariage avec Maximilien et d'épouser le roi de France. Mais Charles VIII est lui même, conséquence du traité d'Arras signé par son père en 1482, fiancé à Marguerite, fille de l'empereur Maximilien et de Marguerite de Bourgogne. Il renvoie la petite reine (elle a 10 ans), et convole avec la duchesse de Bretagne. La cérémonie a lieu en décembre 1491. L'accord stipule que la Bretagne conserve ses institutions, et que si le mariage est stérile, Anne épousera le successeur de son mari.

« Faut-il que je sois infortunée d'être amenée à prendre mariage d'un homme qui m'a tant maltraitée ! » s'exclame Anne ; pourtant, ce mariage est harmonieux. Le roi, avant toute décision, lui demande son avis, ce qui ne l'empêche pas, au long de sept années de vie commune, de connaître quelques aventures. « Elle était brunette et fort jolie de visage, et pour son âge, fort rusée de sorte que ce qu'elle se mettait une fois dans l'esprit, elle voulait l'obtenir de toute manière, qu'il faille rire ou pleurer pour cela. Elle était jalouse et désireuse de Sa Majesté outre mesure, si bien que, du jour qu'elle fut sa femme, il se passa peu de nuits qu'elle ne dormît avec le roi », raconte Saint-Gelais de Montlieu, qui oublie de préciser qu'elle boite.

Las ! Des quatre enfants qui naissent, aucun ne survit plus de quatre ans. Le 8 avril 1498, c'est le drame : le souverain, après avoir chassé tôt le matin, propose à la reine d'assister à une partie de jeu de paume afin de la distraire (elle vient de perdre son dernier enfant). En passant par une porte basse, il se heurte violemment le front contre le linteau. Il en meurt le soir même. Anne reste deux jours sans proférer un mot, sans prendre de nourriture, sans vouloir rencontrer personne. Puis, se ressaisissant, elle ordonne de grandioses funérailles où elle paraît en noir, couleur funèbre de sa Bretagne d'origine, qu'aucune reine de France n'a encore portée en pareilles circonstances, le deuil exigeant le blanc. Peu après, Louis XII, cousin et beau-frère du défunt roi ceint la couronne. Selon le contrat qu'elle a signé avec Charles VIII, elle épouse le nouveau roi le 8 janvier 1499. Pour la seconde fois, à quelques jours de ses 22 ans, elle est sacrée reine de France.

Louis, qui apprécie son intelligence et sa culture, l'implique lui aussi dans le gouvernement du royaume. Dans l'intimité, il l'appelle avec bonhomie « sa Bretonne ». Ils ont quatre enfants dont deux filles survivent. Anne n'a jamais été favorable au rattachement de la Bretagne à la France qui lui a été imposé, et fait tout ce qui est en son pouvoir pour éviter que sa fille Claude n'épouse François, comte d'Angoulême, et qui régnera sous le nom de François Ier. Louis tient ferme cependant sur le projet de ne marier sa fille qu'à quelqu'un de son sang et répond aux émissaires qui viennent demander sa main pour Charles

Quint, « qu'il ne saurait allier ses souris qu'aux rats de son grenier ». Jusqu'à l'année de sa mort, Anne empêche cette alliance. Atteinte de la gravelle (« maladie de la pierre »), elle meurt lors d'une violente crise, le 9 janvier 1514, au château de Blois.

Bordels et tavernes

Au temps de François Villon, Paris compte 3 000 lieux de débauche, à quoi s'ajoutent les estaminets des faubourgs. Les dames, dont certaines deviennent de respectables matrones, sont appelées *fillettes amoureuses* ou *femmes de joie*. Elles tiennent négoce dans des rues précises, conformément aux ordonnances de Saint Louis qui fixent les lieux pouvant accueillir des maisons closes.

Placées sous l'autorité du prévôt de Paris, les prostituées ne peuvent exercer leur profession que pendant la journée et doivent quitter leurs maisons à 6 heures du soir en hiver, à 7 l'été, sous peine d'amendes. Elles occupent des petites cabanes spéciales, car les propriétaires n'ont pas le droit de leur louer des chambres ou des hôtels. Évidemment, les filles ne respectent pas ces règlements, et une ordonnance de 1420 tente de punir celles qui travaillent en dehors du territoire autorisé et envahissent les rues bourgeoises de la Cité (aux abords de Notre-Dame).

D'ailleurs, quelques-unes sont propriétaires de maisons qu'elles transforment en estaminets, tandis que d'autres deviennent d'estimables commerçantes, tenant des boutiques ayant pignon sur rue. L'emplacement est stratégique pour accueillir jour et nuit les clients de passage, pèlerins et voyageurs venant faire leurs dévotions en la cathédrale.

Ce phénomène social est commun à toutes les villes et bourgs des provinces. La profession se répartit en plusieurs catégories :

— Le trottoir proprement dit, et les étuves que chaque grande ville s'enorgueillit de posséder, et qui ressemblent plus à des maisons de tolérance qu'à des lieux de relaxation, malgré les règlements qui tentent d'y interdire l'activité vénérienne.

— Existent aussi les *petits bordelages* dans lesquels les mères maquerelles gèrent le négoce d'une ou de plusieurs prostituées tout en ayant elles-mêmes quelques clients attitrés.

— Se trouvent encore les filles qui exercent leur talent pour leur propre compte, de taverne en taverne et d'auberges pour voyageurs en hôtels particuliers, lors de grandes fêtes.

— Plus marginales, d'autres prostituées vivotent en dehors des bordels, des maisonnettes ou des appartements et satisfont leurs clients dans les zones proches des remparts et des fossés de la ville. On peut les rencontrer aussi dans les prés et les jardins, sur les rives de la Seine et sous les arches de ses ponts, dans les ports et les entrepôts sombres qui favorisent les rencontres furtives.

— Dépassant toute mesure, des *fillettes amoureuses* n'hésitent pas à pénétrer dans les églises pour détourner les fidèles et même les moines de leurs devoirs religieux. Les sergents du chapitre, à Paris, leur font la chasse dans le territoire de Notre-Dame.

— Sans être des prostituées professionnelles, certaines femmes arrondissent leurs revenus par des rencontres tarifées, telles les chambrières qui fréquentent les étudiants dans les caves du Quartier latin, les ouvrières, vendeuses des quatre saisons, serveuses de tavernes, lavandières ou fileuses.

Les trois femmes du « Père du peuple »

Orphelin à 3 ans, Louis d'Orléans n'a pas une enfance heureuse. Fils du poète Charles d'Orléans et de Marie de Clèves, duchesse aux mœurs fort légères, de quarante années cadette de son vieux mari, il est pris en charge par Louis XI, qui peut ainsi mieux le surveiller, car sa naissance inespérée (il est en fait né des amours adultères de sa mère et de son valet de chambre) en fait l'héritier de la maison d'Orléans, traditionnelle rivale de la famille royale. Il est contraint par son tuteur d'épouser, à l'âge de 14 ans, sa fille cadette, Jeanne. Chétive et contrefaite, bossue, elle déplaît à son mari qui la délaisse pour s'exhiber avec les dames de la cour. Louis XI, qui sait ses infirmités et la pressent stérile, l'a mariée dans le seul but d'éteindre la lignée d'Orléans, et d'accaparer ses domaines au profit de la Couronne. Il a placé autour de son gendre des espions chargés de s'assurer, parfois sous la menace, qu'il a commerce charnel avec sa femme.

À la mort de son terrible beau-père, Louis d'Orléans, qui a 21 ans, dispute à Anne de Beaujeu, sa belle-sœur, la régence du royaume et déclenche la « Guerre folle » en entraînant avec lui les grands féodaux. Battu, il se réfugie en Bretagne où il serait tombé amoureux de la duchesse Anne, puis fait prisonnier, et enfermé dans une cage de fer à la tour de Bourges pendant trois ans (Anne de Beaujeu se serait ainsi vengée du beau Louis, qui aurait dédaigné ses avances). Il est libéré lors de l'accession au trône de Charles VIII ; le nouveau roi a été sensible aux supplications de sa sœur cadette, Jeanne la disgraciée, qui lui a demandé l'élargissement de son volage époux. Serviteur loyal de son roi, dont il n'est l'aîné que de huit ans, Louis négocie pour lui son mariage avec Anne de Bretagne, et guerroie en Italie.

En avril 1498, la mort accidentelle de Charles VIII le fait roi, puisque chef de la branche collatérale de Valois-Orléans, descendant du second fils de Charles V. Il monte sur le trône le 8 avril 1498 sous le nom de Louis XII. Aux courtisans inquiets qui l'ont combattu — et durement traité — lors de la « Guerre folle », il déclare que « ce n'est point au roi de France à venger les querelles du duc d'Orléans ». Il lui faut, pour assurer sa succession, un héritier, donc faire casser son premier mariage avec Jeanne de France. La pauvre Jeanne, qui l'aime, ne se fait aucune illusion : il n'a même pas daigné l'inviter à son sacre.

Mais elle refuse d'être répudiée. Si, après vingt-deux ans de vie commune, Louis argue la non-consommation du mariage, Jeanne prétend le contraire. Le procès, d'expertises en interrogatoires médicaux, s'annonce interminable, quand on retrouve une lettre de Louis XI prouvant que l'union du futur Louis XII a été contractée sous la contrainte et que Louis XI savait sa fille stérile. L'annulation du mariage est alors prononcée avec la complicité du pape Alexandre VI Borgia : Louis XII a « donné » en mariage à César Borgia, fils du pape et assassin de son frère, la belle Charlotte d'Albret, dont la famille est dédommagée par l'octroi d'un chapeau de cardinal au frère de la mariée !

Jeanne, qui a accepté la dissolution du contrat pour éviter de se soumettre à d'humiliants examens gynécologiques, quitte la cour pour s'installer à Bourges, où elle fonde l'ordre de l'Annonciade, dont la règle est fondée sur les dix vertus de la Vierge : chasteté, prudence, humilité, vérité, dévotion, obéissance, pauvreté, patience, charité et compassion. Elle y prend le voile et meurt le 4 février 1505, suite aux jeûnes qu'elle s'impose (Elle sera canonisée en 1951).

Sitôt libéré de ce mariage, Louis épouse en 1499 Anne de Bretagne. Claude, leur fille aînée, est mariée à son cousin François d'Angoulême, futur François Ier (que son beau-père n'apprécie guère : « Ce gros garçon gâchera tout », dira-t-il en évoquant sa succession). À moins qu'il n'ait enfin un fils ! Opportunément veuf d'Anne de Bretagne, Louis XII épouse en 1514 Marie, la sœur du roi d'Angleterre, Henri VIII. Il a 52 ans, elle en a 18. Il souffre de la goutte, a le corps fatigué par la vie guerrière, mais veut un héritier. Elle a déjà une réputation de galanterie bien établie, et l'un de ses plus ardents courtisans, lors de son arrivée en France, est le futur François Ier, jusqu'à ce que sa mère, Louise de Savoie, lui rappelle sévèrement qu'il n'est pas dans les devoirs d'un gendre royal d'honorer trop ardemment sa belle-mère. Elle a été, comme Claude de France, fiancée au futur Charles Quint (mais les relations tendues entre l'Angleterre et l'Autriche ont fait échouer le projet) et est éprise du jeune duc de Suffolk. Selon Brantôme, Louis XII, tout à sa volonté dynastique, « a pris une jeune guilledrine qui bientôt le mènera tout droit au paradis ». Trois mois plus tard, c'est chose faite : Louis XII, épuisé, s'éteint le 1er janvier 1515 en confiant à son épouse : « Mignonne, je vous donne ma mort pour vos étrennes ! » Laquelle mignonne n'attend même pas la fin de son deuil pour quitter la France et se remarier avec son amant sous les huées des Anglais qui lui reprochent d'avoir abandonné un statut de reine douairière pour convoler avec un parvenu.

Roi sympathique autant que colérique, Louis XII, pour avoir diminué les impôts, est surnommé de son vivant, par ses sujets, le « Père du peuple » ; il a été comparé par la postérité à Henri IV.

Les sanglants ducats de Ludovic le More

Le futur Louis XII, alors capitaine du roi Charles VIII, espère conquérir pour son compte le Milanais : sa grand-mère, Valentine Visconti (épouse du duc d'Orléans assassiné par Jean sans Peur), était la sœur du dernier duc de la famille Visconti. Louis d'Orléans s'y fait battre par Ludovic Sforza, dit le More, fils d'un aventurier qui s'est emparé du duché par les armes. Sforza donne un ducat d'or à chaque tête de Français que ses soldats lui rapportent. Devenu roi, Louis retourne en Italie et prend sa revanche sur le duc de Milan : l'ayant fait prisonnier, il le laisse mourir en prison, après dix ans d'une détention très dure.

Les douces reines Claude et Éléonore

Claude de France, la « bonne reine », comme l'appellent les historiens de l'époque, a donné son nom à une prune. C'est le seul titre de gloire de cette fille d'Anne de Bretagne et de Louis XII. Elle ne tient aucun rôle dans les affaires du pays et lorsque François entame sa longue série de campagnes contre l'Italie, c'est Louise de Savoie, mère du roi, qui est nommée régente du royaume. Si Claude a l'estime de son mari, elle n'en a point le cœur, qu'il ne partage qu'avec ses maîtresses. Ni celui de sa belle-mère dont elle doit supporter l'humeur autoritaire. En revanche, elle jouit de la vénération du peuple. Le mémorialiste Brantôme dit d'elle « qu'elle était bonne et très charitable, et fort douce à tout le monde et ne fit jamais déplaisir ni mal à aucun de sa cour ni de son royaume ». Elle meurt à 24 ans au château de Blois dont elle a fait sa demeure favorite, le 20 juillet 1524, ayant donné à son époux sept enfants dont le futur roi de France Henri II.

Éléonore de Habsbourg, archiduchesse d'Autriche, a 20 ans lorsque son frère, Charles Quint, lui impose de se marier avec le vieux roi de Portugal Manuel, dit le Fortuné. Veuve au bout de deux ans, elle reçoit la demande en mariage du prince palatin Frédéric II, mais Charles, qui l'emploie au succès de ses projets, la propose au connétable de Bourbon dont il compte rétablir le royaume de

Bourgogne afin de mieux s'opposer à la France. Le destin, cependant, en décide autrement : en 1525, François Ier est fait prisonnier devant Pavie. Charles Quint voit le parti qu'il peut tirer de son adversaire, veuf depuis six mois, en l'unissant à Éléonore. Le 4 juillet 1530, à Captieux, près de Bordeaux, sont célébrées les noces d'Éléonore et du roi de France.

Sa douceur, comme celle de la reine Claude, qui l'a précédée sur le trône, la fait apprécier du peuple. Pas de François Ier, qui l'ignore, et lui impose la présence insultante de sa maîtresse, la duchesse d'Étampes, tandis que la sévère Louise de Savoie continue d'assurer la régence. Et Brantôme de dire : « La pauvre princesse n'en pouvait mais ; car elle y apportait tout ce qu'elle pouvait et son mari ne l'en traitait pas mieux, vu qu'il en maudissait fort l'alliance. » Éléonore s'occupe par des exercices de piété et des lectures, ne partageant avec son mari que des parties de pêche et de chasse. À la mort de François Ier, en 1547, elle se retire aux Pays-Bas, puis en Espagne, à Talavera où elle meurt le 18 février 1558, la même année que son frère Charles Quint.

La favorite immolée

La belle Françoise de Châteaubriant est la favorite de François Ier au début de son règne (elle l'accompagne au somptueux Camp du Drap d'or). Ayant perdu la faveur du roi, elle se retire en Bretagne, où son mari a été nommé gouverneur en « dédommagement » de sa compréhension. Elle y meurt à 43 ans. À peine est-elle enterrée que se met à courir une rumeur : son mari l'aurait, éperdu d'une jalousie étouffée pendant des années, enfermée dans une chambre tendue de noir pendant six mois, puis l'aurait fait saigner, aux bras et aux jambes, par deux chirurgiens, tandis que des hommes masqués la maintenaient, jusqu'à ce qu'elle expire, vidée de son sang… Le roi ordonne une enquête, menée par le connétable Anne de Montmorency, enquête qui aboutit à un non-lieu. Mais peu après, M. de Châteaubriant, qui n'a pas eu d'enfants de sa défunte épouse, déshérite ses neveux et lègue ses biens à… son enquêteur, Anne de Montmorency.

Le brave chevalier Bayard et le traître Bourbon

À 13 ans, Pierre Terrail, fils du seigneur de Bayard, né à Pontcharra (Isère), est page du duc de Savoie. Lors d'un tournoi, son habileté le fait remarquer par Charles VIII, qui le prend à son service. À la bataille de Fornoue, il a deux chevaux tués sous lui, ce qui ne l'empêche pas de s'emparer d'un étendard ennemi. Alors que l'armée royale bat en retraite devant les Espagnols, il tient seul tête à l'ennemi sur le pont du Garigliano (rivière italienne) le temps que surgissent des renforts. Brave autant qu'honnête, ayant la réputation de ne jamais mentir, il est surnommé « le Chevalier sans peur et sans reproche ». Après la bataille de Marignan, François Ier exige que Bayard l'arme chevalier. Il a été de toutes les guerres d'Italie, et c'est là qu'il meurt, en 1524. Blessé d'un coup d'arquebuse, il se fait porter sous un arbre, le visage tourné vers les troupes de Charles Quint : « Je n'ai jamais montré le dos à l'ennemi, je ne veux pas commencer au moment de mourir ! »

Le connétable de Bourbon, autre grand capitaine, passé dans les rangs ennemis, vient le saluer. Bayard, bien que moribond, le rabroue : « Monsieur, il ne faut pas avoir pitié de moi, car je meurs en homme de bien ; mais j'ai pitié de vous, qui combattez contre votre roi, votre patrie et votre serment ! » Paroles fières, mais peu authentiques. Charles de Bourbon, prince de sang, le plus puissant seigneur du royaume, a refusé d'épouser la reine mère, Louise de Savoie, veuve calculatrice et avide. D'où la haine de cette dernière qui obtient, par un jugement inique, que ses biens soient accaparés par la Couronne (Bourbonnais, Beaujolais, Forez...). L'orgueilleux Bourbon, devant cet affront, abandonne son roi et son royaume. Sur ordre du roi, le bourreau de Paris barbouille de jaune les portes et fenêtres de l'hôtel du connétable en fuite : « être réduit au safran » est le châtiment des félons et des banqueroutiers.

Le connétable propose, par un courrier, à François Ier de redevenir son fidèle sujet à condition que ses biens lui soient rendus. Le roi, poussé par sa mère qui ne se remet pas de son amour dédaigné (amour motivé autant par la virilité du connétable que par sa fortune), lui envoie un détachement de cavalerie pour l'arrêter… Bourbon met son épée au service de Charles Quint et meurt d'un coup d'arquebuse, comme Bayard, lors de la prise de Rome par ses armées ; Charles Quint lui aurait promis, en récompense, après sa victoire, les royaumes de Rome et de Naples.

Belle Ferronnière et duchesse d'Étampes…

Surnommée la Belle Ferronnière parce que mariée à un marchand de fer (mais on le dit aussi avocat, nommé Le Féron, ou Féronier…), cette femme doit sa douteuse notoriété pour avoir transmis, vers 1538, à François Ier ce mal galant — et vénérien — dont il mourra, dix ans plus tard. « Cette grande vérole qui lui avança ses jours » (Brantôme) est la conséquence de la jalousie du mari de la belle : refusant son infortune, fréquentant les mauvais lieux et cherchant le mal, il finit par l'attraper, et le transmettre à son épouse, laquelle infecte le roi. Selon les chroniques, la malheureuse en meurt, mais le mari s'en guérit par de prompts remèdes. Elle portait une chaîne d'or autour de la tête avec un joyau sur le front ; c'est depuis que ce genre de bijou est appelé ferronnière.

Anne de Pisseleu, duchesse d'Étampes, est une autre célèbre maîtresse de François Ier. Née en 1508, elle est fille d'honneur de Louise de Savoie, quand elle devient la maîtresse du roi revenu de captivité en 1526. Il la marie en 1536 à Jean de Brosses, qu'il comble de biens et d'honneurs, et pour qui il érige le comté d'Étampes en duché. Elle se sert des faveurs royales pour enrichir sa famille en bénéfices et biens ecclésiastiques, et exerce sur François Ier une influence qui ne cessera qu'à sa mort, intriguant sans cesse, par jalousie et ambition, contre la maîtresse du Dauphin Henri, Diane de Poitiers, dont elle se plaît à souligner l'âge : « l'année de ma naissance est celle où madame la sénéchale se maria » (elles n'ont que neuf ans d'écart)… La mort de son royal amant, prématurément vieilli par ses excès et la syphilis, est le début de sa chute. Diane, sa « vieille » rivale, obtient d'Henri II qu'il exile la duchesse dans ses terres, après qu'elle aura rendu jusqu'aux bijoux offerts par le feu roi. Son mari, qui lui doit sa fortune, lui fait un procès pour infidélité. Celle que les courtisans ont qualifiée « la plus savante des belles, et la plus belle des savantes » meurt, oubliée, en 1580.

Syphilis et prostitution

Le mot syphilis est inventé par le médecin italien Jérôme Fracastor au début du XVIe siècle. L'avis le plus courant est que cette maladie a été rapportée du Nouveau Monde par les marins de Christophe Colomb. Son apparition est brutale en Italie à partir de 1494, au moment de la campagne menée par Charles VIII en ce pays. Elle se répand avec une incroyable rapidité, liée au déplacement des armées et à la prostitution. Les peuples européens s'en renvoient la responsabilité de l'importation, l'affublant d'appellations appropriées : le *mal napolitain* pour les Français, le *mal français* pour les Napolitains ; le *mal allemand* pour les Polonais, le *mal polonais* pour les Allemands ; le *mal turc* pour les chrétiens, le *mal chrétien* pour les Turcs, et ainsi de suite…

Comme précédemment pour la lèpre, les populations se voient imposer une réglementation sévère. Les étrangers atteints de « grosse vérole » sont immédiatement expulsés. Des hôpitaux spéciaux sont construits afin de ne pas mettre en contact les contaminés avec les autres malades. Mais ces moyens prophylactiques manquent d'efficacité, et l'organisation d'une police médicale pour le contrôle des filles publiques n'apparaîtra que bien plus tard. On se contente, pour les cures, de pilules, pommades et vapeurs mercurielles, ou de bois de gaïac (importé du Nouveau Monde) dit saint bois, pris sous forme de sirop ou de vin.

Charlemagne avait interdit la prostitution dans son empire. Toute prostituée prise en flagrant délit était fouettée en place publique, et celui qui la logeait forcé de la porter sur ses épaules jusqu'au lieu du châtiment. Avant le règne de Saint Louis, les prostituées disposent d'une organisation corporative, possèdent leurs statuts, assistent chaque année à une messe solennelle le jour de la Sainte-Marie-Madeleine, leur patronne. Parvenu au pouvoir, le vertueux monarque cherche vainement à prohiber ce « commerce ». Il fait construire pour elles la maison des Filles-Dieu dans l'espoir de limiter leur zone d'activité.

Lors des grandes épidémies, les courtisanes sont désignées comme vecteur de la maladie. Les vérolés sont bannis des villes et pendus s'ils tentent d'y revenir.

Le roi et le cocu

François Ier, tombé amoureux de la femme d'un marchand, se rend chez elle la nuit. Mais le mari, qui a été informé de son infortune, attend lui aussi le roi et, dès qu'il paraît devant sa porte, met la tête à la fenêtre et se met à crier de toutes ses forces : « Vive le Roi ! » Ce qui oblige ce dernier à retourner au Louvre sans avoir pu présenter à l'épouse de son tonitruant partisan ses hommages empressés…

Si un homme s'accouple avec une bête…

La bestialité, vice contre nature, est punie de mort jusqu'au XVIIIe siècle. Des capitulaires de Charlemagne en passant par Saint Louis, les exécutions sont fréquentes. On étrangle généralement les animaux avant de les livrer aux flammes, de peur que leurs ruades ne gênent le déroulement de l'exécution.

Au XVIe siècle, le parlement de Paris contient de nombreuses sentences relatives à ces procès. En 1542, Pierre Gondeau, pour bestialité avec une ânesse, est condamné par le parlement de Paris à être étranglé et brûlé avec l'ânesse, et ses biens confisqués. En 1550, Guillaume Garnier, convaincu de crime avec une grande chienne noire, est condamné à être brûlé avec elle. La même année, Jacques Gion, laboureur, est condamné par le parlement de Paris pour bestialité avec une vache à être étranglé et brûlé avec ladite vache. L'année suivante, même sentence contre un vigneron de 52 ans, Jacques Prenoult, pour bestialité avec une chèvre noire, laquelle doit aussi être brûlée. En 1554, le maréchal-ferrant Michel Morin, 65 ans, est condamné à être étranglé pour bestialité avec une brebis. En 1556, Jehan de la Soille, 26 ans, ânier, prévenu de bestialité avec une ânesse, est condamné à être pendu, puis brûlé. Un sieur Bruyère est brûlé avec ses trois vaches. En Ille-et-Vilaine, le recteur de la paroisse de Hédé note sur son registre : « Julien Largeraud à été condamné pour avoir abusé d'une jument et a été brûlé vif avec la jument. » Une autre fois, un homme comparait… avec cinq animaux ! Ils sont tous réduits en cendres. Idem le berger Jehan Devialle, convaincu de bestialité avec ses chèvres et ses génisses, est condamné par le parlement de Paris à être brûlé vif avec son troupeau.

Les cataplasmes de Catherine de Médicis

Catherine de Médicis est mariée à l'âge de 14 ans à Henri, second fils de France. Cette union, résultat des intrigues de son grand-oncle le pape Clément VII — Jules de Médicis — et de François Ier qui souhaite s'assurer la possession du Milanais pour affaiblir le parti de Charles Quint en Italie, est célébrée en grande pompe à Marseille le 28 octobre 1533. Le mariage est aussitôt consommé, devant témoins, malgré la jeunesse des époux : précaution prise par le pape au cas où l'on chercherait, par la suite, une raison pour dissoudre ce mariage diplomatique. Si Catherine ne plaît pas à son mari, déjà sous la coupe de Diane de Poitiers, elle gagne par contre l'amitié de son beau-père, François Ier, qu'elle étonne par la justesse de ses jugements et la vivacité de ses propos.

Devenue Dauphine le 12 août 1536, après la mort de l'aîné du roi de France (il a bu un verre d'eau glacée après une partie de jeu de paume, et en est mort peu après ; mort trop naturelle pour son entourage : celui qui lui a tendu la coupe, un gentilhomme italien de la suite de Catherine de Médicis, est soupçonné d'empoisonnement et écartelé, châtiment des régicides), la situation de Catherine s'en trouve du même coup transformée : elle apparaît désormais comme la future reine de France. Il ne lui manque plus qu'une descendance pour fortifier sa position. Mais elle n'a pas encore d'enfant !

Catherine combat cette stérilité en buvant des verres d'urine de mule et en se posant sur le ventre un cataplasme composé de vers de terre, de pervenche en poudre, de corne de cerf en poudre également de bouse de vache et de lait de jument. C'est finalement Fernel, un médecin, qui, après avoir ausculté la Dauphine, constate une légère malformation qui empêche le cheminement de la semence du prince héritier. Il suggère alors à ce dernier d'accomplir l'acte dans une position moins orthodoxe, et est écouté, puisqu'en douze ans dix enfants, dont cinq porteront la couronne, en naîtront enfin, onze ans après la cérémonie de mariage.

Mariages à consommer sans délai…

Le divorce n'existe pas dans l'Église catholique. On ne peut dissoudre un mariage que s'il n'a pas été consommé. C'est pourquoi, quand on marie de jeunes princes et princesses pour raison d'État, en vue d'établir des alliances entre les pays, veille-t-on de très près à ce que l'union charnelle soit consommée : dans ce but, deux témoins doivent se tenir dans l'alcôve les premières nuits, généralement les nourrices des jeunes époux.

Pour les gens du commun désireux de se séparer, un examen médico-légal est créé vers 1540, au cours duquel les époux sont « visités nus depuis la tête jusqu'aux pieds », puis invités à copuler en présence de juges assermentés, de représentants de l'Église, et de sages-femmes qualifiées, afin de vérifier si le mariage a pu ou non être consommé. Cette pratique juridique est supprimée en 1677, « de telles visitations étant déshonnêtes et contre la pudeur ».

La « mère Poitiers »

Diane de Poitiers, duchesse de Valentinois, née le 3 septembre 1499, est la fille de Jean de Poitiers, seigneur de Saint-Vallier, un des complices du connétable de Bourbon et qui, condamné à mort, a été gracié par François Ier. Le 29 mars 1514, elle est mariée à Louis de Brézé, grand sénéchal de Normandie, dont elle a deux filles, et dont elle est veuve le 3 juillet 1531. Elle est chargée, par François Ier, de l'éducation de son fils Henri, que sa captivité en Espagne a rendu taciturne et maussade. Il a vingt ans de moins qu'elle, mais elle lui inspire une passion qui ne cessera pas. Son secret de beauté, même si la duchesse d'Étampes, son ennemie, la traite publiquement de « vieille édentée, de vieille ridée » ? Tous les matins, un bain d'eau froide.

Lorsqu'il monte sur le trône, Henri la laisse gouverner à sa place, indifférent aux intrigues de cour et aux dilapidations de ses favoris. Il est entièrement soumis à l'autorité de sa maîtresse. Diane, dite la grande sénéchale, veille à tout, y compris à la postérité de son royal amant : c'est elle qui lui ordonne, certains soirs, d'aller visiter son épouse... Il est vrai qu'enceinte, et elle va l'être souvent (elle aura dix enfants), Catherine ne peut participer aux cérémonies, où la grande sénéchale la remplace. Henri se satisfait de ce ménage à trois, ce qui ne l'empêche pas de châtier la polygamie chez ses sujets.

Diane se fait donner le duché de Valentinois et arrache au roi des sommes immenses pour construire le château d'Anet. Quand Henri veut lui offrir Chenonceaux, il faut ce que soit Catherine, l'épouse bafouée, qui lui rappelle que le château appartient à la Couronne, et qu'il est inaliénable. Après la mort accidentelle de Henri II (1559), Diane se retire à Anet pour y mourir le 22 avril 1566. Elle a auparavant — prudemment, car elle la sait rancunière — rendu à Catherine les bijoux de la Couronne, laquelle, en retour, lui a laissé la jouissance de tous ses biens, contre la promesse de celle qu'elle surnomme la « mère Poitiers » de ne jamais paraître à la cour.

Le supplice de la question

La question, forme archaïque et nettement plus contraignante de notre actuelle « garde à vue », peut être ou *préparatoire* ou *préalable*. Préparatoire quand elle a pour but d'arracher à l'accusé l'aveu de son crime ou celui de ses complices ; préalable quand elle constitue une aggravation de peine que le condamné doit subir avant l'exécution capitale. On la qualifie aussi d'*ordinaire* ou d'*extraordinaire*, suivant la durée ou la violence des tortures à infliger.

Dans certains cas la question dure cinq ou six heures consécutives ; d'autres fois elle ne dépasse guère une heure. Il y a plusieurs manières de donner la *géhenne* ou question. La compression des membres par des instruments spéciaux ou seulement avec des cordes ; l'injection d'eau, de vinaigre, ou d'huile dans le corps de l'accusé ; l'application de la poix bouillante ; la suppression totale des aliments et des boissons ; tels sont les procédés qu'on emploie le plus fréquemment.

Plus ou moins en usage, selon le caprice du magistrat et du tourmenteur (bourreau) : placer sous les aisselles des œufs brûlants ; introduire entre peau et chair des dés à jouer ; attacher des bougies allumées aux doigts, qui se consument en même temps que la cire ; faire tomber de l'eau, goutte à goutte, d'une grande hauteur sur le creux de l'estomac, ou encore, et c'est là une torture indicible, disent les vieux criminalistes, arroser les pieds d'eau salée pour les faire lécher par des chèvres.

En Bretagne, on approche graduellement d'un brasier ardent le sujet lié sur une chaise de fer ; en Normandie, on lui serre un pouce dans un étau pour la question ordinaire, et les deux pouces pour la question extraordinaire. À Autun, après avoir fait chausser à l'accusé des hautes bottines de cuir spongieux, on le lie sur une table qu'on approche d'un grand feu, et l'on verse sur les bottines de l'eau bouillante qui pénètre le cuir et décompose, en les calcinant, les chairs et même les os de la victime…

À Orléans, pour la question ordinaire, l'accusé étant mis à moitié nu, on lui lie avec force les deux mains derrière le dos, après avoir assujetti entre elles une clef de fer. Ensuite, au moyen d'une corde fixée à cette clef, on suspend à une certaine hauteur l'accusé qui porte à son pied droit un poids de 180 livres ; pour la question extraordinaire, qui prend alors le nom d'*estrapade*, on élève, avec un treuil, jusqu'au plafond de la salle, le patient dont les pieds sont chargés d'un poids de 250 livres, pour le laisser brusquement retomber plusieurs fois de suite presque au niveau du sol, ce qui lui disloque les bras et les jambes.

Un médecin et un chirurgien sont toujours là, tâtant le pouls aux artères temporales du patient, pour juger du moment où il ne pourra plus supporter la douleur. Ce moment venu, on le détache, on le ranime par des cataplasmes chauds, on lui administre des fortifiants, et dès qu'il a repris ses sens et quelques forces, il est remis à la question, qui se prolonge de la sorte pendant six heures consécutives.

À Paris, on donne longtemps la question à l'eau ; c'est à la fois la plus intolérable et la moins dangereuse pour le sujet. Celui qui doit la subir est attaché et soutenu en l'air par les quatre membres, jusqu'à ce que son corps soit bien étendu. On lui passe alors un tréteau sous les reins, et à l'aide d'une corne formant entonnoir, pendant qu'on lui serre le nez avec la main pour le contraindre d'avaler, on lui verse lentement dans la bouche 4 *coquemars* d'eau (environ 9 litres) pour la question ordinaire, et le double pour la question extraordinaire. L'exécution terminée, le patient est détaché « et mené chauffer dans la cuisine », dit un vieux texte.

On emploie de préférence dans la suite les *brodequins*. On place l'accusé assis sur un banc massif, et après lui avoir fixé de fortes planchettes en dehors et en dedans de chaque jambe, on lui lie les deux jambes ensemble avec de fortes cordes ; puis on fait entrer, à coups de maillet, entre les planchettes qui séparent les deux jambes quatre coins en bois pour la question ordinaire, huit pour la question extraordinaire. Il n'est pas rare, dans ce dernier cas, que les os des jambes éclatent et que la moelle en jaillisse. Quant aux véritables brodequins, dont souvent on se contente de faire usage dans la question ordinaire, ce sont des espèces de bas en parchemin, dans lesquels la jambe entre assez aisément lorsqu'on les a mouillés, mais qui, une fois qu'on les approche du feu, causent, en se rétrécissant, des douleurs insupportables au porteur de ces *chaussures d'angoisse*.

Quel que soit le mode employé pour donner la question, l'accusé, avant d'y être soumis, doit être resté huit ou dix heures sans manger. Dans un ouvrage de 1544, il est recommandé, en outre, de raser entièrement tout le poil des accusés qui doivent être mis à la question, dans la crainte qu'ils ne portent sur eux quelque talisman propre à les rendre insensibles à la douleur corporelle.

Après avoir enduré la question préalable, dont les diverses opérations sont accomplies par des tourmenteurs ou exécuteurs spéciaux, le condamné à mort est enfin livré au *maistre des haultes œuvres*, au bourreau, à qui revient exclusivement la mission de faire passer les coupables de vie à trépas.

Le sanglant destin de Marie Stuart

Marie Stuart perd son père dès sa naissance et est proclamée reine d'Écosse à l'âge de 7 jours (1542). L'Angleterre et la France se disputent bientôt sa main. François Ier finit par l'emporter sur Henri VIII : la mère de la princesse est une Guise catholique qui refuse une alliance avec des Anglais favorables à la Réforme. Fiancée au Dauphin de France François en 1548, Marie quitte l'Écosse pour le Louvre où elle reçoit, en même temps que les princesses de la maison royale, une brillante instruction. Son mariage avec François est célébré à Notre-Dame le 24 avril 1558, tandis qu'on apprend le décès de la fille d'Henri VIII et de Catherine d'Aragon. Marie prend alors pour un temps le titre de reine d'Écosse et d'Angleterre, l'enfant du monarque anglais et d'Anne Boleyn, Élisabeth, étant regardée comme une bâtarde car issue d'un mariage non reconnu par le pape. Un an plus tard, la mort brutale du roi Henri II fait d'elle et de son époux les nouveaux souverains de France.

François II, le nouveau roi, dont la naissance a été une double délivrance pour sa mère, Catherine de Médicis, car elle craignait d'être répudiée pour stérilité, est rachitique. Il ne peut respirer que la bouche ouverte. Psychologiquement fragile, incapable de régner seul, il laisse François, duc de Guise, et Charles, cardinal de Lorraine, catholiques intransigeants, oncles de son épouse, diriger à sa place. Évincés, les princes de sang, Louis de Condé et Antoine de Bourbon, roi de Navarre, s'allient aux huguenots et complotent afin de soustraire le roi à l'influence des Guises. C'est, en mars 1560, la conspiration d'Amboise. Démasqués avant d'avoir pu agir, les conjurés sont tués, ou suppliciés. Louis de Condé, chef du parti calviniste, condamné à mort. Mais le décès du roi, le 5 décembre 1560, ajourne son exécution. Le roi, qui se plaint d'un abcès purulent à l'oreille (une mastoïdite), en est mort. La rumeur, aussitôt, prétend que le chirurgien chargé de soigner l'abcès, parce que huguenot, a mêlé du poison à ses remèdes ! Les cabales à la cour sont telles que l'on en oublie de faire des funérailles à ce pauvre roi de France d'à peine 16 ans, mort après un an de règne.

Marie Stuart, sa veuve, se retrouve, à 18 ans, reine douairière et s'en contenterait, plutôt que de retourner dans une lointaine Écosse qu'elle connaît à peine et qu'agitent de nombreux troubles politiques. C'est compter sans Catherine de Médicis qui redoute que les Guises ne continuent de régner en lui faisant épouser, à la mode d'Anne de Bretagne, Charles IX, le cadet de François. Elle la fait reconduire à Calais où elle embarque, en larmes, pour repasser dans ses États en août 1562. À peine est-elle sortie du port qu'elle voit un vaisseau sombrer et son équipage périr…

Sa vie se poursuivra sous le signe de la tragédie. En épousant le catholique Henry Stuart Darnley, son parent, elle s'aliène les protestants et doit réprimer une insurrection. Peu après, en 1567, son mari meurt assassiné, peut-être à l'instigation de Marie qui convole la même année avec l'auteur présumé de ce meurtre, le favori Bothwell. Entre-temps, la reine a donné naissance au prince qui plus tard régnera sur toute l'Angleterre sous le nom de Jacques Ier. Le remariage de Marie a pour conséquence la révolte de toute la noblesse écossaise. Faite prisonnière, elle est enfermée au château de Lochleven d'où elle s'évade en 1568. Une nouvelle défaite la contraint à se réfugier chez sa cousine Élisabeth d'Angleterre. Mais au lieu de l'amitié qu'elle espère trouver, elle ne rencontre que méfiance : en effet, le parti catholique cherche à faire d'elle sa souveraine.

Élisabeth la retient, en la transférant de château en château, pendant dix-huit ans, malgré les multiples tentatives d'évasion, et qui toutes échouent. Elle finit par comparaître devant une haute cour de justice, sous l'accusation de complicité dans un attentat commis contre Élisabeth. Elle est condamnée à avoir la tête tranchée le 8 février 1587 sans que son fils tente quoi que ce soit pour la sauver, et malgré l'intervention des rois de France et d'Espagne. Élisabeth, qui redoute ce dénouement, fait tout pour que sa prisonnière demande un recours en grâce, mais Marie Stuart résiste. Le matin de l'exécution, elle s'habille avec plus de soin qu'à l'ordinaire. L'échafaud a été dressé dans la salle d'un château, couvert d'une serge noire. Elle y monte sans chanceler, et ôte son pourpoint en sorte qu'elle reste à demi nue devant une assemblée de cinq cents personnes. Elle s'en excuse. Le bourreau s'étant mis à genoux pour lui demander pardon, elle le réconforte puis pose sa tête sur le billot ; l'exécuteur, impressionné, doit s'y reprendre à trois fois avec sa hache.

Coligny, premier mort de la Saint-Barthélemy

Le 24 août 1572, à 2 heures du matin, les cloches du Louvre donnent le signal du massacre. Les tueurs égorgent même les femmes et les enfants. Les cadavres sont traînés dans les rues et jetés dans la Seine. L'amiral de Coligny est la première victime. Ses tueurs l'arrachent à son lit (il a été blessé par un coup d'arquebuse quelques jours plus tôt). On lui plonge un épieu dans le corps, qui est jeté par la fenêtre, sous laquelle attend le duc de Guise. Son ennemi déclaré laisse piétiner le cadavre par ses hommes avant d'en faire découper la tête et de l'apporter à la famille royale. Tête que Catherine de Médicis fera embaumer avant de l'expédier au pape, lequel, à l'annonce du massacre, fait chanter un *Te Deum*…

Les remords sanglants de Charles IX

Charles IX a 10 ans quand son frère décède. À son couronnement, les évêques constatent avec horreur que le cardinal de Châtillon assiste à la cérémonie en donnant la main à… sa femme. Le nouveau roi préfère les plaisirs de la chasse à ceux du pouvoir, et laisse sa mère s'occuper des affaires du royaume avec le chancelier, Michel de L'Hospital. Pendant que son peuple s'entre-tue, le roi chasse ; l'un de ses plaisirs est de trancher la tête des ânes ou des cochons qui croisent sa route, ou d'étrangler les oiseaux… Henri, l'un des frères cadets du roi, s'illustre à partir de 1569 dans des combats contre les protestants, ce qui dégrade le climat familial, car Charles, lui aussi, rêve de batailles, mais sa mère lui interdit de s'exposer afin de le préserver.

L'amiral de Coligny, chef des protestants, ayant pris de l'ascendant sur Charles, Catherine de Médicis tente de le faire assassiner. Coligny n'est que blessé. Catherine, craignant l'enquête ordonnée par le roi, réussit à le convaincre de donner l'ordre du massacre de la Saint-Barthélemy afin de résoudre le problème protestant. Trois jours d'émeutes, d'égorgements… Charles IX a lui aussi, de sa fenêtre, tiré sur des fuyards, avant de tomber dans une longue prostration. Il ne se remettra pas de ce massacre. Dévoré de fièvre, halluciné par le remords et la terreur, il agonise pendant deux ans, suant le sang par tous ses pores, disent les chroniqueurs, et s'éteint à Vincennes le 30 mai 1574, à l'âge de 23 ans (en réalité davantage miné par une tuberculose osseuse que par les regrets). Son règne de quatorze ans (qui a surtout été celui de sa mère) a été celui de la guerre civile.

L'Allemande et Je charme tout...

Élisabeth, née à Vienne le 5 juin 1554, est la fille de l'empereur germanique Maximilien II et de Marie d'Autriche. Malgré l'opposition et les intrigues de Philippe II d'Espagne qui a épousé sa sœur aînée, elle est unie au roi de France Charles IX le 26 novembre 1570 à Mézières. Par ce mariage avec une Habsbourg catholique, Catherine de Médicis, qui l'a arrangé, vise à contrebalancer l'emprise grandissante des protestants. Au reste, elle attache peu de considération à cette bru à laquelle on impose la présence de Marie Touchet, maîtresse de son mari. Élisabeth n'a qu'un rôle très effacé dans les affaires de France, tenues par sa terrible belle-mère. À la cour cependant, le roi dit complaisamment qu'il a épousé la femme la plus aimable, la plus sage et la plus vertueuse qui soit. Mais lui-même n'a aucun pouvoir. Au lendemain de la nuit de la Saint-Barthélemy, elle refuse de croire en la culpabilité de son mari et, bien que catholique, ne peut admettre la barbarie d'un tel acte.

Après la mort de Charles IX, en 1574, elle s'éloigne de Paris, puis quitte définitivement la France pour retourner à Vienne auprès de son frère Rodolphe qui vient de succéder à l'empereur Maximilien. Elle refuse un second mariage et consacre son existence aux œuvres de charité. Lorsque sa belle-sœur Marguerite de Valois est reléguée dans la forteresse d'Usson, elle lui abandonne la moitié des revenus qu'elle a encore en France, afin de lui permettre de survivre. Elle s'éteint à 37 ans, le 22 janvier 1592. De Charles IX, elle a eu une fille, en 1572, qui, restée à Amboise après le départ de sa mère, meurt, âgée de 6 ans, sans qu'elles aient jamais pu se revoir.

Marie Touchet, elle, est née en 1549 ; elle est la fille d'un bourgeois d'Orléans (apothicaire ou teinturier). On ignore quand elle devient la maîtresse de Charles IX, mais lorsqu'il doit épouser Élisabeth d'Autriche, Charles lui montre son portrait : « l'Allemande ne me fait pas peur », répond Marie. Charles IX en est très amoureux, et compose pour elle des poésies ; de ses nom et prénom, il fait une anagramme (approximative) : « Je charme tout. » Elle reste à ses côtés jusqu'à sa mort ; un chroniqueur l'accusera même d'avoir accéléré sa fin, « par les plaisirs auxquels il se livra, ou à contretemps, ou immodérément ». De Charles IX elle a un fils qui, reconnu, sera duc d'Angoulême. À la mort du roi, elle épouse François de Balzac d'Entragues, dont elle aura deux filles ; l'une sera maîtresse d'Henri IV. Elle meurt à Paris le 28 mars 1638.

Les complots de la Florentine

En 1559, Henri II signe la paix de Câteau-Cambresis. La France garde Calais et renonce à l'Italie. Élisabeth, fille aînée du roi, doit épouser Philippe II d'Espagne, et sa tante, sœur du roi, le duc de Savoie. Pour ces noces, le 30 juin 1559, le roi organise un grand tournoi, où il est blessé : une lance, en se brisant, a glissé sous la visière de son casque et, par l'œil, touché le cerveau. Malgré les soins d'Ambroise Paré, Henri II expire à 40 ans, le 10 juillet 1559, sans avoir repris connaissance, après douze ans de règne et onze jours de léthargie. Les funérailles du roi se prolongent plus d'un mois ; le temps à sa veuve mal aimée, qui portera son deuil le restant de ses jours, d'organiser la succession. Enfin, pendant trente ans, à travers ses fils, Catherine va pouvoir régner ! Non sans consulter ses astrologues, parmi lesquels Ruggieri et Nostradamus, qui auraient prédit la mort du roi.

Catherine joue tantôt le parti des Guises catholiques, tantôt celui des Bourbons protestants, afin de préserver l'autorité monarchique, cependant que les conflits font rage entre les deux factions. Elle marie même sa fille Marguerite (la scandaleuse reine Margot) au calviniste Henri de Navarre. Mais toutes ces tentatives n'aboutissent qu'à la sinistre nuit de la Saint-Barthélemy, le 24 août 1572. Elle aurait dit, tandis que Charles donne l'ordre tardif d'arrêter le carnage : « Il valait mieux que cela tombât sur eux que sur nous. Ce qui a été fait n'est rien moins que nécessaire. »

Entre-temps, d'incessantes rivalités ont opposé ses enfants, qui se jalousent mutuellement. Pour nouer ses intrigues, Catherine s'appuie sur « l'escadron volant », un groupe de jeunes femmes aussi belles que peu farouches qui lui répètent les confidences que les grands du royaume leur font sur l'oreiller. Lorsque le futur Henri IV, après le massacre de la Saint-Barthélemy, est retenu prisonnier par sa belle-famille, c'est à l'escadron volant qu'est confiée sa garde ; Catherine, qui a perçu sa nature vigoureuse, pense que tout occupé à batifoler avec ses geôlières, il ne songera pas à s'enfuir. En effet, cette captivité peu sévère durera quatre ans !

Lors de la guerre des « Trois Henri » (Henri de Guise, Henri de Navarre et Henri III, les deux premiers briguant le pouvoir, le dernier cherchant à le conserver), elle doit s'enfuir à Blois. C'est là le dernier voyage de la reine. Âgée de 69 ans, Catherine prend froid dans son carrosse et doit s'aliter en arrivant. Victime d'une pleurésie, elle s'éteint le 5 janvier 1589.

La fraise des mignons d'Henri III

Pendant que les impôts s'accroissent dans une effrayante proportion et que les guerres de religion mettent en péril l'unité nationale, Henri III suit les processions, s'affilie à la secte des flagellants, et mène une vie de débauche au milieu de ses mignons : de Saint-Mégrin, de Caylus, de Maugiron, de Livarot, d'Épinay, de Saint-Luc, Bussy d'Amboise, de Caussade, de Joyeuse, de Nogaret et d'Épernon. Ces mignons d'après L'Étoile, « portent des cheveux longuets, frisés et refrisés, remontant par-dessus leurs petits bonnets de velours comme le font les femmes, et leurs fraises de chemise d'atour empesées et longues d'un demi-pied : de sorte que, voir leurs têtes, il semble que ce soit le chef de saint Jean en un plat... » Henri III, comme ses mignons, met tous les jours des cosmétiques pour embellir sa peau ; il se farde de rouge les lèvres et les pommettes, porte des pendants d'oreille, frise ses cheveux, qu'il orne d'aigrettes et de perles, et se sert avec grâce d'un éventail. Il se fait servir, à table, des perdrix rouges, dont le bec et les pattes sont dorés, ou des omelettes sucrées de fines perles, ou des petits oiseaux farcis d'ambre, de musc et de parfum...

Brantôme, qui lui est porté sur les femmes, se plaint que l'on « donne à nouveaux mignons nouveaux entretiens, et tous aux dépens du roi et de la graisse du peuple » et conseille « de les assommer quand ils sont bien gras, comme pourceaux. »

Morte la bête...

Henri III est le troisième fils de Catherine de Médicis à monter sur le trône de France, à la mort de son frère Charles IX. Dès sa jeunesse, il affiche sa coquetterie. D'un tempérament fragile, migraineux, d'humeur inégale, avec des colères effroyables, il déteste les exercices violents, préfère la danse. Lors de son sacre, il déclare, lorsqu'on la lui pose sur la tête, que la couronne le blesse ; et, mauvais présage, elle lui glisse par deux fois de la tête, rattrapée de justesse avant qu'elle ne tombe.

Couronné roi, il prend sa tâche au sérieux. Le 12 mai 1588, il doit fuir Paris, où les ligueurs lui reprochent ses mœurs dissolues et sa tiédeur face aux protestants. Leur chef, Henri de Guise, dit le Balafré, qui a organisé la Saint-Barthélemy, est plus puissant que jamais, d'autant qu'il est auréolé du prestige de ses victoires militaires sur les calvinistes. Henri III, qui parallèlement cherche à évincer sa mère, presque septuagénaire, du pouvoir, convoque les états généraux à Blois. Le duc de Guise s'y rend avec une forte délégation de ligueurs qui effraie le roi. Sous prétexte de le nommer lieutenant général du royaume, Henri III convoque le duc de Guise et son frère, le cardinal de Lorraine. Henri le Balafré a été averti qu'un piège allait lui être tendu, mais, sûr de lui, il a confié en parlant du roi qu'il méprise : « Il n'oserait... » Au moment où Henri de Guise pénètre dans son cabinet, les gentilshommes du roi le poignardent ; le cardinal de Lorraine est enfermé dans un cachot (où il sera tué le lendemain d'un coup de hallebarde, avec d'autres chefs de la Ligue). Le roi vient contempler le cadavre d'Henri de Guise et se serait écrié « il est encore plus grand mort que vivant », ou, autre version, « morte la bête, mort le venin ». Il fait brûler les corps des frères Guises et jeter les cendres dans la Loire.

Henri III et la magie noire

Catherine de Médicis a une réputation de sorcière, et fait volontiers appel à des astrologues, que l'on torture parfois, afin qu'ils modifient leurs prédictions, trop défavorables. Charles IX consulte des nécromants. Un autre fils de Catherine, Henri III, entretient, lui, un sorcier-magicien nommé Trois-Échelles, qu'il doit, pour ses méfaits répétés, envoyer à la potence. Lorsque la Ligue jure la mort d'Henri III pour son alliance avec le parpaillot Henri de Navarre, elle a recours aux envoûtements de la magie noire. L'image en cire du roi est placée sur les autels où les prêtres ligueurs disent la messe, et on la perce avec un canif en prononçant des oraisons de malédictions et d'anathème. Comme le roi ne meurt pas assez vite, on en conclut qu'il est sorcier. Des pamphlets circulent, dans lesquels Henri III est représenté tenant des conventicules où se pratiquent les crimes de Sodome et Gomorrhe. Et il se trouve enfin un fanatique pour exécuter les menaces de l'envoûtement. Le moine Jacques Clément a eu des visions et a entendu des voix impérieuses qui lui commandaient de tuer le roi. Ce qu'il fait le 1er août 1589, persuadé d'avoir ainsi tué le diable… Il a poignardé le roi au ventre, alors qu'il est sur sa chaise percée, étant parvenu à s'approcher de lui sous prétexte de lui révéler un secret d'État.

Le meurtrier est massacré sur place. Avant d'expirer, Henri III nomme Henri de Navarre le protestant son successeur ; Henri III, qui a épousé Louise de Vaudémont-Lorraine, n'a pu, malgré les philtres et onguents, cures et retraites, avoir un héritier. Louise de Vaudémont-Lorraine, de son côté, a multiplié les prières contre la stérilité ; très pieuse, elle a fait disposer, dans tous les coins des rues de Paris, à tous les carrefours, des madones, des anges, des crucifix, dans lesquels on allume des lampes et des chandelles, ce qui permet d'éclairer la nuit des ruelles mal gardées, obscures et périlleuses. Avec Henri III s'éteint la dynastie des Valois, qui, depuis Philippe VI, a régné deux cent quatre-vingt onze ans sur la France, et lui a donné 13 rois.

Les Bourbons

L'Histoire en résumé…

Lorsque est connue la mort d'Henri III, les troupes assemblées à Saint-Cloud proclament, le 4 août 1589, roi de France Henri IV, fils d'Antoine de Bourbon et Jeanne d'Albret, descendant direct de Robert de France, sixième enfant de Saint Louis. Henri IV réunit, de facto, la couronne de Navarre à la couronne de France. Au même instant, Mayenne fait nommer à Paris le cardinal de Bourbon roi de France, sous le nom de Charles X, et prend pour lui-même le titre de lieutenant général du royaume. Trop faible pour attaquer Paris, Henri IV se dirige vers la Normandie, lève les impôts et, après divers combats, s'empare de Dieppe. Mayenne, duc de Guise, grâce aux secours que lui envoient le pape et Philippe II d'Espagne, entre en campagne et attaque, le 21 septembre 1589, à Arques, l'armée d'Henri IV. Mayenne, battu, doit se replier derrière la Somme, et Henri IV, à Paris, prend la rive gauche de la Seine. Mais contraint à son tour de battre en retraite devant Mayenne, il se dirige vers la Loire, s'emparant de diverses villes. Revenant sur ses pas, Henri IV assiège Dreux. Mayenne accourt au secours de la ville. La bataille d'Ivry, que gagne, le 14 mars 1590, Henri IV, lui ouvre la route de Paris, qu'il se hâte de bloquer. Mais le moment n'est pas venu pour lui d'y entrer.

Le cardinal de Bourbon (Charles X) est mort, mais les ligueurs, appuyés par les Espagnols, obligent encore Henri IV à lever le siège de Paris et à continuer à guerroyer en Beauce, où il s'empare de Chartres le 19 avril 1591, et en Normandie, où il attaque Rouen et il défait Mayenne à la bataille d'Yvetot. Le roi d'Espagne réclame la couronne pour sa fille, née de son mariage avec Élisabeth, sœur d'Henri III et promise en mariage au jeune duc Charles de Guise ; le parlement de Paris rend, le 28 juin 1593, un arrêt signifiant que la couronne de France ne peut être mise sur la tête d'un prince étranger. Henri IV, cédant aux instances de ses amis, trouva que « Paris valait bien une messe » (mot que l'on doit rendre à Sully), et abjure la religion protestante à Saint-Denis, le 25 juillet 1593.

Le 27 février 1594, il se fait solennellement sacrer roi de France à Chartres, et le 21 mars de cette même année, il entre à Paris, après avoir reçu la soumission d'Abbeville, de Troyes, de Sens, de Laon, de Beauvais, d'Amiens, de Cambrai... Mais le duc de Mayenne n'a pas désarmé. Après avoir échappé à l'assassin Jean Châtel, le 27 décembre 1594, et rendu un arrêt de bannissement contre les Jésuites le 8 janvier 1595, Henri IV vainc Mayenne à Fontaine-Française, en Bourgogne, poursuit les Espagnols sur la Somme et dans le Nord. Il nomme Sully, en 1597, surintendant des Finances, et termine, par la paix avantageuse de Vervins, en 1598 la guerre contre l'Espagne. Cette même année (15 avril), il rend le célèbre édit de Nantes, qui accorde aux protestants le libre exercice de leur culte et des places de sûreté, mettant ainsi fin à la guerre religieuse et à la guerre étrangère.

Henri IV obtient du duc de Savoie la Bresse, le Bugey, le pays de Gex et Château-Dauphin. Après avoir divorcé d'avec Marguerite de Valois, il épouse, en décembre 1600, Marie de Médicis, dont il a trois fils, Louis XIII, un prince qui meurt bientôt, Gaston d'Orléans, et trois filles : Élisabeth, qui épousera Philippe IV d'Espagne, Christine, qui aura pour époux Victor-Amédée Ier, duc de Savoie, et Henriette-Marie, qui s'unira à Charles Ier d'Angleterre. Henri IV poursuit les travaux du Louvre, du château des Tuileries, de la façade de l'Hôtel de ville, fait creuser des canaux, réparer les grandes routes ; il crée des manufactures de glaces, de faïences et de verreries ; il protège l'agriculture, le commerce et l'industrie, et propage en France la culture du mûrier et l'élevage des vers à soie. Il protège la marine et les colonies, augmente l'effectif de l'armée, remplit les arsenaux. Il se prépare à engager la lutte contre la maison d'Autriche, lorsqu'il est tué par Ravaillac le 14 mai 1610.

Louis XIII succède, en 1610, à son père Henri IV, à l'âge de 9 ans. Sa mère, Marie de Médicis, est nommée par le Parlement régente du royaume. Trop faible pour continuer les projets d'Henri IV contre la maison d'Autriche, elle s'unit à l'Espagne et forme le projet de marier son fils Louis XIII avec

Anne d'Autriche, et sa fille Élisabeth avec le fils de Philippe III. Elle renvoie Sully, qui ne veut pas se conformer à cette nouvelle politique, et le remplace par l'Italien Concini, qui achète le marquisat d'Ancre et est nommé maréchal de France sans avoir jamais porté les armes. Louis XIII, déclaré majeur à quatorze ans, en 1614, épouse l'année suivante Anne d'Autriche. De 1614 à 1624, date de l'arrivée définitive de Richelieu aux affaires, la France assiste au soulèvement des seigneurs contre Concini, lutte qui se termine par la paix de Sainte-Menehould ; à la convocation des états généraux (1614), qui se retirent sans avoir rien fait ; à l'arrestation du prince de Condé, chef des protestants, en 1616 ; à l'assassinat de Concini et au supplice de sa femme ; à l'exil de Marie de Médicis à Blois en 1617 ; à la révolte du Midi, provoquée par la réunion du Béarn à la Couronne, par le rétablissement du culte catholique dans cette province et par la restitution des biens ecclésiastiques confisqués par les protestants ; à la défaite, aux Ponts-de-Cé, des partisans de Marie de Médicis ; et, enfin, à la réconciliation de Louis XIII et de la reine mère, qui obtient pour Richelieu le chapeau de cardinal et son admission au Conseil du roi en 1624.

La politique de Louis XIII et de Richelieu tient en trois lignes principales : détruire en France la puissance politique des protestants ; abattre la noblesse au profit de la royauté représentant l'unité nationale ; continuer, à l'extérieur, la politique d'Henri IV en affaiblissant la maison d'Autriche. Louis XIII met le siège devant La Rochelle, place forte protestante, en 1627. L'escadre française chasse les Anglais, alliés aux protestants, de l'île de Ré. Une digue de quatorze cent quatre-vingts mètres isole, du côté de la mer, la ville, bloquée étroitement par l'armée du côté de la terre. Réduite par la famine, La Rochelle doit se rendre après onze mois de résistance, le 29 octobre 1628. Louis XIII et Richelieu s'emparent aussi de Montauban et des autres villes huguenotes du Midi, et, au mois de juillet 1629, octroient aux protestants le traité d'Alès.

Les protestants détruits en tant que parti politique, Richelieu se retourne contre la noblesse. Il fait exécuter de Chalais pour complot contre l'État ; les comtes des Chapelles et de Boutteville pour s'être battus en duel ; le maréchal de France Marillac comme concussionnaire ; le duc de Montmorency pour révolte contre le roi (1632) ; Cinq-Mars, favori du roi, et De Thou pour avoir conspiré, avec l'Espagne, le renversement du Cardinal (Lyon, 1642). Les Espagnols, voulant réunir le Milanais au Tyrol autrichien, se sont emparés de la Valteline (vallée entre les Alpes des Grisons et les Alpes rhétiques) ; une armée française pénètre en Italie en 1624 et fait restituer ce pays aux Grisons. En 1629, après avoir forcé le pas de Suse, Louis XIII et Richelieu rejettent les Espagnols dans le Milanais et font reconnaître les droits du duc de Nevers sur les duchés de Mantoue et de Montferrat ; en avril 1631 ils prennent Pignerol à Victor-Amédée de Savoie.

La guerre de Trente Ans sévit en Allemagne. Richelieu, pour abattre la prépondérance autrichienne, donne la main aux protestants d'outre-Rhin et combat, chez eux, l'unité du gouvernement, unité qu'il instaure énergiquement en France. La guerre éclate simultanément en 1635, dans le Nord, sur le Rhin, en Italie et dans les Pyrénées. Les Espagnols envahissent l'Artois et la Picardie et s'emparent de Corbie ; les Impériaux pénètrent en Bourgogne... Puis la Bourgogne est délivrée, la Picardie conquise, la flotte espagnole battue à la bataille de Fontarabie... De l'autre côté des Alpes, le comte d'Harcourt bat les Espagnols à Casale, à Turin... Quant à la conquête du Roussillon, elle est faite par Louis XIII et par Richelieu, déjà gravement malade ; il meurt le 4 décembre 1642, à Paris.

Louis XIII meurt cinq mois après son ministre, laissant deux fils : Louis XIV, âgé de 4 ans, et Philippe d'Orléans, âgé de 18 mois.

Louis XIV succède à son père en 1643. Né en 1638, il n'a pas cinq ans. Richelieu a légué Mazarin à Louis XIII. Louis XIII laisse, par testament, la régence à la reine Anne d'Autriche, qui se fait attribuer par le Parlement un pouvoir absolu. Elle nomme Mazarin Premier ministre. Tous les personnages persécutés par Richelieu réapparaissent et, pendant trois mois, dirigent la politique du pays. La mort de Richelieu et celle de Louis XIII ont enhardi les Espagnols, qui envahissent la Champagne et assiègent Rocroi. Le duc d'Enghien (le futur Grand Condé) remporte, avec Turenne, des victoires qui rétablissent l'équilibre européen et mettent fin à la suprématie de la maison d'Autriche. L'Empire renonce, en faveur de la France, à ses droits sur les Trois-Évêchés (Metz, Toul et Verdun), sur Pignerol et Vieux-Brisach. Lui est cédée, en outre, à l'exception de Strasbourg, toute l'Alsace, moyennant la somme de 3 000 000 de livres tournois, qui ne sera versée qu'après la paix des Pyrénées.

Pressé d'avoir de l'argent pour faire face à la guerre, Mazarin présente, pour les faire enregistrer, des édits fiscaux au Parlement, qui résiste. Mazarin fait arrêter trois des magistrats opposants. Paris se couvre aussitôt de barricades (26 août 1648), et les Parisiens repoussent les troupes royales. Anne d'Autriche cède ; elle ratifie les 27 articles imposés par le parlement, et qui contiennent un plan de réformes politiques. Mais, après la signature de la paix de Westphalie, elle se retire à Saint-Germain pour se soustraire à la domination du Parlement et aux émeutes. Condé prend le commandement des troupes royales, tandis que Turenne, de Beaufort, le coadjuteur de Retz, le prince de Conti... se rangent du côté des mécontents. Condé bat les frondeurs. La paix se fait à Rueil, et la cour revient à Paris en avril 1650. Fier de ses succès, Condé se rend insupportable par ses exigences.

Mazarin le fait arrêter et emprisonner au Havre avec le prince de Conti et le duc de Longueville. Le Parlement exige et obtient de la régente la mise en liberté des princes et le renvoi de Mazarin, qui se retire à Cologne en février 1651. Condé, libre mais mécontent, gagne le Midi et demande secours aux troupes espagnoles. Mazarin, rappelé en 1652, rejoint la régente à Poitiers et donne à Turenne le commandement des troupes royales. Condé, vaincu à Étampes, part cependant assiéger Paris. Turenne l'y suit. Il est sur le point de contraindre Condé à la retraite (bataille du faubourg Saint-Antoine en 1652) lorsque la Grande Mademoiselle, fille de Gaston d'Orléans (frère de Louis XIII), fait tirer contre l'armée du roi le canon de la Bastille. La victoire de Condé est le signal de l'anarchie dans Paris ; des soldats ivres massacrent des bourgeois dans l'Hôtel de ville. Gaston d'Orléans se fait nommer lieutenant général du royaume ; la cour se réfugie à Pontoise, et Mazarin s'exile une seconde fois. Cédant à la haine publique, Condé quitte la capitale (16 octobre 1652) et se réfugie chez les Espagnols, tandis que Louis XIV, déclaré majeur, rentre dans Paris aux acclamations de la foule.

Mazarin ne tarde pas à l'y rejoindre. La Fronde a pris fin (1653), alors que Louis XIV avait 15 ans. À l'extérieur, la guerre fomentée par Philippe IV d'Espagne, qui n'a pas adhéré au traité de Westphalie, se poursuit. Le Grand Condé est battu partout par Turenne. L'Espagne doit signer la paix des Pyrénées le 7 novembre 1659. Cette paix assure à la

France la possession de l'Artois, du Roussillon et de la Cerdagne. Mazarin obtient, pour Louis XIV, la main de l'infante Marie-Thérèse, donnant ainsi aux Bourbons de France des droits au trône d'Espagne. Le traité des Pyrénées est le dernier acte politique important de Mazarin, qui meurt le 9 mars 1661 à Vincennes.

Le règne personnel de Louis XIV commence. Avec ses ministres Séguier, Le Tellier, Hugues de Lionne, Louvois et Colbert, il fait arrêter, en 1661, le surintendant des Finances Fouquet, qui est condamné pour dilapidation à un emprisonnement perpétuel, exige de l'Espagne des réparations pour insulte envers ses ambassadeurs ; il achète à Charles II d'Angleterre Dunkerque, qu'il fortifie ; charge le duc de Beaufort de combattre les pirates de Tunis et d'Alger. Sur ces entrefaites, Philippe IV, roi d'Espagne, étant mort, Louis XIV réclame les armes à la main une partie des Pays-Bas. Les Espagnols sont vaincus et perdent la Flandre en 1667 (et la Franche-Comté, conquise en dix-sept jours). L'Angleterre, la Hollande et la Suède, que la puissance de Louis XIV inquiète, forment la Triple-Alliance et le contraignent à déposer les armes ; le 2 mai 1668 est signé le traité d'Aix-la-Chapelle, qui laisse au roi tout ce qu'il a acquis pendant la campagne de 1667, sauf la Franche-Comté, qui revient à l'Espagne. Louis XIV ne pardonne pas à la Hollande d'avoir adhéré à la Triple-Alliance. Il s'allie à l'Angleterre, et envahit la Hollande en 1672. Les armées françaises ont à leur tête Condé, Turenne, Vauban, Créqui, Luxembourg et Louvois. Les Hollandais demandent la paix ; Louis XIV leur soumet d'inacceptables conditions. Poussés à bout, les Hollandais renversent le parti républicain, et nomment stathouder le prince Guillaume d'Orange, percent leurs digues et inondent le pays.

L'Europe s'émeut, et les princes de l'Empire, les rois d'Espagne et de Danemark forment contre Louis XIV une ligue à laquelle l'Angleterre est contrainte de se joindre en 1678. Grâce aux victoires de Condé à Seneffe, de Turenne, de Créqui, de Luxembourg à Cassel, et de Duquesne sur mer, Louis XIV reste maître de la situation. Le traité de Nimègue est signé en 1678. La France garde la Franche-Comté et des places en Flandre et sur les bords du Rhin. Louis profite de la paix pour s'agrandir encore, annexant Strasbourg, Sarrebruck et Montbéliard (1681). En 1683, Alger et Tripoli, repaires de pirates, sont bombardés ; Gênes aussi, qui a fourni les armes à ses ennemis ; Louis XIV domine l'Europe occidentale.

Colbert meurt en 1683. Louis XIV révoque l'édit de Nantes en 1685. L'Espagne, la Suède, la Bavière, la Saxe et les autres États de l'Empire, avec la Savoie, la Hollande et l'Angleterre (où Guillaume III d'Orange a accédé au trône) forment une coalition contre la France. Après cinq années de guerre, la paix de Ryswick (près de La Haye), les 20 et 21 septembre 1697, oblige la France à rendre toutes ses nouvelles conquêtes, à l'exception de Strasbourg, Landau, Longwy, Sarrelouis, et à restituer la Lorraine, occupée militairement depuis Richelieu. Tourville, vaincu à La Hougue le 29 mai 1692, doit brûler une partie de sa flotte, échouée, pour éviter qu'elle ne tombe aux mains des Anglais. La marine française ne comptera plus, désormais, que parmi les marines de second ordre.

Le roi d'Espagne, Charles II, mort sans postérité, a institué pour héritier de son royaume le duc d'Anjou, second fils du Dauphin et petit-fils de Louis XIV, qui est proclamé roi d'Espagne sous le nom de Philippe V (1700). L'Angleterre, la Hollande, l'Autriche, l'Empire, qui redoutent la fusion entre la France et l'Espagne, forment contre la France la ligue de La Haye, le 7 septembre 1701. La Prusse y entre en janvier 1702, et le Portugal le 16 mai 1703. Dans les premières années de la guerre de Succession d'Espagne, succès et défaites s'équilibrent en Italie, Espagne, Allemagne et Pays-Bas. En France, les protestants des Cévennes, ou camisards, se révoltent. Villars, rappelé d'Allemagne, parvient à les soumettre ; mais l'heure des revers a sonné.

Les conquêtes en Allemagne sont perdues, ainsi que la Flandre et la haute Italie. Louis XIV demande la paix, mais ses ennemis exigent qu'il chasse lui-même son petit-fils de la péninsule Ibérique. Louis refuse, et la guerre reprend. Villars, qui a été vaincu par Marlborough l'année précédente à Malplaquet, bat le prince Eugène à Denain le 24 juillet 1712. Cette victoire hâte la paix d'Utrecht (11 avril 1713). La France est épuisée. Philippe V conserve le trône d'Espagne mais renonce à la couronne de France ; Louis XIV garde Strasbourg et Landau ; la Flandre et la Franche-Comté ; les Antilles, la Guyane et le Sénégal. Le traité d'Utrecht donne à l'Électeur de Brandebourg le titre de roi de Prusse.

Louis XIV meurt le 1er septembre 1715, âgé de 76 ans, après avoir vu disparaître la plus grande partie de sa famille. Son règne a été le plus brillant de la monarchie française. Il a fait construire la colonnade du Louvre, le palais de Versailles, Marly, les Invalides, le Val-de-Grâce, l'Observatoire, la place

Vendôme, la place des Victoires et une foule d'autres monuments, mais a commis une grande faute politique en révoquant l'édit de Nantes, et a ruiné, par son orgueil, son royaume.

Louis XV, arrière-petit-fils de Louis XIV et fils du duc de Bourgogne et de Marie-Adélaïde de Savoie, est proclamé roi. Louis XIV a établi par testament un Conseil de régence et en a donné la présidence à son neveu, Philippe, duc d'Orléans. Celui-ci rassemble le Parlement, fait annuler le testament du vieux roi et se fait décerner la régence. Louis XIV a laissé les finances dans un triste état. La banqueroute est imminente. Un Écossais du nom de Law se présente au Régent comme un sauveur. Son système consiste à substituer aux espèces monnayées un papier auquel on donne la valeur de l'or et de l'argent ; il obtient ensuite le monopole du commerce dans la vallée du Mississipi et crée la Compagnie des Indes occidentales. Le Régent érige la banque de Law en banque royale. Dès lors, tout le monde spécule ; mais cette entreprise s'écroule bientôt, et Law est forcé de fuir en laissant la France au milieu d'une terrible crise financière.

Philippe V d'Espagne veut s'immiscer dans les affaires de la France ; le Régent répond à cette prétention par une alliance entre la France, l'Angleterre, l'Autriche et la Hollande pour garantir les traités d'Utrecht et pour maintenir l'ordre de succession établi en France et en Angleterre par ces traités. Philippe V ayant refusé d'accepter ces propositions, la France et l'Angleterre lui déclarent la guerre. L'Espagne vaincue signe un traité de paix le 20 janvier 1720. La Sicile est donnée à l'empereur d'Autriche, la Sardaigne au duc de Savoie, le grand-duché de Toscane et les duchés de Parme et de Plaisance sont attribués à don Carlos, fils du roi d'Espagne. Dubois, ancien précepteur du duc d'Orléans, qui a négocié divers traités, obtient d'être nommé ministre des Affaires étrangères, archevêque et enfin cardinal. Louis XV, déclaré majeur le 16 février 1723, laisse le duc d'Orléans diriger les affaires ; mais l'ancien régent meurt subitement le 2 décembre 1723.

Après la mort du duc d'Orléans, le duc de Bourbon est nommé Premier ministre en 1723 ; il fait renvoyer brutalement en Espagne l'infante qui devait épouser Louis XV et précipite, en 1725, le mariage du roi avec Marie Leszczyńska, fille de Stanislas Leszczyński, ancien roi de Pologne. Philippe d'Espagne, irrité, noue une alliance avec l'Autriche contre la France.

Le duc de Bourbon est remplacé par Fleury en 1726. Ce ministre rétablit la paix par d'habiles négociations, fait des économies et diminue les impôts : mais il ne donne aucun encouragement à l'industrie et au commerce, repousse toutes les innovations et laisse tomber en ruine la marine. Mais, malgré son amour pour la paix, Fleury est entraîné dans deux guerres, celle de la Succession de Pologne et celle de la Succession d'Autriche. Auguste II étant mort, le trône de Pologne est disputé par deux candidats. La France soutient Stanislas Leszczyński, ancien roi de Pologne et beau-père du roi de France ; la Russie et l'Autriche prennent pour candidat l'Électeur de Saxe. Ce dernier est couronné à Cracovie, en 1733, sous le nom d'Auguste III. Louis XV venge l'échec de son beau-père en s'alliant, le 26 septembre 1733, à l'Espagne et à la Sardaigne dans le but d'affaiblir la maison d'Autriche, et envoie deux armées, l'une sur le Rhin commandée par le maréchal de Berwick, l'autre en Italie commandée par Villars. Berwick enlève Kehl et est tué au siège de Philippsburg.

Villars s'empare de Milan et meurt à Turin en 1734, à 81 ans. Son successeur, le maréchal de Coigny, bat les Impériaux, et donne à la France la maîtrise du Milanais et du royaume de Naples et de Sicile. L'empereur demande la paix, signée à Vienne en 1738. Stanislas Leszczyński obtient les duchés de Bar et de Lorraine, à condition qu'après sa mort ils soient réunis à la France ; l'infant don Carlos reçoit le royaume de Naples et de Sicile, et l'empereur d'Autriche les duchés de Milan, de Mantoue, de Parme et de Plaisance. Le roi de Sardaigne obtient une partie du Milanais.

Charles VI meurt en 1740, laissant l'empire d'Autriche à Marie-Thérèse. Toutes les puissances songent à démembrer la monarchie autrichienne. Une guerre de huit ans commence en 1740, au cours de laquelle Marie-Thérèse réussit, après les avoir perdues au profit de ses voisins allemand et prussien, à récupérer la plupart de ses provinces.

La France n'a plus de raison de continuer la guerre. Elle demande la paix, qui lui est refusée par l'Autriche et l'Angleterre. Le maréchal de Saxe, le 11 mai 1745, remporte contre les Anglais la victoire de Fontenoy, qui suit la conquête des Pays-Bas, et les Français triomphent en Italie. Ces succès n'empêchent pas Marie-Thérèse de faire couronner empereur son mari sous le nom de François Ier. Le grand projet de la France a avorté : une nouvelle maison d'Autriche occupe le trône impérial d'Allemagne. La paix est signée à Aix-la-Chapelle le 18 octobre 1748. La France n'en retire aucun avantage, ses succès sur terre ayant été contrebalancés par les succès maritimes de l'Angleterre, sa grande rivale.

La guerre de Sept Ans éclate en 1754. La marine française commence à se relever, et l'Angleterre profite d'une mauvaise délimitation de frontières communes au Canada pour ouvrir les hostilités, en même temps que sur la mer leurs corsaires s'emparent, en 1755, de trois cents navires de commerce français, en pleine paix, contre tout droit. Le maréchal de Richelieu conquiert, en 1756, l'île de Minorque et la citadelle de Port-Mahon. En Amérique, Montcalm remporte de sérieux avantages contre les Britanniques. Louis XV, n'ignorant pas que le roi d'Angleterre est aussi Électeur de Hanovre, lui fait la guerre en Allemagne. Le roi d'Angleterre s'allie à Frédéric II, roi de Prusse, tandis que Louis XV fait alliance avec l'impératrice d'Autriche, Marie-Thérèse. D'un côté se trouvent la Prusse et l'Angleterre, de l'autre la France, l'Autriche, la Saxe et la Russie. Contre les armées prussiennes, la France perd, puis gagne, mais subit des désastres maritimes.

Sont perdus successivement les établissements d'Afrique, les possessions d'Asie et le Canada ; le commerce de mer est ruiné, et la marine perd de nombreux vaisseaux. Le duc de Choiseul est devenu Premier ministre. La guerre se termine par la paix de Paris du 10 février 1763. Paix qui assure l'empire des mers à l'Angleterre et élève la Prusse au rang de grande puissance européenne. Choiseul s'attache à relever la marine. Sous son ministère, la Corse et la Lorraine sont réunies à la France ; mais une cabale à la tête de laquelle se trouvait la comtesse du Barry, maîtresse de Louis XV, le renverse et le remplace par le duc d'Aiguillon. À l'extérieur, la Prusse, l'Autriche et la Russie se partagent la Pologne. Louis XV meurt de la petite vérole le 10 mai 1774.

Louis XVI, fils du Dauphin, succède à son grand-père Louis XV en 1774, à l'âge de 20 ans. Il rappelle le Parlement qui a été exilé à la fin du règne précédent et forme un nouveau ministère, dans lequel entrent Maurepas, Malesherbes, Turgot, Vergennes. Turgot réalise d'utiles réformes dans les finances, et propose la liberté du commerce des grains, la liberté de l'industrie, l'abolition des corvées, la suppression des privilèges, l'établissement d'un impôt territorial égal pour tous. Ces réformes froissent de nombreux intérêts. Une coalition composée de la noblesse, du clergé, de la haute finance et des parlements se forme contre lui. Turgot quitte son ministère. Necker, banquier genevois, lui succède en octobre 1776, au moment où la France va combattre, contre l'Angleterre, pour l'indépendance des États-Unis. Pendant cinq ans, il se maintient au pouvoir et fait face aux frais de guerre sans augmenter les impôts ; mais attaqué de tous côtés, Necker se retire le 21 mai 1781.

Le 3 octobre 1783, au traité de Paris, l'Angleterre reconnaît l'indépendance des États-Unis, rend à la France les îles de Sainte-Lucie, de Tabago, de Saint-Pierre et de Miquelon, lui garantit en Afrique le Sénégal, et, dans l'Inde, Pondichéry, Karikal, Mahé, Chandernagor et Surat. Les désastres de la guerre de Sept Ans sont presque effacés, mais la dette s'est creusée. Calonne succède à Necker (1783) et propose un impôt sur les propriétés foncières. En vain ; il doit donner sa démission en 1787. Loménie de Brienne, archevêque de Sens, qui lui succède, veut contraindre le Parlement à enregistrer des édits financiers. Celui-ci proteste et est exilé à Troyes le 15 août 1787, mais rappelé le 20 octobre de la même année. Des troubles éclatent en province, notamment dans le Dauphiné, où l'on demande la convocation des états généraux. Louis XVI fait enregistrer d'autorité, par le Parlement, un emprunt de 420 millions à réaliser en cinq ans. Necker est appelé une seconde fois au pouvoir le 25 août 1788. Il fait enregistrer par le Parlement, le 27 octobre 1788, l'édit convoquant les états généraux à Versailles pour le 1er mai 1789.

La première question qui agite l'assemblée est de savoir si on votera par ordre ou par tête. Dans le premier cas, la noblesse et le clergé triomphent ; dans le second, le tiers état l'emporte par le nombre. Des défections ont lieu dans les deux ordres privilégiés. Le 17 juin 1789, le tiers état, sur la proposition de l'abbé Sieyès, se déclare Assemblée nationale. Le roi veut recourir à des moyens énergiques en fermant la salle des États et en la faisant garder, mais Bailly entraîne les députés dans la salle du Jeu de paume de Versailles, et tous prêtent le serment de ne se séparer qu'après avoir donné une constitution à la France.

Rois Bourbons

— **Henri IV** dit « le Grand » — 2e fils d'Antoine de Bourbon, duc de Vendôme, roi de Navarre, et de Jeanne d'Albret, reine de Navarre, princesse de Béarn, comtesse de Foix — Né au château de Pau le 14 décembre 1553 — Sacré à Chartres le 27 février 1594 — Marié à Paris le 18 août 1572 à Marguerite de France, duchesse de Valois, seconde fille d'Henri II et de Catherine de Médicis (mariage déclaré nul par l'Église en décembre 1599) ; à Lyon en décembre 1600 à Marie de Médicis, fille aînée de François de Médicis, grand duc de Toscane, et de Jeanne d'Autriche — Mort à Paris le 14 mai 1610.

— **Louis XIII** dit « le Juste » — Fils aîné d'Henri IV et de la reine Marie de Médicis — Né à Fontainebleau le 27 septembre 1601 — Sacré et couronné à Reims le 17 octobre 1610 — Marié par procuration à Burgos, en Castille, le 18 octobre 1615, et en personne à Bordeaux, le 25 novembre suivant, à Anne d'Autriche, infante d'Espagne, fille aînée de Philippe III, roi d'Espagne — Mort d'une tuberculose intestinale au château de Saint-Germain-en-Laye le 14 mai 1643.

— **Louis XIV** dit « le Grand » — Fils aîné de Louis XIII et de la reine Anne d'Autriche — Né à Saint-Germain-en-Laye le 5 septembre 1638 — Sacré et couronné à Reims le 7 juin 1654 — Marié par procuration à Fontarabie le 3 juin 1660, et en personne à Saint-Jean-de-Luz le 9 juin suivant, à Marie-Thérèse d'Autriche, infante d'Espagne, fille unique de Philippe IV, roi d'Espagne, et d'Élisabeth de France, sa première femme — Mort à Versailles le 1er septembre 1715.

— **Louis XV** dit « le Bien-Aimé » — Troisième fils de Louis de France, Dauphin, duc de Bourgogne, et de Marie-Adélaïde de Savoie — Né à Versailles le 15 février 1710 — Sacré et couronné à Reims le 25 octobre 1722 — Marié à Fontainebleau le 5 septembre 1725 à Marie Leszczyńska, fille unique et héritière de Stanislas Leszczyński, roi de Pologne, et de Catherine, comtesse de Bnin-Opalinska — Mort à Versailles de petite vérole, le 10 mai 1774.

— **Louis XVI**, troisième fils de Louis de France, Dauphin, et de Marie-Josèphe de Saxe, sa seconde femme —

Né à Versailles le 23 août 1754 — Sacré et couronné à Reims le 11 juin 1775 — Marié à Versailles le 16 mai 1770 à Marie-Antoinette, archiduchesse d'Autriche, dixième fille de François Ier, empereur d'Allemagne, et de Marie-Thérèse d'Autriche, reine de Hongrie et de Bohême — Mort guillotiné à Paris le 21 janvier 1793.

Les cœurs embaumés de la reine Margot

Élevée parmi les demoiselles de « l'escadron volant », Marguerite de Valois, dite la reine Margot, troisième fille d'Henri II et de Catherine de Médicis, n'y apprend pas la vertu. Le poète Agrippa d'Aubigné et un autre chroniqueur insinuent qu'à quinze ans elle est déjà la maîtresse de trois de ses frères, dont François, duc d'Alençon, qui entretiendra cette liaison incestueuse jusqu'à sa mort. Brantôme, qui aurait aimé partager sa couche (tendue de draps noirs, afin de mettre en valeur sa peau « blanche comme lait ») la dit très belle, et s'extasie sur ses seins, qu'elle montre volontiers. Sa mère la destine d'abord à don Carlos, l'infant d'Espagne, puis à l'archiduc d'Autriche Rodolphe de Habsbourg, enfin au huguenot Henri, roi de Navarre. Ce dernier choix apaisera, pense-t-elle, la haine tenace qui oppose catholiques et protestants. Les noces sont célébrées le 18 août 1572 ; le 24, c'est le massacre de la Saint-Barthélemy. Ce mariage n'a-t-il été qu'un piège pour attirer les réformés ? Charles IX a dit : « La jupe de ma sœur est le filet qui a servi à prendre les huguenots. »

Pendant le massacre, dans la nuit, quelqu'un frappe violemment à la porte de la reine Margot en criant : « Navarre ! Navarre ! » On ouvre. Un huguenot entre en courant, suivi de gens en armes qui le menacent. Il se jette sur le lit de la princesse, se faisant un bouclier de son corps. Un capitaine des gardes ordonne aux soldats de sortir. Puis s'adressant à Marguerite, il lui accorde la vie de l'inconnu qu'elle fait panser dans son cabinet privé. L'officier ajoute que son époux se trouve auprès du roi Charles et qu'il ne faut pas craindre pour sa vie. Pour échapper à la vindicte des catholiques, Henri de Navarre a dû abjurer le protestantisme : « la messe ou la mort ! » lui a déclaré Charles IX, son nouveau beau-frère. Mais il devra ensuite rester trois ans à la cour du Louvre.

Marguerite, que le peuple a surnommée Margot, apprécie peu cet époux plutôt rustre qui s'enorgueillit de puer l'ail ; ils font chambre à part, mais le Béarnais séduit certaines de ses maîtresses avec la complicité de son épouse qui, de son côté, continue à recevoir ouvertement ses amants.

L'un d'eux, La Môle, seigneur provençal impliqué dans un complot contre Charles IX, est décapité. Marguerite rachète sa tête au bourreau et la fait embaumer. Puis elle lui emplit la bouche des bijoux qu'il lui avait offerts, et enterre la tête dans un coffret dans le jardin de l'abbaye de Montmartre.

Marguerite, fréquemment, aura recours aux embaumeurs pour conserver, selon Tallemant des Réaux, « le cœur de ses amants trépassés, qu'elle mettait chacun dans une boîte… » À force d'intriguer contre ses frères, elle est chassée de Paris et rejoint son mari à Nérac où ils vivent sous le même toit sans se soucier l'un de l'autre. Margot y tient une cour des plus brillantes. Les libelles du temps parlent de ses intrigues avec Turenne, Bussy d'Amboise (qui deviendra aussi l'amant de Françoise de Méridor, ancienne pensionnaire de l'escadron volant, épouse du comte de Montsoreau, lequel rossera sa femme infidèle et tuera son soupirant, inspirant un drame à Alexandre Dumas) et beaucoup d'autres. En 1582, elle regagne le Louvre. Commence la période la plus scabreuse de son existence : elle fait entrer dans son lit jusqu'à ses palefreniers ! Ce qui lui vaut les remontrances outrées et publiques d'Henri III, qui finit par renvoyer sa sœur à Nérac.

Elle n'y fait qu'un court passage et gagne l'Agenais qui lui a été donné en dot. Là, rebelle à son frère et à son époux, elle tente de se constituer une petite royauté avec l'aide d'une poignée de fidèles. Mais sa conduite trop légère indigne les habitants et elle doit bientôt repartir. Réfugiée à Carlat, elle apprend que la population s'apprête à la livrer au roi. Pour finir, confinée en Auvergne sur l'ordre du Béarnais, elle se rend, moitié de gré, moitié de force, dans le château d'Usson où elle passera dix-huit ans avec, pour amant, Canilhac, celui-là même qu'on lui a attribué pour geôlier ! C'est dans cette retraite qu'elle rédige ses *Mémoires* publiés au siècle suivant. C'est là qu'elle apprend l'assassinat du duc de Guise et la mort de sa mère, en 1589 ; puis le meurtre du roi, le 2 août de la même année ; l'accession au trône de son mari enfin, sous le nom d'Henri IV, et son sacre, à Chartres, en 1594.

Le roi tente, d'abord sans succès, de faire annuler son mariage. Après la mort de Gabrielle d'Estrées, la maîtresse du Vert Galant, Margot consent enfin à engager une procédure de divorce (on lui a rapporté la rumeur selon laquelle son époux, pour s'en débarrasser, envisage de la faire assassiner). La dissolution est prononcée en décembre 1599. Henri IV s'unit alors à Marie de Médicis. En 1605, magnanime, il accorde à son ex-épouse la liberté de quitter Usson. Marguerite vient s'installer à Paris à l'hôtel de Sens, près de la Seine. Elle s'entoure de lettrés, de poètes, de philosophes au milieu desquels elle achève sa vie d'une manière aussi brillante et libre qu'elle l'a commencée ; les chroniques disent qu'à près de 60 ans elle a encore des amants, bien que devenue, selon Tallemant des Réaux, « horriblement grosse ». Ce dernier poursuit : « Il y avait des portes où elle ne pouvait plus passer. Elle était coiffée de cheveux blonds, d'un bond de filasse blanchie sur l'herbe ; elle avait été chauve de bonne heure. Pour cela, elle avait de grands valets de pied blonds que l'on tondait de temps en temps. Elle avait toujours de ces cheveux-là dans sa poche de peur d'en manquer. » Elle meurt le 27 mars 1615, cinq ans après l'assassinat d'Henri IV. Sur la fin de sa vie dissolue, son confesseur est saint Vincent de Paul qui, comme le suggère avec humour Guy Breton, plutôt que de l'écouter énumérer ses péchés, lui préfère la compagnie des galériens…

Les gaietés de « l'escadron volant »

« L'escadron volant » est une idée de Catherine de Médicis pour servir sa politique tortueuse. Elle choisit, dans la noblesse provinciale, trois cents demoiselles d'honneur (les reines, depuis Anne de Bretagne, n'en avaient auparavant que quatre-vingts) qu'elle charge de séduire les grands du royaume pour obtenir leurs confidences ou devenir leurs égéries. Ainsi Henri de Navarre, lors de sa captivité à la cour, sera constamment sous leur galante surveillance. Les belles de l'escadron volant n'obéissent qu'à la reine mère, qui leur arrange de beaux mariages pour services rendus à la Couronne. Si tous les moyens sont bons pour mener à bien leurs missions, ces demoiselles doivent toutefois « se garder de l'enflure du ventre » hors des liens du mariage ; car une fois l'accouchement accompli, elles sont condamnées au couvent.

Les tendres conquêtes du Vert Galant…

La liste est longue de celles auxquelles Henri IV, pour justifier son surnom de Vert Galant, a accordé ses faveurs. Pendant sa semi-captivité à la cour de France, après la Saint-Barthélemy, c'est Catherine de Médicis elle-même qui met dans les bras de son gendre ses demoiselles d'honneur, pensionnaires de l'escadron volant… Amant rustique (« Ne vous lavez pas, j'arrive », écrit-il à Gabrielle d'Estrées) mais fin politique, Henri de Navarre se méfie de ses maîtresses et, s'il succombe volontiers à leurs charmes, veille à ne pas se laisser entraîner dans leurs intrigues. Et s'il se laisse trop attendrir, Sully, d'Aubigné ou d'autres conseillers sont là pour le rappeler à l'ordre.

Certaines, toutefois, ont compté plus que d'autres. Gabrielle d'Estrées, née en 1571, lorsqu'elle devient sa favorite, a déjà une solide réputation de frivolité ; on prétend qu'elle a été, entre autres, maîtresse d'Henri III. Elle n'aurait cédé aux avances d'Henri de Navarre que pour favoriser l'élévation de son père et de son frère dans la hiérarchie militaire. Henri IV, qui en est très amoureux, la marie au sire de Liancourt, puis fait casser le mariage et l'installe à la cour, auprès de lui ; il la crée marquise de Montceau (1595), puis duchesse de Beaufort. Pour elle, qui l'appelle « mon soldat », il a traversé des lignes ennemies déguisé en paysan. La belle lui est ouvertement infidèle, mais il refuse de la surprendre dans les bras de son amant (« Cela la fâcherait trop », explique-t-il). L'un de ses amants est de Bellegarde, le grand écuyer. Il est dans son lit une nuit que le roi, revenu de voyage plus tôt que prévu, se fait annoncer chez Gabrielle. Le grand écuyer n'a que le temps de se glisser sous le lit que déjà le Vert Galant pousse la porte. Gabrielle, couchée, l'y accueille… L'amour l'ayant mis en appétit, le roi se fait apporter des confitures. Il les déguste, quand un craquement, sous la couche, attire son attention. Prenant son assiette de confiture, le roi de France se penche et la glisse sous le lit… puis laisse le grand écuyer et Gabrielle à leur honte. Malgré cela, Henri traite Gabrielle comme une reine en titre, et songe même à l'épouser. Il faut toute la vigilance de Sully pour l'en empêcher. Une providentielle crise d'apoplexie arrache, le 10 avril 1599, un jeudi saint, Gabrielle, enceinte de leur quatrième enfant, à l'affection du roi, qui en montre une peine profonde jusqu'à ce qu'il croise, quelques jours plus tard, au château de Fontainebleau, Henriette d'Entragues. Les rumeurs prétendent que Gabrielle a été empoisonnée par les Florentins du duc de Toscane, qui est à Paris pour négocier le mariage de sa nièce Marie de Médicis…

Henriette de Balzac d'Entragues, née à Orléans en 1579, est la fille de Marie Touchet, maîtresse de Charles IX. Elle est ambitieuse et, en octobre 1599, se fait promettre le mariage par Henri IV, qui, après avoir épousé Marie de Médicis, doit lui racheter cette promesse 20 000 écus. Devenue duchesse de Verneuil en 1600, elle fait profiter sa famille des faveurs royales, mais, trop sûre de son charme, a l'imprudence de participer à un complot contre Henri IV avec son père, son frère utérin, le comte d'Auvergne, et le maréchal de Biron. Elle est arrêtée avec eux en 1604. Henri IV la fait libérer, et commue la peine de mort prononcée contre les membres de sa famille. Biron, ancien compagnon d'armes du roi de Navarre, est lui décapité, et avec une telle violence par le bourreau que sa tête vole jusqu'au milieu de la cour. Auparavant, Henriette a eu un fils et une fille d'Henri IV (installée au Louvre dans un appartement voisin, elle a été enceinte en même temps que Marie de Médicis), Malgré sa duplicité, fréquemment soulignée par Marie de Médicis, qui la hait, le roi continue à découcher pour elle. Mais Henriette, qui sent que la tendresse royale s'émousse, croit la stimuler en déclarant qu'elle va épouser le duc de Guise, éperdument amoureux d'elle. C'est l'effet inverse qui se produit. Le « bon roi Henri », après une liaison de dix ans, l'abandonne à ses projets matrimoniaux, et s'en va folâtrer avec mademoiselle de Montmorency. Henriette d'Entragues, déchue, quitte la cour, mais complote encore (voir *L'obscure mort d'Henri IV*) et finit sa vie entre sa maison de Verneuil et ses appartements de Paris, le 9 février 1633, presque sexagénaire.

Marie, une nièce que l'on dit être assez belle…

La mère de Marie de Médicis étant morte quand elle a eu cinq ans et son père s'étant remarié, Marie grandit solitaire, au palais Pitti, avec, pour seule amie, Leonora Galigaï. À Paris, le roi de France Henri IV, qui vient enfin de faire annuler son mariage avec Marguerite de Valois, passe en revue les princesses d'Europe dans l'intention de donner une nouvelle reine à la France. Voici ce qu'il confie à son ministre Sully : « L'infante d'Espagne, quelque vieille et laide qu'elle puisse être, me conviendrait assez, pourvu qu'avec elle j'épousasse les Pays-Bas. Je ne pense point aux princesses d'Allemagne, parce qu'une reine de cette nation-là a failli tout ruiner en France [Henri fait allusion à Isabeau de Bavière]. Les sœurs du prince d'Orange sont huguenotes, et cela me mettrait mal à Rome et auprès des catholiques zélés. Le duc de Florence a aussi une nièce que l'on dit être assez belle ; mais elle est de la maison de Catherine qui a fait bien du mal à la France, et plus encore à moi en particulier. J'appréhende cette alliance pour moi, pour les miens, pour l'État. Au-dedans du royaume, ma nièce de Guise est de bonne maison, belle, grande, bien faite, un peu coquette et qui, dit-on, aime bien autant les poulets en papier qu'en fricassée ; mais douce, vive, spirituelle, amusante : elle me plairait beaucoup ; mais je craindrais sa passion pour l'agrandissement de ses frères et celui de sa maison. L'aînée de la maison de Mayenne, quoique noire, ne me déplairait pas non plus, mais elle est trop jeune. Il y a une fille de la maison de Luxembourg, une dans celle de Guéméné, ma cousine Catherine de Rohan, mais elle est huguenote, et les autres ne me plaisent pas. »

Parmi les différents partis envisagés, c'est un de ceux qu'il redoute le plus qu'il finit par choisir lorsqu'il reçoit de Ferdinand de Médicis, le tuteur de Marie, des propositions matrimoniales. Il écarte le préjugé que le nom des Médicis lui inspire (la dot est de 600 000 écus d'or !), et un mariage par procuration se fait à Florence le 5 octobre 1600. Il est suivi, en décembre de la même année, de la cérémonie officielle qui se déroule à Lyon. Le Vert Galant consomme ce mariage le jour même de son arrivée en ville, une semaine avant les noces officielles, confortant ainsi une réputation déjà bien établie. À son arrivée à Paris, quelques semaines plus tard, la reine est enceinte. Elle accouche, le 27 septembre 1601, de celui qui sera Louis XIII.

Marie de Médicis n'est pas des plus belles, contrairement au portrait qu'on a montré au roi. Grande, grosse, avec des yeux ronds et fixes, elle a des manières brusques et l'esprit lent. Irascible, elle fait de constantes scènes au roi, qui s'en amuse plus qu'il ne s'en offusque. Lors d'une dispute, Henri envoie dire à la reine que si elle ne change pas de conduite, il sera contraint de la renvoyer à Florence avec tout ce qu'elle en avait ramené (il désigne par là Leonora Galigaï, et son mari Concino Concini). Sully assure qu'il ne vit jamais les conjoints plus de huit jours sans querelle.

L'obscure mort d'Henri IV

Henri IV, roi de France et de Navarre, a échappé à plusieurs tentatives d'assassinat avant d'être poignardé par Ravaillac le 14 mai 1610. Ce jour-là, Henri IV se rend en carrosse à l'Arsenal pour rendre visite à son ami Sully, quand il est assailli, rue de la Ferronnerie, où son carrosse est retenu par un encombrement, par un homme qui, se hissant contre la portière, lui plante un couteau dans la poitrine. Qui a armé son bras ? Les Espagnols, ou les catholiques proches de Marie de Médicis, humiliée par les liaisons de son époux ? Saint-Simon écrira que « Marie de Médicis, furieusement jalouse et poussée par cette lie domestique qui soupirait après la régence » a fait alliance avec Henriette d'Entragues, maîtresse délaissée et intrigante notoire, pour faire tuer le Béarnais. Si le maréchal de Bassompierre prétend que Marie de Médicis, lorsqu'elle apprend la nouvelle, tard dans la journée, fond en larmes (« rien ne la soulageait, rien ne la pouvait consoler... »), Saint-Simon, lui, prétend le contraire : « Personne n'ignore avec quelle présence d'esprit, avec quel dégagement, avec quelle indécence, la reine et ceux qui la possédaient reçurent une nouvelle si funeste qui aurait dû les surprendre et les accabler. » Marie, en effet, aurait appris le drame par un désinvolte *E ammazzato !* (« on l'a assassiné ! ») jeté par Concini à travers la porte de sa chambre. Et il est vrai que le même jour, sur l'ordre de la reine, le Parlement rédige un arrêt qui lui remet en totalité l'administration du royaume, arrêt dûment enregistré dès le lendemain. Hâte qui provoque des soupçons et qui fera demander, deux siècles plus tard, par l'historien Michelet, à qui profite le crime.

Henri IV laisse quatre enfants légitimes et plusieurs bâtards, dont César de Bourbon, duc de Vendôme, le fils qu'il a eu de Gabrielle d'Estrées et qui, le jour du crime, est dans le carrosse. Car ce n'est pas chez Sully, malade, que le roi veut se rendre tout d'abord, mais chez la petite Paulet. Cette dame exerce de la plus honorable façon le plus vieux métier du monde, et le roi l'a choisie pour déniaiser son dadais de César, 14 ans, parce que, raconte Tallemant des Réaux, « il voulait rendre ce prince galant ; peut-être s'était-il déjà aperçu que ce jeune monsieur n'aimait pas les femmes… »

Henri IV en chiffres…

Le jour de son mariage avec Marie de Médicis, les jésuites éditent l'étude suivante : le roi a 7 fois 7 ans ; il est le neuf fois 7e roi de France depuis Pharamond [ancêtre de Clovis plus ou moins mythique] ; il a vaincu à Arques en septembre, le 21, trois fois 7e jour, à Ivry, en mars, au jour deux fois 7, et son armée est divisée en 7 escadrons…

Après sa mort, un autre numérologue pythagoricien constate qu'Henri IV est né 14 siècles, 14 décades et 14 ans après Jésus-Christ, qu'il est venu au monde le 14 de décembre, et qu'il est mort le 14 de mai ; qu'il a vécu quatre fois 14 ans, 14 semaines, 14 jours.

L'écartèlement, châtiment des régicides

L'*esquartelage* ou écartèlement est l'une des peines les plus terribles inventées par la pénalité judiciaire. Il devient la peine appliquée aux seuls régicides, lesquels sont considérés comme ayant commis le plus abominable des crimes, celui de lèse-majesté. Ravaillac, assassin d'Henri IV, Damien, qui a écorché Louis XV avec un canif (1757), le subissent, ainsi que l'assassin de François de Guise, en 1563.

Presque toujours le condamné à l'écartèlement doit subir préalablement diverses tortures accessoires : tantôt on lui coupe la main droite et on lui brûle le poignet sur un brasier de soufre ; tantôt on le tenaille aux bras, aux cuisses, aux seins, et l'on verse sur ses plaies vives de l'huile ou de la poix bouillante, du plomb fondu, etc.

Après ces affreux préludes, on attache à chaque membre du condamné une corde, qui pour les jambes prend des pieds jusqu'aux genoux, et pour les bras du poignet jusqu'aux coudes ; chacune de ces cordes est fixée ensuite aux palonniers de quatre forts chevaux harnachés comme pour la remorque des bateaux. On fait d'abord tirer les chevaux par petites secousses alternatives, en modérant leur ardeur ; puis, lorsque la douleur a arraché des cris déchirants au malheureux, qui sent ses membres se désarticuler, on excite à grands coups de fouet tous les chevaux à la fois pour que les membres du patient soient écartés en même temps : cependant, comme les tendons et ligaments des bras et des jambes résistent encore, le bourreau aide à la séparation des membres en pratiquant à l'aide d'une hachette des entailles à chaque jointure.

Lorsque enfin chaque cheval a arraché un des membres, on réunit ces débris au tronc informe, qui quelquefois respire encore, pour les brûler ensemble sur un bûcher, à moins que l'arrêt n'ait ordonné que le corps sera accroché au gibet, et que les membres seront exposés aux portes de la ville, ou envoyés en quatre villes aux extrémités du royaume.

La terrible fin de règne de la Galigaï et du maréchal d'Ancre

Devenue régente, Marie de Médicis dissipe le trésor royal accumulé par Sully, rapidement écarté au profit de Concino Concini, qui a épousé la sœur de lait, femme de chambre et confidente de la reine, Leonora, dite la Galigaï. L'effronterie de Concini, couvert de richesses et d'honneur par la reine, est proverbiale. Il est le maître de la France. Favori de la reine, et sans doute son amant (« lorsqu'il sortait de sa chambre, il affectait de renouer son aiguillette pour faire croire qu'il venait de coucher avec elle », a écrit un contemporain), il achète, en ponctionnant le trésor royal, les princes afin qu'ils cessent leur agitation. Parmi ses ennemis, le duc de Luynes, conseiller et amant du jeune Louis XIII, qui a su conquérir la confiance du roi en dressant ses oiseaux de proie (la passion du roi), et qui ne cesse d'attiser sa haine contre Concini afin de prendre sa place.

Louis XIII finit par céder et, le 27 avril 1617, Concini est assassiné par le capitaine des gardes du roi alors qu'il entre au Louvre. Louis XIII, très pâle, paraît à une fenêtre et annonce, sous la pression de son entourage : « Maintenant, je suis le roi ! » Et, afin de souligner cette prise de pouvoir, il fait placer des gardes aux portes des appartements de sa mère, avant de la reléguer à Blois.

Le cadavre de Concini est déterré par la populace, traîné dans les rues, coupé en morceaux et brûlé sur le Pont-Neuf ; son cœur, rôti, est mangé publiquement devant la statue d'Henri IV, dont il a, en politique, pris le contre-pied en favorisant l'alliance avec l'Espagne. Des soldats forcent le duc de Penne (ainsi nomme-t-on le fils du maréchal, âgé de 12 ans) à regarder par une fenêtre l'horrible traitement infligé à la dépouille de son père afin, dit un écrit du temps, « qu'il apprît à mieux vivre. »

Dans le même temps, on conduit sa mère, la Galigaï, à la Bastille, où on lui dérobe ses derniers écus. Lorsque les soldats sont venus l'arrêter, ils l'ont trouvée couchée en travers de son lit ; elle cherchait à dissimuler des bijoux sous son matelas… Un garde, afin de vérifier qu'elle ne cache rien, relève jusqu'à la ceinture sa robe sous laquelle elle porte un caleçon d'étoffe rouge, qu'il palpe. À cet outrage, elle se contente de dire : « Maintenant je dois tout souffrir. » Accusée du crime de lèse-majesté divine et humaine, c'est-à-dire de sorcellerie et complot contre le roi, elle est condamnée à avoir la tête tranchée, son corps et tête brûlés et réduits en cendres. Le supplice a lieu le 8 juillet 1617, sans que Marie de Médicis intervienne pour la défendre. Sans que n'intervienne non plus le grand aumônier de la reine, l'évêque de Luçon, Armand Du Plessis de Richelieu, le futur cardinal. Pourtant, il a été dit que l'ambitieux évêque, pour s'introduire à la cour, avait courtisé Leonora Galigaï (qui était fort laide), et « qu'ayant eu l'entrée de sa chambre », il était même devenu son amant…

Un confesseur évêque et guitariste pour la reine mère

Lorsque le règne des Concini s'achève, en 1617, Marie de Médicis est exilée par son fils au château de Blois. Un évêque l'accompagne dans sa fuite : Richelieu, son confesseur. En 1622, elle lui obtient le chapeau de cardinal. L'année précédente, à la mort du duc de Luynes, la reine mère s'est réconciliée avec son fils (sur l'intercession de Richelieu), et est revenue siéger au Conseil, où elle a fait entrer son protégé. Vingt ans les séparent. Ont-ils, comme le prétend Michelet, été amants ? Ce qui est certain, c'est que l'ambitieux Richelieu s'est beaucoup dépensé pour séduire la reine ; alors qu'elle est régente, il fait son éloge lors des états généraux, où il est représentant du clergé. S'il courtise la Galigaï, c'est parce qu'il faut passer par elle pour être présenté à la reine… Il aurait même appris à jouer de la guitare pour lui plaire !

Mais l'influence toujours plus grande du cardinal sur le roi finit par inquiéter sa protectrice, et son succès devant La Rochelle (1628) achève de la décider : l'ami d'hier devient tout à coup celui qu'il faut abattre. Elle tente dès lors de le faire disgracier et c'est la fameuse « journée des Dupes », le 11 novembre 1630, où le roi, contrairement aux pronostics, confirme sa confiance en Richelieu. À la suite de cette affaire, la reine mère doit s'exiler à Bruxelles où elle séjourne jusqu'en 1637 ; elle y vit d'une irrégulière pension versée par les Espagnols. Elle gagne ensuite les Pays-Bas où le prince d'Orange l'accueille tout d'abord avec chaleur ; mais les dépenses de son auguste invitée dépassant de beaucoup le montant de ses revenus, elle est priée, avec toute la politesse requise, de quitter le pays. Elle se rend alors à Londres où elle arrive dans les premiers jours de novembre 1638.

Sa fille Henriette, épouse du roi Charles Ier, lui a fait préparer un appartement au palais Saint-James avec une pension de cent livres sterling par jour. Mais Marie ne tarde pas à manifester sa volonté de retourner en France, où ni le roi ni Richelieu ne souhaitent la voir revenir. On lui propose, au mieux, Florence, sa ville natale. En outre, des désordres secouent l'Angleterre. Il devient impossible au gouvernement de payer la pension de la reine mère.

Âgée de 68 ans, elle est forcée de repartir. Elle gagne Cologne où elle parvient le 12 octobre 1641. C'est là sa dernière étape.

En France a éclaté la conspiration de Cinq-Mars dirigée contre le cardinal de Richelieu, qui apprend que la vieille reine s'y est associée. Elle n'y gagne qu'une interdiction plus ferme de retrouver la France. Son douaire et ses biens sont saisis et elle est contrainte de mener une existence misérable, abandonnée de tous. On dit que pendant l'hiver de 1642, manquant de bois, elle est contrainte de brûler une partie de son mobilier pour entretenir un feu dans son appartement. Elle meurt le 3 juillet 1642. Lorsque le roi apprend la nouvelle de sa mort, il ne laisse apparaître aucun remords. On doit à Marie de Médicis l'édification du palais du Luxembourg, qu'elle fait orner d'œuvres de Rubens, de Poussin et de Philippe de Champaigne.

Louis XIII, le triste sire

Louis XIII a 8 ans lorsque Henri IV est assassiné. Il n'a en rien hérité du tempérament de son père : malade et mélancolique autant qu'Henri IV était exubérant, attiré par les hommes autant que le Vert Galant aimait les femmes. Il partage son temps entre parties de chasse et pratiques dévotes, tout en supportant les perpétuelles révoltes de son frère Gaston d'Orléans qui espère s'emparer du trône à la mort de son aîné, de santé fragile et sans héritier.

En 1615, il est marié à l'infante Anne d'Autriche. Mariage qui ne sera consommé que des années plus tard. Il faut attendre vingt-trois ans après le mariage entre Louis XIII et Anne d'Autriche pour que naisse le futur Louis XIV, « l'enfant du miracle » (un orage providentiel, un soir de décembre 1637, les a réunis dans le même lit). Louis, déjà chaste de tempérament, déteste en outre sa femme. Froid, sec de cœur, insensible, et sans doute impuissant, ce qui expliquerait sa haine du sexe, il est capable d'ingratitude. À l'heure où Cinq-Mars, son ancien favori, est décapité, il s'écrie : « Je crois que mon cher ami fait à présent une mauvaise mine ! » Lorsque Richelieu, moribond, lui offre, en dernier geste d'allégeance, ce Palais-

Cardinal qui est son orgueil, Louis XIII a la mesquinerie de s'en emparer aussitôt, sans attendre la mort du donateur.

La naissance de Louis XIV intrigue encore. Le biologiste Raspail, au XIXe siècle, a publié une étude où il met en évidence la bâtardise du Roi-Soleil. Mais qui est son vrai père ? Pour Raspail, c'est Mazarin. Pour d'autres historiens, c'est le frère du roi, Gaston d'Orléans, ou d'un gentilhomme dont la postérité a volontairement oublié le nom. Car il n'y a pas qu'avec le duc de Buckingham qu'Anne d'Autriche a noué de tendres intrigues. D'après l'historien du XIXe siècle Jean Guénot, elle a eu recours à plusieurs reprises à l'avortement avec l'aide de Danse, son apothicaire (il est avéré qu'elle fait une fausse couche en 1631, alors qu'elle est séparée du roi depuis 1625), ce qui ne l'empêche pas de faire dire des messes pour devenir féconde. Richelieu se serait même proposé de l'aider à donner un Dauphin à la France, mais se serait fait éconduire, ce qui expliquerait la haine et la mesquinerie avec lesquelles il persécutera la reine.

Les contemporains, d'ailleurs, sont les premiers à susciter le soupçon sur cette naissance : d'après les témoins, le seul à ne pas applaudir à l'apparition de « l'enfant du miracle », c'est Louis XIII, d'une morosité égale avant et après l'événement, et qui refuse d'aller embrasser la reine qui vient d'accoucher. Lui, il sait que cet héritier n'est pas son fils !

Des années plus tard, on évoquera la bâtardise du jeune roi, sur les barricades, pendant la Fronde, dont l'un des chefs, le duc de Beaufort (fils de César de Vendôme, bâtard d'Henri IV : celui-là même qui était dans le carrosse de son père lors de son assassinat), est l'un de ceux auxquels on a attribué la paternité de Louis XIV…

Louis XIII s'éteint le 14 mai 1643, date anniversaire de l'assassinat de son père Henri IV (1610), à 41 ans, d'une péritonite tuberculeuse. Un contemporain lui dressera une épitaphe peu flatteuse :

« Il eut cent vertus de valet, et pas une vertu de maître. (…) Une certaine cruauté native, beaucoup de dissimulation, de la pudeur sournoise, une vaillance douteuse, une fainéantise achevée, des ennuis passés à l'état chronique, une horrible manie, celle de se divertir à contrefaire les mourants. »

Naissance...

Lorsqu'une femme est en couches, elle devient objet de culte pour toute la famille. Pour distraire l'accouchée, on lui lit, c'est l'usage, la vie de sainte Marguerite, qui, élevée à Antioche au IIIe siècle, à l'insu de son père, un prêtre païen, dans la religion chrétienne, subit le martyre pour avoir repoussé les avances du préfet d'Orient... Après sa délivrance, une fête est donnée, où l'on tue le veau gras, si l'on en a un. À la naissance, les parents font tirer l'horoscope de l'enfant ; Henri IV le fait pour la naissance de Louis XIII, et un astrologue est caché près de la chambre d'Anne d'Autriche au moment où elle met Louis XIV au monde.

Le supplice du « sorcier » Urbain Grandier

Urbain Grandier, bien qu'abbé à Loudun, est un libertin. Bel homme, il est accusé d'envoûtement par des nonnes hystériques d'un couvent d'ursulines. Les nonnes ont sans doute été manipulées par les ennemis de Grandier, des capucins. Cet ordre fournit à Richelieu un réseau d'espions, et Richelieu en veut à Grandier, qui a critiqué sa politique dans ses écrits. Grandier est arrêté et jugé.

Pour voir si le curé n'a pas sur le corps des marques sataniques révélant le pacte qu'il a nécessairement conclu avec le démon, ses accusateurs envoient un chirurgien pour le raser, l'épiler et le piquer jusqu'aux os. Pour le faire avouer, on lui donne la question. La torture est si violente, « *qu'il en eut les jambes rompues et que la moelle des os en sortit à la vue de tout le monde. Il perdit plusieurs fois connaissance, qui ne lui fut rendue qu'à force de coups redoublés* ». On le mène au supplice précédé de prêtres revêtus d'aubes et d'étoles qui l'exorcisent et lui jettent violemment de l'eau bénite au visage quand il veut parler au peuple. On l'attache à un cercle de fer, et il doit être étranglé avant que le feu soit mis au bûcher ; mais les capucins qui l'accompagnent nouent la corde de manière que le bourreau ne puisse la serrer. Ainsi, il sera brûlé vif, sur une chaise de fer, sans que ses souffrances soient abrégées.

L'impatience des capucins est si grande à le voir souffrir que, « *sans attendre l'ordre du bourreau, ils saisissent des torches de paille et mettent le feu* » (18 août 1634).

Les vertueuses favorites de Louis XIII

Louis XIII aime les oiseaux, la peinture, la musique et la conversation, où il montre beaucoup d'esprit ; mais les femmes, il les aime comme on aime les fleurs. « Les femmes, dit-il, sont chastes avec moi jusqu'à la ceinture ». Ce à quoi le maréchal Bassompierre aurait répondu qu'il fallait donc la leur faire porter aux genoux… Christine, reine de Suède, confirme elle aussi la continence de Louis XIII à l'égard des femmes : « Il n'en aimait que l'espèce. » Cependant, cet homme au caractère sombre ne peut se passer d'un favori ou d'une confidente.

Ainsi s'éprend-il violemment, en 1635, de Louise de La Fayette, née vers 1616, entrée à l'âge de 14 ans à la cour comme demoiselle d'honneur d'Anne d'Autriche. Elle évince, dans le cœur du roi, Mlle de Hautefort, et ne s'occupe que de le distraire, se gardant bien de se mêler de politique, attentive à ne point provoquer Richelieu, mais en refusant de le servir auprès du roi. Richelieu, qui sait son roi versatile, ne peut tolérer l'intimité intellectuelle qui s'est établie entre la demoiselle d'honneur et le souverain. Il fait — avec l'appui de la reine, jalouse — persécuter la jeune femme par ses confesseurs qui lui font honte de l'amour, même platonique, qu'elle ressent pour Louis. Elle finit par se faire religieuse chez les sœurs de la Visitation, le 19 mai 1637. Louis XIII, que ce départ a affecté, lui rend plusieurs fois visite et entretient une correspondance avec elle. Elle meurt en 1665.

Marie de Hautefort, duchesse de Schomberg, née dans le Périgord en 1606, est fille d'honneur de Marie de Médicis, puis, quand sa beauté attire les regards de Louis XIII, d'Anne d'Autriche, à la suite d'une manœuvre de Richelieu, qui entend tout maîtriser dans l'entourage royal. Le roi, qui est amoureux de Marie, écrit pour elle des poèmes : *Ô, que le ciel est gai,/Durant ce joli mois de mai,/Mais le printemps pâlit/Auprès d'Amaryllis !… / Mais que sont les lys/Auprès d'Amaryllis ?*

Lorsque le roi s'éprend de Louise de La Fayette, Richelieu, inquiet de l'ascendant que cette dernière prend sur le roi, intrigue pour que Mlle de Hautefort revienne dans la faveur royale. Mais la jeune coquette, forte de son crédit retrouvé, se mêle aux intrigues contre Richelieu, et provoque, elle aussi, la jalousie de la reine. Le terrible cardinal lui fait donner l'ordre de quitter la cour, et l'exile en 1640. Elle reparaît à la cour à la mort de Richelieu, mais, n'ayant toujours rien compris à la politique, provoque une nouvelle fois la rancune d'Anne d'Autriche en prenant le parti des Frondeurs contre Mazarin. Elle est à nouveau exilée. Elle épouse en 1646 le duc Charles de Schomberg, et meurt à Paris le 1er août 1691, à l'âge de 85 ans.

Richelieu l'impitoyable

Armand Jean Du Plessis naît à Paris le 5 septembre 1585. Il est le 3e fils d'un ancien capitaine des gardes d'Henri IV. Il se destine à la carrière des armes mais doit, pour des raisons familiales, entrer dans les ordres. Il est à 21 ans évêque de Luçon, « l'évêché le plus pauvre et le plus crotté de France ». En 1614, il siège aux états généraux comme député du clergé de sa province. La reine mère le prend comme aumônier, puis le fait nommer secrétaire d'État à la Guerre.

En 1624, devenu cardinal, il siège au Conseil du roi qui, même s'il le trouve antipathique, ne peut que reconnaître ses qualités. Trois mois après, Richelieu dirige le gouvernement. Il le fera jusqu'à sa mort, dix-huit ans plus tard. Il a 39 ans. Cet homme de fer va transformer la France, en faire un État respecté, poser les fondations de la monarchie absolue. Sa vie ne sera qu'une suite de guerres péniblement gagnées, de paris risqués, mais réussis, et d'exécutions sommaires.

Le 4 décembre 1642, le cardinal, en proie à une fièvre ardente, s'éteint à l'âge de 57 ans en recommandant le cardinal Mazarin à son roi. À l'annonce de sa mort, dans les campagnes, on danse de joie… En mourant, il laisse le trésor royal aussi appauvri qu'il l'a trouvé. Il a offert le Palais-Cardinal (Palais-Royal), qu'il a fait construire, à son roi, et tous ses autres biens (il en a amassé beaucoup) à sa nièce, Mme de Combalet, duchesse d'Aiguillon, jeune veuve d'un vieillard, qui a été sa gouvernante dévouée, et aussi sa maîtresse jalouse, pendant dix-sept ans. Le cardinal, pour mener à bien ses aventures amoureuses, notamment avec la dame galante la plus célèbre de son époque, Marion Delorme, se costumait « en civil ».

Étuves et débauches…

Si en Lorraine, lors du carême, on brûle les paillasses des femmes réputées de mauvaise vie, à Paris, on les laisse libres d'agir au grand jour. Parfois, le procureur du roi rappelle qu'il est défendu aux Parisiens de loger des courtisanes, et que les filles publiques doivent quitter la ville ; la Le Noble, une courtisane fameuse, est embarquée, sur ordre d'Anne d'Autriche, pour être envoyée au Canada.

Mais ce sont les étuves qui servent surtout aux rendez-vous amoureux. Celles-ci tiennent de l'hôtel garni, du restaurant et du hammam. Les maîtres baigneurs, qui les gèrent, sont autant d'entremetteurs qui trouvent pour l'homme de plaisir la femme galante de son souhait. Certains passent plusieurs jours dans les étuves pour échapper à leurs créanciers. Des dames de la cour, déguisées et masquées, viennent y chercher l'aventure, croisant des bourgeoises infidèles ou des prostituées occasionnelles. Louis XIV, dans sa jeunesse, fréquente volontiers les étuves du sieur Lavienne, dont il fera, reconnaissant, son valet de chambre.

Anne d'Autriche et Buckingham

En mai 1625, Richelieu fait célébrer par procuration le mariage de la troisième sœur de Louis XIII, Henriette, avec un prince protestant, Charles, fils de Jacques Ier, roi d'Angleterre. Le favori du roi d'Angleterre, le duc de Buckingham, a reçu mission d'aller chercher la nouvelle reine. Il apporte dans sa garde-robe vingt-sept costumes divers, dont l'un est, dit-on, couvert de diamants. Pendant les huit jours de fêtes qu'il passe à Paris, il a le temps de plaire à la jeune reine, délaissée par son époux, d'autant qu'il la courtise avec une élégante indiscrétion. Anne d'Autriche a 23 ans, Buckingham 33. Il plaît rapidement à la jeune reine, qui a pour confidente la duchesse de Chevreuse, elle-même passionnément éprise de lord Holland, l'ami de Buckingham ; la duchesse joue les entremetteuses.

Le 2 juin, la nouvelle reine Henriette quitte Paris et s'achemine vers l'Angleterre. Le duc de Buckingham, le comte de Holland, le duc et la duchesse de Chevreuse sont chargés de la conduire et de la remettre au roi son mari. Marie de Médicis, Anne d'Autriche et une grande partie de la cour l'accompagnent jusqu'à Amiens. Louis XIII, indisposé, s'arrête à Compiègne. Dans Amiens, pendant huit jours, les promenades et les fêtes se succèdent. La maison qu'occupe Anne d'Autriche a un grand jardin le long de la Somme ; un soir, sa petite cour s'y promène ; Buckingham conduit la reine ; lord Holland et Mme de Chevreuse les suivent ; l'écuyer de la reine, M. de Putange, se tient à une distance respectueuse. Les deux groupes se livrent à une tendre conversation ; dans une allée tournante et sombre Anne d'Autriche et Buckingham se trouvent seuls… Tout à coup la reine crie, Putange accourt, Buckingham s'évade, et la reine et sa suite rentrent silencieusement dans la maison.

Deux ou trois jours après, le 16 juin, Henriette et sa suite partent d'Amiens pour Boulogne, où les vents contraires les retiennent plusieurs jours. Marie de Médicis, grippée, est restée à Amiens, et Anne d'Autriche avec elle. Sous prétexte d'informations importantes qui lui arrivent d'Angleterre et qu'il doit transmettre à la cour de France, Buckingham revient à Amiens, à la surprise d'Anne d'Autriche qui le voit surgir dans sa chambre, où elle se tient alitée, s'étant fait saigner ce jour-là. Selon la princesse de Conti, « *elle fut surprise de ce que tout librement il vint se mettre à genoux devant son lit, baisant son drap avec des transports si extraordinaires qu'il était aisé de voir que sa passion était violente et de celles qui ne laissent aucun usage de raison à ceux qui en sont touchés. La comtesse de Lannoy, alors dame d'honneur de la reine, sage, vertueuse et âgée, qui était au chevet de son lit, ne voulant point souffrir que ce duc demeurât en cet état, lui dit avec beaucoup de sévérité que ce n'était point la coutume en France, et voulut le faire lever ; mais lui, sans s'étonner, combattit contre la vieille dame, disant qu'il n'était pas français et qu'il n'était pas obligé d'observer toutes les lois de l'État. Puis s'adressant à la reine, il lui dit tout haut les choses du monde les plus tendres ; mais elle ne lui répondit que par des plaintes de sa hardiesse, et, sans peut-être être trop en colère, elle lui ordonna sévèrement de se lever et de sortir. Il le fit, et, après l'avoir vue encore le lendemain en présence de toute la cour, il partit, bien résolu de revenir en France le plus tôt qu'il lui serait possible.* »

Il n'y reviendra jamais. La reine mère, toujours perfide malgré son rhume, a écrit à Louis XIII : « *Votre femme fait galanterie avec M. de Montmorency, avec le duc de Buckingham, avec celui-ci, avec celui-là.* » Le cardinal de Richelieu, avec opportunisme, partage la colère du roi ; il a lui-même, à en croire quelques témoignages, tenté de plaire à Anne d'Autriche, et est jaloux de Buckingham.

Quant à Anne d'Autriche, on a beaucoup discuté de savoir jusqu'à quel point elle a partagé la passion de Buckingham. Lorsque le cardinal de Richelieu lui présente pour la première fois Mazarin, il lui déclare avec aplomb : « *Vous l'aimerez, Madame, il a de l'air de Buckingham.* » Buckingham, en 1628, est assassiné par un fanatique alors qu'il s'apprête à aller porter secours aux protestants de La Rochelle. Il porte sur lui un portrait miniature d'Anne d'Autriche.

Anne d'Autriche et Mazarin

À la mort de Louis XIII, son fils aîné a moins de 5 ans. Louis XIII, qui se défie de la reine, lui a laissé la régence, mais en plaçant près d'elle un conseil. Anne d'Autriche n'a pas l'intention d'accepter des tuteurs. La domination sous laquelle l'a tenue Richelieu l'a rendue populaire. Elle demande au Parlement d'annuler les dernières volontés de son époux. Le Parlement, heureux de revenir dans la vie politique, casse le testament du roi. Anne d'Autriche est proclamée régente « *avec pouvoir de faire choix de telles personnes que bon lui semblerait pour délibérer sur les affaires qui leur seraient proposées* ». À l'étonnement de la cour, la première personne qu'elle choisit est l'ami, le successeur de Richelieu, le cardinal Mazarin.

Mazarin est né en 1602, d'une famille de Sicile établie à Rome. Après avoir été officier dans l'armée pontificale, il a été envoyé comme nonce en France (1632), où il s'est fait remarquer de Richelieu, qui a obtenu pour lui le chapeau de cardinal. La reine mère en fera non seulement son conseiller, mais aussi son amant (à moins qu'il ne l'ait déjà été), et peut-être même son mari, le cardinal pouvant se marier, puisque n'ayant pas reçu la prêtrise. Il a 41 ans, elle en a 42. De Mazarin, La Rochefoucauld dit : « Il a plus de hardiesse dans le cœur que dans l'esprit, au contraire du cardinal de Richelieu, qui avait l'esprit hardi et le cœur timide. » Lorsque, par deux fois, Mazarin doit s'exiler, il continue à entretenir avec la régente une correspondance passionnée — et codée. Ils logent tous les deux au Palais-Royal, ce qui permet à Mazarin, tous les soirs, de gagner discrètement la chambre de la reine.

Lors de la Fronde, le prince de Condé, qui ouvertement appelle le cardinal « l'illustrissime signor Faquin » imagine de faire remplacer le cardinal auprès d'Anne d'Autriche par Jarzé, un jeune homme séduisant. Mais la régente est méfiante, et renvoie Jarzé ignominieusement avant qu'il ait pu tenter la moindre manœuvre de séduction. Mazarin et Anne d'Autriche résistent ensemble fermement aux rébellions du Parlement et des nobles. Par sa persévérance, Anne transmet intacte à Louis le Grand, son fils aîné, la monarchie telle que l'a conçue Richelieu, ce mortel ennemi dont elle a toujours reconnu le génie politique et dont elle a poursuivi l'œuvre centralisatrice.

En 1659, le traité des Pyrénées met fin aux hostilités franco-espagnoles. Deux ans après, Mazarin meurt, et le jeune roi se charge seul du gouvernement, écartant la régente. Anne en est peinée quelque temps, répétant : « Je me doutais bien qu'il serait ingrat et voudrait faire le capable. » Elle s'y résigne cependant et se retire au Val-de-Grâce qu'elle a fait construire en 1621 et où elle s'éteint, atteinte d'un cancer du sein, le 20 janvier 1666. Pendant sa maladie, le roi a pour elle des attentions extraordinaires et passe même des nuits entières à son chevet, dormant tout habillé dans la même pièce et se levant fréquemment pour l'assister.

Les ongles de Pascal

Pascal, fréquemment perdu dans ses pensées, a pour habitude de méditer en se promenant. Pour ne rien perdre de ses pensées, il les résume au moyen de signes et de caractères qu'il se dessine, avec une épingle, sur ses ongles… Heureusement qu'il ne se les rongeait pas.

Marie-Thérèse, l'humble reine

Le traité des Pyrénées, qui amorce la réconciliation entre la France et l'Espagne, stipule dans son premier article que le roi Louis XIV épousera l'infante Marie-Thérèse. Fille du roi d'Espagne Philippe IV et de sa première épouse, Élisabeth de France, et nièce d'Anne d'Autriche, Marie-Thérèse est donc doublement cousine de son fiancé. Mais le pape ne s'y opposant pas, le mariage se fait. La reine est d'un tempérament effacé, même si les poètes, à défaut d'autres mérites, célèbrent, avec une exagération courtisane, sa grâce et sa beauté… Tout de suite, elle manifeste à son époux une adoration ingénue, touchante, qu'elle lui vouera jusqu'à son dernier jour. Sans prétentions, étrangère au faste et à l'intrigue, elle lasse rapidement le jeune Louis XIV. Commence la longue série d'infortunes qui jalonnent les vingt-trois années de son règne. Totalement ignorante des choses de l'État comme de celles de la cour, parlant mal le français, Marie-Thérèse doit subir la présence quotidienne des favorites de son mari. Elle en est réduite à ressasser ses peines et sa jalousie, affichant, au milieu de la cour la plus brillante du monde, une dévotion exemplaire.

C'est Mme de Maintenon qui incite le roi à avoir davantage d'égards et de soins pour son épouse légitime, et la reine le reconnaît : « Le roi ne m'a jamais traitée avec autant de tendresse que depuis qu'il écoute Mme de Maintenon. Je crois que Dieu l'a suscitée pour me rendre le cœur de mon époux. »

Revenant d'un voyage en Bourgogne, elle est prise d'une maladie jugée insignifiante mais qui, mal soignée, dégénère et l'emporte à Versailles le 30 juillet 1683, à l'âge de 45 ans, presque dans les bras de Mme de Maintenon. Laquelle, voulant se retirer pour la pleurer, croise le duc de La Rochefoucauld (il la déteste), qui la pousse dans l'appartement de Louis XIV en disant : « Ce n'est le moment de le quitter, quand il a besoin de vous. » « C'est, dit le roi, plus attendri qu'affligé, le premier chagrin qu'elle me cause. » L'oraison funèbre officielle est, elle, prononcée par Bossuet. Elle a eu six enfants dont cinq sont morts avant elle. Louis, l'aîné, seul lui survit. Il ne ceindra pas cependant la couronne royale, puisqu'il décède le 14 avril 1711, quatre ans avant son père. Après sa mort, le roi fait donner à Mme de Maintenon un appartement à Versailles en face du sien afin de pouvoir lui rendre visite quotidiennement.

Les ambitieuses nièces de Mazarin

Si Mazarin n'a pas toujours été bon ministre, il s'est révélé un oncle fort prévenant. La signora Martinozzi, sa sœur aînée, voit une de ses filles devenir princesse de Conti, l'autre duchesse souveraine de Modène. Les cinq filles de la signora Mancini, son autre sœur, arrivées d'Italie en bien piètre équipage, sont mariées au duc de Mercœur, au comte de Soissons de la maison de Savoie, au connétable romain Colonna, au duc de Bouillon, et enfin au duc de la Meilleraye. La France paye toutes ces dots. Son neveu est duc de Nivernais ; et de son frère, pauvre moine perdu au fond d'un couvent d'Italie, il fait un archevêque d'Aix et un cardinal.

Louis XIV, élevé avec Olympe Mancini, l'a prise en telle affection que la cour croit qu'elle sera reine de France. Mais cette première affection n'est ni du goût d'Anne d'Autriche ni dans les projets de Mazarin ; Olympe se retrouve mariée au comte de Soissons (elle se fera remarquer, à son désavantage, dans l'affaire des Poisons). Marie Mancini lui succède dans le cœur du roi, de façon plus profonde. Si l'on en croit Mme de Motteville, Marie, quand elle arrive à la cour, ne paraît pas devoir y jouer le rôle brillant. « *Elle est grande, mais si maigre que son col et ses bras semblent décharnés ; puis elle est brune et jaune ; les yeux, grands et noirs, n'ayant point encore de feu, paraissent rudes ; sa bouche est grande et plate, et, hormis ses dents, qu'elle a belles, on la peut alors dire toute laide.* » En ce moment, Louis XIV est épris d'une demoiselle d'honneur, Mlle de La Mothe d'Argencourt. Mais, averti que la belle le trahit, il s'en sépare. Durant la campagne de Flandre qu'il fait avec Turenne, en 1658, il tombe gravement malade, et le désespoir que Marie Mancini semble en éprouver l'émeut : cette fille si laide a d'ailleurs, depuis un an, bien changé ; elle a embelli. Son esprit, mieux développé que celui du roi, est un charme de plus. Pendant sa convalescence, elle lui apporte des livres, lui inspire le goût des arts. Louis, qu'on envisage de fiancer avec la fille de la duchesse de Savoie, s'y oppose. Il ne veut que Marie. Mazarin s'inquiète de cet amour du roi pour sa nièce.

D'abord, il sait qu'Anne d'Autriche n'y est pas favorable ; le plus beau parti d'Europe ne peut épouser la nièce d'un cardinal d'obscure origine, même devenu premier ministre et amant de la régente : « Si le roi était capable de cette indignité, je me mettrais avec mon second fils contre le roi et vous ! » lui a-t-elle dit. Ensuite, si la rupture du mariage de Savoie ne lui déplaît pas, c'est parce qu'il en médite un plus avantageux : le mariage avec une infante d'Espagne. Prêt à partir pour les conférences à l'origine du traité des Pyrénées, il ne veut pas, en bon diplomate, laisser de péril derrière lui : il exige la séparation du roi et de sa nièce. Les amoureux sanglotent, mais la raison d'État l'emporte. Le roi accompagne Marie jusqu'au carrosse (son oncle l'exile provisoirement à La Rochelle) ; elle se penche à la portière et lui murmure : « Vous m'aimez, vous êtes roi, et je pars ! »

Ils se reverront plus tard, et échangeront une correspondance si active que Mazarin sera encore obligé d'intervenir. Marie Mancini épousera le connétable Colonna (qui se réjouira ostensiblement de sa virginité). Union malheureuse ; elle quittera plusieurs fois le connétable, l'un des plus beaux partis de Rome, reviendra en France, où le roi la tiendra éloignée de la cour, et passera presque tout le reste de sa vie en des couvents d'Espagne, que Colonna lui donnera tour à tour pour prison. Elle mourra la même année que Louis.

La disgrâce du surintendant Fouquet

Jouissant de la confiance de Mazarin, Nicolas Fouquet croit, après la mort de ce dernier, être le maître du royaume, et se flatte d'amuser le jeune roi en lui proposant « des parties de plaisirs, se voulant même donner le soin de ses amours » (abbé de Choisy). Ce qui déplaît profondément au roi, bien qu'il n'en montre rien. L'aversion que le roi éprouve pour son surintendant a aussi d'autres causes. Il y a Mlle de La Vallière, pour laquelle le roi commence à éprouver une véritable passion, que le surintendant tente lui aussi de séduire en lui offrant de l'argent (qu'elle refuse avec mépris). En effet, pressentant qu'elle va céder à son souverain, il veut devenir son confident.

Fouquet, qui n'a pas mesuré la dimension d'homme d'État de Louis XIV, ne s'en méfie pas, et lorsque son souverain lui demande des comptes, il lui expose nettement toutes les dépenses, mais se montre plus réservé sur les recettes, de crainte d'en perdre le contrôle. Il est persuadé que les velléités de gouverner du jeune roi ne dureront pas. Il ignore que Louis XIV, tous les soirs, montre à Colbert les états qui lui ont été remis par le surintendant ; Colbert les épluche, et en souligne les omissions, et les mensonges.

Pour endormir une méfiance que Fouquet, trop sûr de lui, n'éprouve pas, le roi l'engage à donner une fête en son honneur dans son beau château de Vaux ; Louis XIV, qui aime le spectacle, a médité de le faire arrêter au milieu des hautbois et des violons dans le cadre luxueux, preuve de ses malversations. Mais il commet l'erreur de confier son projet à la reine mère. Anne d'Autriche l'en dissuade ; elle apprécie Fouquet, qui n'est pas regardant sur ses dépenses, et craint que son successeur désigné, ce Colbert qu'elle juge « plus rustique », ne lui coupe une partie de ses revenus. Louis XIV élabore alors un autre plan, qu'il garde pour lui.

Le 17 août 1661, Louis XIV se rend à Vaux, où tout est prêt pour le recevoir. Vaux (qui servira de modèle à Versailles) est d'une magnificence qui efface celle de Fontainebleau et de toutes les maisons royales. Le roi, pendant un intermède, prend à part la reine mère, et lui murmure : « Ah, madame, est-ce que nous ne ferons pas rendre gorge à tous ces gens-là ? »

Quatre jours après la fête de Vaux, la cour part pour Nantes afin d'assister aux états de Bretagne. Fouquet a été prévenu du mécontentement du roi à son égard ; il a avec lui un entretien au cours duquel il lui parle, cette fois, avec sincérité. Mais il est trop tard : Louis XIV, même s'il se fait rassurant, ne pardonne pas à son surintendant de l'avoir trompé depuis cinq mois, et a pris des mesures avec Colbert. Louis XIV arrive à Nantes le 1er septembre, et va loger au château. Fouquet, qui depuis le départ souffre d'une forte fièvre, a choisi de résider à l'autre bout de la ville, dans une maison qui possède un souterrain. Celui-ci conduit à la rivière par laquelle le surintendant pourra fuir jusqu'à Belle-Île, qui lui appartient, si on vient l'arrêter.

Le roi, qui sait que Fouquet soigne sa fièvre, envoie le comte de Brienne prendre de ses nouvelles. Fouquet, alité, le reçoit, et devant l'intérêt que lui porte Sa Majesté, laisse éclater sa joie : « Colbert est perdu, et ce sera demain le plus beau jour de ma vie », confie-t-il à Brienne qui revient aussitôt rendre compte à son roi. Le lendemain, 5 septembre, Fouquet est au château de Nantes avant sept heures ; les mousquetaires sont rangés en bataille dans la place, mais il en est ainsi quand le roi va à la chasse. Le Conseil se tient comme à l'ordinaire. Le Tellier sort le premier du Conseil et, dans l'antichambre, met dans la main de Boucherat, commissaire du roi aux états de Bretagne, un petit billet en lui glissant à l'oreille : « Lisez vite, et exécutez ».

Boucherat descend quelques marches, et ouvre le billet, où ordre lui est donné d'aller immédiatement « mettre le scellé chez M. le surintendant ». Le surintendant qui, justement, descend les escaliers et s'installe dans sa chaise à porteurs pour se rendre à la messe. D'Artagnan, capitaine des mousquetaires, qui a reçu l'ordre de l'arrêter, mais hors de l'enceinte du château, lui envoie dire qu'il voudrait lui parler. Fouquet descend de sa chaise. D'Artagnan aussitôt lui déclare : « Monsieur, je vous arrête, par ordre du roi. »

Le procès de Fouquet durera trois ans, jusqu'en 1664. Il y est accusé de malversations, et de trahison, pour avoir fait fortifier Belle-Île. Ses derniers amis (dont La Fontaine, Mme de Sévigné, Mlle de Scudéry...), en prenant courageusement parti pour lui, contre l'opinion générale, lui sauvent sans doute la vie. Sur ses vingt-deux juges du procès, neuf votent la mort, et les treize autres se prononcent pour le bannissement, à la grande colère du roi, qui commue la peine en une plus dure, la prison perpétuelle, et déclarera à Racine, son historiographe : « Si M. Fouquet avait été condamné à mort, je l'aurais laissé mourir. » Fouquet, enfermé pendant seize ans dans le château de Pignerol, meurt en 1680, dans des circonstances mystérieuses.

Louis le majestueux

Louis XIV a établi un ordre qui durera jusqu'à la chute de la monarchie, règle les rangs et les fonctions, crée des charges nouvelles auprès de sa personne, comme celle de grand maître de la garde-robe. Les courtisans veillent à ne pas le dépasser dans la richesse du costume et dans la prestance. Le roi s'exprime publiquement d'une voix grave, se déplace d'une démarche majestueuse (et en talons hauts, pour compenser sa petite taille), jouissant de l'embarras que sa supériorité inspire. Un vieil officier, qui lors d'une audience est venu lui demander une faveur, se met à bégayer devant lui et, ne pouvant achever son discours, lui avoue : « Sire, je ne tremble pas ainsi devant vos ennemis. » Ce qui fait rire le roi, qui lui donne aussitôt ce qu'il est venu demander.

L'amour en famille...

Marie-Thérèse, reine en titre, ennuie le roi, qui a 20 ans. Heureusement, pour le distraire, il y a sa belle-sœur, Henriette d'Angleterre, sœur de Charles II, et épouse de Philippe d'Orléans, l'efféminé frère du roi. Elle a du charme, de l'esprit, vit en France depuis sa tendre enfance, et Louis XIV l'apprécie au point d'en faire la reine des fêtes nocturnes qu'il donne à Fontainebleau, et qui s'achèvent dans les fourrés du parc, et de lui envoyer des vers, ce qui finit par alerter les autres membres de la famille. Marie-Thérèse, enceinte, donc écartée de ces festivités champêtres, se plaint à la reine mère. Anne d'Autriche, qui connaît l'ombrageuse susceptibilité de Monsieur (ainsi appelle-t-on le frère du roi) intervient afin que Louis XIV prenne ses distances d'avec sa charmante belle-sœur. Laquelle, peu satisfaite sur le plan conjugal, ira jusqu'à prendre pour amant de Guiche, l'un des mignons de son époux...

Colbert, précurseur des allocations familiales

Jean-Baptiste Colbert, né à Reims en 1619, est l'un de ceux qui, par son administration, a le plus contribué à la splendeur du règne de Louis XIV. Le cardinal Mazarin, sur son lit de mort, l'a recommandé à Louis XIV comme « un homme de confiance, bon valet, qui ne songera qu'à le servir, et ne pensera point à gouverner ». Selon l'abbé de Choisy, son contemporain, il a le visage naturellement renfrogné, des yeux creux, des sourcils épais et noirs qui lui font la mine austère « et lui rendent un premier abord sauvage et négatif ; mais dans la suite, en l'apprivoisant, on le trouve assez facile, expéditif, et d'une sûreté inébranlable. Plus il est ignorant, plus il affecte de paraître savant, citant quelquefois hors de propos des passages latins qu'il a appris par cœur... » Ce bourgeois a une faiblesse, celle de se prétendre de grande naissance. Une nuit, dans l'église des Cordeliers de Reims, il fait enlever la pierre tombale de son grand-père, qui y est qualifié de marchand de laine, pour la remplacer par une autre vieille pierre sur laquelle sont gravés les hauts faits du preux chevalier Colbert, originaire d'Écosse...

On ne lui connaît pas de passion, hormis le vin, auquel il renonce à la fin de sa vie. Esprit solide, mais pesant, il a le génie des finances. Il entreprend de rendre la France économiquement indépendante afin de ne rien acheter à l'extérieur. Craignant la diminution de la population, il publie, en 1666, un édit en vertu duquel tout chef de famille, père de dix enfants, est exempt d'impôts toute sa vie. Un couple qui se marie à vingt ans est exonéré pendant cinq ans, mais, par compensation, un célibataire de vingt ans, même vivant sous le toit familial, est soumis à taxation. Colbert, s'il a la confiance du roi, a toutefois, dans son entourage, un ennemi : Louvois, le fils de Le Tellier, lui aussi ministre au début du règne. Louvois est chargé de toutes les affaires militaires, et dépense une bonne partie de ce que Colbert gagne ; de surcroît, d'un caractère plus amène que le ministre des Finances, il s'ingénie à ne jamais déplaire au roi, ne lui disant que ce qu'il a envie d'entendre, quitte à lui cacher certaines vérités.

Aussi l'influence de Colbert commence-t-elle à s'affaiblir en 1670, et ne cesse-t-elle de décroître jusqu'à sa mort, en 1683. La perte de la faveur royale mine autant Colbert que la maladie de la pierre (calculs rénaux, ou coliques néphrétiques) dont il supporte stoïquement les douleurs. « Vous ne me laisserez donc pas le temps de mourir », dit-il à sa femme qui persiste à l'entretenir des affaires de l'État. Sur son lit de mort, il a ces mots amers sur son roi : « Si j'avais fait pour Dieu ce que j'ai fait pour cet homme, je serais sauvé dix fois. » Il meurt, assisté par Bourdaloue, le célèbre prédicateur, le 6 septembre 1683, âgé de 64 ans. C'est le seul ministre des Finances d'un roi de France qui ait conservé son emploi jusqu'à sa mort. Le peuple, qu'il a pourtant souvent défendu, mais qui l'ignore, le poursuit d'une haine aveugle, ne voyant en lui qu'un leveur d'impôts ; on doit l'enterrer de nuit, sous la protection d'une compagnie d'archers.

Les colères de Lulli

Jean-Baptiste Lulli, le musicien préféré de Louis XIV, le créateur de l'opéra français, a un caractère détestable : aussi flatteur que débauché, aussi caustique que brutal, il est, de son propre aveu, capable de tuer quiconque critique sa musique. Un jour, de colère, il donne un grand coup de pied dans le ventre d'une cantatrice, parce que sa grossesse retarde la représentation d'un opéra. En 1686, Louis XIV étant tombé gravement malade, il fait chanter un *Te Deum* lorsqu'il revient à la santé. C'est alors qu'en martelant rageusement le plancher il se blesse au pied avec la canne qui lui sert de baguette de chef d'orchestre ; l'abcès qui s'ensuit, dégénérant en gangrène, l'emporte peu après.

Qui se cachait sous le Masque de fer ?

Peu après la mort de Mazarin, on envoie dans le plus grand secret au château de l'île Sainte-Marguerite, en Provence, un prisonnier inconnu, « d'une taille au-dessus de l'ordinaire, jeune et de la figure la plus belle et la plus noble » (selon Voltaire, qui ne l'a pas vu !). Ce prisonnier porte un masque de velours noir autour des yeux, mais dont la mentonnière a des ressorts d'acier, ce qui lui laisse la liberté de manger avec le masque sur son visage.

Son garde a ordre de le tuer s'il se découvre devant des témoins. Il reste dans l'île jusqu'à ce que Saint-Mars, gouverneur de Pignerol, puis de la Bastille, l'y conduise, toujours masqué, le 18 septembre 1698. Le marquis de Louvois, avant ce transfert, le visite dans sa cellule, et lui parle debout, avec respect. L'inconnu, mené à la Bastille, y est logé le plus confortablement possible. On ne lui refuse rien de ce qu'il demande. Il a du goût pour le beau linge, et les dentelles, joue de la guitare, et fait bonne chère, seul à sa table. Selon le médecin de la Bastille, qui le soigne, et dit n'avoir jamais pu voir son visage, même s'il lui a examiné la langue (ainsi établit-on les diagnostics), il est « admirablement bien fait ; sa peau est un peu brune ; il intéressait par le seul son de sa voix, ne se plaignant jamais de son état, et ne laissant point entrevoir ce qu'il pouvait être ». L'inconnu meurt le 19 novembre 1703. Sur le registre, il a été écrit : « Marchioly, âgé de quarante-cinq ans ou environ, est décédé dans la Bastille, duquel le corps est inhumé dans le cimetière Saint-Paul, sa paroisse, le 20e du présent mois… »

À en croire un ouvrage de 1864, on prend à sa mort autant de précautions pour dissimuler son identité que l'on en a pris de son vivant : dans la crainte que des curieux ne viennent le déterrer pour examiner ses traits, on lui coupe la tête et l'on met une pierre à sa place ! L'énigme de l'homme au Masque de fer commence : qui était-il ?

Lorsqu'il arrive à l'île Sainte-Marguerite, il ne disparaît, en Europe, aucun homme éminent. Or le prisonnier l'est. C'est le gouverneur lui-même qui lui dresse sa table, et se retire ensuite pour le laisser manger seul. Dans les premiers jours de sa détention, le prisonnier grave un message sur une assiette d'argent, à l'aide d'un couteau, et jette l'assiette par la fenêtre, vers un bateau, au pied de la tour. Un pêcheur, dans le bateau, ramasse l'assiette, et la rapporte au gouverneur, qui le libère avec ces mots : « Allez, tu as de la chance de ne pas savoir lire ! »

Les suppositions pour l'identifier les plus raisonnables comme les plus farfelues ont été émises. Voici les principales :

— Le secrétaire du duc de Mantoue ; Hercule-Antoine Mattioli, professeur de droit à Bologne et secrétaire d'État, aurait vendu en 1678 Casale, ville stratégique sur la route de Milan, au roi de France, puis, l'argent encaissé, aurait révélé aux Espagnols l'accord secret passé avec les Français ! Louis XIV l'aurait fait enlever à Turin. C'est l'hypothèse la plus plausible. Plus tard, le duc de Choiseul, ministre des Affaires étrangères de Louis XV, lui demandera qui était ce masque de fer dont on commence à évoquer la légende. « Si vous saviez ce que c'est, vous verriez que c'est bien peu important », aurait répondu le roi. Choiseul aurait alors poussé Mme de Pompadour à insister à son tour auprès du roi, qui lui aurait déclaré : « C'était le secrétaire d'un prince italien. »

— Don Juan de Gonzague, frère naturel du duc de Mantoue, enlevé par erreur à la place du secrétaire.

— Le duc de Monmouth, fils naturel de Charles II, roi d'Angleterre, qui, à la mort de ce dernier, en 1685, entre en rébellion contre Jacques II, le nouveau roi, et est condamné à mort et décapité publiquement à Londres (on aurait exécuté un sosie à sa place, mais il aurait fallu que ce dernier fût très ressemblant, car le supplice eut de nombreux témoins). Monmouth, en 1703, aurait eu 54 ans.

— Louis de Bourbon, comte de Vermandois, bâtard de Louis XIV (l'un des enfants qu'il a eus avec la duchesse de La Vallière). Le comte de Vermandois, en signe de mépris, aurait souffleté le Grand Dauphin Louis de France (son demi-frère) et aurait été incarcéré pour crime de lèse-majesté. C'est romanesque, mais faux : le comte de Vermandois meurt durant le siège de Cambrai, le 18 novembre 1683, âgé de 16 ans seulement, des suites de la petite vérole (et non pas, comme l'a insinué la Grande Demoiselle, d'un abus d'eau-de-vie).

— Fouquet, le surintendant des Finances disgracié, arrêté le 5 septembre 1661, et mort officiellement d'une crise d'apoplexie le 23 mars 1680 à Pignerol. Né en 1615, il aurait eu 88 ans en 1703.

— Avédik-Vertabied, patriarche de Constantinople et de Jérusalem. Les Jésuites, tout-puissants à la cour de Louis XIV, voyaient en lui un ennemi du catholicisme parce qu'il refusait de réunir les Églises arménienne et latine. L'ambassadeur de France à Constantinople le fit enlever sur l'île de Chio et le fit transférer en France, où il fut écroué au Mont-Saint-Michel, puis à la Bastille, le 18 décembre 1709, donc après la mort « officielle » du Masque de fer. Sur les registres, il est désigné comme « l'Arménien ». Le malheureux patriarche, malade et ne supportant pas l'emprisonnement, préféra se convertir au catholicisme. Libéré en décembre 1710, il fut ordonné prêtre et rattaché à la paroisse Saint-Sulpice et mourut à Paris le 21 juillet 1711.

— Un fils caché d'Anne d'Autriche né : de ses amours avec le duc de Buckingham (mort en 1628...) ou d'un autre gentilhomme (Michelet, lui aussi, envisagea cette hypothèse) ; d'une union secrète avec le cardinal de Mazarin ; ce fils, né en 1644, aurait eu 59 ans en 1703 ; de son mariage avec Louis XIII : dans cette hypothèse, l'homme au Masque de fer serait un frère jumeau de Louis XIV. Hypothèse colportée par le maréchal de Richelieu, dans ses *Mémoires*, publiés en 1790, à partir d'une déclaration attribuée à Saint-Mars, le geôlier du célèbre inconnu, mais qui présente des incohérences chronologiques.

Mentionnons, pour le folklore, d'autres Masques de fer : le duc de Beaufort, ancien Frondeur (mais mort au combat à Alger) ; un fils adultérin de Marie-Louise d'Orléans, épouse de Charles II, roi d'Espagne ; un fils naturel d'Henriette d'Angleterre et de Louis XIV ; un fils naturel de la même princesse et du comte de Guiche (voir *L'amour en famille*) ; un fils naturel de Marie-Thérèse, femme de Louis XIV, et du serviteur maure qu'elle avait amené d'Espagne avec elle ; un fils de la reine Christine de Suède et de son grand écuyer ; un fils de Cromwell ; un amant de Louise d'Orléans, emprisonné lorsqu'elle devint reine d'Espagne ; le chevalier de Rohan, grand veneur de France, condamné à mort pour conspiration, et auquel on aurait fait grâce de la vie...

La Moresse du couvent de Moret

S'il faut en croire le témoignage de contemporains du règne, le Masque de fer ne serait pas le seul mystère du règne. Une religieuse a été enfermée très jeune dans un couvent, de Moret, près de Fontainebleau. Tous les ans, Bontemps, gouverneur de Versailles et exécuteur de missions secrètes pour le roi, verse une pension confortable pour cette religieuse. Lorsque la reine se rend à Fontainebleau, et Mme de Maintenon après elle, elles vont au couvent visiter l'énigmatique *Moresse*. On a prétendu qu'elle était la fille du roi et d'une Moresse (Mauresque) qui avait suivi la reine lorsqu'elle était venue d'Espagne et qui, bien que « naine, très brune et presque moresse, avait fort plu au roi » (Mme de Montpensier, dans ses *Mémoires*).

Entendant, un jour, le Grand Dauphin chasser dans la forêt voisine, elle aurait laissé échapper : « C'est mon frère qui chasse... » La mère supérieure s'étant plainte de sa suffisance, Mme de Maintenon serait allée sermonner la Moresse afin de lui inculquer des sentiments plus conformes à l'humilité religieuse, et lui ayant insinué qu'elle n'était pas ce qu'elle croyait être, se serait entendu répondre : « Si cela n'était pas, madame, vous ne prendriez pas la peine de venir me le dire. »

Mlle de La Vallière, l'innocente

Louis XIV, marié en juin 1660 à Marie-Thérèse d'Autriche (qui accouche du Dauphin en novembre 1661), est déjà, en juin 1661, éperdument amoureux de Louise Françoise de La Vallière, fille d'honneur de sa belle-sœur (et maîtresse ?) Henriette d'Angleterre. C'est pour elle qu'il donne le carrousel de 1662, et la fête de Versailles en 1664. Louise aime le roi sans arrière-pensée, et lorsque la faveur dont elle est l'objet devient publique en 1663, elle s'en désespère. « Mlle de La Vallière, écrit l'abbé de Choisy, avait le teint beau, les cheveux blonds, le sourire agréable, les yeux bleus, et le regard si tendre, et en même temps si modeste, qu'il gagnait le cœur et l'estime au même moment ; au reste, assez peu d'esprit. Point d'ambition, point de vues. (...) Toute renfermée en elle-même, et dans sa passion, qui a été la seule de sa vie... » Selon la princesse palatine, « elle boitait légèrement, mais cela ne lui allait pas mal ».

Elle a du roi deux enfants, le comte de Vermandois (né en 1667), et Mlle de Blois (née en 1666) qui deviendra princesse de Conti. Tous deux (élevés dans leur petite enfance par l'épouse de Colbert) seront légitimés, à la grande honte de leur mère, qui voulait cacher leur naissance ; « elle était, dit Mme de Sévigné, une petite violette qui se cachait dans l'herbe, et qui était honteuse d'être maîtresse, d'être mère et d'être duchesse. »

Avant même d'apprendre les infidélités de son royal amant, elle se réfugie au couvent de Sainte-Marie, à Chaillot. Mais Louis XIV, avec le secours de Colbert, va la chercher, et la ramène à la cour. Tout en l'ayant pour maîtresse, Louis XIV s'est épris d'Olympe Mancini, comtesse de Soissons, l'une des nièces de Mazarin. Olympe, avec l'accord d'Henriette d'Angleterre, et dans l'espoir de régner seule dans le cœur du roi, a, par une lettre anonyme, informé la reine de la passion de Louis XIV pour Mlle de La Vallière. Le roi renvoie de la cour Olympe (compromise dans l'affaire des Poisons pour avoir demandé à la Voisin de lui garder, par magie, l'amour du roi) et son mari (leur fils sera ce prince Eugène qui s'illustrera dans les batailles contre les Français à la fin du règne), et garde sa tendresse pour Louise de La Vallière. Ce qui ne l'empêche pas de séduire d'abord la princesse de Monaco, fille du maréchal de Gramont, puis Mme de Montespan, en 1668.

C'est la révélation publique de cette nouvelle passion qui la décide une seconde fois de se retirer à Chaillot (février 1671), d'où elle consent encore à revenir à la cour pour être témoin du triomphe de sa rivale. Tombée malade, elle décide « de réparer sa vie passée et, dit Saint-Simon, de s'arracher à la cour et de se consacrer à la sainte pénitence ». En 1674, elle prend le voile à 30 ans et se retire chez les Carmélites, afin de n'en plus sortir, et y meurt âgée de 66 ans.

Mme de Montespan, la méchante

Françoise de Rochechouart de Mortemart, femme du marquis de Montespan, dont elle a eu un fils, est dame du palais de la reine. Elle est belle et a, de surcroît, l'esprit vif, qualité que Mlle de La Vallière ne possède pas. Le roi, « qui ne pouvait d'abord la supporter » (Saint-Simon), finit par en tomber « amoureux fou ». Elle s'en aperçoit, et supplie son mari de l'emmener en Guyenne. Mais ce dernier ne veut pas l'écouter, ce qu'il regrette quelque temps plus tard quand Louis XIV s'affiche complaisamment avec elle, notamment lors de la campagne de Flandre en 1670.

Il va même jusqu'à la faire monter dans le carrosse qu'il occupe avec la reine. M. de Montespan, pour s'en être indigné, est mis à la Bastille, puis relégué en Guyenne. « Madame de Montespan était méchante, avait beaucoup d'humeur, une hauteur dont personne n'était exempt, pas même le roi. Les courtisans évitaient de passer sous ses fenêtres, surtout lorsque le roi était avec elle (...). Elle n'épargnait personne, très souvent sans autre dessein que de divertir le roi ; et comme elle avait infiniment d'esprit et de plaisanterie fine, rien n'était plus dangereux que les ridicules qu'elle donnait mieux que personne » (Saint-Simon).

La reine, qui a apprécié Mlle de La Vallière, la déteste, et dit d'elle : « Elle me fera mourir ! » Le roi n'a pas la passion exclusive. Sous le « règne » de la Montespan, il continue à avoir des passades. C'est la duchesse de Fontange (le roi crée le titre pour elle) qui meurt à 20 ans en couches d'un bâtard royal qui ne lui survit pas ; c'est Mlle du Lude et Mlle de Laval, c'est Mme de Soubise, à laquelle, selon Saint-Simon, il fait un fils... Mme de Montespan a, du début de leur liaison, qui dure plus de quinze ans, à sa fin, en 1686, huit enfants du roi, dont deux meurent en bas âge. Seront légitimés le duc du Maine (né en 1670), le comte de Vexin (né en 1672, mort en 1683), le comte de Toulouse (né en 1678), Mlle de Nantes (née en 1673, mariée au duc de Bourbon en 1685), Mlle de Tours (née en 1676, morte en 1681), et Mlle de Blois (née en 1677, mariée en 1692 au duc d'Orléans) ; pour s'occuper des bâtards royaux, Mme de

Montespan a engagé la veuve du poète Scarron, qui deviendra en 1674 Mme de Maintenon.

La perte de la faveur royale, pour la Montespan, est progressive. Le roi s'est déjà fâché avec elle, notamment lorsqu'elle a laissé éclater sa joie en apprenant la mort de sa rivale, Mlle de Fontange. C'est Mme de Maintenon qui les a réconciliés… Mme de Montespan continue de vivre à la cour, mais c'est Mme de Maintenon, sa gouvernante, qui a pris sa place dans le cœur du roi et qui finit par lui demander, en 1686, au nom du roi, de quitter Versailles. Séparée de ses enfants, repoussée par son mari, elle se retire, comme Mlle de La Vallière, dans un couvent, et y fera pénitence pendant plus de vingt ans, jusqu'à sa mort en 1707.

Mme de Maintenon, l'intrigante

Françoise d'Aubigné est la petite fille d'Agrippa d'Aubigné, compagnon d'Henri IV et farouche protestant. Née en 1635 dans la prison de Niort où son père, Constant d'Aubigné, est retenu pour cause de religion et pour dettes, Françoise est conduite à 3 ans à la Martinique, où elle reste quelques années, ne revenant en France qu'à la mort de son père. À 14 ans elle perd sa mère. Recueillie par une tante calviniste, elle renonce à la religion catholique, mais y revient en 1651 lorsque, pour fuir la misère, elle épouse Paul Scarron, poète burlesque qui tourne tout en dérision, y compris son impotence et les disgrâces dont la nature l'a affublé. Pensionné comme « *malade de la reine mère* », il appartient à une ancienne famille de robe, et tient un salon où se croisent des beaux esprits : Ninon de Lenclos, Mme de Sévigné, Mlle de Scudéry, Saint-Évremont…

Françoise n'a que 16 ans mais déjà assez d'autorité pour imposer à son mari, qui en a 40, d'avoir un langage moins licencieux et d'exiger de ses invités qu'ils soient moins libertins dans leurs propos. Invités qui apprécient son charme et son esprit. Elle parle l'italien et l'espagnol. Mlle de Scudéry dit qu'elle est « belle et charmante, qu'elle a le teint fort beau, les cheveux d'un châtain clair, le nez très bien fait, la bouche bien taillée et les plus beaux yeux du monde ». Le duc de Saint-Simon, qui la connaîtra dans son âge mûr et détestera la bigote qu'elle est devenue, lui reconnaîtra « beaucoup d'esprit », mais aussi « le besoin de l'intrigue ». Mme Scarron devient veuve à 25 ans (1660). Pour que la pension allouée à son mari lui soit maintenue, elle tente une démarche auprès de Mme de Montespan, qu'elle a déjà rencontrée dans le salon de son mari. La pension est rétablie !

Mme de Montespan, enceinte du roi, veut faire élever secrètement l'enfant. Elle se souvient de la veuve Scarron, qui exige, au nom de la morale chrétienne, que ce soit le père, donc le roi, qui le lui demande. Louis XIV s'exécute, et, en 1669, madame Scarron devient gouvernante d'un enfant qui ne vit que trois ans, mais auquel le roi et Mme de Montespan font des frères et sœurs. On lui donne une maison à Vaugirard, des domestiques, des chevaux, et des consignes de discrétion. Même les nourrices ne savent pas à qui elles donnent leur lait, croyant que Mme Scarron est la mère, et le père « quelque duc ou quelque président au Parlement » (réponse d'une nourrice au roi, venu secrètement visiter ses bâtards).

Au début, Louis XIV a Mme Scarron en aversion : il la prend pour une précieuse. Les enfants ayant grandi, et ayant été légitimés, leur gouvernante les suit à la cour, et devient l'intime de Mme de Montespan, même si le caractère impérieux de la seconde manque plusieurs fois de faire démissionner la première. La nouvelle Mme de Maintenon (elle a acquis cette terre en 1674) n'agace plus Sa Majesté. Au contraire. Quand, venant visiter la mère de ses bâtards, il est las de ses scènes et de ses coquetteries, il se réfugie auprès de Mme de Maintenon pour lui confier son désarroi. Sa Majesté repartie, c'est au tour de l'irascible Montespan de venir auprès de sa confidente chercher du réconfort…

Ce double jeu dure plusieurs années ; l'amour du roi pour Mme de Maintenon, s'il paraît avoir commencé vers 1676, ne se manifeste qu'en 1679, mais sans éclater publiquement. Le roi, pour la libérer de Mme de Montespan, la nomme dame d'atour de la Dauphine. Il va souvent chez sa belle-fille, à l'heure de sa toilette, afin de s'y entretenir avec Mme de Maintenon. Puis il lui donne un appartement particulier et s'y entretient avec elle de six à dix heures du soir. Selon la princesse Palatine, Mme de Maintenon ne cède aux désirs du roi qu'après la mort de la reine (Saint-Simon place leur mariage secret dans l'hiver qui suit la mort de la reine, en 1683 ; Voltaire, lui, le situe en janvier 1686). Tout, désormais, va passer par elle : travaux des ministres, nominations de généraux, décisions concernant la famille royale…

Dans les pamphlets, on la surnomme Mme de Maintenant ; le Dauphin la désigne comme « ma belle-mère burlesque » ; un imprimeur et un relieur sont pendus, en 1694, pour avoir vendu des libelles sur le mariage du roi avec celle qu'il appelle tendrement « Madame ». Avec l'âge, le roi devient de plus en plus triste, et s'appuie dès lors sur elle, lui demandant son avis sur tout. Saint-Simon confirme, avec fiel : « Elle se croyait l'abbesse universelle, surtout pour le spirituel (…). Elle se figurait être une « mère de l'Église » (…). De là, une mer d'occupations frivoles, illusoires, pénibles, toujours trompeuses, des lettres et des réponses à l'infini, des directions d'âmes choisies, et toutes sortes de puérilités qui aboutissent d'ordinaire à des riens, quelquefois à des choses importantes, et des déplorables méprises en événements et en choix de moyens extraordinaires. » Mme de Maintenon n'aime pas sa vie : un jour, à Marly, regardant des carpes qu'on a transportées d'un étang dans un bassin, et qui paraissent languissantes : « elles sont comme moi, confie-t-elle à sa nièce, elles regrettent leur bourbe »… Elle a fondé en 1685 la maison royale de Saint-Cyr destinée à l'éducation de jeunes filles nobles et pauvres, et s'y retire à la mort du roi. Elle y meurt le 15 avril 1719.

Les comédiens, suppôts du diable

Le discrédit attaché au métier d'acteur remonte à l'Antiquité, lorsque, en Grèce, les aristocrates font appel à des esclaves et à des affranchis pour les divertir. Il leur est interdit d'exercer des fonctions publiques. C'est l'Église primitive qui fait des comédiens de véritables parias, et les condamne sans appel comme « corrupteurs et suppôts de Satan ». Ils sont excommuniés lors de conciles successifs : on leur refuse les sacrements et la sépulture en terre chrétienne, à moins qu'ils ne renoncent à leur métier déshonorant.

Les actrices mariées n'ont pas droit au titre de « Madame », elles restent « Mademoiselle » toute leur vie.

Sous l'Ancien Régime, les théâtres doivent faire relâche à l'occasion de toutes les fêtes religieuses pour ne pas les profaner, ainsi que lors de la maladie ou de la mort d'un roi ou d'une reine.

Mme de Maintenon veut faire fermer les théâtres : des comédiens italiens se sont rendus coupables d'avoir monté *La Fausse Prude*, où l'on reconnaît aisément la vieille favorite. Selon d'éminents théologiens, le péché réside dans la nature du spectacle. Si celui-ci est obscène, c'est une faute de l'encourager par des applaudissements. Mais le péché est seulement véniel lorsqu'on va au théâtre par curiosité et sans danger de consentement aux plaisirs vénériens. Ainsi peuvent y assister sans danger les rois, les princes et les courtisans obligés de les accompagner, pourvu qu'ils soient animés de bonnes intentions.

Ces concessions n'empêchent pas les acteurs de rester des réprouvés. Ils ne peuvent espérer échapper à l'enfer qu'en renonçant à leur « métier infâme », mais tous attendent leur dernière heure pour signer entre les mains d'un prêtre l'acte qui les fait rentrer en grâce et mourir pardonnés. Plusieurs exemples témoignent de ce désir d'absolution inspiré par la panique de la dernière heure. Il y a Molière qui, se sentant mourir, a réclamé en vain un prêtre : le curé de Saint-Eustache n'a pas voulu se déranger. Bien que mort sans confession et sans absolution, le roi a autorisé qu'il soit inhumé en terre sanctifiée, c'est-à-dire dans un cimetière. Madeleine Béjart, maîtresse de Molière, après une vie fertile en galanteries, s'est employée, vers la cinquantaine, à racheter ses fautes en fondant à perpétuité des messes basses, ainsi qu'une rente de cinq sous pour cinq pauvres de la paroisse « en l'honneur des cinq plaies de Notre-Seigneur ». Quand elle tombe malade, elle signe l'acte de renonciation à son abject métier, promettant à Dieu « de tout son cœur, de ne plus jouer la comédie le reste de sa vie, quand bien même il plairait à Dieu, dans son infime bonté, de me rendre la santé ».

Adrienne Lecouvreur, pressentant sa mort, a dicté son testament dans lequel « elle recommande son âme à Dieu et le supplie de lui faire miséricorde ». Mais ayant voulu paraître une dernière fois sur scène, elle est morte sans avoir eu le temps de se repentir. Mis au courant, le curé de Saint-Sulpice refuse de recevoir son corps pour l'absoute finale. Une escouade du guet vient la nuit chercher le cadavre pour aller l'enterrer dans un terrain vague. C'est seulement en 1789 qu'on octroie leurs droits civiques aux gens de théâtre. Mais l'Église ne désarme pas quant à l'immoralité d'un tel métier, et ce n'est qu'en 1844 que le concile de Soissons lève l'excommunication qui pèse depuis le Moyen Âge sur les comédiens.

L'étrange mort de Madame

Louis XIV, après ses victoires en Flandre, a vu s'instaurer contre lui la Triple-Alliance, regroupant l'Angleterre, la Hollande et la Suède. Pour tenter de contrecarrer cette alliance, et en détacher l'Angleterre, il autorise Henriette, dite officiellement Madame (épouse de son frère et sœur du roi d'Angleterre) à traverser la Manche afin d'aller saluer son frère. Madame est dans le secret des négociations déjà entamées par Colbert de Croissy, frère du ministre des Finances, pour décider Charles II à se séparer de la Hollande. Les subsides qu'elle est chargée de promettre achèvent de convaincre son frère. D'autant qu'elle a dans sa suite une demoiselle Keroual (future duchesse de Portsmouth) qui va devenir la maîtresse de Charles II jusqu'à sa mort, en 1685.

De retour en France, Madame est reçue chaleureusement par Louis XIV. Par son mari aussi, ou du moins font-ils semblant. De graves dissentiments fissurent le couple : « Les galanteries de Madame, dit Saint-Simon, donnaient de la jalousie à Monsieur ; le goût opposé de Monsieur indignait Madame… » Elle déteste les favoris de son mari, qui lui disputent le pouvoir dans sa propre maison. Lorsque Louis XIV la reçoit avec effusion après sa mission diplomatico-familiale, elle obtient du roi l'exil du chevalier de Lorraine, favori d'entre les favoris de son mari.

À cette nouvelle, Monsieur s'évanouit, fond en larmes, s'en va se jeter aux pieds du roi, qui refuse de revenir sur sa décision, et, entre désespoir et fureur, se rend à Villers-Cotterêts où il attend que le roi le rappelle à la cour, après qu'il eut promis de s'amender et d'avoir un comportement public moins honteux. L'argent que lui offre le roi contribue beaucoup à le rendre sage. Mais il a toujours dans son entourage des amis du chevalier de Lorraine — dont le sieur d'Effiat — qui, depuis Rome, leur envoie du poison. Le 24 juin 1670, huit jours après son retour d'Angleterre, Monsieur et Madame se rendent à Saint-Cloud. Le même jour, Madame se plaint d'un mal de côté, et d'une douleur dans l'estomac. Les jours suivants, la douleur augmente. Madame se sent perdue, exige un confesseur, et demande que « l'on regarde cette eau qu'elle a bue ». Elle a l'habitude, tous les soirs, de prendre un verre d'eau de chicorée... Elle expire le 30 juin 1670. Le roi, qui en est aussitôt informé, montre un profond chagrin. Il donne l'ordre d'arrêter Purnon, premier maître d'hôtel de Madame soupçonné de complicité avec d'Effiat, favori de son frère et du chevalier de Lorraine.

Purnon, terrorisé, avoue au roi le complot : d'Effiat a reçu le poison du chevalier de Lorraine et a empoisonné non pas l'eau de chicorée, mais la tasse de Madame. Au grand soulagement du roi, Monsieur n'a pas participé à l'affaire. Le roi, pourtant, ne fait rien pour châtier les meurtriers de sa bien-aimée belle-sœur ; il accepte même que le chevalier de Lorraine revienne d'exil, en 1672, et le nomme maréchal de camp : raison d'État. Il ne veut pas que Charles II, en mémoire de sa sœur, se fâche avec la France, et se rapproche à nouveau de la Hollande. Il fait donc mine de croire à la version officielle du décès : Madame est morte de gangrène...

Henriette d'Angleterre a eu de son mariage avec Monsieur deux filles : la plus jeune, Anne-Marie, épouse le duc de Savoie Victor-Amédée II ; l'aînée, Marie-Louise, devient, en 1679, la femme de Charles II, dernier roi d'Espagne de la maison d'Autriche. Et mourra en 1689 « précisément comme sa mère dit la Princesse palatine, au même âge, mais d'une manière plus douloureuse, car la violence du poison lui fit tomber les ongles ».

L'affaire des Poisons : de la Brinvilliers à la Voisin

La volonté royale d'étouffer les circonstances mystérieuses de la mort de Madame n'empêche pas la rumeur de se répandre. D'autant que le poison est à la mode. Deux alchimistes italiens installés à Paris, dont l'un se nomme Exili, qui se sont ruinés pour trouver la pierre philosophale, décident, pour se renflouer, de se lancer dans le commerce occulte de la « poudre de succession ».

Vers 1660, les responsables de la police de Paris sont informés par des confesseurs que plusieurs personnes sont mortes empoisonnées. Après enquêtes, les deux Italiens sont arrêtés et enfermés à la Bastille, mais sans qu'on puisse fournir contre eux des preuves accablantes. L'un meurt rapidement ; l'autre, Exili, continue, du fond de sa prison, de répandre sa poudre pour améliorer son ordinaire.

Vers cette époque, le sieur Dreux d'Aubray, lieutenant civil de Paris, qui a marié sa fille au marquis de Brinvilliers, maître de camp du régiment de Normandie, s'aperçoit que cette jolie jeune femme a pour amant le capitaine Sainte-Croix. C'est la faute du mari : le marquis de Brinvilliers, malgré les réticences de sa femme, a voulu loger chez lui ce bel et jeune officier, et son hôtesse n'a pas tardé à succomber. Le sieur Dreux d'Aubray, qui veut ramener sa fille dans les droits chemins de la vertu, au lieu de faire renvoyer le bel officier de son régiment, le fait enfermer à la Bastille par lettre de cachet. Sainte-Croix y reste un an, enfermé dans la même cellule qu'Exili. Libéré, il retrouve sa maîtresse et, appliquant avec elle la science d'Exili, ils font disparaître en les empoisonnant, en quatre ans, de 1666 à 1670, le père, les deux frères et la sœur de la marquise.

Le marquis de Brinvilliers est lui aussi victime des potions de sa femme, qui veut le voir mourir pour épouser Sainte-Croix. Mais il est sauvé par Sainte-Croix, qui lui distribue des antidotes, car d'amant, il ne tient pas à devenir mari d'une femme aussi peu scrupuleuse avec sa proche famille. Sainte-Croix compose les poisons, Mme de Brinvilliers met la mixture dans des biscuits, ou des tourtes aux pigeons, et en teste l'efficacité en les distribuant aux pauvres ou aux malades de l'Hôtel-Dieu.

En 1672, le chevalier Sainte-Croix meurt subitement, asphyxié par des vapeurs délétères alors qu'il se livre à une expérience chimique pour mettre au point une nouvelle poudre. On trouve chez lui une cassette, adressée à Mme de Brinvilliers, renfermant un assortiment de poisons. La marquise parvient à s'enfuir à Liège, où elle se cache dans un couvent. Mais un exempt de police réussit à l'en faire sortir, et l'amène à Paris. Après procès, elle est condamnée à avoir la tête coupée, le corps brûlé, et ses cendres dispersées au vent. Pour éviter le supplice de la question, elle confesse ses crimes pendant plus de six heures.

Tout Paris (dont Mme de Sévigné) se presse place de Grève, où l'échafaud a été dressé. Là, nue sous une chemise, elle est rasée par le bourreau, avant qu'il ne lui applique la tête sur le billot. « Ce fut un grand murmure et une grande cruauté », écrit Mme de Sévigné qui ajoute que « son pauvre petit corps a été jeté, après l'exécution, dans un fort grand feu, et ses cendres au vent ; de sorte que nous la respirerons, et par la communication des petits esprits, il nous prendra quelque humeur empoisonnante, dont nous serons tous étonnés »... Le lendemain, autour de l'échafaud, le peuple cherche des fragments d'os de la petite marquise, parce que la rumeur vient d'en faire une sainte, tant son repentir a paru sincère !

La mort exemplaire de la Brinvilliers n'empêche pas les empoisonnements de se poursuivre. Même les morts naturelles deviennent suspectes. La Reynie, lieutenant général de police, lance ses indicateurs aux trousses de ceux que la rumeur soupçonne d'être des empoisonneurs et, en 1679, conduit à la Bastille une ancienne accoucheuse, la Voisin, avec une quarantaine de complices supposés. Outre le commerce de la poudre de succession, la Voisin fait aussi dans la voyance, tire les cartes, dessine des horoscopes, retrouve les objets et les amours perdus, pratique l'avortement clandestin ; elle vend des poudres qui font retrouver aux femmes la jeunesse et la beauté, et aux hommes l'invulnérabilité et la chance au jeu. À ceux qui la payent (très cher), elle fait même voir le diable.

Dès les premiers interrogatoires, il apparaît que la Voisin a des relations très haut placées. Parmi ses consultants, on trouve Monsieur, propre frère du roi, avec ses deux favoris, le chevalier de Lorraine et le marquis d'Effiat (les deux empoisonneurs d'Henriette d'Angleterre) : ils sont venus voir la Voisin la première fois pour savoir qui est le père d'un enfant de Madame dont Monsieur prétend ne pas être le géniteur, la seconde fois parce que Monsieur, qui aime se faire peur, veut voir le diable ; un prêtre ventriloque joue le rôle de Satan, et révèle que le roi est protégé par un talisman qui le rend supérieur aux autres hommes, son frère y compris...

La reine aussi a vu la Voisin une fois pour qu'elle lui tire les cartes ; la Voisin, complaisante, lui a offert un philtre qui rendra le roi uniquement amoureux d'elle. Mais la reine refuse de le servir au roi, de crainte que le breuvage ne soit nuisible à sa santé.

La comtesse de Soissons, nièce de Mazarin et provisoire objet des faveurs royales, est venue, déguisée, plus de trente fois au logis de la Voisin, car elle veut recueillir pour elle seule toute la succession de son très riche oncle ; elle demande aussi un breuvage qui rende le roi « amoureux et soumis », et remet à la voyante des rognures d'ongles, des bas, deux chemises et un col du roi pour en faire une *poupée d'amour*. Mme de Montespan, elle aussi, aurait demandé à la Voisin de lui confectionner un philtre pour lui rendre l'affection du roi… Et l'on découvre aussi que Fouquet, jusqu'à sa disgrâce, a versé une grosse pension à la Voisin…

Le roi, craignant que toutes ces révélations ne deviennent publiques, institue, le 7 avril 1679, une Chambre ardente, un tribunal présidé par le lieutenant général La Reynie, homme entièrement dévoué au secrétaire d'État Louvois. Entre autres personnalités sont inquiétées la comtesse de Soissons ainsi que sa sœur, autre nièce de Mazarin, la duchesse de Bouillon. Cette dernière a été accusée « d'avoir voulu se défaire de son mari ». Mais c'est au bras de ce dernier qu'elle vient à l'audience, et, à la fin de l'interrogatoire, s'exclame : « Vraiment, je n'eusse jamais cru que des hommes sages pussent demander tant de sottises. » La Reynie, notamment, lui a demandé si, lors d'une de ses rencontres avec la Voisin (comme la plupart des autres accusées, elle allait s'y faire tirer les cartes, ce qui relève davantage du folklore que du crime), elle a vu le diable, et s'entend répondre : « Le diable, je le vois en ce moment ; il est fort laid, fort vilain, et déguisé en conseiller d'État ! »

La saillie a mis fin à l'interrogatoire, mais le roi, même si la réplique l'a amusé, ne peut laisser la duchesse se moquer de la chambre de justice : il l'exile à Nevers. La comtesse de Soissons, elle, plutôt que d'entrer à la Bastille, prend la fuite (sans que le roi donne l'ordre de la rattraper) et s'exile à Bruxelles (territoire espagnol), où elle meurt en 1708 sans avoir revu Paris. Son fils Eugène, par ses victoires sur les troupes du roi, vengera cette femme qui, selon Saint-Simon, « a été la maîtresse de la cour, des fêtes et des grâces jusqu'à ce que la crainte de partager son empire avec les maîtresses la jette dans une folie ».

La Voisin, ainsi que trois de ses complices, est condamnée à être brûlée vive. Les autres sont condamnés à des peines plus ou moins graves. L'exécution de la Voisin a lieu le 22 février 1680. Mme de Sévigné l'a racontée : ayant appris sa condamnation (19 février), la Voisin s'enivre avec ses gardiens et « *chante vingt chansons à boire* ». Le lendemain, mardi, elle est soumise à la question, ce qui ne l'empêche pas, le soir, « *toute brisée qu'elle était, à faire la débauche avec scandale* ». Le mercredi se passe en de nouvelles confrontations, et le soir en nouvelles « *débauches et chansons* » ; lorsqu'on lui en fait honte et qu'on lui dit qu'elle ferait mieux de penser à Dieu et de chanter des cantiques, elle en entonne en forçant sa voix pour les ridiculiser, et refuse de voir un confesseur. Enfin, le jeudi 22, elle proteste parce qu'on ne veut lui donner qu'un bouillon, avant son ultime comparution. Elle refuse une dernière fois de se confesser et, place de Grève, se débat lorsqu'on veut la faire sortir du tombereau. On l'assied de force sur le bûcher, où on lui attache les bras avec du fer, puis on la couvre de paille. En jurant, elle repousse la paille à plusieurs reprises « *mais le feu s'augmenta, et on la perdit de vue ; et ses cendres sont en l'air présentement* ».

Les bouillons de Mme de Sévigné…

Madame de Sévigné soigne ses rhumatismes avec du bouillon de vipères, si excellent qu'elle en donne la recette à sa fille : « *On coupe la tête et la queue, on l'écorche vive, et toujours elle remue* »… Elle se frictionne les points douloureux avec du Baume tranquille, composé d'autant de gros crapauds vifs que de litres d'huile, et, sur le conseil de son médecin, trempe ses mains douloureuses dans du sang chaud de bœuf, ou dans de la moelle de cerf. Le matin, elle boit un grand verre d'« *eau-des-mille-fleurs* » (de l'urine de vache…)

Un grand roi bien malade

Louis XIV, contrairement aux tableaux qui le représentent en conquérant, est un malade qui ne s'ignore pas. En

1655, à 17 ans, il est déjà atteint de la petite vérole, avec gangrène aux orteils, des dartres, et de fréquents maux de tête. Vers 1672 commencent des vertiges et des vapeurs qui le tourmenteront jusqu'à la fin de sa vie. Ajoutons des rhumatismes, des ophtalmies, une goutte quasi permanente (qui l'obligera à parcourir les jardins de Versailles en chaise roulante), la gravelle (calculs rénaux), et des indigestions presque quotidiennes. De 1647 à 1715 il a été saigné trente-huit fois, purgé fréquemment, a pris de quinze cents à deux mille médecines, a été travaillé par le fer et par le feu, et a expérimenté, contre le flux de ventre ou les vapeurs, tous les cordiaux, tous les emplâtres, toutes les pommades…

Mangeant beaucoup, il a besoin de rafraîchir son tempérament sanguin, et s'expose au froid, au vent, à la neige, y gagnant rhumatismes et fièvres. Malgré les médecins qui s'inquiètent de sa voracité, il refuse de modérer sa boulimie, de suivre des régimes ; à chaque repas, il lui faut pâté en croûte, potage aux pigeons, trois poulets rôtis… Dans les carrosses, il y a toujours des viandes et des pâtisseries, et le roi s'amuse à voir les dames manger goulûment. Le roi aime l'air, et veut que les glaces de son carrosse soient baissées. Un jour, bien que Mme de Maintenon soit au lit, suant la fièvre à grosses gouttes, il fait quand même ouvrir les fenêtres.

En 1686, il souffre d'une fistule dans « *le dernier des intestins* ». Le cardinal de Richelieu en est mort, faute d'avoir été bien soigné. Les églises se remplissent d'un peuple innombrable qui prie pour la guérison de son roi. L'opération, sans anesthésie, est difficile et douloureuse, et le roi fait preuve d'un grand courage. L'opération à peine terminée, le roi convoque ses ministres et leur dicte ses volontés allongé sur son lit de douleur ; le lendemain, il donne audience aux divers ambassadeurs des cours d'Europe, afin qu'ils rassurent leurs souverains respectifs.

Les femmes qui embellissent sa cour ne sont pas mieux loties : Henriette d'Angleterre, sa chère belle-sœur, est bossue, Mlle de La Vallière boite, la duchesse de Berry met du rouge sur ses joues pour y cacher les trous laissés par la petite vérole, la duchesse d'Orléans (épouse du futur Régent) tombe d'épuisement dès qu'elle fait deux pas, et ne mange que couchée, et rares sont celles qui, leurs vingt ans passés, peuvent sourire de toutes leurs dents, tant elles sont cariées.

Le douloureux derrière des courtisans…

Lorsque Louis XIV est opéré de la fistule, cette maladie devient à la mode. « Plusieurs de ceux qui la cachaient avec soin avant ce temps n'eurent plus eu honte de la rendre publique. Des courtisans choisirent Versailles pour se soumettre à cette opération, parce que le roi s'informait de toutes les circonstances de cette maladie. Ceux qui avaient quelque petit suintement ou de simples hémorroïdes ne différaient pas de présenter leur derrière au chirurgien pour y faire des incisions. J'en ai vu plus de trente qui voulaient qu'on leur fît l'opération, et dont la folie était si grande qu'ils paraissaient fâchés lorsqu'on les assurait qu'il n'y avait point nécessité à le faire » (*Mémoires*, de Dionis).

La folie amoureuse de la respectable princesse des Ursins

De l'autre côté des Pyrénées, Philippe V voit mourir son épouse, sœur de feue la Dauphine. Elle a eu pour guide, dès son mariage, à 13 ans, la princesse des Ursins, une belle femme déjà deux fois veuve, austère et autoritaire, que Mme de Maintenon lui a choisie pour chaperon. Princesse des Ursins qui a pour habitude de pénétrer, quand bon lui semble, dans la chambre lorsque le couple royal est au lit, et qui, sous prétexte de consoler le roi, devenu sauvage et mélancolique, envisage de l'épouser, bien qu'elle soit beaucoup plus âgée que lui (elle a 72 ans, il en a 21). Louis XIV, qui a livré une guerre ruineuse pour mettre sur le trône d'Espagne ce petit-fils irréfléchi, se hâte de lui chercher une autre épouse et la trouve à Parme : c'est Élisabeth Farnèse, fille du duc de cette ville.

On la prétend douce, timide ; elle va se révéler fière, et plus disposée à commander qu'à obéir. Le mariage célébré par procuration, la nouvelle reine gagne son royaume, et Madrid, où Philippe V l'attend. La princesse des Ursins se porte à sa rencontre afin de reprendre le rôle de chaperon qu'elle a tenu auprès de la reine précédente. Mal lui en prend. Élisabeth Farnèse, avertie des rigueurs qu'elle a fait subir à celle qui l'a précédée sur le trône, la fait expulser de sa chambre par ses gardes en criant : « Faites sortir cette folle », et la fait illico reconduire à la frontière « avec défense de s'arrêter dans les villes ». C'est l'hiver (on est à deux jours de Noël), et la princesse, dans sa robe d'apparat, grelotte dans son carrosse en se tenant la jambe, qu'elle s'est blessée lors d'une chute de cheval ; mais elle espère sa disgrâce provisoire : Philippe V a trop besoin d'elle pour ne pas la rappeler. Toutefois, le message qu'elle lui a envoyé reste sans réponse. La reine est arrivée à Madrid la veille de Noël, où le mariage a été à nouveau célébré, et conclu dès le soir. Les nouveaux mariés se sont couchés à six heures du soir, pour se relever, à l'évidence satisfaits, afin d'assister à la messe de minuit.

Le lendemain, le roi ne juge pas utile de faire revenir à sa cour la vieille princesse des Ursins. La duègne, effondrée et grelottante, arrive à Saint-Jean-de-Luz le 14 janvier 1715. Même l'amitié de Mme de Maintenon ne peut lui faire obtenir la permission de résider en France : Louis XIV ne lui pardonne pas d'avoir failli ridiculiser son petit-fils. Elle doit se retirer à Rome, où elle meurt en 1722, à l'âge de 80 ans.

La mort de Louis XIV

Après avoir remis son testament, en présence de Mme de Maintenon, au premier président du parlement de Paris, Louis XIV a déclaré ses bâtards, qu'il a légitimés, aptes à succéder à la couronne de France, à défaut de princes légitimes. Le 14 août 1715, il faut porter le vieux roi à la messe, puis le reporter dans sa chambre, d'où il ne sortira plus. Il met ses papiers en ordre, fait brûler ceux qu'il juge inutiles… Le 23 août, la gangrène se manifeste sur l'une de ses jambes ; les médecins jugent qu'il n'a plus que quelques jours à vivre, et l'en informent.

Il prend la nouvelle avec fermeté, et reçoit l'extrême-onction le 25 août. Le lendemain, un lundi, il se fait amener le petit Dauphin, 5 ans. Il le tient longtemps sur son lit, l'embrassant et le bénissant à plusieurs reprises. Puis il adresse aussi ses adieux aux seigneurs de la cour : « Messieurs, je vous demande pardon du mauvais exemple que je vous ai donné. J'ai bien à vous remercier de la manière dont vous m'avez servi et de l'attachement et de la fidélité que vous m'avez toujours marqués... Adieu, messieurs, je compte que vous vous souviendrez quelquefois de moi. »

Les médecins s'agitent. Un paysan provençal propose un élixir qui guérit la gangrène. On le laisse entrer. Il rudoie l'un des médecins qui veut s'opposer à son médicament. On donne au roi dix gouttes de la potion. Il se trouve plus fort. Mais le pouls ne tarde pas à retomber. On lui présente un autre verre du remède miracle. « À la vie ou à la mort », dit-il en le vidant. La vie paraît revenir. À cette nouvelle, les courtisans vident les salons du duc d'Orléans, qui attend la mort de son oncle pour se proclamer régent, et reviennent vers la chambre du roi. Mais l'amélioration ne se maintient pas. Quand, le 1er septembre, le Grand Roi rend le dernier soupir, il est presque seul. Ainsi en a-t-il été pour son frère, Monsieur, qui en 1701 a agonisé seul sur un canapé ; ainsi en a-t-il été pour Monseigneur le Dauphin, en 1712. Mme de Maintenon, qui sait que son règne est fini, s'est déjà retirée à Saint-Cyr, d'où elle ne sortira plus ; même le père Le Tellier, jésuite confesseur du roi, a abandonné son pénitent. Sur le chemin de Saint-Denis, où Louis XIV, qui laisse la France dans un épuisement prodigieux, va être enterré, le peuple chante, rit et boit. Peu de courtisans suivent le cortège. Dans les provinces, à l'annonce de la mort du Roi-Soleil, on danse.

Louis XIV, héritier de la couronne à 5 ans, mort à 77 ans, a, au cours de son très long règne, connu 4 rois au Danemark, 4 en Suède, 5 en Pologne, 4 au Portugal, 3 en Espagne, 4 en Angleterre, 3 empereurs, et 9 papes...

Un Régent fanfaron de vices

Né à Saint-Cloud le 4 août 1674, Philippe, duc d'Orléans, fils du frère unique et cadet de Louis XIV et de la princesse Palatine, épouse, en 1692, la fille naturelle que Louis XIV a eue avec la marquise de Montespan. Il est si bon général que Louis XIV en prend ombrage et l'éloigne, un temps, des armées. Retenu à Versailles pour avoir revendiqué le trône d'Espagne, il se consacre à des études de chimie, ce qui le fait soupçonner d'être un empoisonneur. Louis XIV, même s'il n'apprécie pas ce neveu trop brillant, repousse les calomnies (on l'accuse de tuer les membres de la famille royale pour régner) mais ne lui donne, dans son testament, que la présidence du Conseil de régence. Le duc d'Orléans a mauvaise réputation : pour se moquer des dévots, il emporte un livre de Rabelais aux trois messes de minuit de la fête de Noël, et le lit en guise de prières. Pour défier ceux qui lui reprochent de ne pas croire en Dieu, il se rend dans les carrières de Vanves pour faire des incantations au diable. Et quand l'ennui lui pèse trop, il organise à Paris des soupers fins, avec des dames peu farouches. Louis XIV, qui réprouve la vie licencieuse et impie qu'il mène, mais le soupçonnant de se prétendre plus perverti qu'il ne l'est réellement, l'appelle le « fanfaron de vices ».

Philippe d'Orléans, dès la mort du roi, fait casser le testament par le Parlement (2 septembre 1715) et est reconnu Régent pour « exercer pleinement l'autorité royale ». Il a 41 ans.

Dédaignant Versailles, le Régent, assisté de l'abbé Dubois, personnage à la réputation sulfureuse qui passe ses soirées avec de jeunes blanchisseuses, s'installe à Paris, au Palais-Royal. Il y étudie les dossiers de 6 heures à midi, puis, jusqu'à 5 heures de l'après-midi, tient le Conseil de la régence aux Tuileries. Ensuite, ce sont les célèbres soirées et soupers, où le Régent s'entoure de beaux esprits et de jolies femmes pour discourir dans un langage leste, ce qui choque la pudeur des mémorialistes, et dans une absence totale d'étiquette (parfois, tous les convives doivent se mettre nus), ce qui offusque les aristocrates qui ne sont pas invités à ces causeries orgiaques.

On a prétendu que le Régent avait été l'amant de sa fille Marie-Louise Élisabeth, duchesse de Berry. S'il est vrai que le père et la fille ont une solide réputation de dépravés, leur liaison n'est évoquée que dans des libelles ; aucun mémorialiste ne s'en est indigné, ce qui les innocenterait plutôt ; mais dans les rumeurs, on ne prête qu'aux riches… Philippe d'Orléans, usé par ses débauches (selon ses nombreux adversaires) ou par sa tâche (selon ses rares partisans), meurt à Versailles le 2 décembre 1723, âgé de 49 ans. Sa mère, la princesse Palatine, a dit de lui : « Il avait tous les dons, hormis celui de s'en servir. »

Un foutu royaume bien gouverné…

Mme de Parabère est l'une des maîtresses préférées du Régent. Un soir d'orgie, partagé avec l'abbé Dubois, alors principal ministre, et Law qui, au bord de la banqueroute, est venu se réfugier chez le Régent, ce dernier doit signer un décret mais est trop ivre pour y parvenir. Il aurait tendu le papier à Mme de Parabère en lui ordonnant : « Signe, putain ! », ce qu'elle aurait refusé ; puis à Dubois : « Signe, maquereau ! » ; et sur un nouveau refus, à Law : « Signe donc, voleur ! », sans obtenir satisfaction. Alors signant lui-même le décret, il se serait écrié : « Parbleu ! voilà un foutu royaume bien gouverné par un ivrogne, par une putain, par un fripon, et par un maquereau ! »

Le maquereau, Dubois, nommé cardinal, meurt en août 1723 des suites d'une opération pénible : on vient de lui trancher les parties génitales, infectées par ses débauches. Vieux libertin, ce fils d'un apothicaire de Brive-la-Gaillarde était, selon Saint-Simon, un « petit homme maigre, effilé, à mine de fouine. Tous les vices, la perfidie, l'avarice, la débauche, l'ambition, la basse flatterie combattaient en lui à qui demeurerait le maître… » L'ivrogne, le Régent, meurt d'une attaque d'apoplexie en décembre de la même année, alors qu'il a demandé à l'une de ses maîtresses de lui lire un conte de fées, car il a mal à la tête (de son propre aveu, « il ne goûtait plus le vin et était devenu nul pour les femmes »). Le fripon, Law, s'éteint caché à Venise en 1729. Quant à la putain, Mme de Parabère, elle a rompu avec le Régent et s'est retirée sur ses terres quand ce dernier s'est mis à fréquenter les filles d'Opéra, qu'on dit (avec raison) « gâtées » et qu'il a voulu la battre, car elle avait refusé de partager, après un souper fin, son intimité…

Une Polonaise pauvre sur le trône de France

À la mort du Régent, Louis XV, qui n'a encore que 13 ans, abandonne le pouvoir au duc de Bourbon. Le Régent a fiancé Louis à l'infante d'Espagne. Le duc de Bourbon la fait renvoyer de la cour d'Espagne (elle n'a que 9 ans) sans explication à son père, ce qui manque de provoquer une nouvelle guerre. Il veut, en fait, proposer au roi sa propre sœur, Mlle de Vermandois. Mais devant l'échec de son intrigue, il choisit Marie Leszczyńska qui, dans sa dot, possède la Lorraine.

La princesse Marie Leszczyńska est la fille d'un roi sans royaume. Stanislas Leszczyński, qui a été imposé sur le trône de Pologne par le roi de Suède Charles XII, l'a perdu peu après, et a été installé à Wissembourg en Alsace par le Régent Philippe d'Orléans. Pour cette famille ruinée, ce mariage est une aubaine ; à l'annonce du choix, Stanislas fait agenouiller sa famille pour remercier Dieu… La maîtresse du duc de Bourbon, perfide, fait envoyer à la fiancée du jeune roi de France une dizaine de chemises, car elle n'en a aucune…

Les noces, somptueuses, se déroulent à Fontainebleau le 5 septembre 1725. La nuit de noces dure treize heures et le roi donne à la reine « sept preuves de tendresse », écrit le duc de Bourbon à Stanislas. La reine a sept ans de plus que son époux. Dix enfants, en douze ans, naissent de cette union (« Toujours coucher, toujours grosse, toujours accoucher… », se plaint Marie), et leur fils aîné, le Dauphin Louis, donnera trois rois à la France : Louis XVI, Louis XVIII et Charles X. Pendant dix ans, l'entente règne dans le couple royal, même si Louis ne montre aucune tendresse pour sa femme (selon le duc d'Argenson, « il fait à la reine des enfants sans dire un mot »). Alors qu'elle vient d'accoucher de sa troisième fille, sans avoir donné au royaume le Dauphin espéré, et qu'elle s'en lamente, Louis XV, cavalièrement, lui propose : « Prenons parole pour l'année prochaine ! »

Il y a une sorte de conspiration générale pour éveiller Louis et le décider, comme ses ancêtres, à prendre des maîtresses. Le duc de Richelieu, maréchal de France, grand seigneur débauché, dont l'un des jeux était de séduire les conquêtes du Régent, et qui a été le protecteur de Voltaire, le pousse aux excès de table, à l'amour du jeu, et aux jeux de l'amour.

Marie voit défiler devant elle les favorites et ne peut que tolérer leur présence, parfois leur insolence. Austère et sérieuse, dévote, de plus en plus écartée par son mari, elle s'enfonce dans une retraite silencieuse, partageant son temps entre la méditation, la charité et l'éducation de ses enfants. Elle s'éteint dans la résignation, à Versailles, le

24 juin 1768, tandis que le roi s'enflamme pour une nouvelle passion : Jeanne Bécu, comtesse Du Barry.

La paternité brûlante du roi Stanislas

Le roi Stanislas, père de la reine Marie Leszczyńska, meurt des suites de brûlures ; une étincelle, alors qu'il somnole près d'une cheminée, ayant mis le feu à la couverture de coton dans laquelle il s'est enveloppé. Pendant son agonie, il dicte une lettre à l'intention de sa fille, dans laquelle il précise, avec un humour involontaire et une grande tendresse paternelle : « Ce qui me console, ma fille, c'est que je brûle pour vous. »

Les mauvaises fréquentations du Bien-Aimé…

Louis XV, qui, tout au long de son règne, laisse le gouvernement du royaume à ses ministres ou à ses favorites, mène une vie régulière durant les premières années de son mariage. Il se distingue toutefois par ses excès de table et de boisson. Puis comme las d'une vie conjugale trop rangée, il se lance dans la débauche, et n'en sortira plus. Ce sont d'abord quelques galanteries passagères. Ses domestiques lui achètent des femmes.

Il a pour premières maîtresses en titre des sœurs de haute noblesse, la famille de Nesle. Sur les quatre sœurs, seule la dernière refusera, quand viendra son tour, de partager son lit. L'une d'elles, Marie Anne de Mailly, duchesse de Chateauroux, femme spirituelle et entreprenante, s'emploie, après avoir évincé sa sœur aînée, à arracher son amant à l'influence politique du vieux cardinal Fleury, et le pousse à prendre la tête d'une armée pour attaquer les Pays-Bas, alliés de l'Autriche pendant la guerre de Succession. La promenade militaire ne va pas au-delà de Metz : en août 1744, le roi, victime d'une « fièvre putride » (une indigestion ajoutée à un coup de soleil), se meurt. La France entière prie pour son rétablissement dans les églises, et les maîtresses, dans un élan vertueux, sont chassées de la cour. Le roi guérit. Il rappelle aussitôt de son exil la duchesse de Chateauroux, la nommant surintendante de la maison de la Dauphine, et exile ceux qui l'avaient écartée. Mais elle meurt avant même de reparaître à la cour. Sa mort plonge le roi dans un profond désespoir…

Beaucoup de dames se pressent pour le consoler ; et c'est une petite bourgeoise, Jeanne Poisson, qui se fait reconnaître comme maîtresse officielle, trois mois après la mort de Mme de Chateauroux. Jeanne Antoinette Poisson, marquise de Pompadour est née le 29 décembre 1721, à Paris. Sa mère vit publiquement avec un fermier général, qui lui fait donner une éducation raffinée. Il la marie en 1741 à son neveu Le Normand d'Étiolles. Comme on lui a prédit, dans son enfance, qu'elle serait un jour la maîtresse du roi, elle s'emploie à réaliser ce projet. Un juge complaisant la sépare de son mari, un décret royal la fait marquise de Pompadour en septembre 1745.

Dès lors commence une vie qu'elle appellera elle-même un « combat perpétuel » ; pour conserver le pouvoir, elle devra lutter contre l'ennui incessant qui dévore le roi, et qu'elle parvient à grand-peine à distraire en organisant chaque jour des fêtes, des voyages, des spectacles… Lassant, comme maîtresse, son roi de plus en plus avide de chair fraîche, elle a l'habileté de rester sa confidente, et sa pourvoyeuse. Ainsi continue-t-elle à régner sur la France, tandis que Lebel, valet du roi, enlève des jeunes filles afin de satisfaire les vices du monarque, dans une maison du quartier du Parc aux cerfs.

Elle se mêle aussi de politique, faisant renvoyer, parce qu'ils ne font pas l'effort de lui plaire, Maurepas, d'Argenson… Elle protège et persécute tour à tour les Jésuites, les Jansénistes, les philosophes, et, séduite par les avances de Marie-Thérèse d'Autriche, qui l'appelle sa chère amie dans ses lettres, fait conclure le traité de Versailles (1er avril 1759) qui engage le royaume dans la funeste guerre de Sept Ans. La honteuse paix de 1763 (qui cède le Canada et les comptoirs de l'Inde à l'Angleterre) provoque contre elle un déchaînement général. Elle tombe « dans une maladie de langueur » qui l'emporte en quelques semaines, le 15 avril 1764, à Versailles. Elle a beaucoup dilapidé l'argent du Trésor royal, mais a ainsi favorisé les industries de luxe, encouragé les arts.

Mme de Pompadour est morte depuis trois ans quand celle qui va lui succéder fait son apparition à la cour : la comtesse Du Barry. Jeanne, née à Vaucouleurs en 1743, est la fille naturelle d'une couturière nommée Bécu, et d'un commis aux barrières nommé Vaubernier. Venue très jeune à Paris, placée comme ouvrière chez une marchande de modes, elle ne tarde pas à tomber dans la prostitution. Frappé par sa beauté, le chevalier Jean Du Barry la retire du bordel où il l'a rencontrée pour lui faire tenir une maison de jeu. C'est là que Lebel, valet de chambre de Louis XV et son pourvoyeur, la remarque. Elle arrive jusqu'au roi en 1767, auquel elle inspire la passion la plus vive. Le vieux monarque débauché lui donne pour époux (1er septembre 1768) Guillaume Du Barry, frère de son protecteur (Jean Du Barry est déjà marié), et l'impose, non sans mal, à la cour. Dès lors, l'influence de la favorite est sans bornes sur l'esprit du roi qu'elle tutoie et appelle « La France ». Ses ennemis, comme le duc de Choiseul, sont disgraciés et, par elle, le chancelier Maupeou (qui l'appelle sa cousine), l'abbé Terray (qui lui livre le Trésor public), le duc d'Aiguillon (qui est, semble-t-il, aussi son amant) gouvernent. Louis XV, qui voit sa famille, notamment ses filles, s'éloigner de lui à cause de sa favorite, lui fait bâtir un magnifique pavillon à Louveciennes, où, à l'instar de la Pompadour, elle lui fait rencontrer sans cesse de nouvelles maîtresses.

Louis XV, qui depuis longtemps est atteint de syphilis, meurt de petite vérole le 10 mai 1774, à 64 ans. C'est une jeune fille livrée à ses débauches qui l'a contaminé. Jamais, lorsqu'il a violé ses petites victimes, il n'a montré le moindre remords : pensant que, puisque Roi Très Chrétien, « oint du Seigneur », il ne peut être damné, il a toujours eu la précaution, avant de commettre ses infamies, de faire dire leurs prières aux malheureuses. Lors de ses funérailles à Saint-Denis, la foule, qui l'a surnommé le « Bien-Aimé » au début de son règne, maudit le convoi funèbre.

La mort du roi provoque l'exil de la Du Barry dans une abbaye près de Meaux. Mais dès l'année suivante, elle est autorisée à revenir à la cour, où elle vit avec son amant, le duc de Brissac, jusqu'à la Révolution. Partie en juillet 1792 pour l'Angleterre afin d'y mettre en sécurité ses diamants et une partie de son immense fortune, elle est arrêtée à son retour en France et, le 7 décembre 1793, condamnée à mort pour être exécutée le lendemain. Pour prolonger sa vie de quelques minutes, elle fait de prétendues révélations qui coûtent la vie à plusieurs personnes. Dans la charrette qui la conduit au supplice, elle donne le spectacle du plus affreux désespoir, et ses derniers mots sont pour demander au bourreau « encore un moment »…

L'embaumement de Louis XV…

En sortant de la chambre de Louis XV, mort dans un état de décomposition affreuse, le duc de Villequier, premier gentilhomme de la chambre, enjoint à Andouillé, premier chirurgien du roi, d'ouvrir le corps et de l'embaumer. Le premier chirurgien, qui craint d'être emporté par la contagion, réplique : « Je suis prêt à le faire ; mais pendant que j'opérerai, vous tiendrez la tête. Votre charge vous l'ordonne. » Le duc de Villequier passe outre, et le corps n'est ni ouvert ni embaumé.

Les suicides de Jean-Jacques Rousseau

Diderot raconte qu'étant allé voir Jean-Jacques Rousseau à Montmorency, ils vont se promener le long de l'étang :

— Voilà, lui dit l'auteur des *Confessions*, un endroit où j'ai été tenté vingt fois de me jeter pour terminer ma vie.

— Pourquoi ne l'avez-vous pas fait ? lui demande Diderot.

Rousseau reste un moment sans répondre et avoue :

— J'ai mis ma main dans l'eau, et je l'ai trouvée trop froide.

Les aphrodisiaques de la Pompadour

Mme de Pompadour, pour tenter de s'échauffer dans le lit du roi Louis XV, lequel la traite gentiment de « macreuse » (oiseau aquatique réputé à sang froid), parce qu'elle manque de tempérament, privilégie des recettes comme le chocolat vanillé, les truffes et les potages au céleri. Ces stimulants naturels s'avèrent insuffisants, et elle voit s'altérer sa santé, au point que son médecin lui conseille un jour « de ne plus remplir les devoirs de son état », ce qui, pour une favorite, ne va pas sans péril… Elle a alors l'idée de s'adresser à un magicien très prisé à la cour, le comte de Saint-Germain. On l'appelle « l'homme qui ne peut pas mourir », parce que, grâce à son élixir de longue vie, il prétend avoir connu le Christ et la reine de Saba ! Mme de Pompadour lui demande discrètement un aphrodisiaque pour faire bonne figure sur l'oreiller royal. Le comte de Saint-Germain lui procure une drogue miraculeuse… qui vaut à la malheureuse une éruption de boutons sur tout le visage !

La mauvaise étoile de Marie-Antoinette

Archiduchesse d'Autriche, fille de l'empereur germanique François Ier et de l'impératrice Marie-Thérèse (ils ont seize enfants !), Marie-Antoinette de Lorraine-Autriche naît à Vienne le 2 novembre 1755, jour du tremblement de terre qui ravage Lisbonne ! Les astrologues ne se hasardent pas à dire qu'elle est née sous une mauvaise étoile, et pourtant… Son mariage avec le Dauphin Louis de France est célébré solennellement à Versailles le 16 mai 1770. Nouveau signe néfaste ? Un violent orage éclate sur la ville, noyée sous des torrents d'eau pendant la cérémonie nuptiale. Et le soir, place Louis-XV (Louis XVI sera décapité, au même endroit, vingt-trois ans plus tard), lors du feu d'artifice, une fusée provoque un mouvement de panique : cent trente-deux personnes périssent étouffées ou piétinées.

Le soir, on conduit dans leur chambre les époux — Louis n'a que 15 ans, Marie-Antoinette 14 —, et le lit nuptial, selon une ancienne coutume, est béni par l'archevêque de Reims. Le mariage n'en est pas pour autant consommé pendant sept ans. Il faut que l'empereur Joseph, en 1777, se rende en France et se charge de la singulière mission d'interroger le roi sur ce problème. Louis XVI finit par accepter de se faire opérer de son phimosis ! Marie-Thérèse, duchesse d'Angoulême, voit le jour en décembre 1778 ; elle est la seule des quatre enfants à n'avoir pas eu une mort prématurée. Mais pour les Français, la reine reste l'Autrichienne. On lui reproche sa frivolité, et les pamphlets lui prêtent des liaisons aussi fausses qu'infamantes. Même le comte de Provence, frère du roi (futur Louis XVIII), qui a des espérances dynastiques, fait courir sur elle les bruits les plus blessants. Des pièces de monnaie sont frappées à l'effigie cornue du monarque son époux ! Sans doute s'est-elle éprise du comte de Fersen, un noble suédois qui organisera la fuite de Varennes ; mais ce grand amour qui a duré vingt ans est resté platonique (Fersen, rentré en Suède, sera, en 1810, accusé sans preuve d'avoir empoisonné le prince héritier — c'est Bernadotte, maréchal de Napoléon, qui aura le trône —, et il sera lapidé à mort par la foule lors des funérailles).

À la naissance du second fils du couple royal, en 1785, lorsque le cortège se rend à Notre-Dame après les relevailles de la mère, celle-ci est accueillie par un silence glacial au lieu des ovations traditionnelles. Marie-Antoinette en est profondément blessée.

L'affaire du Collier, dont Mirabeau prétendra qu'elle a été le prélude à la Révolution, n'arrange rien. Marie-Antoinette est une souveraine exécrée d'autant que, maladroitement, elle défend la monarchie et rejette les idées humanistes de la fin du XVIIIe siècle. Mirabeau, en 1790, dira d'elle : « Le roi n'a qu'un homme, c'est sa femme ! ».

Condamnée à mort sans preuves matérielles juridiquement fondées, elle est, devant ses accusateurs, d'une remarquable dignité. Elle entend son arrêt de mort avec impassibilité et gravit les marches de l'échafaud d'un pas ferme. Contrairement à ce que ses bourreaux attendent, le peuple reste silencieux sur son passage, comme honteux. Sa tête tombe le 16 octobre 1793 à 12 heures et 15 minutes.

L'affaire du Collier de la reine

L'affaire du Collier est une monumentale escroquerie montée par la comtesse de La Motte et l'aventurier Cagliostro pour duper l'insipide et naïf cardinal de Rohan (qui est l'amant de la comtesse, et de l'épouse de Cagliostro). Rohan, pour peut-être se faire pardonner par la reine (il a prétendu, lorsqu'elle était Dauphine, qu'elle était la maîtresse du comte d'Artois, frère cadet du roi et futur Charles X), veut lui offrir un collier de diamants. On lui montre une fausse lettre où elle accepte le présent ; il rencontre, lors d'une entrevue nocturne, une femme de chambre qui joue le rôle de la reine ; et il finit par remettre le fameux collier, enfin monté, à l'amant de la comtesse, qui se fait passer pour un officier de la reine. Cagliostro, ensuite, revend le collier au détail, et lorsque les bijoutiers constatent que le cardinal de Rohan est insolvable, ils présentent la facture à la reine, qui porte plainte devant le parlement de Paris au lieu d'étouffer l'affaire. Rohan est acquitté mais exilé, Cagliostro s'est enfui, la comtesse de La Motte est flagellée, marquée du V de voleuse au fer rouge et emprisonnée à perpétuité, mais s'évade l'année suivante. La reine, qui est totalement étrangère à ces manigances, y perd le peu de crédit qu'elle conserve encore et s'attire les calomnies des nobles et du peuple.

Pourquoi Louis XVI mit fin au supplice de la roue

En 1788, à Versailles, un jeune homme, Louis Louschart, est accusé de parricide et condamné à être roué vif. Les circonstances du meurtre, involontaires, et la sévérité du jugement ont provoqué l'indignation populaire. L'exécution est fixée pour le 3 août. Mais la veille, parvenu sur les lieux du supplice afin de s'y assurer de la bonne mise en place de l'échafaud, le bourreau constate l'hostilité des badauds qui entourent les ouvriers occupés à dresser les charpentes de mort.

Pressentant une émeute, il s'en retourne au Palais de justice afin d'obtenir une escorte supplémentaire lors de l'arrivée du condamné. Il en profite pour demander d'avancer l'heure de l'exécution afin que la foule n'ait pas le temps de s'y rendre. Peine perdue : le lendemain, toute la ville est là. Au passage de la charrette qui transporte le jeune Louis, une clameur assourdissante monte, réclamant la liberté pour celui dont on prépare la mort. Lorsqu'il monte sur l'échafaud, la palissade qui entoure l'échafaud est enfoncée. À ce moment, un gaillard à la silhouette herculéenne saute sur la plate-forme et, arrachant les liens qui fixent déjà la victime sur la croix de Saint-André, la hisse sur ses épaules et l'emporte dans la foule au milieu d'une liesse indescriptible. La croix, la roue, l'échafaud mis en pièces ne sont bientôt plus qu'un immense brasier autour duquel la foule danse jusqu'à la nuit. À partir de ce jour, Louis XVI abolit définitivement le supplice de la roue.

Les trois frères Bourbon : Louis XVI

Né à Versailles le 23 août 1754, Louis Auguste a pour précepteur le duc de La Vauguyon, un austère bigot qui n'aide pas à l'épanouissement de cet enfant timide et paisible, gras, pataud et bégayant, amateur d'histoire, de géographie et de mécanique. À 15 ans, il est marié à Marie-Antoinette. Les jeunes mariés ne s'apprécient guère. Marie-Antoinette est légère, frivole, insouciante, curieuse des plaisirs de Versailles, Louis est renfermé, solitaire, ne montrant une relative exubérance qu'à la chasse, après laquelle, sur un copieux repas, il s'endort.

Dès sa prise de pouvoir, Louis XVI, qui a 20 ans, écarte les ministres de son grand-père et appelle Maurepas, Malesherbes, Turgot... Quelques heureuses réformes, liberté du commerce des grains, abolition de la torture, suppressions des corporations et de la corvée royale, sont favorablement accueillies, mais n'empêchent pas la situation financière d'empirer. Louis XVI, trop faible, trop prisonnier de son entourage de dévots conservateurs (notamment ses tantes qui, les premières, appellent Marie-Antoinette « l'Autrichienne »), lâche Turgot comme il lâchera Necker, malgré l'admiration qu'il a pour eux. Il n'ose rien refuser aux courtisans et aux favoris de la reine.

Il croit compenser ses maladresses politiques en faisant abondamment la charité. Lorsqu'il doit se résoudre à convoquer les états généraux afin d'entériner un vaste programme de réformes, il ne saisit pas, comme ses ancêtres capétiens, cette opportunité pour s'appuyer sur la bourgeoisie et rabaisser noblesse et clergé, pourris de privilèges. Il choisit le parti de la réaction. Il a la maladresse de concentrer des troupes à Paris. Le peuple répond, le 14 juillet, par la prise de la Bastille. Le pouvoir est désormais dans la rue. Toutes les concessions qu'il accorde sont considérées comme autant de faiblesses. Après sa fuite et son arrestation à Varennes, il devient, pour ses sujets, un traître. Le 10 août 1792, les Tuileries sont envahies. La découverte de « l'armoire de fer » qui renferme des preuves de ses intrigues secrètes avec Mirabeau et des agents de la coalition étrangère provoque sa mise en jugement.

Pendant son procès, le « citoyen Louis Capet » se montre d'une grande dignité. Le 18 janvier 1793, il est condamné à mort par 387 voix contre 334 pour la détention ou le bannissement. Le 21 janvier 1793, âgé de 38 ans, il est guillotiné. Avant de mourir, il a voulu parler, mais un roulement de tambour a couvert sa voix. Le bourreau, tenant sa tête à la main, fait deux fois le tour de l'échafaud pour la montrer au peuple. On trempe des morceaux de linge dans son sang pour en faire des reliques. Son corps, après l'exécution, est dissous dans la chaux vive.

Les trois frères Bourbon : Louis XVIII

Petit-fils de Louis XV, frère cadet de Louis XVI, né à Versailles le 17 novembre 1755, Louis Stanislas Xavier, comte de Provence, reçoit, à l'avènement de son frère, le titre de Monsieur, ainsi qu'il est d'usage pour désigner le frère du roi qui, en l'absence d'héritier direct, serait appelé à prendre sa succession sur le trône. Et pendant près de trente ans, jusqu'à la naissance du premier fils de Louis XVI (1781), il sera « roi de remplacement ». Lui-même, marié à Louise de Savoie, n'aura pas d'enfant. Il souffre, comme Louis XVI, d'une malformation qui l'empêche de consommer son mariage, et derrière des maîtresses de façade cachera, sous la Restauration, ses douloureuses affections pour ses ministres, dont le duc Decazes.

C'est, de tous ses frères, le plus éveillé intellectuellement. Il se pique de littérature. Marie-Antoinette, qui ne l'aime pas, le décrit dans sa correspondance comme un pédant. Il le lui rend bien, colportant sur elle des rumeurs déshonorantes sur sa frivolité. De plus, il prend soin de soigner sa popularité, quitte à s'opposer aux décisions de son frère, ce qui irrite la cour.

Au début de la Révolution, sentant que l'ère de la monarchie absolue s'achève, il affiche des opinions réformatrices. Toutefois, il juge plus prudent, dans la nuit du 20 au 21 juin 1791, alors que son frère et sa famille prennent la route de Varennes, de s'enfuir à Bruxelles, grâce à un passeport anglais qu'il a falsifié, d'où il gagne Coblence. Dans l'armée des émigrés, il retrouve son frère cadet, le comte d'Artois, futur Charles X. Louis XVI, depuis Paris, lui remet les pleins pouvoirs. Régnant sur une cour d'opérette, et une petite armée de mercenaires qu'il doit licencier après Valmy, il prend le titre de régent à la mort de Louis XVI en proclamant son neveu le Dauphin roi sous le nom de Louis XVII. A-t-il, en agissant ainsi, précipité la mort du garçonnet, les révolutionnaires intransigeants voulant abolir tous les symboles de la royauté ? À la mort du prisonnier du Temple, il se déclare « Louis XVIII roi de France et de Navarre, par la grâce de Dieu ». Les victoires des armées révolutionnaires, puis les alliances de l'Empire l'obligent à souvent changer de résidence. À partir de 1807, il s'installe en Angleterre avec sa cour fantoche. Les Anglais le reconnaissent comme comte de Lille, mais pas comme roi de France.

En 1803, Bonaparte, premier consul, lui propose, en échange d'une forte compensation financière et des territoires en Italie de renoncer à la couronne de France. Le comte de Provence refuse ; il attend son heure, persuadé qu'elle finira par arriver. À partir de 1813, quand l'Empire napoléonien amorce son déclin, ses agents se font, au cœur de Paris, plus actifs. Le comte de Provence fait promettre aux fonctionnaires qu'ils garderont leur emploi en cas de restauration…

Lorsque les coalisés pénètrent dans Paris, le Sénat proclame, le 3 avril 1814, la déchéance de Napoléon Ier et appelle, le 6, à l'initiative de Talleyrand, Louis XVIII au trône. Homme déjà âgé, il parvient difficilement à réconcilier les deux Frances, celle qui a fait la Révolution et vécu l'Empire, et celle des émigrés, revenus un quart de siècle plus tard dans un pays qu'ils ne reconnaissent plus. Il rétablit l'étiquette royale, redistribue aux émigrés les biens nationaux qui n'ont pas été vendus… Mesures impopulaires, où sont récompensés ceux qui ont pris les armes contre la France.

Lorsque Napoléon, début mars 1815, quitte l'île d'Elbe, Louis XVIII s'enfuit à Gand le 20 mars avec, dans une cassette, les diamants de la couronne. Après Waterloo, il revient en France « dans les fourgons de l'ennemi ». En dépit des pressions de son entourage, il soutient la politique modérée de Decazes, négocie le départ des troupes alliées. Mais après l'assassinat du duc de Berry, le roi, malade, impotent tant il est obèse, cède aux ultras, menés par son frère, le comte d'Artois. Fatigué de tant de luttes, continuellement souffrant (il a des pertes d'équilibre et des hématomes à la tête, consécutifs à ses chutes, des plaies suppurées aux jambes — au moment de sa mort, la chair de ses pieds tombe en lambeaux), il s'éteint à Paris le 16 septembre 1824, à l'âge de 68 ans, après avoir régné dix ans en deux périodes.

Les trois frères Bourbon : Charles X

Né à Versailles fin 1757, Charles, comte d'Artois, est aussi frivole que son aîné Louis est réservé. Contrairement à son autre frère, le comte de Provence, il préfère le jeu et les plaisirs de la cour à l'étude. Dès le début de la Révolution, il affiche ses idées conservatrices. Mais sa fidélité aux principes et aux traditions du passé n'en fait par pour autant un modèle de courage. Il émigre dès juillet 1789, et parcourt l'Europe afin d'obtenir des souverains une aide militaire. Lorsque Charles se rend en Russie pour demander une armée, l'impératrice Catherine lui remet… une épée sertie de diamants ; le guerrier qu'il veut être n'efface pas le mondain qu'il reste. En 1795, à la demande des Vendéens révoltés, il part d'Angleterre à la tête d'un corps expéditionnaire, mais refuse de débarquer et assiste, en spectateur, au désastre de Quiberon. Charette, l'un des chefs des insurgés, écrit au futur Louis XVIII : « Sire, la lâcheté de votre frère a tout perdu ! » Le comte d'Artois séjourne en Angleterre, et en 1814 attend que tout péril soit écarté avant d'entrer dans Paris.

Louis XVIII, au pouvoir, veille à écarter ce cadet qui n'a pas compris que la France a changé et qui, à la tête des royalistes ultras, torpille ses efforts pour réconcilier entre eux les Français. La mort de son frère met le comte d'Artois sur le trône. Il a 67 ans. Dernier roi couronné à Reims le 29 mai 1825, il laisse son premier ministre Villèle prendre des mesures aussi réactionnaires qu'impopulaires. Une insurrection, imprévisible, éclate dans Paris les 27, 28 et 29 juin 1830.

Le 31 juillet, Charles X, retiré à Saint-Cloud, y apprend que Louis-Philippe, héritier de la branche Orléans, a accepté les fonctions, à la demande des députés, de lieutenant général de France, titre que porta, entre autres, Charles V, pendant que son père Jean le Bon était prisonnier, et lui-même, Charles X, sous la Révolution. Le vieux roi se donne le ridicule, tout en préparant sa fuite à Cherbourg, de lui reconnaître ce titre par ordonnance. En envoyant son abdication à Louis-Philippe, il le charge de proclamer son petit-fils Henri V, comte de Chambord, roi de France (le fils du duc de Berry assassiné en 1820). Louis-Philippe non seulement n'en fait rien, mais, afin de le faire déguerpir plus vite, fait croire à son vieux cousin qu'une armée marche contre lui. S'établissant en Angleterre, puis en Autriche-Hongrie, Charles X meurt, victime du choléra, à Görz début novembre 1836, âgé de 79 ans, et n'ayant régné que huit ans. Avec lui s'éteint (puisque son petit-fils, le comte de Chambord, sans descendance, ne régnera pas) la branche des Bourbons. Les rois ne seront plus de droit divin. La branche cousine des Orléans tentera alors, avec Louis-Philippe, ultime représentant de l'Ancien Régime, d'adapter en France une royauté bourgeoise sur le modèle anglais.

Les sœurs de Savoie, mortes avant d'être reines…

— Louise de Savoie, fille de Victor-Amédée III, roi de Sardaigne, et de Marie-Antoinette-Ferdinande d'Espagne, née en 1753, épouse le comte de Provence, futur Louis XVIII en 1771. Elle meurt en 1810, quatre ans avant l'accession de son mari au trône.

— Destin identique pour sa sœur, Marie-Thérèse de Savoie, née en 1756, et qui a épousé elle aussi, un frère cadet de Louis XVI : le comte d'Artois, futur Charles X, en 1773. Elle meurt en 1805 ; son mari ne monte sur le trône restauré qu'en 1824.

La Révolution, Napoléon et la Restauration

L'Histoire en résumé…

Le 23 juin 1789 a lieu la séance royale. Louis XVI ordonne aux trois ordres de se retirer dans leurs salles respectives. La noblesse et le clergé obéissent, mais les députés du tiers état demeurent à leurs places, et, lorsque le marquis de Brézé, grand maître des cérémonies, vient pour leur répéter les ordres du roi, Mirabeau se lève et lui répond : « Allez dire à votre maître que nous sommes ici par la volonté du peuple, et que nous ne sortirons que par la puissance des baïonnettes. » L'assemblée du tiers état vote aussitôt l'inviolabilité de ses membres. La majorité du clergé et le duc d'Orléans, suivi de 17 membres de la noblesse, viennent se réunir au tiers état.

Le roi, conseillé par Necker, consent à la réunion des trois ordres, qui a lieu le 27 juin 1789. La popularité de Necker est à son apogée, lorsque Louis XVI et la cour, après avoir assemblé des troupes autour de Paris, renvoient le ministre. Paris, à la voix de Camille Desmoulins, commence à s'agiter. Les gardes françaises se joignent au peuple ; une milice bourgeoise est instantanément formée et se pare des couleurs de Paris, bleu et rouge. Le peuple se rue sur la Bastille, défendue par quelques Suisses et quelques invalides, et la prend le 14 juillet 1789 (83 morts). Louis XVI rappelle Necker, et se rend le 17 juillet à Paris, où il est reçu par Bailly, maire de la ville, et par La Fayette, nommé commandant de la garde nationale qu'on vient de créer. Ce même jour, le roi accepte la cocarde parisienne, à laquelle il joint le blanc, couleur royale ; le drapeau tricolore est né. À l'Assemblée nationale, lors de la célèbre séance du 7 août 1789, les nobles renoncent spontanément à tous leurs privilèges. Puis l'Assemblée rédige la Déclaration des droits de l'homme et du citoyen. Le roi n'a que le droit de veto, c'est-à-dire celui de refuser de signer les décrets de l'Assemblée pendant deux législatures. On répand le bruit que le roi veut faire usage de ce droit de veto. Dans la nuit du 5 ou 6 octobre, le peuple envahit Versailles et contraint la famille royale à venir habiter Paris.

L'Assemblée suit le roi et s'installe dans la salle du manège aux Tuileries. C'est là qu'elle adopte le projet de Sieyès, qui divise la France en 83 départements ; que, pour combler le déficit, elle s'empare des biens du clergé, qui sont mis à la disposition de la nation et déclarés biens nationaux, à la charge pour l'État de subvenir aux frais du culte et à l'entretien des ministres de la religion ; qu'elle décrète que les prêtres seront astreints au serment civique. Les uns se soumettent, d'autres résistent ; qu'elle crée, pour faire face aux besoins du Trésor, le 17 décembre 1789, les assignats, papier-monnaie que l'on met en circulation comme représentant la valeur des biens du clergé. Enfin, l'Assemblée décrète que le roi, l'armée et la garde nationale prêteront serment à la Constitution.

Cette cérémonie, qui est fixée au 14 juillet 1790, anniversaire de la prise de la Bastille, a lieu au Champ-de-Mars et prend le nom de fête de la Fédération. Les clubs se forment à Paris, les troubles éclatent dans le Midi. L'esprit d'insubordination gagne l'armée. Necker, qui a perdu toute sa popularité depuis qu'il a combattu la création des assignats, se retire le 4 septembre 1790, et Mirabeau, dont la cour a acheté les services, meurt le 2 avril 1791. Les émigrés s'agitent aux frontières, le comte d'Artois signe avec l'empereur Léopold, le 20 mai 1791, la convention de Mantoue, en vertu de laquelle l'Autriche, la Suisse, la Sardaigne, l'Espagne et la Prusse promettent à Louis XVI de le secourir. Le roi s'enfuit de Paris, avec sa famille, le 20 juin 1791 ; il est reconnu à Varennes, par le maître de poste Drouet, le 22 juin, et ramené aux Tuileries. Le comte de Provence, plus heureux, a pu se réfugier à Bruxelles.

Quelques jours après, le 17 juillet 1791, a lieu une seconde fédération au Champ-de-Mars : une insurrection y éclate ; elle est réprimée par La Fayette et Bailly, maire de Paris. L'exaspération est à son comble quand la population apprend que le roi de Prusse et l'empereur d'Allemagne ont signé à Pilnitz, le 27 octobre 1791, un traité pour écraser la Révolution française. L'Assemblée nationale se retire, le 30 septembre 1791, pour faire place à l'Assemblée législative. Bailly se démet de ses fonctions de maire et La Fayette du commandement de la

Garde nationale. Aucun des membres de l'ancienne Assemblée ne pouvant être élu, le pouvoir passe ainsi aux mains d'hommes nouveaux.

L'Assemblée législative ouvre ses séances le 1er octobre 1791 ; elle fait le serment de vivre libre ou de mourir, et supprime le 4 octobre les qualifications de sire et majesté. Le roi ne veut pas sanctionner ni le décret prononçant la peine de mort contre les émigrés qui ne seront pas rentrés en France le 1er janvier 1792, ni celui qui condamne à la déportation les prêtres non assermentés. Mais l'assemblée le contraint à déclarer la guerre à l'empereur François II, le 20 avril 1792, et à accepter un ministère composé de Girondins, qu'il renvoie bientôt. Ce renvoi provoque une nouvelle insurrection. Le peuple envahit, le 20 juin 1792, les Tuileries pour obtenir la sanction des deux décrets et le rappel du ministère girondin ; on met sur la tête du roi un bonnet rouge, on lui offre un verre de vin qu'il accepte ; mais on n'obtient rien de lui.

Pendant un instant le parti royaliste espère être sauvé par la coalition étrangère. L'Autriche et la Prusse ont conclu à Berlin, le 7 février 1792, un traité auquel la Sardaigne accède le 25 juillet de la même année, dans le but de déclarer la guerre aux révolutionnaires ; le duc de Brunswick a rassemblé une armée et lancé de Cologne son manifeste contre la France. La patrie est déclarée en danger ; 47 sections de Paris demandent la déchéance du roi ; l'insurrection s'empare des Tuileries le 10 août 1791. Le 13 août, l'Assemblée, sous la pression des clubs, suspend le roi de ses pouvoirs et le fait conduire au Temple, avec sa famille. À l'extérieur, les alliés exécutent le traité de Berlin. Les Prussiens se sont emparés de Longwy le 23 août 1792 et s'avancent en Champagne ; Verdun ouvre ses portes.

Danton se rend au comité révolutionnaire de la Commune et propose d'exterminer les prisonniers, appartenant presque tous à la noblesse et au clergé. Ce massacre monstrueux, commencé le 3 septembre, dure trois jours et trois nuits. La Convention nationale se réunit le 21 septembre 1792, le lendemain du jour où Kellermann et Dumouriez ont battu les Prussiens à Valmy. Le 22, elle abolit la royauté, proclame la république une et indivisible, bannit les émigrés… Le 6 novembre, Dumouriez remporte contre les Autrichiens la bataille de Jemmapes, qui soumet la Belgique, et, le 7, la Convention met en accusation le roi Louis XVI comme coupable d'intelligence avec l'étranger. Conduit, le 11 décembre, devant la Convention, il répond avec fermeté aux accusations portées contre lui. Reconduit au Temple et séparé de sa famille, Louis XVI comparait à nouveau à la barre de la Convention le 26 décembre. Les débats se prolongent du 27 décembre au 7 janvier 1793. Déclaré coupable de conspiration avec l'étranger, il est condamné à mort, le 19 janvier. Après une dernière entrevue avec sa famille, Louis XVI est conduit au supplice le 21 janvier 1793.

Après sa mort, toute l'Europe se prononce contre la France. La Vendée se soulève ; les Anglais enlèvent l'île de Tobago et Pondichéry. Battu par le prince de Cobourg à Neerwinden, Dumouriez, menacé d'arrestation, passe à l'ennemi le 3 avril 1793. La Convention tient tête à tous les orages. À l'intérieur, elle crée, le 10 mars 1793, le Tribunal révolutionnaire ; le 6 avril, le Comité de salut public ; elle décrète un emprunt forcé d'un milliard, et Carnot organise 14 armées qu'il lance contre l'étranger et la Vendée.

Les Montagnards veulent demeurer seuls maîtres de la situation. Ils organisent contre les Girondins l'insurrection du 31 mai et la journée du 2 juin, et décrètent l'arrestation de 31 des membres de la Gironde. Le règne de la Terreur est inauguré. Lyon, Marseille, Bordeaux, Caen s'insurgent contre Paris. Toulon est livré aux Anglais. Marat est assassiné par Charlotte Corday. Le Comité est le maître absolu et sanguinaire de la France du 10 juillet 1793 au 27 juillet 1794. Il envoie à l'échafaud Marie-Antoinette, 21 Girondins, le duc d'Orléans (Philippe Égalité), Mme Rolland, Bailly, des généraux… tandis que la Convention décrète le culte de la déesse Raison.

À l'extérieur, la France remporte des victoires. Caen, Lyon, Marseille, Bordeaux, Nantes, insurgées, sont occupées par les troupes révolutionnaires qui font couler le sang de leurs concitoyens. Mais la division s'installe chez les Montagnards. Robespierre, après s'être servi d'Hébert et de ses partisans, les envoie à l'échafaud. Danton et ses amis suivent les hébertistes en avril. Le triumvirat Robespierre, Couthon et Saint-Just domine le pays. Le 9 thermidor (27 juillet 1794), Tallien vient accuser publiquement Robespierre d'aspirer à la dictature, et arrache à la Convention sa mise hors la loi. Robespierre, réfugié à l'Hôtel de ville avec ses partisans, veut se brûler la cervelle, mais il ne réussit qu'à se fracasser la mâchoire. Il est exécuté avec Couthon, Saint-Just et une vingtaine de membres de la Commune, le 28 juillet 1794. Pendant ce temps, Jourdan bat le 26 juin 1794 les Autrichiens à Fleurus. Pichegru conquiert la Hollande ; Hoche, après avoir réduit les forces royalistes, pacifie la Vendée. La Prusse et l'Espagne demandent la paix. L'Angleterre (qui enlève la Martinique, la Guadeloupe et la Corse), l'Autriche, la Sardaigne restent liguées contre la France.

Avant de se retirer, la Convention décrète la Constitution de l'an III. À l'extérieur, trois armées françaises luttent contre l'étranger ; celle du Rhin, sous les ordres de Marceau, celle de Sambre-et-Meuse, sous Jourdan ; celle de l'Italie, commandée par Bonaparte. Elles remportent des victoires, tandis que Gracchus Babeuf tente de soulever le peuple en proposant d'établir la loi agraire, et paye de sa tête cette tentative.

Bonaparte arrive le 26 mars 1796 à l'armée d'Italie. Ses soldats n'ont ni pain, ni habits, ni solde ; il les entraîne aux victoires de Montenotte, Millesimo, Mondovi, qui amènent la neutralité du Piémont ; la défaite de l'Autrichien Beaulieu, à Lodi, entraîne la soumission de la Lombardie, de Gênes, de Modène, de Naples et de Rome. Au moment où l'armée d'Italie remporte ces brillants succès, Moreau et Jourdan franchissent le Rhin. Le premier bat l'archiduc Charles à Radstadt, et le force à se replier sur le Danube ; mais celui-ci, réunissant toutes ses forces, attaque et défait Jourdan à Würzburg. Moreau est alors contraint de battre en retraite, et rentre en France après avoir vaincu les Autrichiens à Riberach. Le général Bonaparte, redoublant d'activité, détruit l'armée de Wurmser à Castiglione, à Roveredo et à Bassano ; celle d'Alvinzi, à Arcole, à Rivoli et à Mantoue ; puis il marche sur Vienne, après avoir conquis la Carinthie, la Styrie et le Frioul. L'archiduc Charles, terrifié par ces succès, signe avec le général Bonaparte le traité de Campoformio, du 18 octobre 1797. L'Autriche cède à la France la Belgique, la rive gauche du Rhin et les îles Ioniennes ; elle reçoit en compensation Venise, l'Istrie, le Frioul et la Dalmatie.

L'Autriche se retirant de la lutte, l'Angleterre reste seule adversaire. Le Directoire, effrayé par la popularité du général Bonaparte, fait tout pour l'éloigner ; il lui offre d'abord le commandement d'une armée destinée à attaquer l'Angleterre dans son île, mais ce projet n'a pas de suite. On lui propose alors de faire la conquête de l'Égypte. Le général accepte, et part de Toulon, le 10 mai 1798. Il enlève Malte le 12 juin, débarque en Égypte le 18 juillet et s'empare d'Alexandrie. La victoire des Pyramides, le 21 du même mois, lui donne Le

Caire et la basse Égypte. Mais la flotte française est anéantie le 1er août par l'amiral Nelson, à Aboukir. Le général Bonaparte, apprenant qu'une armée turque se rassemble à Damas, en Syrie, marche contre elle ; il s'empare de Gaza et de Jaffa, et gagne, le 16 avril 1799, la bataille de mont Thabor, mais il ne peut emporter d'assaut Saint-Jean-d'Acre. À la nouvelle que la flotte anglaise a débarqué 18 000 hommes dans la presqu'île d'Aboukir, Bonaparte court au-devant de cette nouvelle armée, et la culbute dans la mer, le 25 juillet 1799.

Les journaux ont appris à Bonaparte la triste situation intérieure et extérieure de la France. Il y retourne à partir du 22 août 1799 en laissant à Kléber le commandement de l'armée.

Une coalition formidable s'est formée contre le Directoire ; l'Angleterre, l'Autriche, la Russie, l'Allemagne, Naples, le Piémont et la Turquie en font partie. L'Italie est perdue, la France est sur le point d'être envahie, lorsque les batailles de Bergheim, le 19 septembre 1799, et de Zurich, le 26 du même mois, paralysent l'ennemi.

Ayant échappé à l'escadre anglaise, le général Bonaparte débarque à Fréjus, le 8 octobre, et arrive inopinément à Paris le 15 du même mois. Il devient aussitôt l'arbitre de tous les partis. Fort de l'appui de Sieyès, de Roger-Ducos, de son frère Lucien, le général Bonaparte annonce au conseil des Anciens et au conseil des Cinq-Cents que le Directoire a cessé d'exister et s'empare de pouvoir par le coup d'État du 18 Brumaire.

Quarante-cinq jours après le 18 Brumaire est publiée, le 24 décembre 1799, la Constitution de l'an VIII. Le gouvernement y est mis aux mains du général Bonaparte, nommé Premier consul, qui s'adjoint pour second et troisième consuls Cambacérès et Lebrun. Ils entrent en fonction le 25 décembre 1799. Dès son arrivée au pouvoir, le général Bonaparte s'occupe de l'administration intérieure ; il crée en février 1800 les préfets, les sous-préfets, les conseils de préfecture, les conseils généraux et d'arrondissement. Il rappelle les proscrits, ouvre les églises et reconnaît les royalistes aptes à occuper les emplois publics.

En Égypte, Kléber, ne recevant aucun secours, doit renoncer à garder le pays. Il est assassiné au Caire par un fanatique le 14 juin. Le corps expéditionnaire français est contraint d'évacuer l'Égypte le 2 septembre 1801. Moreau bat au mois d'avril les Autrichiens à Höchstädt, et Massena défend héroïquement Gênes contre les attaques de l'Autrichien Mélas.

Bonaparte franchit les Alpes et, grâce à Desaix et à Kellermann, bat complètement Mélas à Marengo le 14 juin 1800. Cette victoire est suivie d'une suspension d'armes en Italie et en Allemagne. Moreau gagne le 3 décembre 1800 la bataille de Hohenlinden qui ouvre à l'armée française le chemin de Vienne. L'Autriche abandonne l'alliance anglaise et signe avec la France, le 9 février 1800, le traité de Lunéville, qui lui donne toute la rive gauche du Rhin, et reconnaît sa prépondérance en Italie.

Peu de temps avant la signature de ce traité de paix, une tentative d'assassinat a lieu contre Bonaparte. Le Premier consul, se rendant à l'Opéra en voiture, manque d'être tué, le 24 octobre 1800, par une machine infernale qui explose rue Saint-Nicaise quelques instants après son passage. Tout en continuant la guerre contre l'Angleterre, le Premier consul signe avec le pape, le 5 juillet 1801, un concordat qui rétablit la religion catholique, reconnaît la suprématie religieuse du pape, délimite les évêchés… L'Angleterre signe la paix à Amiens le 25 mars 1802. L'Angleterre rend toutes ses conquêtes dans les colonies, à l'exception de La Trinité et de l'île de Ceylan.

Peu de temps après la paix d'Amiens, le Sénat propose de proroger de dix ans les pouvoirs du Premier consul et de donner à celui-ci le droit de choisir son successeur. Le peuple, consulté, vote le 2 août 1802 le consulat à vie en faveur du général Bonaparte.

Jalouse de la puissance de la France à l'extérieur, l'Angleterre cherche un motif pour rompre la paix conclue à Amiens ; elle refuse, le 1er mars 1803, de rendre l'île de Malte à l'ordre de Saint-Jean-de-Jérusalem ; le 22 mai de la même année la guerre est déclarée. C'est de cette époque que date le blocus continental. Le Premier consul fait occuper par les troupes françaises le royaume de Naples, la Toscane, la Hollande et le Hanovre, et prohibe la vente de marchandises anglaises dans tous les pays occupés par la France. Il crée, à Boulogne, un camp où il réunit une armée formidable destinée à faire une descente en Angleterre au moyen de chaloupes canonnières, de bateaux plats et de péniches. La Grande-Bretagne, de son côté, facilite le débarquement de Georges Cadoudal et de Pichegru en Normandie. Ces deux adversaires de Bonaparte se rendent à Paris dans l'intention de tuer le Premier consul. La police découvre le complot et arrête Cadoudal, Pichegru, Moreau et leurs complices. Le premier est exécuté, le second s'étrangle dans sa prison, le troisième est exilé. Le Premier consul croit devoir répondre aux attaques dirigées contre lui par l'exécution du duc d'Enghien. Ce prince est enlevé de force sur le territoire de Bade et conduit à Vincennes. Une commission militaire le condamne à mort et le fait exécuter le 21 mars 1804.

Un référendum défère le titre d'empereur au Premier consul. Le général Bonaparte prend le nom de Napoléon Ier. Napoléon, pour donner de l'éclat à l'empire qu'il fonde, s'entoure d'une aristocratie nouvelle, de grands officiers, et nomme seize maréchaux de France. Il obtient que le pape vienne à Paris le couronner à Notre-Dame le 2 décembre 1804. Le nouvel empereur est reconnu par le pape, et par les souverains d'Europe, à l'exception de ceux d'Angleterre, de Russie et de Turquie.

Début 1805, une députation italienne vient offrir à l'Empereur la couronne de fer des rois d'Italie ; il accepte et est sacré le 26 mai 1805, à Milan. Il nomme vice-roi Eugène de Beauharnais, son beau-fils, et annexe Gênes à la France. Napoléon apprend que les Autrichiens s'avancent vers le Rhin et l'Adige, que les Russes sont en route pour les rejoindre, et que les Anglais et les Napolitains doivent attaquer dans le sud de l'Italie.

Aussitôt, levant le camp de Boulogne, Napoléon passe le Danube le 6 octobre et fond à l'improviste sur les Autrichiens. Le général Mack est battu, la victoire de Ney à Elchingen et à Ulm ouvre les portes de Vienne, où Napoléon fait son entrée le 13 novembre 1805. L'empereur a appris que la marine française, réunie à la flotte espagnole, a été détruite par l'amiral Nelson à Trafalgar le 21 octobre. Massena, victorieux sur l'Adige, poursuit l'empereur d'Autriche, et le 2 décembre Napoléon remporte la victoire d'Austerlitz, en Moravie, sur les empereurs d'Allemagne et de Russie. L'empereur d'Autriche signe la paix à Presbourg le 26 décembre 1805, et cède Venise et Trieste.

Napoléon crée le royaume de Wurtemberg et de Bavière ; il nomme son frère Joseph, le 27 décembre, roi des Deux-Siciles, en remplacement de Ferdinand IV, et donne la Hollande à son frère Louis. Quatorze princes allemands signent à Paris, le 12 juillet 1806, un traité par lequel Napoléon est reconnu comme protecteur de la confédération des États du Rhin. Une nouvelle coalition, composée de l'Angleterre, de la Russie et de la Prusse, se forme. Les armées françaises entrent de nouveau en Allemagne et battent les Prussiens, le 14 octobre, à Iéna et à Auerstedt. Napoléon fait son entrée à Berlin le 28 octobre, et lance de cette ville, le 21 du mois suivant, le décret du Blocus continental.

Enfin, les deux victoires d'Eylau du 8 février et de Friedland du 14 juin 1807 contraignent la Russie et la Prusse à signer, le 8 juillet de la même année, le traité de Tilsit. Napoléon autorise Alexandre Ier à conquérir la Finlande et promet secrètement de ne pas enlever la Pologne. Le roi de Prusse doit céder la plus grande partie de son territoire, avec laquelle sont formés le royaume de Saxe et celui de Westphalie, qui est donné au prince Jérôme Bonaparte. De plus, la Russie et la Prusse consentent au Blocus continental, auquel ont adhéré l'Espagne, la Hollande, le Danemark, et le royaume des Deux-Siciles. Le Portugal reste ouvert aux marchandises anglaises : Napoléon déclare que la maison de Bragance a cessé de régner, et envoie au Portugal une armée commandée par Junot, qui fait son entrée à Lisbonne le 30 novembre 1807.

Désirant être le maître unique de la péninsule Ibérique, Napoléon y envoie ses troupes commandées par Murat, qui s'empare de Madrid le 23 mars 1808. Le roi d'Espagne, Charles IV, et le prince des Asturies, son fils, chassés de leurs États, abdiquent ; au mois de juin, Joseph Bonaparte est nommé roi d'Espagne. Le trône de Naples est donné à Murat. Les Portugais et les Espagnols se soulèvent. Le général Dupont est forcé de capituler à Bailén le 20 juillet 1808 ; Junot, cerné dans Lisbonne, signe, le 30 août de la même année, la capitulation de Sintra, en vertu de laquelle il doit évacuer le Portugal ; enfin Saragosse, assiégée, se défend avec l'énergie du désespoir.

Les revers commencent ; Napoléon se hâte de voir, au mois de septembre, l'empereur Alexandre à Erfut, et abandonne à son ambition la Suède et la Turquie. Tranquille du côté du Nord, il pénètre en Espagne. Ses armées triomphent, mais Napoléon, qui est entré à Madrid le 14 décembre 1808, doit en repartir le 22 du même mois pour aller combattre l'Autriche. Vainqueur à Abensberg, à Eckmühl, à Ratisbonne, il entre à Vienne le 13 mai 1809. Les victoires d'Essling et de Wagram, remportées par l'Empereur, la première le 22 mai et la seconde le 6 juillet 1809, conduisent au traité de Vienne du 14 octobre, par lequel l'Autriche cède à la France les provinces illyriennes. Les États de l'Église ayant été démembrés, puis annexés à l'Empire, Pie VII excommunie Napoléon, qui le fait enlever et conduire à Savone le 6 juillet 1809, puis à Fontainebleau.

L'Empereur, qui n'a pas eu d'enfant de Joséphine de Beauharnais, fait annuler son mariage et épouse, le 1er avril 1810, l'archiduchesse d'Autriche Marie-Louise, dont il a, le 20 mars 1811 un fils, qui reçoit le titre de roi de Rome. La guerre s'est partout rallumée en Espagne et a pris les proportions d'une guerre d'indépendance. Les Anglais, commandés par Wellington, soutiennent les Espagnols.

L'Empereur n'a qu'un but : ruiner l'Angleterre. Son frère, le roi Louis, ne voulant pas sacrifier les intérêts de ses sujets hollandais, a laissé introduire dans ses États des marchandises anglaises ; il est forcé d'abdiquer, et la Hollande est annexée à l'Empire en juillet 1810.

Après avoir passé le Niémen le 24 juin 1812, Napoléon bat les Russes notamment à Smolensk et à la Moskova le 7 septembre. L'armée française marche sur Moscou et y entre le 14 du même mois ; mais en se retirant, le gouverneur Rostopchine a fait mettre le feu à la ville, qui est réduite en cendres. L'hiver approche ; Napoléon se voit forcer d'ordonner la retraite et part de Moscou le 19 octobre. La retraite se transforme par le froid en déroute. L'armée franchit enfin la Berezina du 24 au 29 novembre.

L'Empereur quitte l'armée en laissant le commandement à Murat, et arrive presque seul le 18 décembre 1812 à Paris : le général Malet a tenté de s'emparer, en son absence, du gouvernement. Aussitôt Napoléon organise une nouvelle armée pour marcher contre la coalition, qui s'est accrue de la Prusse et de la Suède. Napoléon, parti pour Mayence en avril 1813, bat successivement les coalisés à Lützen, à Bautzen, à Hochkirchen, et accepte la médiation de l'Autriche. Le congrès de Prague, réuni le 5 juillet 1813, propose de limiter l'Empire français par les Alpes, les Pyrénées et le Rhin. Napoléon ayant hésité à accepter ces conditions, le congrès est dissous, et l'Autriche déclare la guerre à la France. Les hostilités recommencent le 27 août. Napoléon est vainqueur à Dresde ; mais ses lieutenants se font successivement battre. Enfin il livre une terrible bataille à Leipzig les 16 et 18 octobre, et est contraint de repasser le Rhin à Mayence.

Napoléon part de Paris le 25 janvier 1814, et commence la campagne de France. Malgré tous ses efforts, Napoléon ne peut empêcher la jonction à Châlons de l'armée autrichienne avec les armées de Silésie et du Nord. Après les combats de Montmartre et de la butte Chaumont, Paris capitule. Le Sénat nomme, le 1er avril 1814, un gouvernement provisoire et prononce, le 3 du même mois, la déchéance de l'Empereur. La France, épuisée, est lasse de la guerre. Abandonné de ses généraux et renonçant à l'espoir de voir son fils lui succéder, Napoléon signe son abdication à Fontainebleau, le 6 avril 1814, et part pour l'île d'Elbe, qui lui a été cédée en toute souveraineté. Tandis que l'Empereur guerroyait en Russie et en Allemagne, l'Espagne a été perdue en 1813. Le prince Eugène s'est maintenu en Italie.

Le Sénat, après avoir proclamé la déchéance de l'Empereur, appelle au trône, le 6 avril 1814, le comte de Provence, qui règne sous le nom de Louis XVIII. Le comte d'Artois, frère du roi, arrive à Paris le 12 avril 1814. Louis XVIII signe, le 2 mai 1814, la déclaration de Saint-Ouen, qui pose les bases de la charte constitutionnelle du 4 juin suivant. Cette charte garantit les droits des citoyens, institue une chambre de pairs héréditaires, une chambre des députés élective, et établit un gouvernement représentatif et parlementaire. Le 3 mai, Louis XVIII fait son entrée dans la capitale, signe le 30 du même mois le traité de Paris, qui assure à la France l'intégrité de ses frontières telles qu'elles existaient au 1er janvier 1792. Toutefois la mise en demi-solde de quinze mille officiers, le renvoi des invalides dans leurs foyers, les faveurs accordées aux royalistes, l'influence exercée par le clergé, font supposer aux libéraux que les Bourbons ont l'intention de reprendre une à une les conquêtes de la Révolution.

Napoléon, qui se tient au courant de l'opinion publique, quitte l'île d'Elbe et débarque à Cannes le 1er mars 1815, au moment même où le congrès de Vienne s'apprête à se dissoudre. Le 13 mars, le maréchal Ney passe, avec son corps d'armée, au service de l'Empereur. Le 19 au soir, il entre à Fontainebleau à l'aube. Louis XVIII part le 19, et le 20 mars, à 21 heures, l'Empereur fait son entrée à Paris. Il fait rédiger par Benjamin Constant l'acte additionnel aux consultations de l'Empire et le promulgue le 26 mai. Il adresse aux puissances des assurances de paix qui ne sont pas acceptées. Forcé de combattre, Napoléon quitte Paris pour rejoindre l'armée du Nord dans la nuit du 11 au 12 juin. Il bat Blücher à Ligny le

16 du même mois, et est lui-même vaincu par Wellington et Blücher à Waterloo le 18 juin. Napoléon revient précipitamment à Paris le 20 juin. Il signe, le 22 de ce mois, sa seconde abdication en faveur de son fils. Déclaré prisonnier de guerre, il est conduit à Sainte-Hélène.

À peine l'Empereur a-t-il quitté Paris que les chambres, constituant un nouveau gouvernement provisoire, rappellent le roi. Louis XVIII rentre à Paris le 3 juillet 1815. Il licencie l'armée de la Loire, prononce la dissolution des chambres, et est contraint de signer le traité de Paris le 20 novembre. Les frontières restent les mêmes qu'en 1790, sauf quelques légères modifications ; mais la France est contrainte de payer aux Alliés, en cinq années, la somme de sept cents millions. En outre, cent cinquante mille hommes de troupes étrangères occupent son territoire.

Des complots éclatent à Paris et dans les départements, sévèrement réprimés. Le roi de France, effrayé par les exigences de la réaction royaliste, prononce la dissolution de la Chambre et déclare que la charte ne sera pas révisée. Le duc de Richelieu obtient, aux conférences d'Aix-la-Chapelle, l'évacuation du territoire. Le roi continue à marcher dans la voie libérale avec le duc Decazes ; lorsque ce dernier se retire, la réaction reprend le dessus avec Villèle et Corbière. L'année 1820 est marquée par la nouvelle loi électorale des 7 et 12 juin et par la naissance du duc de Bordeaux (29 septembre). Le 5 mai 1821, Napoléon meurt à Sainte-Hélène. L'année 1822 est signalée par plusieurs complots militaires, à Saumur et à La Rochelle. En 1823, Ferdinand VII d'Espagne, chassé de ses États, est rétabli sur son trône par le duc d'Angoulême, après sa victoire au Trocadéro. Le 16 septembre 1824, Louis XVIII, fondateur du régime constitutionnel, meurt aux Tuileries.

Charles X succède à son frère Louis XVIII le 16 septembre 1824. Il se fait sacrer à Reims le 29 mai 1825. Son règne s'ouvre par la promulgation de la loi accordant une indemnité d'un milliard aux émigrés, par le licenciement de la Garde nationale et le rétablissement de la censure en matière de presse. La dissolution de la Chambre des députés, prononcée le 5 novembre, provoque des troubles à Paris, et le ministère de Villèle doit faire place au ministère de Martignac, qui paraît se rapprocher du parti libéral. Les députés n'en continuent pas moins à se montrer hostiles au gouvernement. De

Martignac, n'ayant pas la confiance du roi, est remplacé par de Polignac. Charles X dissout la Chambre par son ordonnance du 16 mai 1830. La plupart des députés sont réélus. Sur ces entrefaites, le 25 mai, une flotte française est partie pour Alger, et le 5 juillet s'empare de la ville. Le 26 juillet, le nouveau ministère suspend la liberté de la presse périodique ; les élections sont annulées. Les faubourgs se soulèvent au cri de : Vive la charte !

La révolution de juillet 1830 s'accomplit les 27, 28 et 29. Poussé hors de Paris par l'émeute, le roi se retire à Rambouillet, où il abdique en faveur de son petit-fils le duc de Bordeaux le 2 août, et s'embarque à Cherbourg.

L'Empereur et les derniers Bourbons

— **Napoléon Ier**, deuxième fils de Charles Marie Bonaparte et de Marie Letizia Ramolino — Né à Ajaccio le 15 août 1769 — Sacré et couronné le 2 décembre 1804 par le pape Pie VII à Notre-Dame de Paris — Marié le 9 mars 1796 à Marie-Josèphe Tascher de La Pagerie, veuve du vicomte Alexandre de Beauharnais, général en chef de l'armée du Rhin ; à Saint-Cloud le 1er avril 1810 à Marie-Louise, archiduchesse d'Autriche, fille de François II, empereur d'Autriche, et de Marie-Thérèse des Deux-Siciles — Mort à Sainte-Hélène le 5 mai 1821.

— **Louis XVIII**, quatrième fils de Louis de France, Dauphin, et de Marie-Josèphe de Saxe, sa seconde femme — Né à Versailles le 17 novembre 1755 — Marié à Versailles le 14 mai 1771 à Louise de Savoie, fille de Victor-Amédée III, roi de Sardaigne, et de Marie-Antoinette-Ferdinande d'Espagne — Mort à Paris aux Tuileries le 16 septembre 1824, sans enfant.

— **Charles X**, cinquième fils de Louis de France, Dauphin, et de Marie-Josèphe de Saxe, sa seconde femme — Né à Versailles fin 1757 — Sacré et couronné à Reims le 29 mai 1825 — Marié le 16 novembre 1773 à Marie-Thérèse de Savoie, fille de Victor-Amédée III, roi de Sardaigne, et de Marie-Antoinette-Ferdinande d'Espagne — Mort du choléra à Görz, en Bohême, début novembre 1836.

— **Louis-Philippe Ier**, fils aîné de Louis-Philippe Joseph d'Orléans, duc d'Orléans, et de Louise-Marie de Bourbon

— Né à Paris le 6 octobre 1773 — Marié à Palerme, le 25 novembre 1809, à Marie-Amélie, princesse des Deux-Siciles, fille de Ferdinand IV, roi des Deux-Siciles, et de Marie-Caroline, archiduchesse d'Autriche — Mort à Claremont (Angleterre), le 26 août 1850.

L'inconstant marquis de La Fayette

De noblesse auvergnate, Gilbert Motier, marquis de La Fayette, sera le héros de trois révolutions. À 20 ans il combat comme volontaire aux côtés des insurgés américains. Partisan d'une révolution modérée, député de la noblesse aux États généraux, il est des nobles qui poussent à l'alliance avec le tiers état, ce qui lui vaut le mépris des aristocrates. Commandant de la Garde nationale, il fait adopter la cocarde tricolore. Ses fonctions sont de protéger la famille royale ; il ne peut s'empêcher de conseiller le roi, ce qui lui attire la haine de Marie-Antoinette et la méfiance des révolutionnaires, même modérés. D'autant qu'après la fuite de Varennes il fait tirer sur des républicains au Champ-de-Mars. Il tente de se racheter en prenant le commandement de l'armée du Centre, mais, opposé à l'abolition de la royauté, veut marcher sur Paris. Menacé d'arrestation, il s'enfuit. Les Autrichiens l'arrêtent et le gardent prisonnier jusqu'en 1797. Revenu en France, il ne participe ni au Consulat ni à l'Empire. Député pendant les Cent-Jours, il contribue à l'abdication de Napoléon et devient, sous la Restauration, le chef de file des libéraux. Il préside alors la Charbonnerie française, mouvement secret républicain, mais lors des tentatives d'insurrection (de Belfort, La Rochelle, Saumur) garde une prudente et opportuniste réserve. En juillet 1830, il est celui qui favorise l'accession au trône de Louis-Philippe, rejetant ainsi l'instauration d'une République. Louis-Philippe, qui le sait versatile et s'en méfie, l'écarte aussitôt du pouvoir. La Fayette meurt en 1834.

Les massacres de septembre 1792

À Paris, du 2 au 6 septembre 1792, environ 1 500 personnes sont livrées à la furie collective. La populace s'en prend à la population des prisons qui s'entasse à Bicêtre, aux Bernardins, aux Carmes, au Châtelet, à la Conciergerie et à la Salpêtrière. Danton et Marat — Marat surtout — ne font rien pour empêcher les meurtriers d'assouvir leur haine et contribuent même à l'aviver en appelant le peuple à faire justice lui-même, sous prétexte d'une vaste — et imaginaire — conspiration royaliste : à un signal convenu, toutes les prisons de Paris doivent s'ouvrir, libérant les détenus qui attendent pour rejoindre les aristocrates cachés dans leurs hôtels ; puis, tous ensemble, ils rallieront l'armée de Prusse et d'Autriche. C'est le début du massacre.

C'est pendant ces journées atroces qu'est sauvagement assassinée la princesse de Lamballe. Cette femme d'une rare beauté, d'un rare courage aussi, est revenue en France après avoir émigré pour apporter son soutien à sa souveraine et amie, la reine Marie-Antoinette. D'abord internée avec elle au Temple, elle en est retirée pour être conduite à la prison de la Force où ont été regroupées des filles de joie et des prisonnières de droit commun.

Confrontée à un tribunal populaire le 3 septembre, ses juges hésitent à la livrer aux égorgeurs. C'est alors que deux forcenés se saisissent d'elle, la déshabillant et la livrant en cet état à la rue. Les pires outrages l'attendent, lorsqu'un perruquier, nommé Charlat, l'assomme d'un coup de bûche.

Un autre homme, Grisons, survient, qui la décapite à l'aide d'un couteau. Son cadavre reste plusieurs heures étendu sur le sol, dans la boue, au coin d'une borne. « Voyez comme elle était blanche, voyez-vous la belle peau ! » s'écrie un homme. La foule alors se rue sur ce corps mutilé, et le dépeçage commence. On lui découpe les seins, on lui ouvre le ventre, on lui arrache les entrailles qu'un des assassins se passe autour de la taille. Un autre lui extirpe le cœur de la poitrine et y plante ses dents… De cette femme naguère réputée pour sa grâce, il ne reste plus rien qu'une informe masse de chair sanglante. Sa tête seule n'a pas été abîmée. Plantée au bout d'une pique, elle est longuement promenée par la canaille hurlante dans la ville, puis déposée chez un coiffeur qui est contraint d'en arranger la chevelure souillée. C'est alors qu'il vient à l'idée de la meute excitée d'aller la présenter aux fenêtres du Temple où se trouve la reine. Mais Marie-Antoinette ne la voit pas : un des commissaires du peuple qui l'accompagne a eu la délicatesse de lui demander de ne pas s'approcher de la fenêtre.

À la suite des enquêtes de 1795 contre les « septembriseurs », seize d'entre eux sont retrouvés et traduits devant la Justice, quinze sont relaxés, un seul est condamné à vingt ans de fers. C'est bien peu payé pour cet immonde carnage. Grison et Charlat échappent provisoirement au châtiment. Cependant, le premier est condamné à mort, en janvier 1797, pour brigandage. Quant au second, engagé comme volontaire dans un bataillon de Vendée, il a l'inconscience de se vanter de son abominable exploit auprès de ses camarades : ceux-ci, horrifiés, le massacrent.

Mirabeau et l'armoire en fer

Depuis le 10 août 1792, jour où le château des Tuileries a été envahi par la populace, il a été fouillé en tous sens. On y découvre une armoire en fer, cachette renfermant les papiers les plus importants de Louis XVI. Papiers qui serviront à établir son acte d'accusation ; ils attestent les correspondances de la cour avec les émigrés. On y trouve aussi la preuve que Mirabeau, le flamboyant orateur des États généraux (« On ne connaît pas la toute-puissance de ma laideur, a-t-il déclaré ; quand je secoue ma terrible hure, il n'y a personne qui ose m'interrompre. »), l'un des rédacteurs de la Déclaration des droits de l'homme et du citoyen, a reçu des subsides pour défendre les intérêts de la couronne, et devenir le conseiller secret du roi. Son buste (il est mort subitement l'année précédente, épuisé par ses excès, car cet homme très laid a été un séducteur impénitent) est retiré de la salle des séances de la Convention. On abat le panneau qui a transformé la rue où il habitait en « rue Mirabeau-le-Patriote ». Ses cendres sont en 1794 retirées du Panthéon. Rivarol a eu le mot de la fin : « Mirabeau est capable de tout pour de l'argent, même d'une bonne action. »

Le stratagème du peintre Gérard

Le peintre Gérard est désigné par le tirage au sort pour faire partie du jury destiné à condamner Marie-Antoinette.

Moins exalté que David, dont il ne partage pas les ardeurs révolutionnaires, Gérard hésite : refuser, c'est se condamner lui-même à mort ; accepter, c'est choisir l'ignominie. La veille du jugement, Gérard fait une chute ; son chirurgien détecte une fracture de la jambe. Étendu dans son lit, en proie à de vives douleurs, il lui est impossible de se rendre au tribunal. On le remplace donc. Pendant six semaines, ses familiers (et la police) viendront le visiter et le voir stoïquement souffrir sur une chaise longue, la jambe prise dans une attelle. Personne ne décèlera sa ruse et ne la dénoncera au tribunal ; preuve que Gérard, bon peintre, était aussi bon comédien. Quant au chirurgien complice, Gérard était sûr de son silence : pour entrave à la justice, il risquait lui aussi l'échafaud.

Vocabulaire et mœurs révolutionnaires

À partir de 1791, les mots de *monsieur* et de *madame* sont remplacés par ceux de *citoyen* et de *citoyenne*. Le tutoiement est de rigueur. L'expression de *sans-culottes* est appliquée aux hommes du peuple (la culotte était portée par les aristocrates, et le pantalon par le peuple). La rue *Saint-Louis-en-l'Île* devient *rue de la Fraternité*, *l'Hôtel-Dieu* est rebaptisé *Grand Hôpital d'Humanité*.

Les Jacobins traitent les modérés de *Comité autrichien*, et ces derniers qualifient les enragés de *tribuns* et de *factieux*.

En 1792, une loi stipule que le mariage ne doit plus constituer un acte religieux, mais un simple contrat civil pour lequel on se passe de curé et de bénédiction nuptiale. Il ne crée plus de liens indissolubles. Chaumette, procureur de la Commune de Paris, déclare : « Le divorce, fondé sur la nature, la raison et la justice, devient le surveillant et le modérateur du mariage. » Cette même année, un décret interdit de célébrer la messe de minuit à Noël. Des fêtes laïques s'efforcent de remplacer les anciennes cérémonies, avec procession et table des Droits de l'homme portée solennellement en guise de saint sacrement. La *Marseillaise* tient lieu de cantique.

L'Almanach des républicains de 1793 donne des surnoms aux mois : janvier s'appelle la *loi*, février le *peuple*, mars les *pères*, avril les *époux*, mai les *amants*, juin les *mères de famille*, juillet les *hommes libres*, août les *républicains*, septembre les *égaux*, octobre la *raison*, novembre le *bon voisinage*, décembre les *amis*. On suggère de changer l'Épiphanie, fête des Rois mages, en fête des Sans-culottes.

Marat est surnommé par ses partisans l'*ami du peuple*, le *dictateur* par ses ennemis. Robespierre, dont Mirabeau a dit qu'il ira loin parce qu'il croit tout ce qu'il dit, s'honore de son surnom d'*incorruptible*, son ami Saint-Just est appelé l'*Apocalyptique* pour son sanglant zèle républicain. Le duc d'Orléans se fait appeler Philippe Égalité, ce qui ne lui évitera pas l'échafaud. La Fayette, méchamment surnommé par Marat *l'eunuque de la révolution*, gardera son surnom. Louis XVI n'est plus que le *citoyen Louis Capet*. Après sa mort, quelques acharnés l'appelleront *Louis le raccourci*.

À la mort de Marat, les *rue et faubourg Montmartre* deviennent *Montmarat*, la *rue de l'Observatoire* est rebaptisée *rue de l'Ami du peuple*. Les poissardes qui ont participé aux massacres de septembre et applaudissent aux exécutions capitales sont qualifiées de *lécheuses de guillotine*.

Après la chute de Robespierre, les contre-révolutionnaires mettent à la mode une coiffure dite *à la victime*, qui ressemble à celle des condamnés à mort ; ils donnent des *bals des victimes*, où une femme n'est pas admise si un membre de sa famille n'a pas péri sur l'échafaud.

La mise à sac de Saint-Denis

En novembre 1793, le culte de la Raison donne lieu à des mascarades où l'on revêt des ânes et des porcs d'ornements sacerdotaux. Le mois suivant, on brûle en place de Grève les restes de sainte Geneviève, patronne de Paris. La Commune a en effet décidé de s'approprier la châsse précieuse qui contenait ses reliques. En 1794, un décret ordonne de détruire dans l'église Saint-Denis tous les monuments « effrayants souvenirs des ci-devant rois » ; à coups de maillet, on détruit en trois jours une cinquantaine de sépultures royales et quarante-sept gisants de marbre ou de pierre. La populace se rue dans la crypte pour vider les cercueils, avec l'espoir d'y découvrir des trésors. Le premier corps qui apparaît est celui de Turenne qui ressemble à une momie. Celui d'Henri IV est si bien conservé qu'on le dépose au pied de l'autel pour que chacun puisse l'admirer. Un soldat, tirant son sabre, coupe même une mèche de la célèbre barbe. On exhume ensuite les cadavres de Louis XIII, Louis XIV, Louis XV et du Grand Dauphin, certains dans un état de putréfaction qui empuantit l'atmosphère. Les corps sont jetés ensuite dans deux fosses remplies de chaux. Des années après, Louis XVIII fait retirer des charniers les restes de tous les rois, et les fait placer à Saint-Denis dans un double ossuaire.

Les objets rares présentant un caractère historique, tels la couronne de Charles V, les débris de celle de Charles VII, les couronnes de Louis XII et d'Anne de Bretagne, le diadème et le sceptre de Philippe le Bel, le suaire de Dagobert, sont envoyés à la Convention. On hésite cependant à détruire les deux saintes reliques, la couronne d'épines et un fragment de la Croix enfermés dans des châsses. On en fait hommage à la Convention, laquelle fait briser les reliquaires pour en récupérer les métaux précieux et les pierreries, mais néglige les reliques. Les tronçons de la couronne d'épines sont remis à l'abbé Barthélemy, un des conservateurs des Médailles à la Bibliothèque nationale, tandis que le fragment de la Croix tombe par hasard aux mains d'une pieuse dame qui le conserve jusqu'au rétablissement du culte.

Les briseurs d'images

Conformément à un décret du 11 août 1792, toutes les statues des rois qui se trouvent à Paris et en province seront renversées sous la surveillance des autorités ; le peuple se transforme en « briseurs d'images », et se répand sur les places publiques. La statue de Louis XIV, place des Victoires, à Paris, est particulièrement lourde. Le peuple veut d'abord la renverser avec des cabestans, mais les cabestans ne suffisent pas. Alors on attache des cordes au cou du « Grand Roi », et chacun se met à tirer du même côté, et en même temps. La manœuvre est dirigée par la femme Violet qui, campée sous le socle, donne ses ordres d'une voix ferme ; son commandement se révèle efficace puisque, après plusieurs tractions, la statue cède enfin, bascule et écrase… la femme Violet.

La statue de Louis XV, un bronze de Bouchardon, connaît un sort identique ; des travailleurs, munis de haches et de marteaux, sont en train de la briser quand passe le commandant en second de la gendarmerie à cheval, qui dit tout haut son regret de voir réduite en pièces une telle œuvre d'art. Son esthétisme le perd. Il est aussitôt désarçonné, et les briseurs d'images lui font subir le même sort qu'à la statue, dans les débris de laquelle il expire.

L'invention du bon docteur Guillotin

Le 1er décembre 1789, le docteur Joseph Ignace Guillotin, député à l'Assemblée constituante, lit une proposition tendant à faire adopter par ses confrères l'instrument de supplice auquel depuis on a donné son nom. « Avec ma machine, explique-t-il, je vous fais sauter la tête en un instant, et vous ne souffrez pas. » Le journal *Le Moniteur*, qui rapporte la scène, souligne que cette péroraison a été accueillie par un immense éclat de rire. Cependant, le 3 mai de l'année suivante, il est décrété que tout condamné à mort aura la tête tranchée, sans distinction d'origine, d'âge ou de sexe. On se souvient de Guillotin et l'on finit par adopter son invention.

Signe du destin ? La mère de Guillotin, enceinte de presque neuf mois, se promène aux abords de la ville de Saintes où elle vit, lorsqu'elle voit un attroupement. Elle découvre que l'on roue un homme. L'émotion la fait presque défaillir et c'est à grand-peine qu'elle peut regagner son domicile où elle accouche, quelques heures plus tard, de Joseph Ignace, le 28 mai 1738.

C'est à un certain Schmidt, charpentier chargé de la fourniture des *bois de justice*, qu'on fait appel pour construire l'instrument de mort. Nombreux sont les ouvriers qui refusent de l'aider dans sa sinistre besogne. Une loi ancienne des compagnons charpentiers leur interdit en effet de travailler aux instruments de supplice. Et lorsque des volontaires sont enfin rassemblés, ils spécifient qu'ils souhaitent garder l'anonymat. Le premier essai eut lieu le 17 avril 1792 à 10 h du matin, dans une cour de l'hôpital de Bicêtre. Y participent Guillotin, le charpentier Schmidt et le bourreau Charles Henri Sanson. Le couperet oblique s'avère pleinement satisfaisant, un autre couperet en forme de demi-lune se révèle désastreux. L'expérience est réalisée sur trois cadavres — ceux de deux repris de justice et celui d'une fille publique — qu'elle décapite si nettement qu'on est étonné de la force et de la rapidité de son action. On la fait aussi fonctionner sur quelques animaux vivants.

Désormais, l'intervention de l'exécuteur se bornera à pousser la bascule. Celle-ci provoque alors la chute du *mouton* (nom du poids qui surmonte le couperet) auquel est fixé le tranchoir, après que les valets ont lié le criminel et mis cette bascule en action. C'est de la bonne trempe de la lame et de sa facilité à glisser entre les montants de l'engin que va dépendre la sûreté de l'opération. « Belle invention, déclare le bourreau Sanson, pourvu qu'on n'en abuse pas ! »

L'amour au pied de l'échafaud

Dans les prisons de la Révolution, où l'on entasse les prisonniers non dans des cellules, mais dans des salles séparées par des grilles, ce qui permet des échanges très intimes, au cours desquels « des maris redeviennent amants », dévouement et sacrifices abondent. Mme Lefort obtient la permission de voir son mari, condamné à mort. Elle pénètre dans la prison. Elle a revêtu un double costume de femme, et elle en donne un à son mari. Celui-ci, en sortant, trompe tous les gardiens. Le lendemain, lors de la ronde, on ne trouve dans le cachot que Mme Lefort. Un juge l'interpelle : « Qu'as-tu fait, malheureuse ? — Mon devoir, fais le tien ! » Elle est décapitée.

Une Mlle Maillé monte dans la charrette fatale par erreur, mais est guillotinée quand même, à la place de la duchesse, sa belle-sœur. La maréchale de Mouchy, âgée de plus de 60 ans, accompagne son mari dans la charrette et, pour ne pas « se séparer de lui », meurt sans être condamnée.

Le commandant de Longwy, accusé de trahison, est conduit devant le tribunal révolutionnaire. Sa femme, âgée de 28 ans, tente de le défendre elle-même. Mais elle ne peut fléchir les juges. Le commandant sera condamné à mort. Alors son épouse se met à crier de toutes ses forces

« Vive le roi ! » afin de partager sa condamnation. Ils meurent ensemble, sans que l'époux, sexagénaire, malade, ayant perdu une partie de ses facultés, ait connaissance de ce sublime dévouement conjugal.

Épisodes de la Terreur

Sous la Terreur, à Lyon, le sculpteur Chinard, proscrit, se déguise avec un énorme bonnet, prend un faux nom, et se fait arrêter comme filou. Il est condamné à un an de détention par la police, et échappe ainsi à la peine de mort.

Tous les prêtres réfractaires, lorsqu'ils sont arrêtés, risquent la mort. À l'un d'eux, le président du Tribunal demande : « Crois-tu en l'enfer ? — Comment en douter, puisque je vous vois ! » À un autre, le président demande : « Crois-tu en Dieu ? — Très peu », répond le prêtre, que la peur a rendu apostat. Mais le président n'en est pas plus indulgent pour autant. « Meurs donc, et va le reconnaître… »

Un jour, un des agents de Fouquier-Tinville, le sanguinaire président du Tribunal révolutionnaire, vient à la prison du Luxembourg avec une liste de dix-huit noms. Il fait l'appel, et n'en trouve que dix-sept. « Fouquier, dit-il au guichetier, m'a dit de lui amener dix-huit contre-révolutionnaires ; il me faut encore une pièce. » Un malheureux suspect passant alors devant lui, il le fait emmener par les gendarmes. Le lendemain, il est guillotiné.

Une autre fois, un agent appelle, dans une galerie, un détenu d'environ 50 ans, qui a été officier général. L'intéressé, sachant de quoi il s'agit, se garde bien de répondre. Un jeune étourdi, d'environ 17 ans, qui joue à la balle dans la galerie, entend ce nom à peu près identique au sien, et demande si c'est à lui qu'on s'adresse. L'agent s'en contente, et l'emmène à la Conciergerie. Ainsi est guillotiné un gamin à la place d'un quinquagénaire.

À son arrivée à Toulon, Fréron (qui sera l'un des amants de Pauline Bonaparte), chargé par Robespierre de réprimer l'insurrection royaliste, fait ranger le long d'une muraille plusieurs centaines de proscrits ; à un signal donné, ils sont foudroyés par une décharge d'artillerie. Cependant, le proconsul, qui sait que ce genre de canonnade n'atteint pas tous les individus, lance : « Que ceux qui ne sont que blessés se lèvent ! » L'espoir d'une grâce en fait se relever un grand nombre. Ils sont fauchés par une nouvelle décharge d'artillerie.

La Révolution par la débauche

Pendant la Révolution, une vague de licence déferle sur le pays déboussolé ; jamais les prostituées n'ont été si nombreuses. Certes, on n'a pas attendu la Révolution pour se livrer à la débauche, et comme autrefois les exemples viennent de haut : Brissot est un ancien moine paillard ; Chaumette un homosexuel qui ne se cache pas ; Mirabeau a multiplié les aventures amoureuses ; Fabre d'Églantine, l'auteur d'*Il pleut, il pleut, bergère,* apprécie… les bergères ; Barras est, en amour comme en affaires, un corrompu ; Cambacérès (qui sera surnommé la « première dame de l'Empire ») met des dentelles pour se promener au Palais-Royal et Danton déserte parfois la Convention pour les jolies femmes. Le marquis de Sade, sorti de prison, publiait une *Justine* à laquelle Restif de la Bretonne répond par une *Anti-Justine* obscène ; Sade renchérit par une *Nouvelle Justine, ou les prospérités du vice.* La luxure s'étale au nom de la liberté.

Carnot, l'Organisateur de la victoire

Lazare Carnot, militaire bourguignon élu à la Législative, vote la mort du roi. Entré au Comité de salut public, il constitue les quatorze armées qui sauveront la République et lui valoir le surnom « d'Organisateur de la victoire ». D'un caractère entier, il s'oppose souvent à Robespierre et à Saint-Just. Il participe d'ailleurs au complot de Thermidor avec les ennemis de Robespierre. Il écrase le complot de Babeuf, mais se brouille avec Barras, alors homme fort du Directoire. Il s'exile en Suisse. Bonaparte le rappelle et en fait son ministre de la Guerre. Mais Carnot, républicain authentique, opposé au Consulat à vie et à l'Empire, se retire de la vie politique et se consacre à des études scientifiques. Lorsque, en 1814, la France est menacée d'invasion, il propose ses services à Napoléon, qui les accepte, et défend Anvers qu'il n'acceptera de rendre qu'après l'abdication de l'Empereur. Rallié à la Restauration, il s'empresse, incorrigible, de critiquer la politique de Louis XVIII, et au retour de l'île d'Elbe prend le parti de Napoléon, qui le nomme éphémère ministre de l'Intérieur. Porté sur la liste des proscrits comme régicide, au retour de Louis XVIII, il demande alors à Fouché, qui a repris son ministère de l'Intérieur, dans quel lieu de surveillance il doit se rendre :

— Où veux-tu que j'aille, *traître* ? demande Carnot au ministre de la Police, qu'il connaît depuis plus de vingt ans.

— Où tu voudras, *imbécile* ! lui répond son ancien collègue du Gouvernement provisoire.

Preuve que les épreuves traversées en commun ne cimentent pas forcément l'amitié. Carnot choisit la Pologne, puis l'Allemagne, où il meurt en 1823. Ses cendres sont déposées au Panthéon en 1889.

L'énigme Louis XVII

Né à Versailles le 27 mars 1785, fils cadet de Louis XVI et de Marie-Antoinette, Louis, duc de Normandie, prend le titre de Dauphin à la mort de son frère aîné, le 4 juin 1789. Lors des manifestations publiques, quand le couple royal est conspué et hué, Marie-Antoinette le garde à ses côtés, afin d'attendrir les foules, disent ses adversaires, afin de mieux le préserver, répliquent les autres. Enfermé au Temple avec sa famille, le « petit Capet » devient, après l'exécution de son père, souverain de droit. Les émigrés et les Vendéens révoltés le reconnaissent pour roi de France. Enlevé à sa mère, celui que les royalistes appellent Louis XVII est enfermé dans une cellule confiée à la garde du couple Simon, des « patriotes » nommés par Robespierre.

Les Simon (lui est un cordonnier), puis les geôliers qui se succèdent pour le garder ont-ils maltraité l'enfant ? Sont-ils responsables de sa maladie, de sa déchéance physique ? Réduit au régime cellulaire, à la solitude, privé de jeu et de distraction, laissé dans la malpropreté, le Dauphin ne tarde pas à dépérir. En février 1795, un chirurgien constate qu'il a des tumeurs aux jointures. En mai, un autre chirurgien est chargé de soigner l'enfant devenu muet. En vain : il meurt à la tour du Temple le 8 juin 1795, âgé de 10 ans. Plusieurs individus, dont Naundorff, prétendront être le Dauphin évadé du Temple grâce à des complicités.

Les trois consuls

Un jour qu'il voit passer les trois consuls, Bonaparte, Cambacérès et Lebrun, Talleyrand, ancien évêque qui connaît bien son latin, a ce mot : « *Hic, haec, hoc* ». C'est-à-dire *celui-ci* pour le futur Napoléon Ier, *celle-là* pour Cambacérès, qui évitera que l'homosexualité soit mentionnée — et punie — dans le Code civil, et *ça* pour Lebrun, homme effacé à qui l'on doit cependant la création de la Cour des comptes.

Vengeance de peintre

Le général Bessières est l'un des généraux que Gros, le peintre des batailles napoléoniennes, a connu à l'état-major de Bonaparte. Un jour, il le rencontre à Paris, mais le maréchal fait semblant de ne pas le reconnaître. L'auteur des *Pestiférés de Jaffa* se venge sur la toile : Bessières y est peint un mouchoir sur la bouche, ce qui le rend méconnaissable et le fait soupçonner peureux, d'autant que cette attitude hygiénique sert de repoussoir au courage du général en chef qui, lui, n'a pas peur de toucher ses soldats atteints par le terrible mal. Bonaparte est allé au chevet des pestiférés (ils sont 700) pour rassurer la troupe, et lui faire croire, comme le répètent les officiers de santé, qu'il ne s'agit pas de la peste, mais d'une « fièvre à bubons ». Ce qui ne l'empêche pas d'envisager d'empoisonner les incurables afin de leur épargner des souffrances inutiles. Le médecin Desgnenettes s'y oppose : « Mon métier est de guérir les hommes, non de les tuer. » C'est donc en civières que blessés et malades prennent la route du Caire (où le corps expéditionnaire, qui a échoué devant Saint-Jean-d'Acre, se retire) et succombent dans le désert, sous un soleil meurtrier.

Les mots de Napoléon…

Napoléon Ier (1769-1821), le « Petit Caporal » qui met le feu à l'Europe, le « père du Code civil », le « nouveau

Charlemagne », le « revenant de l'île d'Elbe », « l'exilé de Sainte-Hélène », connaît l'importance du verbe ; ses harangues, comme général, sont restées célèbres. Mais il est aussi l'auteur de bons mots à sa gloire et de sentences morales (qu'il faisait transcrire, car lui-même avait une écriture illisible et une orthographe déplorable). En voici quelques-unes :

— L'art d'être tantôt très audacieux et tantôt très prudent est l'art de réussir.

— Dans tout ce qu'on entreprend, il faut donner les deux tiers à la raison et l'autre tiers au hasard. Augmentez la première fraction, et vous serez pusillanime. Augmentez la seconde, vous serez téméraire.

— Les hommes de génie sont des météores destinés à brûler pour éclairer leur siècle.

— Vous devez tout voir, tout entendre et tout oublier.

— On ne peut pas faire semblant d'être courageux.

— Une tête sans mémoire est une place sans garnison.

— Le grand orateur du monde, c'est le succès.

— Un bon croquis vaut mieux qu'un long discours.

— On gouverne mieux les hommes par leurs vices que par leurs vertus.

— Le cœur d'un homme d'État doit être dans la tête.

— En politique, une absurdité n'est pas un obstacle.

— En politique, il faut guérir les maux, jamais les venger.

— La haute politique n'est que le bon sens appliqué aux grandes choses.

— La diplomatie est la police en grand costume.

— L'art de la police est de ne pas voir ce qu'il est inutile qu'elle voie.

— Il n'y a que deux puissances dans le monde : le sabre et l'esprit. J'entends par l'esprit les institutions civiles et religieuses. À la longue, le sabre est toujours battu par l'esprit.

— Il n'y a que deux espèces de plans de campagne, les bons et les mauvais. Les bons échouent presque toujours par des circonstances imprévues qui font souvent réussir les mauvais.

— Sachez écouter, et soyez sûr que le silence produit souvent le même effet que la science.

— La noblesse aurait subsisté si elle s'était plus occupée des branches que des racines.

— La pauvreté, les privations et la misère sont l'école du bon soldat.

— N'interrompez jamais un ennemi qui est en train de faire une erreur.

— Le meilleur moyen de tenir sa parole est de ne jamais la donner.

— Quand j'ai besoin de quelqu'un, je n'y regarde pas de si près, je le baiserais au cul.

— Ce qui est grand est toujours beau.

— Il vous suffira de dire : « j'étais à la bataille d'Austerlitz », pour qu'on vous réponde : Voilà un brave !

— On peut s'arrêter quand on monte, jamais quand on descend.

— On retrouve des soldats, il n'y a que l'honneur qui ne se retrouve pas.

Mariage du général Bonaparte…

À force d'errer dans Paris à la recherche de politiques susceptibles de le réintégrer dans l'armée (il en a été chassé car soupçonné d'être l'ami de Robespierre le jeune, qu'il a connu au siège de Toulon), Bonaparte finit par intéresser Barras, qui l'a vu à l'œuvre à Toulon. Le vicomte Paul de Barras a grandement contribué à la chute de Robespierre. Il est devenu l'un des hommes les plus puissants de l'Assemblée. Barras est aussi bon politicien que piètre capitaine, et le sait. Les royalistes s'agitent. Pour mater un éventuel soulèvement, l'artilleur du siège de Toulon ferait bien son affaire. Et le 13 Vendémiaire, les émeutiers, qui veulent renverser la Convention thermidorienne, sont battus. Quant au rôle exact que l'artilleur de Toulon joue dans la répression de l'émeute, les historiens ne sont pas d'accord entre eux. Quoi qu'il en soit, Bonaparte y gagne le surnom de « général Vendémiaire ».

Barras devenu Directeur nomme Bonaparte commandant en chef de l'armée de l'Intérieur, c'est-à-dire maître militaire de Paris pour avoir foudroyé *l'hydre royaliste*.

Peu avant le 13 Vendémiaire, Bonaparte s'est rendu plusieurs fois chez Barras où il a rencontré Joséphine, veuve du général de Beauharnais, ancien président de l'Assemblée constituante, guillotiné pendant la Terreur. Barras ne lui a pas caché que Joséphine a été la maîtresse de Hoche avant de devenir la sienne. Elle ne l'est plus mais, démunie, vit d'expédients et s'en remet à ses amis, dont Barras, qui commence à la trouver encombrante. Il l'a installée dans une maison, rue Chantereine, à Paris, et c'est lui qui paie le loyer ; aussi voit-il favorablement Bonaparte courtiser la belle créole (dont le vrai nom est Marie-Josèphe Tascher de La Pagerie, et qui a choisi Joséphine comme prénom pour lui plaire). Autre version de leur rencontre : lors du désarmement de Paris, suite à la répression des émeutes du 13 Vendémaire, un jeune garçon intervient auprès de Bonaparte pour lui réclamer l'épée de son père : Eugène de Beauharnais. Napoléon la lui rend volontiers. Joséphine, sa mère, pour l'en remercier, s'oblige à une visite…

Le mariage a lieu le 9 mars 1796, à la mairie du IIe arrondissement de Paris, sans cérémonie religieuse, et fait médire les amis de Joséphine ; son notaire la raille en lui disant qu'elle a tort d'épouser un jeune homme qui n'a que « la cape et l'épée ». Bonaparte, qui a entendu depuis une pièce voisine, fera convoquer le bonhomme au lendemain de son sacre pour le plaisir de lui montrer sa cape et son épée : le manteau et le glaive de Charlemagne ! Pour la circonstance, Bonaparte, qui a été nommé le 2 mars général en chef de l'armée d'Italie (nomination dite « dot de Madame Beauharnais » par les malveillants, qui soupçonnent Barras d'avoir trouvé là le moyen de se débarrasser de Joséphine en lui offrant un parti acceptable), se vieillit de 18 mois sur l'acte de mariage, ce qui l'oblige à se déclarer Génois (la France n'a pas encore acheté la Corse, à cette date supposée). Joséphine, qui a six ans de plus que son nouveau mari, elle, se rajeunit.

Tous deux ont en commun d'être nés sur une île, d'appartenir à une petite noblesse sans attache avec l'Ancien Régime, d'avoir connu la prison à cause de la Révolution et d'avoir traversé des moments de gêne pécuniaire. Mais pour le reste, tout les sépare. Joséphine, frivole, a fréquenté d'importants personnages sous plusieurs régimes. Veuve avec deux enfants, elle est aussi raffinée qu'il est rugueux, aussi légère qu'il est réfléchi. Il dit *l'aimer à la folie*. Sa passion, qui finira par s'éteindre, ne semble pas avoir été partagée. Joséphine craindra ce mari dont la jalousie, semble-t-il, n'est pas sans raison. Trois jours après ses modestes noces, il part à la tête de l'armée d'Italie.

... Divorce de l'empereur Napoléon

L'Empereur veut consolider l'Empire. Mais il n'a point d'héritier de son sang. Les jalousies qui divisent sa famille l'éloignent de son premier projet, celui de laisser le trône de France à l'un de ses frères. D'autre part, choisir comme fils adoptif celui de Joséphine, le prince Eugène, qu'il a formé et qu'il aime beaucoup, c'est faire éclater la guerre entre les Bonaparte et les Beauharnais. Il lui faut un héritier incontesté. Le couple, depuis longtemps, vit dans des appartements séparés, et les crises de jalousie auxquelles Joséphine soumet son époux sont davantage une façon de lui rappeler son existence que la manifestation d'une passion amoureuse. Napoléon se décide à faire à Joséphine le fatal aveu ; elle fond en larmes et tombe presque évanouie.

L'Empereur appelle le chambellan de service, lui ordonne de l'aider à relever l'impératrice, qui est en proie à des convulsions violentes, et tous deux, la soutenant dans leurs bras, la transportent dans ses appartements. Tandis qu'ils accomplissent cette besogne, le chambellan fait un faux pas et, s'étant raidi pour ne pas laisser échapper son fardeau, a la surprise d'entendre l'impératrice lui dire tout bas : « Prenez garde, monsieur, vous me serrez trop fort... »

On avertit la reine Hortense (fille de Joséphine, épouse de Louis Bonaparte), qui accourt auprès de l'Empereur, qu'elle trouve tout à la fois ému et irrité. Il lui dit sans ménagement que son parti est pris, que les larmes, les cris n'y changeront rien : sa résolution est définitive, il en va du salut de l'Empire. Hortense sanglote, Napoléon écrase une larme, puis sort de la pièce.

Pendant plusieurs jours, l'ambiance au palais est funèbre. Eugène et Hortense veulent partir avec leur mère loin des fastes de la cour. Napoléon leur commande au contraire de rester avec lui. Pour bien montrer que Joséphine n'est ni répudiée ni disgraciée, mais seulement sacrifiée à l'intérêt impérial, il lui laisse son titre d'impératrice, et lui octroie le premier rang à la cour après l'impératrice régnante. Il lui donne la Malmaison, le château de Navarre, près d'Évreux, une foule d'objets précieux, et une forte pension. Le 15 décembre, devant la famille impériale (les sœurs de Napoléon cachent plus ou moins bien leur satisfaction), et le chancelier Cambacérès, ci-devant officier de l'état civil, l'Empereur et Joséphine, se tenant par la main, déclarent, les larmes aux yeux, leur intention de se séparer. Le Sénat entérine la dissolution du mariage civil, et une assemblée d'évêques dissout le mariage religieux célébré la veille du sacre pour… vice de forme, car célébré sans témoins ! Napoléon est libre ; pendant que Joséphine se retire à la Malmaison (où elle mourra en 1814, à 51 ans, d'une inflammation de la gorge), il se retire également au Trianon, comme pour porter le deuil de cette union qui a, suivant son expression, « embelli quinze ans de sa vie ».

Les revues du Petit Caporal

Le général Bonaparte sait soigner sa popularité auprès de ses soldats ; il les appelle ses « grognards », ils le surnomment le « Petit Caporal ». Avant les revues, il demande aux officiers de lui désigner un soldat aux brillants états de service et de lui procurer le maximum d'informations sur lui, nom, région d'origine, situation familiale, campagnes auxquelles il a participé… et y compris son emplacement exact lors de la revue. Le jour de celle-ci, Bonaparte peut donc se diriger d'un pas assuré vers le soldat choisi, l'appeler par son nom, lui demander des nouvelles de son vieux père et de son village, se souvenir l'avoir vu à Aboukir ou à Arcole, lui pincer l'oreille, s'étonner : « Tu n'as pas la croix ? Je te la donne ! » Et voilà le brave membre de la Légion d'honneur, sous l'œil chaviré de ses compagnons d'armes qui, avec le nouveau médaillé, seront prêts à se faire hacher menu par la mitraille autrichienne lors de la prochaine charge…

Les fêtes impériales

L'Empereur, pour donner de l'activité au commerce, veut des fêtes, et veut une cour splendide. Les gratifications considérables qu'il donne à ses lieutenants, les traitements énormes qu'il leur alloue n'ont d'autre but que de les exciter à la dépense. Les glorieuses campagnes, la prospérité qui afflue à Paris de toutes les parties de l'Europe excitent un véritable enthousiasme.

« Je me rappelle, raconte Mme d'Abrantès, le coup d'œil vraiment fantastique qu'offrait la salle des maréchaux un soir de grand concert, lorsque les deux côtés étaient garnis de femmes presque toutes jeunes et jolies, couvertes de fleurs, de diamants et de plumes flottantes ; et derrière elles cette haie formée par les officiers de la maison de l'Empereur, ceux des princesses, puis les généraux aux habits étincelants d'or, les sénateurs, les conseillers d'État tous revêtus de riches costumes, la poitrine couverte de ces plaques, de ces cordons que l'Europe nous offrait à genoux et que l'Empereur jetait à ses leudes… Au fond de la salle étaient l'Empereur et l'Impératrice, ses frères, ses sœurs, ses belles-sœurs ; puis les grands dignitaires ; et lui, de son œil de feu, parcourant ce cordon formé par toutes ces têtes empanachées chargées de joyaux… »

Les violons des bals

Après la tourmente révolutionnaire et durant les guerres de l'Empire, Paris est pris d'une rage de danse et de plaisir. Mille huit cents bals ouvrent tous les soirs leurs portes. À Frascati, l'un des plus célèbres, on flirte, on boit, et on joue. Les « nymphes » qui les hantent séduisent l'étranger et déniaisent le provincial. Pour les plus raffinés, des jardins s'ouvrent, dont celui de Tivoli (rue Saint-Lazare). On y donne des fêtes champêtres, des feux d'artifice, et « quantité de nouveaux jeux consacrés aux plaisirs des dames ». Parmi ces plaisirs, le principal est une nouvelle danse venue d'Allemagne, la valse. « Les attitudes de cette danse sont très gracieuses, note un touriste britannique, mais ne s'accommoderaient pas avec la réserve des femmes anglaises. »

La tribu Bonaparte

Les Bonaparte, famille noble originaire de Toscane, sont établis en Corse à partir de 1612. *Charles Marie*, né à

Ajaccio en 1746, combat aux côtés de Paoli pour l'indépendance de la Corse, mais, peu après que les Génois ont cédé leurs droits sur l'île à la France, il se rallie au gouvernement royal et quitte la Corse. Époux de *Maria Letizia Ramolino* — surnommée plus tard Madame Mère —, née en 1750, il a eu treize enfants dont huit ont survécu :

— *Joseph*, né à Corte (1768), mort à Florence (1844). Il seconde son frère Napoléon au siège de Toulon (1793). Membre du Conseil des Cinq-Cents (1796), il joue un rôle important dans le coup d'État du 18 Brumaire. En 1801, il négocie la paix de Lunéville avec l'Autriche. Puis il signe le Concordat avec le pape et la paix d'Amiens avec l'Angleterre (1802). Roi de Naples de 1806 à 1808, puis roi, très contesté, d'Espagne de 1808 à 1813. Après Waterloo, il se réfugie à New York où il vit avec ses deux filles et son neveu, le prince Charles Bonaparte.

— *Napoléon*.

— *Lucien*, né à Ajaccio en 1775. Président au Conseil des Cinq-Cents, il est un des artisans, comme son frère Joseph, du 18 Brumaire. Ambassadeur d'Espagne en 1800, il devient, revenu en France, membre du Tribunat. Divorcé d'une première épouse dont il a eu deux filles, il s'unit à Alexandrine de Bleschamp dont il a neuf enfants. Cette alliance ayant déplu à Napoléon, il quitte la France pour Rome (1804), puis pour Canino que le pape Pie VII érige en principauté en sa faveur. Il meurt à Viterbe en 1840.

— *Maria-Anna*, dite Élisa, née à Ajaccio en 1777. Princesse de Lucques et de Piombino, et, à partir de 1809, grande-duchesse de Toscane. Morte à Trieste en 1820. Elle a épousé Félix Bacciochi dont elle a deux enfants.

— *Louis*, né à Ajaccio en 1778. Il fait les campagnes d'Italie et d'Égypte avec son frère dont il est l'aide de camp et participe au coup d'État du 18 Brumaire. En 1802, sur les instances de Napoléon, il épouse Hortense de Beauharnais qu'il n'aime pas. Roi de Hollande (1806), il s'attache à son peuple et refuse d'obéir au décret du 21 novembre 1806 relatif au blocus des îles Britanniques qui équivaut à l'asphyxie commerciale du pays. Ses relations avec Napoléon se tendent, et il abdique le 1er juillet 1810. Il a trois enfants dont Charles Louis Napoléon, futur Napoléon III.

— *Marie-Paulette*, dite Pauline, née à Ajaccio en 1780. Elle épouse à Milan, en 1801, le général Leclerc qui meurt peu après de la fièvre jaune à Saint-Domingue (1802). En 1803, Napoléon la marie au prince Camillo Borghèse et la fait duchesse de Guastalla. Bien qu'éloignée de la cour (1810) à cause de son irrespect envers l'impératrice Marie-Louise, elle reste toujours très attachée à son frère. Quand celui-ci est exilé sur l'île d'Elbe, elle l'y accompagne ; et lorsqu'il est envoyé à Sainte-Hélène, elle l'y aurait certainement suivi sans l'interdiction des puissances coalisées. Elle meurt en 1825 à Florence, sans enfants. Elle est restée célèbre pour sa beauté que le sculpteur Canova a immortalisée sous les traits de *Vénus Victrix* (à quelqu'un qui lui demande si ça ne l'a pas gênée de poser nue, elle répond naïvement que non, la pièce était chauffée).

— *Marie-Annonciade*, née à Ajaccio en 1782. Napoléon lui fait épouser Joachim Murat en 1800. Elle est successivement grande-duchesse de Berg et de Clèves, puis reine de Naples. Morte à Florence en 1839, elle laisse deux filles et deux garçons.

— *Jérôme*, né à Ajaccio en 1784. Marié en secondes noces à la princesse Catherine de Wurtemberg (1807), il est couronné roi de Westphalie la même année. Doué d'une bravoure qu'il pousse jusqu'à la témérité, il soutient dignement le nom des Bonaparte. En 1848, il obtient le titre de gouverneur des Invalides et est fait maréchal de France en 1850. De son premier mariage, aux États-Unis, il a eu un enfant ; il en a trois autres de sa seconde épouse. Il meurt en Seine-et-Marne en 1860.

Secrets d'alcôve

Joséphine, quand elle épouse Bonaparte, a un passé sentimental déjà chargé, et Barras n'a pas été le seul à savourer sa grâce créole. Tandis que son général de mari se couvre de gloire en Italie, elle s'abandonne aux étreintes d'un simple capitaine, Hippolyte Charles, qui pour mieux trafiquer démissionnera de l'armée. Mais sa belle-famille la surveille, et dénonce ses écarts à Napoléon. Lequel, de son côté, après avoir été d'une jalousie maladive au début de son union, se venge en Égypte en prenant ostensiblement (l'un de ses aides de camp est Eugène de Beauharnais, et il sait que son beau-fils répète tout à sa mère) pour maîtresse Pauline Fourrest, une jeune femme (surnommée Bellilote) qui a suivi au Caire son époux, un lieutenant de chasseurs. Il la fait divorcer et la remariera ; elle finira comtesse et dame de charité, à Blois…

Premier consul ou Empereur, il a de nombreuses amours heurtées, brèves et autoritaires, car il ne perd pas son temps au lit. Comme c'était déjà à la mode sous l'Ancien Régime, il fréquente des actrices, dont Mlle George, qui a reçu dans sa loge nombre de rois et de princes, sans oublier Talleyrand, ou Mme Branchu, de l'Opéra… De vilains bruits ont aussi couru sur l'intimité qui aurait existé entre Napoléon et ses proches. Hortense, qu'il marie à l'un de ses frères, aurait été pour lui plus qu'une belle-fille. Pauline, sa sœur préférée, aurait eu avec lui des relations incestueuses ; liaison dangereuse, car cette belle femme languide a laissé à nombre de ses amants des souvenirs cuisants nécessitant d'avoir recours aux onguents et potions des médecins de la cour impériale. Dans les deux cas, il s'agit de ragots colportés sous la Restauration par les royalistes ultras comme par les républicains pour nuire à l'image du « martyr de Sainte-Hélène ». Élisa, autre sœur, épouse de Bacciochi, militaire corse, est la seule de la famille à avoir pour amant un intellectuel : Fontanes, grand maître de l'université impériale. Caroline, épouse de Murat, trompe son maréchal avec un frère d'armes de ce dernier : Junot, lui-même époux de Laure Permont, duchesse d'Abrantès.

La duchesse d'Abrantès

Laure Permon, duchesse d'Abrantès, qui a laissé des *Mémoires* riches d'enseignements sur le Ier Empire, a l'esprit aussi prompt que la chair faible. Maîtresse du chancelier autrichien Metternich en même temps qu'elle est amoureuse folle du bel officier Maurice de Balincourt, elle lui écrit : « Je suis parvenue à me procurer la dose d'opium suffisante pour trancher ma vie dans l'espace d'une heure. (…) Je suis désespérée et déterminée à mourir. Dites un mot et vous devenez mon assassin. (…) Je sens qu'un amour aussi effréné doit paraître exagéré, et pourtant je ne dis pas tout ce qui est dans mon cœur. (…) Maurice, mon amant, mon ami, mon idole, ma destinée est entre tes mains… » Ce n'est pas elle qui se suicidera, mais le maréchal Junot, son mari devenu schizophrène jusqu'à la folie. Elle-même, dépressive et suicidaire, mourra — de mort naturelle — dans les souvenirs de sa splendeur passée en1838. Auparavant, elle aura participé intensément à la vie amoureuse de la cour impériale, qu'elle racontera à Honoré de Balzac, qui l'appellera Mme d'Aigremont dans sa *Comédie humaine*.

L'une de ses amies, Mme Doumerc, mariée contre son gré, hésite à tromper son époux avec Eugène de Beauharnais. La duchesse lui demande de se tenir cachée dans un cabinet attenant à son salon. Là, elle reçoit, dans le déshabillé le plus galant, Alexandre Doumerc, l'époux qu'elle a convoqué, et se donne à lui après les minauderies d'usage. Puis, l'acte accompli, expulse l'homme qui n'en revient pas de sa bonne fortune, et ouvre la porte du cabinet : « Eh bien, ma petite, craignez-vous maintenant d'avoir les premiers torts ? »

Les bâtards de Napoléon

Pendant sa campagne de Pologne, Napoléon a pour maîtresse la comtesse Marie Walewska. Un fils naît de cette liaison, le futur comte Walewski. Ce fils est le second après le « petit Léon », né quatre ans plus tôt, et confirme la fertilité génésique de Bonaparte, désormais certain de pouvoir donner un héritier à l'Empire. La rupture avec Joséphine, qui couve déjà, s'avère dès lors inévitable.

Le « petit Léon », futur comte Léon, est né d'une liaison de l'Empereur avec Louise Éléonore Denuelle de la Plaigne, fille d'un petit rentier. Épouse d'un capitaine de dragons qui perd beaucoup d'argent au jeu et la trompe, elle prend sa revanche avec Napoléon, rencontré à son retour d'Austerlitz, alors qu'elle est dame d'honneur de Caroline Murat. La naissance du petit Léon enthousiasme l'Empereur qui a eu jusqu'alors des doutes quant à sa fertilité. Léon n'est pas oublié par son père. Il le reçoit aux Tuileries, même après son mariage avec Marie-Louise, et songe un moment à l'adopter. Il lui lègue une rente importante. Que le comte Léon, devenu adulte, dilapide en se livrant à l'occultisme et en fréquentant de belles actrices. Il est, sous la Restauration, incarcéré à la prison de Clichy, réservée aux débiteurs non solvables. Sous le IIe Empire, il bénéficie d'allocations « familiales ». En 1870, la chute de Napoléon III l'oblige à se réfugier en Angleterre. Il revient en France en 1775, et erre, sans ressources, jusqu'à sa mort, en 1881.

Le comte Alexandre Walewski, lui, aura un destin plus glorieux : révolutionnaire libéral dans les années 1830, capitaine dans l'armée polonaise lors de l'insurrection de son pays, il s'engage ensuite dans l'armée française pour participer à la conquête de l'Algérie, devient ministre des Affaires étrangères de Napoléon III entre 1855 et 1860, préside le congrès de Paris en 1856 et finit sénateur sous le Second Empire, jusqu'à sa mort, en 1868. Il est le fruit d'une belle histoire d'amour : lorsqu'il entre dans Varsovie, en janvier 1807, Napoléon remarque une jeune femme dans la foule qui l'acclame, et l'invite au bal. Marie Walewska est née le 7 décembre 1786 à Varsovie et a épousé, à 18 ans, le vieux comte Walewski, qui, à 68 ans, en est à son troisième mariage. La liaison de la jeune comtesse et de l'Empereur est encouragée par les Polonais (et le mari) : ils espèrent que le charme de Marie incitera Napoléon à donner son indépendance à la Pologne, prise en tenaille entre les Empires russe et autrichien. L'Empereur, qui a quitté Varsovie mais n'oublie pas sa Polonaise, la fait venir à Paris l'année suivante, puis la retrouve en Autriche après la victoire de Wagram. Alexandre, leur fils, naît le 14 mai 1810. Comme avec Louise Denuelle, l'Empereur prend prétexte de cette naissance pour cesser leur relation, mais continue à couvrir de cadeaux Marie, qui s'est installée à Paris. Lorsqu'il est exilé à l'île d'Elbe, elle l'y rejoint, malgré son interdiction. En 1816, elle épouse le général d'Ornano, futur maréchal de France, et meurt en couches l'année suivante, le 11 décembre 1817, à l'âge de 31 ans.

Marie-Louise, l'autre Autrichienne

Fille de l'empereur d'Autriche François Ier, archiduchesse d'Autriche, Marie-Louise de Habsbourg-Lorraine n'a pas 18 ans, en avril 1810, lorsqu'elle épouse Napoléon qui souhaite un héritier et veut allier sa dynastie à une vieille maison princière d'Europe. Le contrat est dressé sur le modèle de celui qui a servi pour Marie-Antoinette et

Louis XVI. Les fêtes sont somptueuses, durant lesquelles on voit fraterniser sous les drapeaux des soldats français et autrichiens qui, peu avant, se sont battus à Wagram. Tout Paris se presse pour voir passer le couple impérial dans son carrosse de cristal : la même foule qui s'est massée pour l'exécution de la reine, autre Autrichienne, dix-sept ans plus tôt. La nouvelle impératrice reçoit un accueil enthousiaste de la part des Français mais s'en désintéresse totalement. Nommé régente pendant la campagne de 1813, elle manifeste une incapacité absolue à remplir cette charge. Après la première abdication, en avril 1814, elle se rend auprès de son père. Gardée à vue pendant les Cent-Jours, elle est ensuite séparée de son fils qu'elle ne reverra qu'à ses derniers moments (et qui dira d'elle : « Elle n'était pas la femme que mon père méritait »). Appelée à la souveraineté viagère des principautés de Parme, de Plaisance et de Guastala, l'impératrice abandonne Napoléon à son sort et convole, en 1821, avec le feld-maréchal von Neipperg, placé auprès d'elle par Metternich pour la surveiller, dont elle a deux enfants.

Veuve en 1829, elle se marie une troisième fois quelques années plus tard avec le comte de Bombelles, émigré français, maître des cérémonies à la cour d'Autriche. Elle finit ses jours à Parme en 1847.

Qui m'aime me suive…

Officier en garnison à Grenoble, La Bédoyère est envoyé avec son régiment arrêter Napoléon, qui revient de l'île d'Elbe. Lorsqu'il arrive en vue de l'Empereur, il tire son épée en criant : « Qui m'aime me suive ! » Tout le régiment le suit et se rallie à Napoléon. Déclaré coupable de trahison et de rébellion, La Bédoyère (comme le maréchal Ney) est condamné à mort en décembre 1815 par les juges de Louis XVIII. Sa jeune femme, dont les opinions royalistes sont connues, se jette aux genoux de Louis XVIII en demandant grâce. Le vieux roi la fait relever en lui déclarant sèchement : « Je ne peux qu'une seule chose pour votre mari : je ferai dire des messes pour le repos de son âme. » Elle s'évanouit. Trois heures après, La Bédoyère, devant le peloton d'exécution, ôte son chapeau, découvre sa poitrine et dit aux soldats : « Tirez, mes amis, surtout ne manquez pas ! » Sa veuve est obligée d'acquitter tous les frais du procès et de verser une gratification de trois francs à chacun des douze soldats qui ont tué son mari.

Napoléon II, l'Aiglon

Fils de Napoléon Ier et de Marie-Louise, né à Paris en 1811, François Charles Joseph Napoléon Bonaparte, dit l'Aiglon, reçoit, à sa naissance, le titre de roi de Rome. La chute de l'Empire provoque son départ de France. Confié à son grand-père maternel, François II, il vit à la cour d'Autriche sous le nom de duc de Reichstadt et reçoit une éducation stricte, d'où toute référence à son père est bannie. La Chambre des Cent-Jours le reconnaît comme Napoléon II, mais les Alliés s'y refusent. Il apprend la gloire de son père par le maréchal de Marmont en exil à Vienne (1830) et meurt de tuberculose, deux ans plus tard, au château de Schönbrunn. Ses cendres sont rendues à la France par Hitler en 1940 et déposées sous le dôme des Invalides à côté de celles de son père.

Edmond Rostand, de son drame, fait une pièce qui remporte, en 1900, un succès considérable avec, dans le rôle de l'Aiglon, Sarah Bernhardt.

Une mort impériale suspecte…

La mort de Napoléon a été longtemps sujette à controverse. On a parlé d'hépatite. Son empâtement depuis 1810 témoigne de troubles fonctionnels du foie. Officiellement, Napoléon a été victime du cancer à l'estomac qui le ronge depuis plusieurs années.

Mais la découverte d'arsenic dans ses restes privilégie la thèse de l'empoisonnement. Qui a ainsi voulu hâter sa fin ? Les Anglais, pour en finir avec ce prisonnier encombrant ? Des Français, pour retrouver leur patrie, et profiter des biens octroyés dans son testament par l'exilé de Sainte-Hélène ? Les soupçons se portent sur l'un de ses derniers fidèles, le comte de Montholon, un général de l'Ancien Régime qui, chargé de l'approvisionnement de la table de Napoléon, aurait mis, à plusieurs reprises, de l'arsenic dans son vin afin d'hériter d'une fortune promise par le testament de son maître, et pressé de retrouver son épouse en France, où elle s'est rendue après avoir partagé les premières années de captivité de l'Empereur, qui lui a témoigné une telle affection qu'on a pu insinuer que la fille du couple, née à Sainte-Hélène, aurait été baptisée Napoléone en hommage à son vrai père…

Fouché et Talleyrand, vision infernale

« En 1814, introduit dans une des chambres qui précédaient celle du roi, je ne trouvai personne ; je m'assis dans un coin et attendis. Tout à coup une porte s'ouvre : entre silencieusement le vice appuyé au bras du crime, M. de Talleyrand marchant soutenu par M. Fouché ; la vision infernale passe lentement devant moi, pénètre dans le cabinet du roi et disparaît. Fouché venait jurer foi et hommage à son seigneur ; le féal régicide, à genoux, mit les mains qui firent tomber la tête de Louis XVI entre les mains du frère du roi-martyr ; l'évêque apostat fut caution du serment. » Extrait des *Mémoires d'outre-tombe*, de Chateaubriand, pair de France et diplomate sous la Restauration.

Charles Maurice de Talleyrand-Périgord, prince de Bénévent, (1754-1838), surnommé le « diable boiteux » à cause de son infirmité (nourrisson, il a eu le pied dévoré par un porc), est évêque d'Autun à l'âge de 25 ans. Il n'en adopte pas moins les principes révolutionnaires, se lie avec Mirabeau et est élu président de l'Assemblée nationale en 1790. Célébrant la messe au Champ-de-Mars sur l'autel de la patrie le jour de la Fédération (14 juillet 1790), il reconnaît la nouvelle Constitution du clergé, sacre des évêques assermentés, ce qui lui vaut d'être excommunié. Ambassadeur à Londres en 1792 afin d'y négocier l'alliance, sinon la neutralité anglaise, il échoue dans cette mission. Il quitte alors la France pour les États-Unis et ne rentre qu'après le 9 Thermidor.

Barras (qui dit de lui « qu'il aurait donné un parfum au fumier ») le nomme ministre des Affaires étrangères (1797), fonction qu'il conserve après le coup d'État du 18 Brumaire. Négociateur de plusieurs traités pour Napoléon, il est fait grand chambellan et reçoit la principauté de Bénévent. Ayant désapprouvé la guerre d'Espagne et conseillé à Napoléon l'alliance anglaise, il est dépossédé de son portefeuille des Affaires étrangères et remplacé par Champigny (1807). Humilié, traité de voleur et de lâche par l'Empereur (avec Fouché, il a voulu le remplacer par Murat), il intrigue dès lors dans le but de renverser l'Empereur et de restaurer les Bourbons (Napoléon, lors d'une algarade, aurait lancé à ce séducteur à l'esprit sarcastique : « Vous êtes de la merde dans un bas de soie », ce à quoi le diplomate, qui savait son empereur susceptible sur sa petite taille, aurait répondu : « Quel dommage qu'un si grand homme ait été aussi mal élevé »). Chef du gouvernement provisoire en 1814, il fait voter par le Sénat la déchéance de Napoléon.

À nouveau nommé aux Affaires étrangères par Louis XVIII, il négocie le premier traité de Paris et participe au congrès de Vienne en tant que plénipotentiaire. Il réussit à diviser les Alliés en s'appuyant sur la Russie et l'Autriche et obtient pour la France les meilleures conditions de paix possibles. Ses efforts, cependant, sont ruinés par le retour de Napoléon et les Cent-Jours. Écarté du pouvoir lors de la seconde Restauration, il y revient sous Louis-Philippe qui le nomme ambassadeur à Londres (1830-1834). Il y négocie l'Entente cordiale qui a été l'idée dominante de sa vie. Alors qu'il agonise, Louis-Philippe se rend à son chevet et demande à son entourage s'il souffre. « Comme un damné », lui répond-on. « Déjà », laisse échapper le roi, mais pas assez bas ; le moribond l'entend, et menace, d'une voix éteinte, dernière bravade, de faire des révélations sur la famille des Orléans-Bourbons…

Joseph Fouché, duc d'Otrante, (1759-1820), est un ami de Robespierre. Avec les députés de la Montagne, il vote la mort du roi. Lors de l'insurrection des fédéralistes et des royalistes de Lyon, il prend part à toutes les atrocités ordonnées par Collot d'Herbois et reçoit le surnom de « mitrailleur de Lyon ». Après la dissolution de la Convention, protégé par Barras, il est nommé ministre de la Police (1799). Il met alors au service de Bonaparte, pour la préparation du coup d'État du 18 Brumaire, le réseau d'espions qu'il a constitué en France. Écarté (1802) puis rappelé (1804) par Napoléon, il est finalement remplacé par Savary (1810). À nouveau chef de la police pendant les Cent-Jours, il est membre du gouvernement provisoire après Waterloo et conserve son titre au moment du retour des Bourbons. Frappé par la loi qui punit les régicides, il doit s'exiler et s'installe à Prague, puis à Trieste où ce ministre habile, mais sans scrupule, cet homme toujours prêt à trahir ses maîtres et à compromettre ses amis, meurt sous la nationalité autrichienne en 1820.

La tabatière de Louis XVIII

Louis XVIII, bien que podagre (la gangrène lui dévore les jambes), croit nécessaire, à l'instar de ses ancêtres, de s'afficher avec des maîtresses. Il n'en a qu'une, et nul n'ignore que leurs amours sont platoniques (il a toujours été impuissant). C'est Mme Du Cayla, et ses familiarités avec elle confinent à la sénilité : sa plus grande folie consiste à prendre une prise de tabac sur sa gorge nue !

Le retour manqué de la duchesse d'Angoulême

Après la première abdication de Napoléon Ier, Louis XVIII entre à Paris avec, à ses côtés, dans la calèche royale, celle qu'il considère comme sa fille adoptive, Madame Royale, la fille, rescapée de la prison du Temple, de Louis XVI et de Marie-Antoinette, devenue, par son mariage avec son cousin, le fils du futur Charles X, duchesse d'Angoulême. Sont-ce les malheurs subis dans son enfance ? Les enfants qu'elle n'a pas eus pour relever la dynastie ? La duchesse d'Angoulême, à l'allure masculine, constamment revêche, n'a pas un caractère heureux (des caricatures la représentent mains sur les hanches, disputant son maigre mari). « La duchesse d'Angoulême laissait voir sur sa figure toute la haine qu'elle nous portait, écrit Mme Cavaignac ; et cette haine, il faut le dire, le souvenir de son père, de sa mère, de sa tante, tous trois montés sur l'échafaud, ne la motivait que trop. » Elle donne, d'un ton cassant et agressif, des ordres aux ministres, et régente le cérémonial de la cour, tentant de ressusciter l'étiquette en usage à Versailles sous l'Ancien Régime. Lorsque, à plusieurs reprises, on demande à Louis XVIII la grâce de condamnés, elle s'y oppose avec une intransigeance obstinée. Elle ne comprendra jamais que les temps ont changé, et s'enfuira avec son beau-père lors des émeutes de 1830. Pour mourir en Autriche, à 73 ans, une nouvelle fois exilée.

Le duc de Berry, sa femme et le p'tit prince...

Charles, duc de Berry, né en 1778 à Versailles, est le second fils du comte d'Artois, futur Charles X. Ancien de l'armée des émigrés, il est, sous la Restauration, l'un des chefs de file des ultraroyalistes. Les libéraux, qui voient en lui un futur roi, le détestent. Le 13 février 1820, en sortant de l'Opéra, il est assassiné par un fanatique. Sa mort provoque la chute du ministre Decazes. Les ultras, proches du comte d'Artois, qui évoquent un complot républicain, prennent le pouvoir et vont mener une politique conservatrice qui précipitera leur chute. L'épouse du duc de Berry, fille du roi des Deux-Siciles, sept mois après l'assassinat, donne naissance au futur comte de Chambord, « l'enfant miracle » sur les épaules duquel pèseront, plus tard, les espoirs d'une restauration légitimiste.

En avril 1832, la duchesse de Berry, qui est retournée en Italie, débarque en France pour tenter de renverser Louis-Philippe et mettre son fils (petit-fils de Charles X) sur le trône. Elle est arrêtée en Vendée. En mai 1833, elle accouche d'une fille : la veuve du duc de Berry, gardienne de sa mémoire, s'est remariée secrètement avec un comte italien ! Louis-Philippe exploite ce scandale pour écarter les prétentions des légitimistes, farouches gardiens de l'ordre moral, que les aventures héroïco-sentimentales de l'ardente duchesse placent dans l'embarras et la confusion.

Les pudibonderies de Charles X

Charles X au pouvoir oublie les frasques dont le jeune comte d'Artois se rendait coupable, à Paris et à Versailles. Devenu le « pieux monarque » (il est le dernier à se faire couronner à Reims, mais sans, à la sortie de la cérémonie, guérir des écrouelles ; d'ailleurs, l'ampoule contenant le saint chrême — opportunément apportée par une colombe lors du baptême de Clovis, et dont l'évêque oint traditionnellement le front du nouveau roi — a été brisée sous la Révolution), il charge le vicomte Sosthène de la Rochefoucauld, son aide de camp, de moraliser l'Opéra. Les jupes des danseuses sont alors rallongées, et leurs jambes enfermées dans des pantalons tuyaux en madapolam, un tissu de coton entre calicot et percale… Le même vicomte Sosthène invite, en 1824, les poètes et les librettistes à « s'attacher à rappeler, dans les sujets qu'ils traiteront, les grandes actions et les vertus de nos rois et les faits qui ont honoré les hommes illustres de la France. Mais quels que soient ceux auxquels ils donneront la préférence, la première de toutes les conditions devra être le respect pour la religion, les principes monarchiques et la morale ».

L'hypocrisie religieuse, avec le retour au pouvoir des Bourbons, est à son apogée. Sous Louis XVIII, les courtisans, ostensiblement, vont à la messe pour complaire au roi. Des conversions rapides et volontiers retentissantes s'opèrent parmi les membres de l'administration et de l'armée. La piété devient affaire de mode. On affecte de communier fréquemment, d'assister en seigneur à la messe paroissiale ; il est de bon ton de s'affilier à la Congrégation afin de lutter contre l'impiété. Sous Charles X, c'est pire. Si l'on veut obtenir des grades ou des emplois, il vaut mieux passer pour un pieux exalté, et sortir du séminaire plutôt que du lycée laïque.

La monarchie de juillet, le second Empire et la IIIe République jusqu'en 1900

L'Histoire en résumé…

Après la chute de Charles X, la Chambre se prononce en faveur de l'accession au trône du duc d'Orléans. Celui-ci accepte la couronne, prête serment, et est proclamé roi des Français, le 7 août 1830, sous le nom de Louis-Philippe Ier. Le nouveau monarque forme, le 11 août 1830, un ministère modifié dès le 2 novembre pour calmer l'effervescence populaire qui éclate à l'occasion du procès des ministres de Charles X. Les esprits sont agités ; le 22 octobre, une première émeute a ensanglanté les rues de Paris. La Fayette a réussi à la dominer ; mais pour assurer sa popularité, il doit se démettre de son commandement de la Garde nationale. Dupont de l'Eure quitte le ministère, précédant de quelques mois Laffitte, qui doit se retirer de la scène à la suite des troubles provoqués par les libéraux au service religieux célébré, à Saint-Germain-l'Auxerrois, le 14 février 1831, en l'honneur du duc de Berry. Casimir Perier est chargé, le 15 mars 1831, de composer un nouveau cabinet. Il s'impose pour mission de combattre jusqu'au bout les républicains et les légitimistes. Il réprime une insurrection dans les départements de l'Ouest et domine les émeutes et les complots qui éclatent à Lyon, à Grenoble et à Paris.

À l'extérieur, la France s'allie avec l'Angleterre pour appeler au trône de Belgique Léopold de Saxe-Cobourg, qui épouse plus tard la princesse Louise, fille de Louis-Philippe. En Italie, les armées françaises arrêtent, par l'occupation d'Ancône (1832), les empiétements de l'Autriche. Le choléra sévit à Paris. Casimir Périer en meurt le 16 mai 1832. Le maréchal

Soult, le duc de Broglie, Thiers et Guizot sont nommés ministres. Les républicains s'insurgent à l'occasion des funérailles du général Lamarque ; mais vaincus au cloître Saint-Merri les 5 et 6 juin, ils se contiennent quelque temps. La duchesse de Berry ayant débarqué sur les côtes de Provence pour soulever la Vendée est arrêtée à Nantes le 7 novembre 1832 et conduite à la citadelle de Blaye. Une loi contre les sociétés secrètes provoque, à Lyon et à Paris, des insurrections ; aussitôt après a lieu, le 28 juillet 1835, l'attentat de Fieschi. Thiers forme un nouveau cabinet. Après un désaccord survenu entre lui et le roi au sujet d'une intervention française en Espagne, il est remplacé par Molé en septembre 1836. Des événements importants se produisent sous ce ministère ; le prince Louis Napoléon tente de s'emparer du pouvoir à Strasbourg, le 29 octobre 1836 ; il est arrêté et conduit à Lorient pour être transporté aux États-Unis. En Afrique, après une expédition malheureuse à Constantine, l'armée enlève cette ville d'assaut, et le général Bugeaud signe, le 30 mai 1837, avec Abd el-Kader le traité de la Tafna, par lequel l'émir reconnaît la souveraineté de la France. Le ministère Molé tombe devant une coalition formée par Guizot, Thiers et Odilon Barrot ; mais le roi ne veut pas renvoyer son cabinet, et prononce la dissolution de la Chambre. Les élections sont défavorables à Molé. Dès lors ceux-ci se retirent et laissent la place au maréchal Soult. Le nouveau ministère réprime, le 12 mai, l'émeute fomentée par Barbès et Blanqui, mais doit se retirer sur un vote de la Chambre au sujet d'une demande de dotation en faveur du duc de Nemours. Thiers arrive de nouveau au pouvoir le 1er mars 1840.

C'est le moment que le prince Louis Napoléon Bonaparte choisit pour débarquer à Boulogne (6 août). Il est aussitôt arrêté, puis condamné, par la Chambre des pairs, à une détention perpétuelle, et enfermé au château de Ham le 6 octobre 1840. Louis-Philippe, en désaccord sur la politique étrangère de Thiers, qui s'oppose aux Anglais, confie à Guizot, le 29 octobre, le soin de former un nouveau cabinet. De vifs encouragements donnés aux travaux publics, chemins de fer, routes, canaux, quais, églises… sont les principaux événements de cette période de calme. Mais l'opposition parlementaire ne désarme pas. Elle demande l'adjonction des capacités, c'est-à-dire le droit de vote pour tous ceux qui exercent des professions libérales ; cela lui est refusé. C'est alors qu'elle organise contre le ministère Guizot les banquets politiques. Ces banquets sont interdits. Aussitôt des rassemblements se forment, et l'émeute, descendant les boulevards, arrive au ministère des Affaires étrangères, situé alors boulevard des Capucines. On tire sur les policiers de garde, qui ripostent. La révolution s'accomplit en trois jours, les 22, 23 et 24 février 1848.

Louis-Philippe part le 24 février 1848, après avoir abdiqué en faveur du comte de Paris, et la Chambre nomme un gouvernement provisoire, dont font partie Arago, Lamartine, Ledru-Rollin…, gouvernement qui admet le suffrage universel et proclame la IIe République le 24 février. Lamartine repousse le 26, par d'éloquentes paroles, la proposition de substituer le drapeau rouge au drapeau tricolore. À Paris et dans les départements, on plante des arbres de liberté, qui sont bénis par le clergé ; et, pendant que Ledru-Rollin remplace les préfets par des commissaires, Lamartine publie un manifeste modéré à l'adresse des puissances étrangères. En même temps, tous les membres du gouvernement provisoire décrètent l'émancipation des noirs et la formation d'ateliers nationaux.

Mais le trésor est vide ; un impôt de 45 centimes est ajouté aux quatre contributions directes. Le gouvernement provisoire introduit dans Paris quelques bataillons de l'armée régulière et forme un corps de volontaires, qui prend le nom de Garde mobile. Les élections ont lieu le 23 du mois de mars, et le 4 mai, l'Assemblée constituante proclame la république. Sous prétexte de présenter à l'Assemblée une pétition en faveur de la Pologne, la chambre est envahie le 15 mai. Blanqui somme les représentants français de déclarer la guerre à l'Europe pour délivrer la Pologne ; Barbès propose de frapper les riches d'un impôt d'un milliard, et Hubert prononce la dissolution de l'Assemblée.

La Garde nationale et la Garde mobile dégagent la Chambre. Marrast, maire de Paris, fait arrêter, à l'Hôtel de Ville, un gouvernement provisoire qui s'y est constitué. L'Assemblée, reconnaissant trop tard le tort qu'elle a eu d'établir les ateliers nationaux, veut dissoudre ce foyer d'insurrection ; mais les ouvriers courent aux armes, le 22 juin, et forment des barricades. En présence de ce péril social, le général Cavaignac est nommé, le 28 juin 1848, chef du pouvoir exécutif. Après une lutte acharnée des deux côtés, les insurgés sont battus, et 12 000 d'entre eux sont déportés en Algérie. Mgr Affre, archevêque de Paris, a été tué au faubourg Saint-Antoine en tentant de s'interposer sur une barricade entre les deux camps. L'armée a perdu sept généraux.

Deux candidats sont en présence pour la présidence de la république ; le général de Cavaignac, et Louis Napoléon Bonaparte, neveu de l'Empereur. Celui-ci l'emporte et est élu, le 10 décembre 1848. Le président et l'Assemblée constituante s'entendent pour réprimer les émeutes du 29 janvier 1849 et pour envoyer à Rome une armée chargée de rétablir le pape sur le trône pontifical.

Ledru-Rollin, voulant sauver la République romaine, dirige, le 13 juin, une manifestation aux Arts-et-Métiers. Ce commencement d'émeute est promptement réprimé, et les manifestants déférés à la haute cour de Versailles. Pendant ce temps, le général Oudinot prend Rome et y ramène le pape. L'Assemblée législative, qui succède à l'Assemblée constituante le 28 mai 1849, vote, dans sa session de 1850, la loi du 31 mai restrictive du suffrage universel. Louis Napoléon demande en vain à l'Assemblée, le 4 novembre 1851, le rétablissement du suffrage universel. Des conflits éclatent entre les deux pouvoirs. Le président organise alors le coup d'État du 2 Décembre, et se fait donner, par plus de sept millions de suffrages, la présidence décennale, premier pas vers l'Empire.

Louis Napoléon Bonaparte promulgue, le 24 janvier 1852, la nouvelle Constitution établissant un Sénat, un corps législatif et un Conseil d'État. Après référendum, les 21 et 22 novembre, Louis Napoléon est proclamé empereur des Français, le 2 décembre 1852, sous le nom de Napoléon III. Le 29 janvier 1853, il épouse Eugénie de Montijo.

La Russie, croyant le moment venu de s'emparer de Constantinople, fait occuper les principautés danubiennes, et lance de Sébastopol dans la mer Noire une flotte redoutable. La marine turque est détruite, le 30 novembre 1853, à Sinope. La France et l'Angleterre s'émeuvent, et envoient au secours des musulmans une armée et une flotte. Les troupes débarquent en Crimée et gagnent, le 20 septembre 1854, la bataille de l'Alma. Les alliés commencent le siège de Sébastopol, qui, après la bataille de Traktir et la prise du fort de Malakoff, est enlevée le 8 septembre 1855. L'empereur Nicolas étant mort, Alexandre II demande la paix, qui est signée à Paris en mars 1856. Le 16 du même mois naît le prince impérial. La France et l'Angleterre s'unissent encore, en 1857, pour faire respecter par l'empereur de Chine les traités précédemment conclus. Les alliés bombardent Canton. Le traité de T'ien-Tsin, le 20 juin 1858, accorde à la France et à l'Angleterre des avantages commerciaux.

Cette même année a lieu, le 14 janvier, l'attentat d'Orsini. La Russie vaincue, Napoléon veut arrêter en Italie les empiétements de l'Autriche et lui déclare la guerre ; il triomphe à Montbello, Palestro, Turbigo, Magenta et Solferino. Cette dernière victoire décide l'empereur d'Autriche à signer la paix à Villafranca, le 11 juillet 1859.

La France voulant protéger ses missionnaires et étendre ses colonies, une expédition contre la Cochinchine lui donne, en 1859, trois provinces situées aux bouches du Cambodge. L'année 1860 est marquée par les traités de commerce avec l'Angleterre (23 janvier), traités qui inaugurent le libre-échange, et ouvrent pour la France une ère de prospérité inouïe ; par l'annexion de la Savoie et de Nice à la France, par une expédition envoyée en Syrie pour protéger les maronites contre les Druzes, et enfin par une nouvelle guerre contre la Chine, dans laquelle les Anglais et les Français battent les Chinois à Palikao et s'emparent de Pékin. Un traité, daté de cette ville, confirme les clauses de celui de T'ien-Tsin. L'année 1861 s'ouvre par la conférence de Londres, entre la France, l'Espagne et l'Angleterre, pour une intervention commune au Mexique.

Commencée avec l'Espagne, l'expédition du Mexique est continuée par la France seule. Après un premier échec devant Puebla en 1862, les troupes françaises s'emparent de cette ville en 1863, entrent à Mexico le 18 juin de la même année, et proclament Maximilien d'Autriche empereur. Cet empire éphémère ne survit guère au départ des troupes. Défait et fait prisonnier par Juárez García, l'infortuné Maximilien est exécuté le 19 mai 1867. Pendant que la France est occupée au Mexique, la Prusse gagne contre l'Autriche, le 3 juillet 1866, la bataille de Sadowa. Cette dernière puissance réclame une médiation de Napoléon III et lui cède la Vénétie, qu'il rend à l'Italie le 3 octobre. Cette même année, les Français évacuent Rome ; mais ils y reviennent bientôt et aident les troupes pontificales à repousser à Mentana, le 4 novembre 1867, une attaque de Garibaldi.

En 1868, l'empereur prend l'initiative d'une nouvelle loi militaire, tandis que son gouvernement pousse au développement du réseau ferré en même temps qu'aux embellissements de Paris et des villes des départements. Décembre 1869 voit s'affirmer le désir de Napoléon III de revenir au régime parlementaire, et, le 20 avril 1870, un sénatus-consulte règle dans ce sens la constitution de l'Empire. Devant l'attitude hostile de la Prusse, ordre est donné de créer la Garde mobile ; mais les Allemands ne laissent pas le temps de l'organiser.

La candidature du prince de Hohenzollern au trône d'Espagne amène une rupture entre les deux pays. La Prusse se fait habilement déclarer la guerre le 19 juillet 1870. Ses troupes ayant été battues à Wissembourg, à Reichshoffen et à Forbach, Napoléon III remet au maréchal Bazaine le commandement de l'armée du Rhin. Le maréchal de Mac-Mahon, commandant de l'armée de Châlons, est défait à Beaumont et à Bazeilles, blessé à la bataille de Sedan. Cernés de toutes parts, l'empereur et l'armée capitulent le 2 septembre 1870.

La nouvelle du désastre de Sedan arrive bientôt à Paris. Le corps législatif est envahi le 4 septembre, et la députation parisienne, réunie à l'Hôtel de Ville, proclame la république et forme le gouvernement de la Défense nationale, composé notamment d'Arago, Jules Favre, Jules Ferry, Gambetta, Garnier-Pagès, Rochefort, Jules Simon… La présidence en est donnée au général Trochu, qui a été nommé, le 17 août, gouverneur de Paris par Napoléon III.

Après ce changement de gouvernement, l'impératrice s'enfuit en l'Angleterre, et, quelques jours après, Thiers part solliciter, en faveur de la France, l'appui des cours étrangères.

Le corps du général Vinoy, échappé aux Prussiens, rentre à peine dans la capitale, quand la ville est investie le 19 septembre, après le combat de Châtillon. Toul se rend le 23 septembre et Strasbourg le 28 du même mois.

Avant que la capitale soit cernée, le gouvernement de la Défense nationale a renvoyé à Tours une partie du personnel administratif des ministères. Léon Gambetta en prend la tête après être parti, le 7 octobre, en ballon de Paris. Bientôt, on apprend (le 27 octobre) la capitulation de Bazaine à Metz, capitulation à la suite de laquelle éclate, à Paris, l'insurrection du 31 octobre, réprimée. Gambetta décrète, le 2 novembre, une levée en masse, et, pendant qu'on se bat sans succès aux environs de Paris, l'armée de la Loire tente de résister à l'avance des troupes allemandes. La lutte continue autour de Paris. Dans l'Est, Bourbaki, oublié ainsi que son armée, dans la capitulation signée à Versailles par Jules Favre et Bismarck, se réfugie en Suisse avec ses soldats (janvier 1871).

La ville de Paris, après avoir subi un siège de 132 jours et 31 jours de bombardement, est forcée de conclure, le 28 janvier 1871, un armistice avec le roi de Prusse.

Des élections ont lieu le 8 février. L'Assemblée nouvellement élue se réunit à Bordeaux le 13 du même mois, et nomme, le 17, Thiers chef du pouvoir exécutif. Elle ratifie, le 1er mars, les préliminaires de la paix, qui enlève à la France l'Alsace, une partie de la Lorraine et oblige à payer 5 milliards aux Allemands.

L'Assemblée vient de transporter le siège de ses séances à Versailles, quand éclate à Paris l'insurrection du 18 mars. Le gouvernement légal, Thiers et les ministères doivent se retirer à Versailles, et la population de Paris demeure maîtresse de la capitale. Son premier acte est de former un comité central et de faire fusiller les généraux Lecomte et Clément Thomas. La Commune s'organise dans la confusion. À Versailles, on s'apprête à prendre l'offensive contre l'insurrection. L'armée, grossie des prisonniers revenus d'Allemagne, et commandée par le maréchal de Mac-Mahon, entreprend le siège de Paris, qui dure du 2 avril au 21 mai 1871. Les insurgés se battent pendant une semaine (la « semaine sanglante ») dans les rues de Paris ; ils incendient des monuments publics. Dans les deux camps, chez les communards comme chez les « Versaillais », on fusille sans procès. Le 28 mai, l'insurrection s'achève au cimetière du Père-Lachaise.

L'Assemblée s'occupe dès lors à rendre un peu de calme au pays ; elle supprime la Garde nationale le 21 août 1874 ; donne à Thiers, le 31 du même mois, le titre provisoire de président de la République, et vote (28 juillet1872) la loi sur le recrutement, qui établit en France le service obligatoire. Enfin, un emprunt met à la disposition de la France, le 29 juillet 1873, 43 milliards pour se libérer des Prussiens. Napoléon III meurt en Angleterre le 9 janvier 1873. Le 24 mai 1873, Thiers, devant l'attitude hostile des représentants du pays, donne sa démission de président de la République, et l'Assemblée, à majorité royaliste, le remplace par le maréchal Mac-Mahon, duc de Magenta. La loi du 20 novembre étend à 7 ans les pouvoirs du nouveau président. Les royalistes offrent le trône au comte de Chambord, lequel refuse de garder le drapeau tricolore comme emblème national ; il veut revenir au drapeau blanc. Son obstination provoque des fissures dans le bloc royaliste. la restauration monarchique ayant échoué, l'Assemblée nationale finit par se décider à voter une Constitution républicaine, en février 1875, avec un Sénat et une Chambre des députés.

Aux élections de 1876, les républicains, dirigés par Gambetta, obtiennent la majorité à la Chambre des députés, mais les royalistes ont la majorité au Sénat. Mac-Mahon dissout la Chambre, mais la plupart des députés républicains sont réélus, et en 1879 les républicains obtiennent la majorité au Sénat. Mac-Mahon démissionne pour être remplacé par Jules Grévy. De 1881 à 1886, Jules Ferry rend l'enseignement primaire gratuit, obligatoire et laïque. Une loi de 1884 donne aux travailleurs le droit de se grouper en syndicats. En 1870, la France n'a qu'une colonie importante, l'Algérie. La troisième République se dote d'un empire colonial important : Indochine (comprenant le Cambodge, l'Annam, le Tonkin et la Cochinchine), protectorats sur les Tunisie et Maroc, et la partie nord-ouest de l'Afrique (Sahara, Soudan, Sénégal, Congo…), Madagascar…

À l'intérieur, la démocratie est mise à l'épreuve par diverses crises, allant des scandales financiers des décorations ou de Panama aux agitations politiques consécutives aux affaires Boulanger ou Dreyfus. La France de la « Belle Époque » atteint son apogée en 1900 lors de l'Exposition universelle, qui témoigne de sa richesse et de son rayonnement retrouvés. Quatre ans plus tard, ce sera la séparation de l'Église et de l'État, qui mettra à mal la solidarité nationale, retrouvée, en 1914, lorsque éclatera la Première Guerre mondiale.

Présidents…

— **Napoléon III**, troisième fils de Louis Bonaparte, roi de Hollande, et d'Hortense de Beauharnais

Né à Paris au palais des Tuileries le 20 avril 1808 — Proclamé empereur le 2 décembre 1852 — Marié à Notre-Dame de Paris, le 30 janvier 1853, à Eugénie, comtesse de Montijo — Mort à Chislehurst, en Angleterre, le 7 janvier 1873.

— **Adolphe Thiers**, président de la République de 1871 à 1873 — Né à Marseille le 15 avril 1797 — Mort à Saint-Germain-en-Laye le 3 septembre 1877.

— **Patrice de Mac-Mahon**, président de la République de 1873 à 1879 — Né à Sully (Saône-et-Loire) en 1808 — Mort le 17 octobre 1893 dans le Loiret.

— **Jules Grévy**, président de la République de 1879 à 1887 — Né à Mont-sous-Vaudrey (Jura) en 1807 — Mort en septembre 1891 dans le Jura.

— **Marie François Sadi Carnot**, président de la République de 1897 à 1894 — Né à Limoges en 1837 — Assassiné à Lyon le 25 avril 1894.

— **Jean Casimir-Perier**, président de la République de 1894 à 1895 — Né à Paris en 1847 — Mort à Paris en 1907.

— **Félix Faure**, président de la République de 1895 à 1899 — Né au Havre en 1841 — Mort à Paris le 16 février 1899.

Louis-Philippe Ier, le dernier roi de France

Né à Paris le 6 octobre 1773, fils aîné du duc d'Orléans, il descend par son père du frère cadet de Louis XIV et, par sa mère, du comte de Toulouse, un bâtard de Louis XIV. Élevé selon les principes de Jean-Jacques Rousseau, on lui fait visiter des manufactures, on l'entraîne à de longues marches, ou à coucher à la dure, afin de le fortifier. Il n'a pas 20 ans quand éclate la Révolution, qu'il accueille avec enthousiasme. Il entre dans la Garde nationale. En garnison dans un régiment de dragons à Vendôme, il reçoit une couronne civique pour avoir sauvé un homme de la noyade ; il est envoyé, en 1792, sur la frontière belge où il se distingue, prend du galon et participe aux victoires de Valmy et de Jemmapes. Lorsque le général Dumouriez, son supérieur, trahit la République en 1793, Louis-Philippe Égalité (il a pris le même pseudonyme que son père) le suit et passe avec lui à l'ennemi. Son père, Philippe Égalité, déjà suspect comme Bourbon, et bien que député à la Convention (où il a voté pour la mort de son cousin Louis XVI), paye pour lui et est guillotiné. Dans l'exil, contrairement à Louis XVIII ou à Charles X, Louis-Philippe, ne voulant pas prendre les armes contre la France, refuse un commandement dans l'armée autrichienne, et se réfugie en Suisse. Là, il enseigne pendant deux ans les langues, l'histoire, la géographie et les mathématiques. Puis il voyage jusqu'en Laponie, avant de partir en 1796 s'installer sur la côte est des États-Unis, à Philadelphie.

Sous l'Empire, il s'établit à Londres, où il se rapproche de Louis XVIII, puis à Palerme, où il épouse la fille du roi Ferdinand IV chassé de Naples par les Français (25 novembre 1809). Les Anglais, qui le soupçonnent de vouloir devenir régent d'Espagne, lui en interdisent le territoire. En 1814, à la chute de l'Empire, il revient à Paris, après un exil de vingt et un ans. Louis XVIII, qui ne l'aime guère, et le soupçonne d'être plus ambitieux qu'il n'en a l'air, le nomme colonel général des hussards. À la chute définitive de Napoléon, on songe, lors du congrès de Vienne, à lui pour le trône de France. L'idée en est finalement repoussée. Siégeant à la Chambre des pairs, il s'y fait remarquer par sa modération, face aux ultras ; attitude qui en fait l'un des chefs de file des libéraux.

Malgré sa fortune, il affecte des mœurs bourgeoises, et une simplicité qui lui attire la sympathie populaire d'autant plus facilement qu'il est volontiers économe, voire pingre. Ses fils font leurs études au lycée Henri-IV, lui reçoit les intellectuels et les libéraux dans sa demeure du Palais-Royal. Il pressent que la Restauration, à cause de ses abus, va échouer, et il attend, sans rien brusquer. La faction orléaniste travaille activement pour lui : Thiers, Laffitte… Après les émeutes de 1830, qui chassent Charles X, les députés et les pairs présents à Paris adressent à Louis-Philippe une supplique afin qu'il prenne les fonctions de lieutenant général du royaume. Le vieux général La Fayette lui met un drapeau tricolore entre les mains, et le pousse vers une fenêtre afin que le peuple l'acclame…

Son règne va voir l'éclosion de la grande bourgeoisie et le triomphe des milieux d'affaires. L'opposition se divise en trois tendances : les légitimistes, qui perdent la face après la tentative de soulèvement de la duchesse de Berry en Vendée (1832/33), les bonapartistes, que le roi amadoue en organisant un solennel retour des cendres de Napoléon Ier (1840), et les républicains, eux mêmes divisés en plusieurs tendances, dont certaines organisent des émeutes, à Lyon (révolte des Canuts, 1831) et à Paris, ou des attentats. Casimir Perier, Thiers, Guizot gouvernent au nom du roi, qui s'occupe surtout de politique étrangère. Sa répression des insurrections socialistes lui vaut la reconnaissance des cours européennes, en proie elles aussi aux soulèvements républicains.

La conquête de l'Algérie est achevée sous son règne. L'économie est en plein essor, la bourgeoisie s'enrichit, mais la classe ouvrière, exploitée, est misérable. Le roi perd progressivement de sa popularité. Guizot, premier ministre trop conservateur, refuse toute réforme électorale. L'opposition républicaine organise d'immenses banquets où se propagent les idées révolutionnaires.

Louis-Philippe, devant la montée des mécontentements, se résout à renvoyer Guizot. Trop tard. La révolution éclate, le 22 février 1848. Deux jours après, le vieux souverain, qui a perdu son flair politique, signe son abdication en faveur de son petit-fils le comte de Paris. Le 25 février, Louis-Philippe, en fuite en Normandie, apprend la proclamation de la République. Il doit s'expatrier à nouveau. Sous un déguisement, il parvient en Angleterre où, brisé par ce nouvel exil, épuisé, il s'éteint de langueur le 28 août 1850, à l'âge de 76 ans, après avoir régné dix-huit ans, échappé à sept attentats, connu trois rois de France, un Empereur, et trois révolutions. Avec lui périt le dernier roi de France. La grande aventure royale, commencée à Soissons avec Clovis quatorze siècles auparavant, s'achève, ironie de l'Histoire, en territoire anglais, chez l'ennemi héréditaire.

Marie-Amélie, la reine Ancien Régime

Marie-Amélie de Bourbon-Sicile naît près de Naples le 26 avril 1782. C'est son père, Ferdinand IV, roi des Deux-Siciles, qui fait fusiller Murat en 1815 ; sa mère, Marie-Caroline, est la sœur de la reine Marie-Antoinette. Lorsqu'en 1798 les Français s'emparent de Naples, elle quitte sa terre natale. Elle se retire à Palerme, puis à Vienne jusqu'en 1802. Ensuite, elle revient en Sicile.

Pendant la Révolution, lorsqu'elle apprend l'exécution de sa tante Marie-Antoinette, le 16 octobre 1793, elle s'écrie : « Je jure de travailler jusqu'à ma mort pour la venger. » Elle s'éprend pourtant, quinze ans plus tard, de Louis-Philippe d'Orléans, fils du régicide Philippe Égalité, banni de France par Napoléon Ier, et qui vient de débarquer à Palerme le 30 juin 1808. Il a combattu dans les rangs des armées révolutionnaires. Quoi qu'il en soit, ils s'épousent le 25 novembre 1809 à Palerme et leur union sera heureuse. Il a 36 ans, elle en a 27. Lorsque son mari est élu « roi des Français » le 9 août 1830, son épouse ressent ce procédé démocratique comme un affront.

Devenue reine, Marie-Amélie se tient à l'écart des affaires politiques. Plus tard, lorsque éclate la révolution de 1848 qui renverse la monarchie de Juillet, elle s'exile avec son mari en Angleterre où elle s'installe au château de Claremont (Surrey), sous le nom de comtesse de Neuilly. Veuve en 1850, elle vit encore seize ans avant de mourir le 24 mars 1866, laissant huit enfants dont la princesse Louise qui devient reine des Belges et la princesse Clémentine qui épouse le prince de Saxe-Cobourg. Un de ses fils, Henri-Eugène, duc d'Aumale, se distingue lors de la campagne d'Algérie dont il devient le gouverneur en 1847. Il est plus tard élu à l'Assemblée nationale. Proscrit en 1886, parce que de sang royal (les républicains redoutent une éventuelle tentative de restauration), il achève sa vie en Sicile l'année suivante.

Napoléon III, le dernier empereur

Fils — supposé — de Louis Bonaparte (frère de Napoléon Ier) et d'Hortense de Beauharnais, né à Paris en 1808, Louis Napoléon Bonaparte est élevé à l'étranger dès 1815 et fait des études militaires (officier d'artillerie). En Italie, il participe à des réunions avec les carbonari et prend part au soulèvement de la Romagne contre le pape (1831). L'année suivante, la mort du duc de Reichstadt (Napoléon II) le laisse seul représentant des bonapartistes. Il tente deux fois de renverser Louis-Philippe : à Strasbourg (1836), ce qui lui vaut l'exil ; à Boulogne (1840), à l'occasion du retour des cendres de Napoléon Ier. Il est alors arrêté et emprisonné au fort de Ham (Somme). Il s'en évade en 1846, sous les habits d'un maçon, et se réfugie à Londres. Il ne réapparaît en France qu'au moment de la révolution de 1848, animée par Lamartine. Élu dans quatre départements, il se présente à la présidence de la République pour laquelle il obtient, contre le général de Cavaignac, qui a dissous par la force les foyers insurrectionnels, une confortable majorité (10 décembre).

Le 2 décembre 1851, après avoir dissous l'Assemblée et réprimé la révolte qui gronde, il proclame la restauration de l'Empire. Victor Hugo, qui s'est exilé pour ne pas être son sujet, le surnomme « Napoléon le petit ».

Il épouse Eugénie de Montijo, comtesse de Teba, fille du comte Montijo, grand d'Espagne, et d'une aventurière irlandaise, qui a sans doute été la maîtresse de Prosper Mérimée (auquel elle a raconté l'histoire de *Carmen*). Eugenia-Maria de Montijo de Gusmán est née à Grenade en 1826. En 1806, son père a rallié la cause de Napoléon Ier et a servi sous les ordres de Murat. En 1856, elle donne le jour à un fils, le prince impérial Eugène Louis Napoléon.

Napoléon III prend des mesures qui se traduisent par un remarquable essor du commerce, de l'industrie et des finances. Il est à l'origine de la création du réseau des chemins de fer. Après la malheureuse expédition du Mexique, où il veut imposer comme empereur Maximilien, archiduc d'Autriche, qui est fusillé par les Mexicains (1862-1867), il est contraint de se préparer à une guerre contre la Prusse. Elle éclate le 15 juillet 1870.

Malade (il souffre de calculs à la vessie qui l'empêchent de monter à cheval et l'obligent à marcher courbé), Napoléon III subit la pression de son opinion publique, tantôt belliqueuse, tantôt pacifiste, et d'Eugénie, son épouse, toujours belliciste.

Après la défaite de ses armées, il reste à Napoléon III 200 000 hommes réunis au camp de Châlons, par MacMahon. L'empereur veut ramener cette force avec lui à Paris afin de protéger sa capitale. Mais l'impératrice (qui a eu ce mot révélateur : « c'est ma guerre ») et ses ministres, qui redoutent que le piteux retour de l'empereur vaincu ne provoque une révolution, exigent qu'il marche sur Metz afin de dégager Bazaine. Moltke ayant appris, par la presse française, ces atermoiements militaires, fait remonter ses troupes vers le nord et cerne l'armée française à Sedan, le 1er septembre. Après douze heures de combats, et malgré les charges épiques de sa cavalerie, Napoléon III, qui veut éviter un inutile massacre (17 000 Français ont été mis hors de combat), fait hisser le drapeau blanc et se rend aux Allemands. La capitulation est signée le 2 septembre. Abasourdie, Eugénie, qui a promis, en cas de siège, de monter à cheval et de courir au danger (mais elle n'en fait rien), pressée par son entourage d'écrire à son mari, répond : « Que voulez-vous que je lui dise ? Il a perdu son fils et la dynastie ; il n'a plus qu'à se faire tuer à la tête d'un régiment ! »

La capitulation de l'empereur et de l'armée de Sedan a pour conséquence immédiate le renversement de l'Empire, le dimanche 4 septembre. La révolution s'est faite sans une goutte de sang. L'impératrice Eugénie, qui voulait cette guerre pour conforter l'Empire et l'offrir à son fils, s'enfuit des Tuileries pour se réfugier en Angleterre. Napoléon III, prisonnier des Allemands, la rejoint à sa libération, en mars 1871.

Cet éternel comploteur envisage de revenir en France. Auparavant, il veut se faire opérer de ses calculs à la vessie et meurt des suites de l'opération, le 9 janvier 1873. Eugénie tentera de redonner la couronne à leur fils unique. Mais ce dernier, servant alors dans l'armée anglaise, est tué par les Zoulous en 1879, à 23 ans. Eugénie, retirée de la vie politique après ce drame, meurt à Madrid en 1920, après qu'un colonel anglais de ses proches lui eut annoncé, au lendemain de l'armistice du 11 novembre 1918 : « Madame, le jour de Sedan est vengé. »

De l'Anglaise à l'Italienne, de l'actrice à la comtesse…

Napoléon III est un séducteur. Ses maîtresses sont nombreuses, parmi lesquelles Mme Walewska, l'épouse de son ministre des Affaires étrangères, lui-même bâtard de Napoléon Ier, et qui bénéficie des cadeaux offerts à son épouse. Laquelle, à Pierrefonds, château médiéval que l'empereur fait restaurer par Viollet-le-Duc, admire une gargouille : « Une telle conduite d'eau a dû coûter cher ! — Moins que la vôtre », réplique, avec un brutal à-propos, un maréchal de la suite.

Mais deux femmes, surtout, ont eu un rôle politique non négligeable auprès de celui que ses adversaires républicains appellent Badinguet, nom sous lequel il s'est évadé du fort de Ham. En 1846, sous le règne de Louis-Philippe, en exil à Londres, il convainc la riche miss Howard, née en 1823, une ancienne actrice, de mettre la fortune qu'elle a accumulée grâce à ses nombreux et riches amants, au service de ses ambitions politiques. Il en fait sa maîtresse officielle, tant qu'il est prince-président. Mais après son mariage avec Eugénie de Montijo, il l'abandonne. Toutefois, afin d'éviter le scandale que lui promet la délaissée, il lui rembourse les sommes qu'elle lui a avancées, et la fait comtesse de Beauregard. Cette fille de bottier peut alors épouser un noble anglais. Elle meurt en 1865.

La belle comtesse de Castiglione appartient, elle, à une vieille famille de Gênes. Née à Florence le 22 mars 1835, mariée à un écuyer du roi du Piémont Victor-Emmanuel, elle est remarquée par le premier ministre Cavour, qui l'envoie à Paris afin de mettre sa séduction au service du rapprochement franco-italien. La comtesse réussit sa mission : en 1857, elle est maîtresse de l'empereur, qui aidera militairement le Piémont à chasser l'Autriche de l'Italie. Après la chute de l'Empire, elle tente encore de jouer les égéries auprès des orléanistes. Mais on se méfie d'elle. Elle se retire alors de toute vie politique, tout en continuant à faire chavirer les cœurs (elle fait payer — très cher — à ses soupirants les nuits qu'elle partage avec eux). Sa beauté l'ayant fuie, elle fait ôter tous les miroirs de l'appartement qu'elle partage avec ses chiens, et meurt, oubliée de tous, à Paris le 28 novembre 1899.

Pudibonderie et censure

Après les excès de la Révolution et les mœurs parfois relâchées de l'Empire, le XIXe siècle ouvre une ère puritaine favorisée par l'Église. *Mme Bovary* donne lieu à un retentissant procès ; Flaubert inculpé pour avoir glorifié l'adultère finit par être acquitté. En 1857, Baudelaire comparaît en justice pour *Les Fleurs du mal*. En 1861, Cattule-Mendès, gendre de Théophile Gautier, est enfermé à Sainte-Pélagie pour avoir écrit *Le Roman d'une nuit*. Sous la IIIe République, Barbey d'Aurevilly a droit à un procès pour sa nouvelle, *Le Prêtre marié*, dont l'archevêché fait pilonner les exemplaires (Gambetta ayant protesté contre cette mesure, l'écrivain, pourtant plus royaliste que républicain, bénéficie d'un non-lieu). En 1880, Maupassant comparaît pour son ouvrage *Une fille*. Les frères Goncourt s'attirent eux aussi les foudres de la Justice, mais sont acquittés. Les artistes amateurs de modèles nus ne sont pas moins censurés : Manet pour son *Déjeuner sur l'herbe* et son *Olympia*,

Courbet pour ses *Baigneuses* (on veut les retirer du Salon), Carpeaux, dont *La Danse* doit figurer sur la façade de l'Opéra, est accusé d'outrage aux bonnes mœurs.

Les foudres des bien-pensants s'abattent aussi sur les homosexuels : Oscar Wilde est condamné à deux ans de travaux forcés pour corruption de mineurs, et Verlaine de son côté écope de deux années d'emprisonnement pour avoir tiré une balle sur son jeune amant Rimbaud.

La vague de pudibonderie n'épargne pas la médecine. En 1822, un traité sur les accouchements apprend aux gynécologues la manière de procéder aux examens… sous la robe des patientes ou sous les draps ! Quand il s'agit de maladies cardiaques ou pulmonaires nécessitant la mise à nu d'un torse féminin, un membre de la famille assiste à la consultation, soit le mari s'il s'agit de son épouse, soit la mère d'une jeune fille.

Le docteur Laennec, qui est un homme très pieux, sauve la situation en inventant le stéthoscope, qui évite l'application de la main ou de l'oreille sur les personnes du sexe faible. Il trouve cette pratique de la dernière indécence, répugnante et attentatoire à la pudeur des dames. L'Église encourage cet esprit de pudeur chez les bien-pensants : pour que l'intimité du lit conjugal ne favorise pas le péché de luxure, on invente des chemises de nuit de famille chrétiennes, fabriquées par des nonnes : ces « chemises de Saint-Joseph », percées d'un trou à l'endroit congru, sont réservées aux jeunes mariés pour procéder chastement à l'exécution des commandements de Dieu.

En 1823 est édité, à l'intention des confesseurs, un *Traité de chasteté* écrit par le vicaire général de l'évêché d'Évreux. Dans l'acte conjugal, la femme doit être couchée sur le dos et recevoir sur elle son mari. Ceux qui s'écartent de cette voie doivent être fortement blâmés. Il y a péché mortel quand la femme prend des potions pour éviter la conception ou se lève aussitôt après le coït pour uriner, afin d'expulser le sperme…

Du zèbre, du rat et des bombes

Lors du siège de Paris, pendant l'hiver 1870-71, les conditions de vie des assiégés sont terribles. L'hiver est si rude que le vin gèle dans les caves. Les vivres diminuent, la viande est rationnée, le bois et le charbon manquent. Le 16 décembre, on commence à réquisitionner les chevaux pour les abattre, et les manger, et à mêler au froment du riz et de l'avoine. Les Parisiens, des heures entières, font la queue dans la neige et la boue pour avoir du pain. Les animaux du Jardin des Plantes sont abattus. Yack, zèbre, zébu, buffle, éléphants alimentent les étals des bouchers, mais aussi du chien, du chat, du rat et du moineau… À ceux qui sont trop pauvres pour acheter de la viande, il reste l'alcool. Il en sera énormément consommé pendant le siège, tant pour lutter contre le froid que contre l'ennui, et le désespoir, puis pendant la Commune. Les historiens du siècle, généralement opposés à l'insurrection, traiteront, avec une complaisance partisane, tous les communards d'ivrognes…

Léon Gambetta, républicain en ballon

Homme politique français, né à Cahors en 1838, il exerce la profession d'avocat. Un violent réquisitoire contre le régime impérial le rend célèbre. Député l'année suivante, il entre dans l'opposition où il manifeste son hostilité à la guerre contre l'Allemagne. Après la défaite de Sedan, il demande la déchéance de l'Empire et proclame la république (journée du 4 septembre). Ministre de l'Intérieur dans le gouvernement de la Défense nationale, il quitte Paris en ballon (image fréquente dans les livres scolaires, où l'on omet de préciser qu'il a failli s'écraser sur les lignes prussiennes), et organise à Tours la résistance à l'ennemi. Ardent patriote, il met sur pied les armées de la Loire, du Nord, des Vosges et de l'Est. Après la capitulation de Paris, partisan de la guerre à outrance, il donne sa démission. Député du Bas-Rhin (février 1871), il refuse de signer la paix et quitte la Chambre après l'annexion de l'Alsace-Lorraine. Réélu dès juillet 1871, il prend la tête de l'Union républicaine et, pour répandre ses idées, crée le journal *La République française* (novembre 1871). Après l'arrivée au pouvoir du maréchal Mac-Mahon (1873), il organise la résistance des gauches contre le projet de restauration de la monarchie du duc de Chambord.

En 1877, son parti ayant remporté la majorité aux élections, il travaille à éliminer Mac-Mahon, qui démissionne deux ans plus tard. Durant le mandat de Grévy, il est président de la Chambre et forme un ministère où il occupe lui-même les postes de président du Conseil et de ministre de la Guerre. Renversé en 1882, il se retire dans une maison de Ville-d'Avray avec sa maîtresse, Léonie Léon. Il s'y blesse accidentellement à la main en nettoyant un pistolet. Mais la presse, à l'instar de Rochefort, évoque le drame passionnel : Gambetta (surnommé, à cause de ses origines italiennes, le « Génois » par la presse de droite) se serait blessé en tentant de la désarmer… Son médecin, alors que la blessure, superficielle, se cicatrice, impose à son patient un repos complet et lui donne l'ordre de garder le lit. Gambetta, qui est obèse, a l'organisme fatigué par la syphilis et le surmenage, et souffre déjà d'une inflammation des intestins, ne s'en relève pas. Il meurt d'une péritonite le 31 décembre 1882.

Adolphe Thiers ou l'adultère en famille

Homme d'État et historien français, né à Marseille en 1797, mort à Saint-Germain-en-Laye en 1877, Adolphe Thiers, après des études de droit à Aix-en-Provence, vient à Paris en 1821. Sa petite taille ne l'empêche pas de nourrir de grandes ambitions. L'une de ses premières maîtresses est la nièce (et aussi maîtresse) de Talleyrand, qui financera l'un de ses journaux et dont il sera l'historiographe dans sa magistrale *Histoire de la Révolution*, puis, plus tard, *Histoire du Consulat et de l'Empire*. Défenseur des principes d'une monarchie parlementaire, il devient ministre de Louis-Philippe. Il se signale par l'arrestation de la duchesse de Berry (1832), l'intervention de la France en Belgique, l'entreprise de grands travaux publics et la répression de l'insurrection d'avril 1834 à Paris et à Lyon. Écarté du pouvoir au profit de Guizot, il reprend ses travaux historiques tout en siégeant à la Chambre dans l'opposition centre-gauche. Il a épousé la fille de sa maîtresse et égérie, Mme Dosne, et prendra plus tard pour maîtresse son autre fille, donc sa belle-sœur, à la grande joie des chansonniers. Selon l'un de ses biographes, Thiers, lorsqu'il parle de sa vie intime, ne dit jamais « ma femme » au singulier mais emploie le pluriel pour désigner « ses dames ».

Rallié au gouvernement provisoire en 1848, il s'oppose, avec la droite conservatrice, aux socialistes. D'abord favorable à Louis Napoléon, il lui manifeste son hostilité dès la formation du second Empire. En 1863, il siège à nouveau dans l'opposition. En 1871, l'Assemblée nationale le nomme chef du pouvoir exécutif de la République française. Il doit conclure le traité de Francfort, où Bismarck multiplie les humiliations. La France perd l'Alsace, moins Belfort, et le nord de la Lorraine avec Metz, soit 1 600 000 Français. Elle doit payer à l'Allemagne six milliards, ramenés à un milliard (Thiers, en maintenant l'indemnité de six milliards, aurait pu récupérer Metz, mais a préféré perdre la ville en expliquant, pragmatique, que « les provinces, on les reprend un jour ou l'autre, tandis que les milliards perdus ne reviennent jamais »).

Thiers doit ensuite réprimer l'insurrection de la Commune, qu'il a en partie provoquée en tentant (maladroitement ou volontairement ?) de récupérer les canons restés à Paris ; il donne des ordres de fermeté à Mac-Mahon, chargé de la répression, et exige « une expiation complète ». Président de la République, il travaille ensuite à la reconstruction économique et militaire du pays. Partisan d'une république conservatrice, il est battu par une coalition monarchiste (1873) et remplacé par Mac-Mahon. Élu député, il siège alors comme chef de l'opposition républicaine, et meurt en 1877, âgé de quatre-vingts ans. Ses funérailles, au cimetière du Père-Lachaise (là où ont été fusillés, sur son ordre, les derniers Communards), sont l'occasion d'une manifestation nationale contre la politique du maréchal de Mac-Mahon.

Galliffet, général au nombril d'argent

Gaston Auguste, marquis de Galliffet, est officier d'ordonnance de Napoléon III. Lors de l'expédition au Mexique, il est grièvement blessé au ventre et racontera volontiers comment il a attendu des secours « les tripes dans son képi ». Opéré, il en gardera, en guise de ceinture ventrale, une plaque d'argent, et un surnom, le « don Juan au nombril d'argent ». Thiers, qui lui confiera l'armée des Versaillais pour réprimer sauvagement la Commune (il y gagnera un autre surnom, celui de « bourreau de Paris », dont il sera gouverneur en 1880), se moque de lui en disant que chaque fois qu'il fait une conquête féminine, on le sait le surlendemain, car la dame est enrhumée. En 1899, il est ministre de la Guerre quand éclate l'affaire Dreyfus, et remplacé l'année suivante.

L'amendement Wallon

Le 30 janvier 1875, un député catholique de droite, Henri Wallon, propose, lors des discussions sur les lois constitutionnelles, l'amendement suivant : « Le président de la République est élu à la majorité absolue des suffrages par le Sénat et la Chambre des députés réunis en Assemblée nationale. Il est nommé pour sept ans ; il est rééligible. » Amendement qui introduit le mot « République » au grand dam des royalistes qui n'ont pas pu réussir leur restauration monarchique, et qui est voté à une voix de majorité ; au moment du vote, un député monarchiste, souffrant de sa prostate, est parti aux toilettes…

Le brav'général Boulanger

Général et homme politique né à Rennes en 1837, mort près de Bruxelles en 1891, Georges Boulanger, après une brillante conduite en Kabylie, en Italie et en Cochinchine, participe aux combats contre l'armée prussienne en 1870. Ambitieux, ami du duc d'Aumale (qu'il radiera des cadres quand il sera ministre) et recommandé par Clemenceau (qui regrettera ce choix), il obtient le portefeuille de la Guerre en 1886. Il entreprit la réorganisation de l'armée et se fait remarquer par ses réformes qui améliorent le quotidien des troupiers et par ses propos « revanchards » contre l'Allemagne. Écarté du ministère par les républicains inquiets de son audience croissante, il n'en est pas moins acclamé dans ses prises de position patriotiques par de très nombreux partisans. Bon cavalier, le port arrogant et la moustache conquérante, le *brav'général Boulanger* draine tout ce que la

France compte de mécontents et où se mêlent nationalistes, bonapartistes, royalistes et autres opposants pensant tirer parti d'un possible coup d'État. Mis à la retraite précipitamment (1888), Boulanger se lance alors pleinement dans la politique. Élu dans quatre départements et à Paris (1889), soutenu par la population, il hésite pourtant à s'emparer de l'Élysée ; légaliste, et ne doutant pas de son étoile, il préfère attendre d'y être nommé. Le gouvernement lance un mandat de dépôt contre lui pour atteinte à la sûreté de l'État, et son parti (la Ligue des patriotes) est dissous. Boulanger s'enfuit en Belgique où il se suicide, quelque temps plus tard, sur la tombe de sa maîtresse, morte de tuberculose, et qui a partagé son ascension et sa chute. Son nom, Mme de Bonnemains, a permis nombre de jeux de mots faciles aux chansonniers, comme celui-ci : « Toute la journée, le général est avec des fripouilles, mais le soir, il est dans de bonnes mains… » Clemenceau, en apprenant le suicide de son ancien protégé, s'écrie : « Boulanger est mort comme il a vécu : en sous-lieutenant. »

Du malheur d'avoir un gendre…

Jules Grévy, issu d'une famille rurale, est avocat à Paris, puis député à l'Assemblée législative en 1849. Au moment du coup d'État du 2 décembre 1851, il s'élève contre les prétentions de Louis Napoléon Bonaparte, ce qui lui vaut d'être arrêté. Nommé à l'Assemblée nationale en 1871, il en devient le président sur la proposition de Thiers, et en 1876 il parvient au poste de chef de l'État après la démission de Mac-Mahon (1879). Léon Gambetta le décrit « comme un modèle de modération et de sagesse, comme un modèle de fidélité et d'honneur… » Durant son septennat, il fait adopter la *Marseillaise* comme hymne national (juin 1879) et fixe au 14 juillet la fête nationale. Réélu à la présidence le 28 décembre 1885, à l'âge de 78 ans, il signe la loi de l'exil qui rendait inéligibles les membres des familles ayant régné ainsi que leurs héritiers directs et leur interdit de séjourner en France. En 1887 éclate le scandale des médailles : une enquête de police révèle que le gendre du président de la République, Daniel Wilson, profite de l'influence qu'il a prise sur son beau-père, un peu gâteux, pour vendre, cher, des Légions d'honneur. Le vieux président refuse d'abandonner le mari de sa fille, et provoque une telle tempête populaire qu'après la démission du cabinet Rouvier (19 mai) personne ne se présente plus pour former un nouveau ministère, pas même son adversaire Clemenceau, qui a bruyamment dénoncé le scandale. Jules Grévy n'a alors d'autre choix que celui de se retirer le 2 décembre 1887, tandis que les chansonniers se gaussent « des malheurs d'avoir un gendre ! » Il meurt en septembre 1891, dans sa propriété du Jura, et a des funérailles nationales.

Sadi Carnot, victime de l'anarchisme

C'est à son grand-père, Lazare Carnot (le Grand Carnot, l'Organisateur de la victoire en 1793), que Carnot doit son prénom de Sadi. Lazare, avant d'être révolutionnaire, était poète, et grand admirateur du poète persan Saadi, chantre des femmes, du vin et des roses. Il décida que ce prénom serait porté par ses descendants. Sadi Carnot succède à la présidence de la République à Jules Grévy démissionnaire. Il doit faire face à l'agitation boulangiste, au scandale boursier de Panamá, et à une vague d'attentats anarchistes : les bombes de Ravachol dans des immeubles et un restaurant parisiens, celle de Vaillant à la Chambre des députés, celle d'Émile Henry au restaurant *Terminus*. Le 25 juin 1894, alors que le président inaugure à Lyon l'Exposition du commerce et de l'industrie, il est mortellement frappé par l'anarchiste italien Santo Caserio. Ce dernier dit vouloir venger la mort de Vaillant, guillotiné peu avant pour son acte criminel à la Chambre. Le corps de Sadi Carnot est inhumé au Panthéon non loin de celui de son illustre aïeul.

Jean Casimir-Perier, le président malgré lui…

Né à Paris en 1847, Jean Casimir-Perier est le petit-fils de Casimir Perier qui a été président de la Chambre sous Louis-Philippe, et le fils d'Auguste Casimir-Perier, lui-même homme politique et deux fois ministre de l'Intérieur. Ce dernier l'introduit dans les affaires en le nommant chef de son propre cabinet (1871). Le 29 juin 1894, après l'assassinat de Sadi Carnot, les deux Chambres se mettent d'accord sur son nom pour l'élire président de la République, ce qu'il accepte sans grand enthousiasme, et surtout pour faire plaisir à sa mère et à sa femme. On rapporte même que ce jour-là il déclare : « Je suis un prisonnier. » Un député prophétise à son propos : « Avant six mois, la démission ou la dissolution ! » À peine élu, il est violemment critiqué par la gauche comme grand capitaliste : il est en effet le premier actionnaire des mines d'Anzin (houillères et sidérurgie).

Ses ministres l'ignorent. Offusqué par les basses invectives de ses adversaires, outré de voir le journaliste Gérault-Richard, qui vient d'être incarcéré pour insulte au chef de l'État, élu député dans un arrondissement de Paris, il se démet le 16 janvier 1896 et renonce à tout jamais à la vie politique. Il n'est resté que six mois à l'Élysée. Sa mort à Paris, en 1907, ne fait pas l'objet de funérailles nationales, et il est enterré, de façon privée, à Pont-sur-Seine.

La connaissance du président Faure

Le 16 février 1899, Félix Faure, qui est président de la République depuis quatre ans, indique à son directeur de cabinet qu'il n'ira pas au bois de Boulogne faire du cheval. Il se sent les jambes molles. Il préside le Conseil des ministres, signe son courrier, puis, comme chaque jour, se retire vers 17 heures dans le salon d'argent, mitoyen à son bureau. Là, il se fait apporter sa traditionnelle bouteille de vin de Vouvray. Moins d'une heure plus tard, un cri retentit. Un cri poussé par une femme… Le personnel se précipite dans le salon : le président est étendu, sans connaissance. Mort d'apoplexie. Avant de prévenir madame Faure, on fait sortir celle qui a recueilli son dernier soupir. Il s'agit de madame Steinhall, l'une des plus belles femmes de Paris, celle par qui le scandale arrive. On lui a déjà reproché d'avoir empoisonné son mari, ce qui l'a conduite devant les Assises où elle a été acquittée, faute de preuves…

Ce n'est pas la première fois que le président la reçoit dans son salon pour déguster son Vouvray, et partager son intimité… Madame Faure accourt : « C'était un si bon mari », s'écrit-elle devant sa dépouille. Cet ancien ouvrier tanneur, devenu patron prospère, puis député, plusieurs fois ministre, aimant le faste au point de se faire traiter par ses adversaires de « Roi-Soleil », est mort à 58 ans dans des conditions qui enchanteront les chansonniers et qui lui vaudront de ne pas avoir de funérailles nationales. Même si, hypocritement, l'Élysée publie le communiqué suivant : « Le président de la République est mort d'une attaque d'apoplexie. »

Madame Steinhall, quant à elle, devient la coqueluche de Paris. Tous les beaux messieurs veulent rencontrer celle qui a fait mourir de plaisir un président de la République ! Elle se remariera et finira sa vie, cela ne s'invente pas, duchesse du… Sussex !

Lorsque l'abbé venu administrer l'extrême-onction à Félix Faure a demandé au garde républicain en faction : « Est-ce qu'il a encore sa connaissance ? », le garde lui a répondu, sur le ton de la confidence : « Non, monsieur l'abbé, on l'a fait filer par une porte dérobée. »

Dates et faits à retenir...

— **Gaule indépendante** (jusqu'en 51 avant J.-C.)

— 800 à 600 av. J.-C. : arrivée des Gaulois.

— 600 av. J.-C. : fondation de Marseille par les Grecs.

— 390 av. J.-C. : prise de Rome par les Gaulois.

— 58-51 av. J.-C. : conquête de la Gaule par Jules César.

— 52 av. J.-C. : défaite de Vercingétorix à Alésia.

— **Gaule romaine et grandes invasions** (51 avant J.-C./481)

— Ier-IVe siècles : civilisation gallo-romaine : monuments, routes, écoles...

Apparition et extension du christianisme en Gaule

— 406 : début des grandes invasions.

— 451 : invasion et défaite des Huns d'Attila.

— **Gaule franque et Mérovingiens** (481/752)

— 481 : Clovis (481-511) devient roi des Francs.

— 507 : Clovis bat les Wisigoths à Vouillé et devient le maître des 3/4 de la Gaule.

— 732 : Charles Martel bat les Arabes à Poitiers.

— 752 : Pépin le Bref proclamé roi. Fin de la dynastie mérovingienne.

— **Carolingiens** (752/987)

— 800 : Charlemagne empereur.

— 843 : traité de Verdun ; partage de l'Empire. Charles le Chauve roi de France.

— 885 : Siège de Paris par les Normands.

— 877 : capitulaire de Quiercy-sur-Oise : droit héréditaire sur les fiefs reconnu aux seigneurs.

— 911 : le Viking Rollon reçoit le duché de Normandie.

— 987 : Hugues Capet, duc de France, devient roi. Fin de la dynastie carolingienne.

— **Féodalité, Croisades, Communes**

— 987 : avènement de la dynastie capétienne : Hugues Capet.

— 1066 : conquête de l'Angleterre par les Normands : Guillaume le Conquérant.

— 1095 : première croisade : Pierre l'Ermite.

— 1099 : prise de Jérusalem par les croisés : Godefroi de Bouillon.

Châteaux forts ; éparpillement de la France ; le tiers état.

— **Les grands Capétiens**

— 1214 : victoire de Bouvines : Philippe Auguste.

— 1226-1270 : règne de Saint Louis. Fin des croisades.

— 1302 : premiers états généraux : Philippe le Bel.

— **La guerre de Cent Ans** (1337-1453)

Revers 1346 : défaite de Crécy.

— 1347 : perte de Calais.

— 1356 : défaite de Poitiers. États généraux : Étienne Marcel.

— 1360 : traité de Brétigny ; le tiers de la France est cédé aux Anglais.

Succès 1364-1380 : Règne de Charles V. Du Guesclin reprend les territoires cédés aux Anglais.

Revers 1415 : défaite d'Azincourt.

1420 : traité de Troyes ; la France est livrée aux Anglais.

Succès 1429 : Jeanne d'Arc délivre Orléans.

1431 : mort de Jeanne d'Arc à Rouen.

1453 : fin de la guerre de Cent Ans ; les Anglais n'ont plus, en France, que Calais.

Charles VII (1422-1461) : impôts permanents, armée permanente.

— Inventions et découvertes

— 1450 : Gutenberg imprime, en Allemagne, le premier livre.

— 1492 : Christophe Colomb découvre l'Amérique.

— 1498 : Vasco de Gama atteint les Indes par la mer.

— 1519-1522 : Magellan fait le tour du monde.

— 1534 : Jacques Cartier explore le Canada.

— La France de 1461 à 1559

Lutte contre la maison de Bourgogne

— 1461-1483 : règne de Louis XI ; écrasement de la féodalité

— 1477 : mort de Charles le Téméraire ; réunion au domaine royal de la Bourgogne et de la Picardie.

Guerres d'Italie

— 1494-1515 : Charles VIII, Louis XIII, François Ier : conquête, puis perte du royaume de Naples et du Milanais.

— 1515 : victoire de Marignan ; concordat avec le pape.

Lutte contre la maison d'Autriche

— 1519 : Charles Quint empereur ; l'équilibre européen est menacé.

— 1515-1547 : règne de François Ier : Renaissance. Début de la Réforme. Lutte contre Charles Quint.

— 1558 : reprise de Calais.

— 1559 : Traité de Cateau-Cambrésis : Metz, Toul, Verdun sont réunis à la France.

— Guerres de religion

— 1562 : début des guerres civiles.

— 1572 : massacre de la Saint-Barthélemy (24 août).

— 1598 : édit de Nantes ; liberté de conscience accordée aux protestants.

— Paix de Vervins : les Espagnols sont chassés de France.

— Henri IV (1589-1610)

Conquête du royaume sur la Ligue et les Espagnols ; tolérance religieuse ; relèvement du pays effectué par Sully.

— 1610 : assassinat d'Henri IV par Ravaillac.

— Louis XIII (1610-1643)

Régence Marie de Médicis : révolte des grands et des protestants.

Ministère Richelieu (1624-1642) : Abaissement des grands, des protestants, de la maison d'Autriche.

— 1628 : prise de La Rochelle.

— 1629 : grâce d'Alès : droit de culte pour les protestants.

— Louis XIV (1643-1715)

Ministère Mazarin et *régence d'Anne d'Autriche (1643-1661)* : fronde puis soumission des grands ; abaissement de la maison d'Autriche.

— 1648 : traité de Westphalie : réunion de l'Alsace.

— 1659 : traité des Pyrénées : réunion de l'Artois et du Roussillon

Gouvernement personnel de Louis XIV (1661-1715) :

— 1668 : traité d'Aix-la-Chapelle : réunion de la Flandre.

— 1678 : traité de Nimègue : réunion de la Franche-Comté.

— 1681 : réunion de Strasbourg.

— 1685 : révocation de l'édit de Nantes.

— 1697 : traité de Ryswick.

— 1713 : traité d'Utrecht : perte de l'Acadie et de Terre-Neuve.

— Louis XV (1715-1774)

— 1715-1723 : régence de Philippe d'Orléans ; échec de Law.

— 1726-1743 : ministère Fleury ; progrès commercial.

— 1748 : traité d'Aix-la-Chapelle.

— 1763 : traité de Paris : la France perd l'Inde et le Canada.

— 1766 : réunion de la Lorraine.

— 1768 : acquisition de la Corse par Choiseul.

— Louis XVI (jusqu'en 1789)

— 1774-1776 : ministère Turgot ; essai de réformes.

— 1783 : traité de Versailles ; indépendance des États-Unis.

— La Révolution

Constituante (1789-1791)

— 5 mai 1789 : ouverture des États généraux.
— 20 juin 1789 : serment du Jeu de paume.
— 14 juillet 1789 : prise de la Bastille.
— 4 août 1789 : abolition des privilèges.
— 5-6 octobre 1789 : le roi est ramené à Paris.

Législative (1791-1792)

— 10 août 1792 ; prise des Tuileries ; chute de la royauté.
— 20 septembre 1792 : combat de Valmy.

Convention (1792-1795)

— 22 sept 1792 : proclamation de la République.
— 21 janvier 1793 : exécution de Louis XVI.
— 9 Thermidor (27/7/1794) : chute de Robespierre, fin de la Terreur (1793-1794).

Directoire (1795-1799)

— 1796-1797 : campagne d'Italie de Bonaparte.
— 1798-1799 : campagne d'Égypte.
— 9 novembre 1799 : coup d'État du 18 Brumaire.

— Le Consulat et l'Empire

Consulat (1799-1804)

— 1801 : paix de Lunéville avec l'Autriche.
— 1802 : paix d'Amiens avec l'Angleterre.

Premier Empire (1804-1815)

— 1805 : victoire d'Austerlitz.
— 1806 : victoire d'Iéna ; blocus continental.
— 1808 : début de la guerre d'Espagne.
— 1812 : campagne de Russie.

— 1813 : campagne d'Allemagne.

— 1814 : campagne de France. 1er traité de Paris.

— 1814-1815 : première Restauration.

— 1815 : Cent-Jours ; Waterloo. 2e traité de Paris.

— **Restauration (1815-1830)** et **Louis-Philippe (1830-1848)**

— 1815 : congrès de Vienne ; Sainte-Alliance. Traité de Paris.

— 1830 : prise d'Alger ; ordonnances de juillet : les Trois Glorieuses.

— 1833 : loi Guizot sur l'enseignement primaire.

— 1842 : loi sur les chemins de fer.

— 1848 : révolution de février : chute de la royauté.

— 1768 : acquisition de la Corse par Choiseul.

— **IIe République (1848-1852)** et **second Empire (1852-1870)**

— 1848 : suffrage universel.

— 1851 : coup d'État du 2 Décembre.

— 1859 : guerre d'Italie ; début de l'unité italienne.

— 1860 : réunion de Nice et de la Savoie.

— 1870 : défaite de Sedan. Chute de l'Empire.

Proclamation de la république (4 septembre)

— **IIIe République (1870-1940)**

— 1871 : traité de Francfort.

— 1875 : Constitution républicaine.

— 1881-86 : lois sur l'enseignement primaire ; lois sociales. Extension du domaine colonial (Tunisie, Maroc, Tonkin)

— 1891 : alliance franco-russe.

— 1907 : formation de la Triple-Entente.

— 1914 : début de la Première Guerre mondiale.

Table des matières

Composé par Nord Compo
à Villeneuve-d'ascq

Imprimé en France sur Presse Offset par

BRODARD & TAUPIN

GROUPE CPI

29990 – La Flèche (Sarthe), le 14-06-2005
Dépôt légal : juin 2005